FLEISCH UND STEIN

RICHARD SENNETT
FLEISCH UND STEIN

*Der Körper und die Stadt
in der westlichen Zivilisation*

Aus dem Amerikanischen
übersetzt von Linda Meissner

Berlin Verlag

Die Originalausgabe erschien 1994
unter dem Titel
Flesh and Stone
bei W. W. Norton & Company, New York
und Faber & Faber, London
© 1994 Richard Sennett
Für die deutsche Ausgabe
© 1995 Berlin Verlag
Verlagsbeteiligungsgesellschaft mbH & Co KG
Berlin
Alle Rechte vorbehalten
einschließlich der Rechte der Reproduktion
im Ganzen oder in Teilen in jeder Form
Umschlaggestaltung:
Nina Rothfos und Patrick Gabler, Hamburg
Karten: Ditta Ahmadi und Peter Trampusch, Berlin
Gesetzt aus der Garamond und der Castellar
Druck & Bindung: Franz Spiegel Buch GmbH, Ulm
Printed in Germany 1995
ISBN 3-8270-0030-0

Gedruckt auf chlor- und säurefreiem Papier

FÜR HILARY

DIE DEUTSCHE AUSGABE IST
GÜNTHER BUSCH GEWIDMET

INHALT

DANKSAGUNGEN
13

EINLEITUNG
DER KÖRPER UND DIE STADT
19

1. Der passive Körper	22
2. Der Entwurf des Buches	29
3. Eine persönliche Bemerkung	35

TEIL EINS
DIE MÄCHTE VON STIMME UND AUGE
37

ERSTES KAPITEL: Nacktheit
Der Körper des Bürgers im perikleischen Athen   39

1. Der Körper des Bürgers	45
Perikles' Athen	45
Körperwärme	51
2. Die Stimme des Bürgers	66
Sprech-Räume	66
Die Hitze der Worte	76

ZWEITES KAPITEL: Der Mantel der Dunkelheit.
Der Schutz des Rituals in Athen 85

1. Die Macht kalter Körper 88
   Die Thesmophoria 88
   Die Adonia 93
   Logos und Mythos 102
2. Der leidende Körper 105

DRITTES KAPITEL: Das obsessive Bild
Ort und Zeit im Rom Hadrians 111

1. Sieh und Glaube 119
   Die Ängste eines Kaisers 119
   Hadrian bringt Apollodorus um 124
   Theatrum mundi 126
2. Sieh und Gehorche 130
   Die Geometrie des Körpers 131
   Die Erschaffung einer römischen Stadt 135
   Das Forum Romanum 141
   Das römische Haus 149
3. Die unmögliche Obsession 154

VIERTES KAPITEL: Zeit im Körper
Frühe Christen in Rom 157

1.. Der fremde Körper Christi 160
   Antinous und Christus 160
   Logos ist Licht 168
2. Christliche Orte 170
   Das christliche Haus 172
   Die ersten Kirchen 179
3. Nietzsches Raubvögel und Lämmer 185

TEIL ZWEI
HERZBEWEGUNGEN
189

FÜNFTES KAPITEL: Gemeinde
Das Paris des Jehan de Chelles   191

1. »Stadtluft macht frei«   193
2. Der mitleidende Körper   202
   Galens »Ars medica«   205
   Henri de Mondevilles Entdeckung der Synkope   208
3. Die christliche Gemeinschaft   215
   Palast, Kathedrale und Kloster   216
   Beichtvater, Almosenpfleger und Gärtner   220
   Christliche Arbeit   230

SECHSTES KAPITEL: »Jeder Mensch ist sich selbst ein Teufel«
Das Paris des Humbert de Romans   233

1. Der wirtschaftliche Raum   236
   Cité, Bourg, Commune   236
   Die Straße   239
   Messen und Märkte   248
2. Ökonomische Zeit   251
   Gilde und Körperschaft   251
   Ökonomische Zeit und christliche Zeit   257
   Homo Oeconomicus   259
3. Der Tod des Ikarus   260

SIEBTES KAPITEL: Berührungsangst
Das jüdische Ghetto im Venedig der Renaissance   267

1. Venedig als Magnet   275
2. Die Mauern des Ghettos   281

Verderbte Körper	281
Das städtische Kondom	288
Juden und Kurtisanen	298
3. Ein Schild, nicht ein Schwert	303
Qadosh	303
Das Gewicht des Ortes	310
4. Die wunderbare Leichtigkeit der Freiheit	312

TEIL DREI
ARTERIEN UND VENEN
315

ACHTES KAPITEL: Sich bewegende Körper
Harveys Revolution   317

1. Kreislauf und Atmung	319
Blut pulsiert	321
Die Stadt atmet	326
2. Das mobile Individuum	337
Smiths Stecknadelfabrik	337
Goethe flieht nach Süden	340
3. Die Masse bewegt sich	343

NEUNTES KAPITEL: Der freigesetzte Körper
Boullées Paris   351

1. Freiheit in Körper und Raum	354
Mariannes Brüste	356
Das Volumen der Freiheit	363
2. Toter Raum	369
3. Festliche Körper	378
Der verbannte Widerstand	378
Soziale Berührung	384

ZEHNTES KAPITEL: Städtischer Individualismus
Das London E. M. Forsters   391

1. Das neue Rom   393
2. Moderne Arterien und Venen   401
   Regent's Park   401
   Haussmanns drei Netze   406
   Die Londoner Untergrundbahn   410
3. Komfort   414
   Der Sessel und die Kutsche   416
   Das Café und der Pub   422
   Geschlossener Raum   426
4. Der Nutzen der Entwurzelung   429

SCHLUSS
GESELLSCHAFTLICHE KÖRPER
Das multikulturelle New York
437

1. Differenz und Indifferenz   439
   Greenwich Village   439
   Zentrum und Peripherie   443
2. Gesellschaftliche Körper   456

ANHANG
465

Anmerkungen   467
Bibliographie   491
Register   505

DANKSAGUNGEN

Die erste Fassung von *Fleisch und Stein* wurde 1992 an der Goethe Universität in Frankfurt vorgestellt; meinem Gastgeber Professor Jürgen Habermas möchte ich dafür danken, daß er mir geholfen hat, viele Fragen zu durchdenken. Mit der Stadt in der Antike habe ich mich 1992/93 während eines Aufenthalts an der American Academy in Rom beschäftigt. Ihrem Direktor Professor Joseph Conners und Professor Malcolm Bell möchte ich für die vielen mir erwiesenen Freundlichkeiten danken. Durch einen Aufenthalt am Woodrow Wilson International Center for Scholars im Jahr 1993 erhielt ich Zugang zu Manuskripten in der Library of Congress, wofür ich Direktor Dr. Charles Blitzer danken möchte.

Verschiedene Freunde haben dieses Buch gelesen. Professor Glen Bowersock vom Institute for Advanced Studies gab mir den Schlüssel an die Hand, das Anfangskapitel zu schreiben; Professor Norman Cantor von der New York University half mir, einen Kontext für die Kapitel über das mittelalterliche Paris zu finden; Professor Joseph Rykwert von der University of Pennsylvania erläuterte mir bestimmte Aspekte der Architekturgeschichte; Professor Carl Schorske von der Princeton University war bei dem Kapitel über die Aufklärung eine große Hilfe; Professor Joan Scott vom Institute for Advanced Studies las das gesamte Manuskript mit einfühlsamem, aber kritischem Blick. Professor Charles Tilly von der New School of Social Research verdanke ich viele Hinweise.

Für den Verlag W. W. Norton hat Edwin Barber dieses Buch mit Sorgfalt und Verständnis gelesen. Ich danke Ann Adelman, die das Manuskript gründlich, jedoch mit gebührender Rücksicht auf des Autors Eitelkeit, redigiert hat. Die Gestaltung des Buches lag bei Jacques Chazaud, die Herstellung bei Andrew Marasia.

Meine Freunde Peter Brooks und Jerrold Seigel haben mich sowohl mit ihrer Freundlichkeit als auch mit ihren Kommentaren unterstützt; durch sie gestaltete sich der Prozeß des Schreibens weniger einsam – wie auch durch meine Frau Saskia Sassen, die leidenschaftlich anteilnehmende Partnerin im Abenteuer unseres Lebens. Dieses Buch ist unserem Sohn gewidmet, dessen Heranwachsen uns, während auch dieses Buch gewachsen ist, die größte Freude geschenkt hat.

Besonderen Dank schulde ich den Studenten, die in den letzten Jahren mit mir gearbeitet haben. Molly McGarry recherchierte Gebäude, Landkarten und Körperbilder; Joseph Femia half mir zu verstehen, wie die Guillotine funktionierte, und meine Ausführungen hierzu basieren zu einem guten Teil auf seiner Arbeit; Anne-Sophie Cerisola half mit Übersetzungen aus dem Französischen und mit den Anmerkungen. Ohne meinen Assistenten David Slocum hätte ich dieses Buch nicht schreiben können; er suchte unermüdlich nach Quellen und las mit großer Sorgfalt die zahllosen Mutationen des Manuskripts.

Am meisten aber schulde ich meinem Freund Michel Foucault. Mit ihm begann ich vor fünfzehn Jahren, die Geschichte des Körpers zu erforschen. Nach seinem Tod legte ich die Anfänge eines Manuskriptes beiseite und nahm diese Arbeit einige Jahre später in anderem Geiste wieder auf. Ich glaube nicht, daß *Fleisch und Stein* ein Buch ist, das der jüngere Foucault gemocht hätte; aus Gründen, die ich in der Einleitung darlege, waren es gerade die letzten Jahre Foucaults, die mich auf einen anderen Weg geführt haben, diese Geschichte zu schreiben.

Eine Stadt besteht aus unterschiedlichen Arten von Menschen;
ähnliche Menschen bringen keine Stadt zuwege.

ARISTOTELES
Politik

EINLEITUNG
DER KÖRPER
UND DIE STADT

F*leisch und Stein* ist eine Geschichte der Stadt, die durch die körperlichen Erfahrungen der Menschen hindurch erzählt werden soll: wie Frauen und Männer sich bewegten, was sie sahen und hörten, die Gerüche, die in ihre Nase drangen, was sie aßen, was sie trugen, wann sie badeten, wie sie sich liebten – in den Städten vom alten Athen bis zum heutigen New York. Obwohl dieses Buch die Körper der Menschen als einen Weg auffaßt, die Vergangenheit zu verstehen, ist es mehr als ein Geschichtskatalog der körperlichen Empfindungen im städtischen Raum. Der westlichen Zivilisation ist es immer schon schwergefallen, die Würde des Körpers und die Vielfältigkeit der menschlichen Körper zu achten; ich habe zu verstehen gesucht, wie diese Probleme mit dem Körper ihren Ausdruck in der Architektur, in der Stadtplanung und in der Stadtgestaltung finden.

Ich habe dieses Buch geschrieben, weil mich ein Problem unserer Zeit vor ein Rätsel stellte: die Verarmung der Sinne, die das moderne Bauen wie ein Fluch zu verfolgen scheint; die Dumpfheit, Monotonie und taktile Sterilität, die schwer auf unserer städtischen Umgebung lastet. Diese sinnliche Verarmung ist um so bemerkenswerter, als die modernen Zeiten die Körperempfindungen und die Freiheit des körperlichen Lebens so sehr zu privilegieren scheinen. Als ich anfing, die sinnliche Verarmung im Raum zu untersuchen, schien sie ein Problem beruflichen Versagens zu sein – die modernen Architekten und Stadtplaner hatten in ihren Entwürfen die lebendige Verbindung zum menschlichen Körper in gewisser Weise verloren. Im Laufe der Zeit aber wurde mir klar, daß das Problem der sinnlichen Verarmung im Raum weiterreichende Ursachen und tiefere historische Wurzeln hat.

1. DER PASSIVE KÖRPER

Vor einigen Jahren ging ich mit einem Freund in einem vorstädtischen Einkaufszentrum bei New York ins Kino. In Vietnam hatte ein Geschoß die linke Hand meines Freundes zerschmettert, und die Militärärzte hatten oberhalb des Handgelenks eine Amputation vornehmen müssen. Jetzt trug er eine Prothese mit Metallfingern, die es ihm erlaubte, sein Besteck zu halten und Schreibmaschine zu schreiben. Der Film entpuppte sich als besonders blutrünstiger Kriegsfilm; mein Freund sah ihn sich gelassen an und streute ab und zu technische Erläuterungen ein. Nach dem Film standen wir noch draußen herum, rauchten und warteten auf Bekannte, mit denen wir verabredet waren. Mein Freund zündete sich langsam eine Zigarette an; dann führte er die Zigarette in seiner Klaue sicher, fast stolz, an die Lippen. Die Kinobesucher hatten soeben zwei Stunden zerrissener Körper hinter sich gebracht, wobei das Publikum bei besonders gelungenen Treffern applaudiert und das ganze Gemetzel sehr genossen hatte. Die Leute strömten um uns herum aus dem Saal, blickten unbehaglich auf die Metallprothese und gingen uns aus dem Weg; schon bald waren wir eine Insel in ihrer Mitte.

Als der Psychologe Hugo Munsterberg 1911 zum ersten Mal einen Stummfilm sah, glaubte er, die modernen Massenmedien würden die Sinne abstumpfen; im Film »hat die Außenwelt die Masse ihres Gewichts verloren«, schrieb er, »sie ist befreit von Raum, Zeit und Kausalordnung«; er befürchtete, daß »bewegte Bilder zur vollständigen Isolation von der praktischen Welt führen«.[1] Ebenso wie nur wenige Soldaten den bloß filmischen Freuden, andere Körper aufzuschlitzen, etwas abgewinnen können, so haben auch die gefilmten Bilder sexueller Lust sehr wenig mit der wirklichen Erfahrung von Liebenden zu tun. Nur wenige Filme zeigen zwei nackte ältere Menschen oder nackte dicke Menschen beim Sex; der Sex im Film der Stars klappt schon beim ersten Mal phantastisch. In den Massenmedien tut sich eine Kluft zwischen dargestellter und gelebter Erfahrung auf.

Im Anschluß an Munsterberg haben Psychologen diese Kluft zu

erklären versucht; einerseits indem sie sich der Wirkung der Massenmedien auf die Zuschauer zuwandten, andererseits indem sie sich auf die Techniken der Massenmedien selbst konzentrierten. Zuschauen macht friedlich. Obwohl vielleicht einige wenige unter den Millionen, die süchtig danach sind, Folter und Vergewaltigung auf der Leinwand zu sehen, dazu angeregt werden, selbst zu foltern und zu vergewaltigen, zeigt die Reaktion auf die metallene Hand meines Freundes doch eine weitere, sicherlich stärkere Seite dieser Sucht: die Gewalt in den Medien desensibilisiert den Betrachter für realen Schmerz. In einer Untersuchung von Fernsehkonsumenten stellten zum Beispiel die Psychologen Robert Kubey und Mihaly Csikszentmihalyi fest, daß »die Untersuchungspersonen ihre Erfahrungen beim Fernsehen als durchgängig passiv, entspannend und relativ geringe Konzentration erfordernd beschreiben«.[2] Der starke Konsum simulierten Schmerzes betäubt ebenso wie simulierter Sex das körperliche Wahrnehmungsvermögen.

Wenn wir heute körperliche Erfahrungen auch unbefangener betrachten und offener über sie sprechen als die Generation unserer Urgroßeltern, so ist unsere körperliche Freiheit vielleicht trotzdem noch nicht so großartig, wie es den Anschein hat; durch die Massenmedien erfahren wir unseren Körper gewiß in passiverer Weise als Menschen, die ihre eigenen Empfindungen fürchteten. Was also kann den Körper sensibler machen, moralisch empfindlicher? Was kann den modernen Menschen dazu bringen, mehr Anteil an anderen zu nehmen?

Die räumlichen Beziehungen menschlicher Körper spielen offensichtlich eine enorme Rolle für die Reaktion von Menschen aufeinander, dafür, wie sie einander sehen und hören, ob sie einander berühren oder Distanz wahren. Der Ort zum Beispiel, an dem wir den Kriegsfilm sahen, beeinflußte die Reaktion der anderen auf die Hand meines Freundes. Wir sahen den Film in einem großen Einkaufszentrum an der nördlichen Peripherie von New York City. An dem Einkaufszentrum ist nichts Besonderes, es besteht aus etwa dreißig Geschäften, die vor einer Generation in der Nähe einer Autobahn errichtet wurden; es schließt einen Filmtheaterkomplex ein, und große Parkplatzflächen umgeben das Gebäude. Solche Einkaufszentren sind eine der Folgen des großen urbanen Wandels unserer Zeit: Die Bevölkerung verläßt die stark verdichteten städtischen Zentren, um in dünner besiedelte und strukturlosere Räume zu ziehen, in Vorstadtsiedlungen mit ihren Einkaufszentren, Bürokomplexen und Gewerbeparks. Wenn ein Filmtheater in einem suburbanen Einkaufszentrum zu einem Treffpunkt geworden ist, um die Darstellung von Gewalt in klimatisiertem Komfort zu genießen, so hat diese umfassende geographische Umschichtung von Menschen in fragmentierte Räume eine weit größere Wirkung darauf gehabt, den Sinn für taktile Realität zu schwächen und den Körper ruhigzustellen.

Dies liegt vor allem an der körperlichen Erfahrung, die die neue Geographie ermöglicht hat: die Erfahrung von Geschwindigkeit. Die Menschen reisen heute mit Geschwindigkeiten, die unsere Vorfahren sich nicht vorzustellen vermochten. Die Technologien der Bewegung – von Automobilen bis zu Autobahnen – ließen die menschlichen Siedlungen über die hochverdichteten Zentren hinaus in periphere Räume wuchern. Raum wurde so ein Mittel zum Zweck reiner Bewegung – heute messen wir städtischen Raum daran, wie leicht wir ihn durchqueren und verlassen können. Das Aussehen des städtischen Raums, das von diesen Bewegungsmächten versklavt wird, ist notwendigerweise nichtssagend: der Fahrer kann nur bei einem Minimum an Ablenkungen sicher fahren; gutes Fahren erfordert genormte Straßenschilder, Leitplanken und Straßen ohne eigenes Straßenleben – abgesehen von den anderen Fahrern. In dem Maße wie der städtische Raum zur bloßen Funktion der Bewegung wird, ist er auch weniger stimulierend; der Fahrer will den Raum durchqueren, nicht durch ihn angeregt werden.

Der physische Zustand des sich bewegenden Körpers bestärkt dieses Empfinden der Loslösung vom Raum. Die Geschwindigkeit macht es schwer, die Aufmerksamkeit auf die vorbeifliegende Szenerie zu richten. Die Handlungen, die nötig sind, um ein Auto zu fahren, ergänzen den Panzer der Geschwindigkeit: die leichte Berührung des Gaspedals und der Bremse, das schnelle Wandern der Augen zum und vom Rückspiegel sind winzige Gesten, wenn man sie mit den anstrengenden körperlichen Bewegungen vergleicht, die zum Lenken eines Pferdewagens nötig sind. Durch die Geographie moderner Gesellschaften zu fahren, erfordert nur sehr geringe körperliche Anstrengung – und damit Anteilnahme; da die Straßen immer gerader und genormter werden, muß der Fahrer die Menschen und Gebäude auf der Straße immer weniger berücksichtigen, um sich mittels winziger Bewegungen in einer immer weniger komplexen Umgebung fortzubewegen. So hat die neue Geographie praktisch eine Entsprechung in den Massenmedien. Der Fahrende erfährt die Welt wie der Fernsehzuschauer gleichsam unter Narkose; der Körper bewegt sich passiv, desensibilisiert im Raum, auf Ziele zu, die in einer zersplitterten und diskontinuierlichen städtischen Geographie liegen.

Sowohl der Straßeningenieur als auch der Fernsehprogrammdirektor erzeugen, was man »Widerstandsfreiheit« nennen könnte. Der Ingenieur entwirft Wege, sich ohne Hindernis, Anstrengung oder Anteilnahme zu bewegen; der Programmdirektor sucht Wege, die es den Menschen ermöglichen, sich alles mögliche anzusehen, ohne sich dabei unwohl zu fühlen. Als ich beobachtete, wie die Menschen sich nach dem Film von meinem Freund abwandten, begriff ich, daß er für sie eine Bedrohung darstellte – nicht so sehr durch den Anblick eines verwundeten Körpers als vielmehr durch einen aktiven Körper, der durch Erfahrung gezeichnet und eingeschränkt war.

Dieser Wunsch, den Körper von Widerstand zu befreien, ist verbunden mit der Angst vor Berührung – einer Angst, die deutlich in der modernen Stadtplanung zum Vorschein kommt. Bei der Trassenführung von Autostraßen zum Beispiel lenken die Planer den Verkehrsfluß häufig so, daß eine Wohngemeinde von einem Gewerbegebiet abgeschnitten wird oder daß arme und reiche oder ethnisch verschiedene Viertel gegeneinander isoliert werden. Bei der Konzeption von Gemeinden konzentrieren sich die Planer oft darauf, Schulen und Wohnhäuser in der Mitte der Gemeinde zu bauen statt an deren Rändern, wo die Menschen in Kontakt mit Außenseitern kommen könnten. Die eingezäunte, mit Toren und Wächtern versehene, künstlich geschaffene Gemeinde wird Interessenten mehr und mehr als der Inbegriff des guten Lebens verkauft. Somit sind vielleicht auch die Beobachtungen des Soziologen M. P. Baumgartner in seiner Untersuchung der Vorstadt unweit des Einkaufszentrums, wo wir den Kriegsfilm sahen, nicht

William Hogarth
Beer Street
1750/51

überraschend: »Unser Alltag ist erfüllt von Anstrengungen, Konflikte zu leugnen, zu minimieren, zu unterdrücken und zu vermeiden. Die Menschen scheuen Konfrontationen und haben nicht die geringste Neigung, sich mit Beschwerden zu beschäftigen oder Fehlverhalten von anderen zu tadeln.«[3] Wenn wir etwas berühren, könnten wir Gefahr laufen, etwas oder jemanden als fremd zu empfinden. Unsere Technologie gestattet uns die Vermeidung dieses Risikos.

DER PASSIVE KÖRPER   27

William Hogarth
Gin Lane
1750/51

So erscheinen die beiden großartigen Stiche, die William Hogarth im Jahr 1751 geschaffen hat, dem modernen Auge seltsam. In diesen Stichen, *Beer Street* und *Gin Lane*, wollte Hogarth Bilder der Ordnung und Unordnung im London seiner Zeit schildern. *Beer Street* zeigt eine Gruppe von Menschen, die dicht beisammen sitzen und Bier trinken, die Männer legen die Arme um die Schultern der Frauen. Für Hogarth strahlten einander berührende Körper soziale Wärme und Ordnung aus, ganz so, wie heute jemand in einer kleinen süditalienischen Stadt die Hand ausstreckt und deine Hand oder deinen Unterarm packt, um ernsthaft mit dir zu reden. *Gin Lane* dagegen zeigt eine Gesellschaftsszene, in der jede Person stumpf in sich selbst zurückgezogen und betrunken ist; die Menschen in *Gin Lane* haben weder eine körperliche Wahrnehmung voneinander noch von den Stühlen, Bänken oder Häusern der Straße. Dieses Fehlen körperlichen Kontakts bestimmt Hogarths Bildnis von Unordnung im städtischen Raum. Seine Auffassung von physischer Ordnung und Unordnung in der Stadt war völlig verschieden von der, die der Erbauer abgeschlossener Gemeinden seinen die Menge fürchtenden Klienten vermittelt. Heute bedeutet Ordnung das Fehlen von Kontakt.

Indizien dieser Art – die ausgedehnte Geographie der modernen Stadt zusammen mit den neuen Technologien der Desensibilisierung des menschlichen Körpers – , haben einige Gesellschaftskritiker zu der Behauptung veranlaßt, zwischen unserer Gegenwart und der Vergangenheit bestehe eine tiefe Kluft. Sinnliche Wahrnehmung und körperliche Aktivität seien so stark ausgehöhlt, daß die moderne Gesellschaft einzigartig in der Geschichte dastehe. Dieser historische Wandel kann, so meinen diese Kritiker, am veränderten Charakter der städtischen Menge abgelesen werden. Einst eine Masse von Körpern, eng in den Zentren der Städte zusammengepfercht, hat sich die Stadtbevölkerung heute zerstreut. Sie trifft sich in Einkaufszentren zu Konsumzwecken, nicht aber zu komplexeren Zielen wie Gemeinschaft oder politischer Macht; in der modernen Menschenmenge wird die körperliche Anwesenheit anderer als bedrohlich empfunden. Diese Argumente haben Kritiker der Massengesellschaft, besonders Theodor W. Adorno und Herbert Marcuse, vorgebracht.[4]

Genau diese Behauptung einer Kluft zwischen Vergangenheit und Gegenwart aber bestreite ich. Die Geographie der modernen Stadt bringt ebenso wie die moderne Technologie tiefsitzende Probleme der westlichen Zivilisation zum Vorschein. Diese Probleme kreisen um die Schaffung von Räumen, die Menschen dazu bringen, einander wahrzunehmen. Der Computer-Bildschirm und die Inseln der städtischen Peripherie sind räumliche Nachbeben von Problemen, die auch auf den Straßen und Marktplätzen, in den

Kirchen oder Rathäusern, in den Häusern und Höfen der Vergangenheit nie gelöst wurden. Diese alten Steinbauten drängten die Menschen zusammen, zwangen sie zur Berührung, scheiterten aber daran, die körperliche Wahrnehmung, die Hogarths Radierung verspricht, zum Leben zu erwecken.

2. DER ENTWURF DES BUCHES

Als Lewis Mumford *The City in History* schrieb, erzählte er viertausend Jahre Stadtgeschichte, indem er die Entwicklung der Mauer, des Hauses, der Straße, des Platzes verfolgte – Grundformen, aus denen Städte gemacht worden sind. Ich bin weniger gelehrt, meine Perspektive ist begrenzter, und ich habe diese Geschichte anders geschrieben. Ich habe einzelne Städte zu besonderen Momenten untersucht, Momente, in denen der Ausbruch eines Krieges oder einer Revolution, die Einweihung eines Gebäudes, die Verkündung einer medizinischen Entdeckung oder das Erscheinen eines Buches für die Menschen einen bedeutsamen Punkt bezeichneten – in der Beziehung zwischen der Erfahrung der eigenen Körper und den Räumen, in denen sie lebten.

Fleisch und Stein beginnt damit auszuloten, was Nacktheit für die Athener der Antike beim Ausbruch des Peloponnesischen Krieges, auf der Höhe des Ruhms der antiken Stadt, bedeutete. Der nackte, zur Schau gestellte Körper wurde oft als das Emblem eines Volkes interpretiert, das ganz in sich ruhte und sich in seiner Stadt zu Hause fühlte; ich habe statt dessen versucht zu verstehen, wie dieses Körperideal zu einem Störfaktor in den Beziehungen zwischen Mann und Frau, bei der Gestaltung des städtischen Raums und in der Ausübung der athenischen Demokratie wurde.

Der zweite Abschnitt dieser Geschichte konzentriert sich auf das Rom der Zeit, als Kaiser Hadrian das Pantheon vollendete. Hier wollte ich den naiven römischen Glauben an die Macht der Bilder untersuchen, besonders den Glauben an Körpergeometrie und die Übertragung dieses Glaubens auf die Stadtplanung und die imperiale Machtausübung. Die Mächte des Auges hielten das heidnische Rom buchstäblich in Bann und stumpften seine Sensibilität ab, ein Bann, den die Christen zu Hadrians Zeit in Frage zu stellen begannen. Die frühen für christliche Körper geschaffenen Räume habe ich an dem Punkt zu verstehen gesucht, als der christliche Kaiser Konstantin nach Rom zurückkehrte und die Lateranbasilika erbaute.

Die Untersuchung wendet sich dann der Art und Weise zu, wie christliche Körperauffassungen das Bild der Stadt im Hochmittelalter und in der frühen Renaissance prägen. Das körperliche Leiden Christi am Kreuz bot den Parisern des Mittelalters – zur Zeit des Erscheinens der großen Bibel Ludwigs des Heiligen 1250 – eine Möglichkeit, über Räume der Wohltätigkeit und Zuflucht in der Stadt nachzudenken; diese Räume nisteten jedoch unbehaglich zwischen Straßen, die der Freisetzung körperlicher Aggression in einer neuen Marktwirtschaft überlassen waren. In der Renaissance fühlten die Christen in den Städten ihre Gemeinschaftsideale bedroht, als es Nicht-Christen und Nicht-Europäer in den europäischen städtischen Wirtschaftsraum zog; ich habe mir ein Beispiel ausgesucht, wie diese bedrohlichen Differenzen sich äußerten: die Schaffung des jüdischen Ghettos in Venedig im Jahr 1516.

Der Schlußteil von *Fleisch und Stein* erforscht, was mit dem städtischen Raum geschah, als das moderne wissenschaftliche Körperverständnis sich von dem früheren medizinischen Wissen löste. Diese Revolution begann, als im frühen 17. Jahrhundert Harveys *De motu cordis* (*Die Bewegung des Herzens und des Blutes*) erschien, ein wissenschaftliches Werk, das den Großen Blutkreislauf nachwies. Das neue Bild des Körpers als Kreislaufsystem löste die Versuche des 18. Jahrhunderts aus, Körper frei in der Stadt zirkulieren zu lassen. Im revolutionären Paris geriet diese neue Vorstellung körperlicher Freiheit in Konflikt mit dem Bedürfnis nach kommunalem Raum und kommunalem Ritual, und die modernen Symptome sinnlicher Passivität traten zum ersten Mal auf. Der Triumph der individualisierten Bewegung in der Gestaltung der großen Städte des 19. Jahrhunderts führte zu dem besonderen Dilemma, in dem wir heute leben: dem sich frei bewegenden einzelnen Körper fehlt die körperliche Wahrnehmung anderer Menschen. Der psychologische Preis für dieses Dilemma stand dem Romanschriftsteller E. M. Forster im imperialen London klar vor Augen, und der zivilisatorische Preis, den die Stadt bezahlt, liegt heute im multikulturellen New York offen zutage.

Es ist unmöglich, all dies ganz zu beherrschen. Ich habe dieses Buch als begeisterter Laie geschrieben, und ich hoffe, der Leser wird der Argumentation im selben Geiste folgen. Diese kurze Zusammenfassung des Inhalts führt aber unvermeidlich zu einer Frage: Um wessen Körper geht es hier? Der »menschliche Körper« deckt schließlich ein ganzes Kaleidoskop von Lebensaltern, Geschlechtern und Rassen ab, und alle diese Körper besitzen einen eigenen, besonderen Raum in den Städten der Vergangenheit und der Gegenwart. Statt sie zu katalogisieren, habe ich versucht, den unterschiedlichen Gebrauch zu verstehen, der in der Vergangenheit von kollektiven, allgemeinen Bildern »des menschlichen Körpers« gemacht wurde. Leitbilder »des Körpers« verdrängen oft die gegenseitige, sinnliche Wahrnehmung vor allem unter denjenigen, deren Körper sich voneinander unterscheiden. Wenn eine Gesellschaft oder politische Ordnung im allgemeinen über »den Körper« spricht, dann kann sie die Bedürfnisse von Körpern, die nicht dem Ideal entsprechen, verleugnen.

Eine Form des Leitbildes vom Körper offenbart sich in dem Ausdruck »politischer Körper« (*the body politic*); er bringt das Bedürfnis nach sozialer Ordnung zum Ausdruck. Der Philosoph Johannes von Salisbury hat die vielleicht buchstäblichste Definition des politischen Körpers gegeben, als er im Jahr 1159 erklärte: »Der Staat (*res publica*) ist ein Körper.«[5] Er meinte, daß ein Herrscher in der Gesellschaft genau wie ein menschliches Gehirn fungierte, die Berater des Herrschers wie ein Herz; die Kaufleute waren der Magen der Gesellschaft, Soldaten ihre Hände, Bauern und Knechte die Füße. Seine Vorstellung war hierarchisch: soziale Ordnung begann im Gehirn, dem Organ des Herrschers. Johannes von Salisbury stellte eine direkte Verbindung zwischen der Gestalt des menschlichen Körpers und der Form der Stadt her: den Palast oder die Kathedrale einer Stadt sah er als deren Kopf, den Markt als ihren Magen, die Hände und Füße der Stadt als ihre Häuser. Die Menschen sollten sich in einer Kathedrale langsam bewegen, weil das Gehirn ein reflektierendes Organ war, schnell auf einem Marktplatz, weil die Verdauung einem schnell brennenden Feuer im Magen glich.

Johannes von Salisbury schrieb als Wissenschaftler; herauszufinden, wie das Gehirn funktionierte, so glaubte er, würde einem König zeigen, wie man Gesetze machte. Die moderne Soziobiologie hat sich ihrem Ziel nach nicht weit von dieser mittelalterlichen Wissenschaft entfernt; auch sie sucht zu begründen, daß die Gesellschaft sich nach den angenommenen Diktaten der Natur richten sollte. Sowohl in seiner mittelalterlichen als auch in seiner modernen Form begründet der politische Körper die Norm einer Gesellschaft mit einem herrschenden Körperbild.

Und war es auch ungewöhnlich, daß Johannes von Salisbury die Analogie von Körpergestalt und Stadtgestaltung so wörtlich nahm, so wurden im Lauf der städtischen Entwicklung Leitbilder »des Körpers« in transfigurierter Form doch häufig benutzt, um zu definieren, wie ein Gebäude oder eine ganze Stadt aussehen sollte. Die Athener der Antike, die den nackten Körper feierten, suchten der Nacktheit eine physische Bedeutung in den Gymnasien von Athen und eine metaphorische Bedeutung in den politischen Räumen der Stadt zu geben. Allerdings schränkten sie die menschliche Gestalt auf den männlichen Körper ein, und der jugendliche maskuline Körper wurde idealisiert. Wenn die Venezianer der Renaissance von der Würde »des Körpers« in der Stadt sprachen, dann dachten sie nur an christliche Körper – eine Ausschließlichkeit, aus der das Wegsperren der in ihren Augen halb menschlichen und halb tierischen Körper der Juden logisch folgte. Auf diese Weise übt der politische Körper Macht aus und schafft eine städtische Form; er spricht von *einem* Bild des Körpers, und das ist eine Sprache, die andere Körperbilder ausschließt und unterdrückt.

Und doch hat es etwas Paranoides, über diese Sprache vom Körper und vom *body politic* nur als eine Machttechnik nachzudenken; indem sie in der Einzahl spricht, kann eine Gesellschaft auch erproben, ob ihre Menschen zusammenzuschweißen sind. Dieses Sprechen von dem einen Körper hat ein ganz eigentümliches Schicksal erlitten, als es auf den städtischen Raum übersetzt wurde.

Im Lauf der westlichen Entwicklung sind herrschende Körperbilder zerbrochen, als man sie der Stadt aufzwang. Ein Leitbild des Körpers ruft unter den Menschen, die es beherrscht, zwangsläufig Ambivalenz hervor, denn jeder menschliche Körper ist in seiner

Sinnlichkeit ganz eigen, und jedes menschliche Wesen empfindet widersprüchliche körperliche Begierden. Die körperlichen Widersprüche und Ambivalenzen, hervorgerufen durch das kollektive Leitbild, haben sich selbst in den westlichen Städten in der Veränderung und im Verschwimmen der städtischen Form und der subversiven Nutzung des urbanen Raums Ausdruck verschafft. Und genau diese notwendige Widersprüchlichkeit und Fragmentierung »des menschlichen Körpers« im städtischen Raum hat dazu beigetragen, unterschiedlichen menschlichen Körpern ihre Rechte zu geben und ihnen Würde zu verleihen.

Statt dem eisernen Griff der Macht nachzuspüren, nimmt *Fleisch und Stein* eines der großen Themen der westlichen Zivilisation auf, mit denen sich bereits das Alte Testament wie auch die griechische Tragödie befassen. Es geht darum, daß die belastete und unglückliche Erfahrung unserer Körper uns die Welt, in der wir leben, bewußter macht. Die Übertretungen von Adam und Eva, die Scham über ihre Nacktheit, ihre Vertreibung aus dem Paradies erzählen die Geschichte des Werdegangs der ersten Menschen – und dessen, was sie verloren. Im Paradies waren sie unschuldig, unwissend und gehorsam. Draußen in der Welt wurden sie wissend; sie wußten, daß sie unvollkommene Kreaturen waren, und so blickten sie sich um, suchten zu verstehen, was fremd und anders war; sie waren nicht mehr die Kinder Gottes, denen alles gegeben wurde. Sophokles' *Oidipus Coloneus* erzählt eine verwandte Geschichte. Nachdem Ödipus sich die Augen herausgerissen hat, wandert er umher, sich einer Welt neu bewußt, die er nicht mehr zu sehen vermag; gedemütigt nun, rückt er den Göttern näher.

Schon in ihren Ursprüngen wird unsere Zivilisation vom Körper im Schmerz in Frage gestellt. Wir haben das Leiden nicht einfach als unvermeidliche, unbesiegbare Erfahrung akzeptiert, die in ihrer Bedeutung selbstverständlich wäre. Die Rätsel körperlichen Schmerzes prägten die griechischen Tragödien und die frühchristlichen Bemühungen, den Gottessohn zu begreifen. Die Frage körperlicher Passivität und passiver Reaktion auf andere ist auf ähnliche Weise tief in unserer Zivilisation verwurzelt. Die Stoiker kultivierten eine passive Haltung sowohl der Lust als auch dem Schmerz gegenüber, wogegen ihre christlichen Erben die Gleichgültigkeit gegen ihre eigenen Empfindungen mit der aktiven Teilnahme am Leiden ihrer Brüder zu verbinden suchten. Die westliche Zivilisation hat sich geweigert, das Leiden »einzubürgern«, sie hat entweder versucht, den Schmerz als der sozialen Kontrolle zugänglich zu behandeln, oder ihn als Bestandteil einer höheren Vorsehung zu akzeptieren. Ich bin weit davon entfernt zu behaupten, die Alten seien unsere Zeitgenossen. Und doch tauchen diese Themen in der westlichen Geschichte immer wieder auf, umgeformt und überarbeitet, unruhig und beharrlich.

Die Leitbilder des Körpers, die in unserer Geschichte vorherrschen, wollen uns das Wissen über den Körper außerhalb des Paradieses verweigern. Denn sie versuchen, die Vollständigkeit des Körpers als System und seine Einheit mit der Umgebung, die er beherrscht, zu suggerieren. Ganzheit, Einheit, Kohärenz: dies sind Schlüsselwörter im Vokabular der Macht. Unsere Zivilisation hat diese Herrschaftssprache durch ein sakraleres Bild des Körpers bekämpft, ein heiliges Bild, in dem der Körper mit sich selbst im Krieg zu liegen scheint, eine Quelle des Leidens und Unglücks. Menschen, die in der Lage sind, diese Dissonanz und Inkohärenz in sich selbst anzuerkennen, vermögen die Welt, in der sie leben, zu verstehen, statt sie zu beherrschen. Dies ist das feierliche Versprechen unserer Kultur.

Fleisch und Stein versucht zu verstehen, wie dieses Versprechen an einem ganz besonderen Ort gegeben – und gebrochen – wurde: in der Stadt. Die Stadt hat als Stätte der Macht gedient, ihre Räume wurden im Bild des Menschen zu einem kohärenten Ganzen gemacht. Die Stadt war auch der Raum, in dem diese Leitbilder auseinandergebrochen sind. Die Stadt bringt Menschen zusammen, die verschieden sind, sie intensiviert die Komplexität des sozialen Lebens, sie stellt Menschen einander als Fremde vor. All diese Aspekte der urbanen Erfahrung – Differenz, Komplexität, Fremdheit – bieten Widerstand gegen Herrschaft. Diese zerklüftete und schwierige urbane Landschaft gibt ein besonderes moralisches Versprechen. Sie kann jenen als Heimat dienen, die sich selbst als Exilierte des Gartens akzeptieren.

3. EINE PERSÖNLICHE BEMERKUNG

Ich habe die Untersuchung des Körpers zusammen mit Michel Foucault begonnen, eine Arbeit, die wir in den späten 70er Jahren aufnahmen.[6] Der Einfluß meines Freundes wird überall auf diesen Seiten deutlich. Als ich mich dieser Geschichte einige Jahre nach seinem Tod wieder zuwandte, setzte ich sie nicht so fort, wie wir sie begonnen hatten.

In seinen bekanntesten Büchern wie *Überwachen und Strafen* stellte sich Foucault den menschlichen Körper beinahe erwürgt von der gesellschaftlichen Macht vor. Als sein eigener Körper schwächer wurde, suchte er diesen Knoten zu lockern; im dritten Band von *Sexualität und Wahrheit* und mehr noch in den Notizen zu den Bänden, die er nicht mehr vollenden konnte, versuchte er, körperliche Lüste zu erforschen, die nicht Gefangene der Gesellschaft sind. Eine gewisse Paranoia der Kontrolle gegenüber, die einen Großteil seines Lebens bestimmt hatte, verließ ihn, als er im Sterben lag.

Die Weise seines Sterbens ließ mich – neben vielen Revisionen, die ein Tod in den Köpfen derer, die überleben, hervorruft – an eine Bemerkung denken, die Wittgenstein einmal gemacht hat und die die Auffassung anzweifelt, gebauter Raum spiele eine Rolle für den Schmerz leidenden Körper. »Kennen wir den Ort des Schmerzes...«, fragt Wittgenstein, »so daß wir wissen, wenn wir wissen, daß wir Schmerzen haben, wie weit sie von den Wänden dieses Zimmers entfernt sind und wie weit vom Fußboden? ... Muß der Schmerz, um ein Zahnschmerz zu sein, einen Millimeter von meiner Fingerspitze entfernt sein?«[7]

Indem ich *Fleisch und Stein* schrieb, wollte ich die Würde meines sterbenden Freundes ehren, denn er akzeptierte den Körper im Schmerz – seinen eigenen und die heidnischen Körper, über die er in seinen letzten Monaten schrieb –, als einen, der außerhalb der Grenzen solcher Berechnung lebte. Und aus diesem Grund habe ich mich von dem Brennpunkt, von dem wir ausgegangen waren, wegbewegt: nämlich den Körper in der Gesellschaft durch das

Prisma der Sexualität zu untersuchen. Stellt die Befreiung des Körpers von den viktorianischen Zwängen auch ein großes Ereignis in der modernen Kultur dar, so brachte diese Befreiung doch die Verengung der körperlichen Sinnlichkeit auf sexuelle Begierde mit sich. Auch wenn ich in *Fleisch und Stein* versuche, Fragen der Sexualität in das Thema der körperlichen Wahrnehmung anderer Menschen einzubeziehen, habe ich doch auf die Wahrnehmung von Schmerz ebenso großes Gewicht wie auf die Verheißungen der Lust gelegt. Dieses Thema ehrt den jüdisch-christlichen Glauben an das spirituelle Wissen, das im Körper liegt, und als in diesem Sinne Gläubiger habe ich das Buch geschrieben. Ich habe zu zeigen gesucht, wie jene, die aus dem Garten vertrieben wurden, eine neue Heimat in der Stadt finden können.

TEIL EINS
DIE MÄCHTE VON STIMME UND AUGE

ERSTES KAPITEL
NACKTHEIT

*Der Körper des Bürgers
im perikleischen Athen*

Im Jahre 431 v. Chr. erschütterte ein Krieg die Alte Welt, der die Städte Athen und Sparta gegeneinander warf. Athen begann den Krieg mit überlegener Gewißheit und beendete ihn 27 Jahre später mit einer verheerenden Niederlage. Für Thukydides, den athenischen General, der seine Geschichte niederschrieb, war der Peloponnesische Krieg ebenso ein sozialer wie ein militärischer Konflikt, der Zusammenstoß zwischen dem militarisierten Leben Spartas und der offenen Gesellschaft Athens. Die Werte der athenischen Seite stellte Thukydides in einer Grabrede dar, die Perikles, Athens führender Bürger, im Winter 431/30 hielt und in der

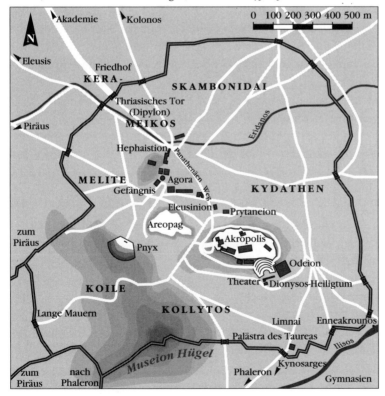

Plan von Athen um 400 v. Chr.

er der frühen Opfer des Krieges gedachte. Wir wissen nicht, wie genau die von Thukydides geschriebenen Worte den von Perikles gesagten entsprachen; jedenfalls scheint die Rede im Lauf der Zeit zu einem Spiegel des Zeitalters geworden zu sein.

Die Grabrede versuchte, nach den Worten der Historikerin Nicole Loraux, »die Trauer der Eltern in Stolz zu verwandeln«.[1] Die gebleichten Gebeine der jungen Toten hatte man in Särge aus Zypressenholz gelegt, ein Trauerzug geleitete sie zu einem Gräberfeld draußen vor den Mauern der Stadt, gefolgt von einer riesigen Menge Trauernder; der Friedhof sollte die Toten unter dem Dach von Schirmpinien aufnehmen, deren Nadeln schon einen dichten Teppich über frühere Gräber gebreitet hatten. Hier erwies Perikles den Gefallenen Ehre, indem er den Ruhm ihrer Stadt pries. »Die Macht ist in den Händen nicht einer Minderheit, sondern des ganzen Volkes«, erklärte er, »nach dem Gesetz haben alle ihr gleiches Teil.«[2] Im Griechischen bedeutet das Wort »Demokratie«, daß das »Volk« (*demos*) die »Macht« (*kratos*) im Staat ist. Das athenische Volk ist tolerant und kosmopolitisch; »unsere Stadt verwehren wir keinem.«[3] Und anders als die Spartaner, die blind und dumm Befehlen folgen, debattieren und diskutieren die Athener miteinander; »wir glauben nicht«, erklärt Perikles, »an die Unvereinbarkeit von Worten und Taten«.[4]

Perikles nahm etwas als gegeben, was für einen modernen Menschen höchst erstaunlich ist. Die bildende Kunst zeigt die Führer der jungen Krieger fast nackt, ihre unbekleideten Körper nur durch kleine Handschilde und Speere geschützt. In der Stadt rangen die jungen Männer auch im Gymnasium nackt; die losen Kleider, die die Männer in den Straßen und auf öffentlichen Plätzen trugen, zeigten offen ihre Körper. Wie der Kunsthistoriker Kenneth Clark bemerkt, bedeutete ein nackt gezeigter Körper bei den Griechen die Anwesenheit einer starken und nicht einer verletzlichen Person – und mehr noch: einer zivilisierten Person.[5] Zu Beginn von Thukydides' Darstellung des Peloponnesischen Krieges verfolgt der Historiker etwa den Fortschritt der Zivilisation bis zum Ausbruch des Krieges; als ein Zeichen dieses Fortschritts bemerkt er über die Spartaner, daß sie »die ersten waren, die bei den Spielen nackt waren, ihre Kleider öffentlich auszogen«[6], wogegen unter den *Barbaren* seiner Zeit viele noch darauf bestanden, ihre Genitalien in der Öffentlichkeit bei den Spielen zu bedecken. (*Barbaroi* kann sowohl mit »Fremde« als auch mit »Barbaren« übersetzt werden.) Der zivilisierte Grieche hatte seinen entblößten Körper in einen Gegenstand der Bewunderung verwandelt.

Für den Athener der Antike bestätigte die Selbstdarstellung die eigene Würde als Staatsbürger. Die athenische Demokratie legte großen Wert darauf, daß ihre Bürger anderen ihre Gedanken in derselben Weise offenlegten wie die Männer ihre Körper entblößten. Diese gegenseitigen Akte des Offenlegens sollten den Zusammenhalt zwischen den Bürgern festigen. Wir könnten diese Verbindung heute »Männerbund« nennen; die Athener nahmen sie wörtlich. Im antiken Griechenland konnten die Worte zur Beschreibung erotischer Liebe zu einem anderen Mann auch dazu dienen, die eigene Verbundenheit mit dem Stadtstaat auszudrücken. Ein Politiker wollte wie ein Liebhaber oder Krieger erscheinen.

Dieses Beharren auf dem Zeigen, Entblößen und Enthüllen drückt den Steinen Athens seinen Stempel auf. Das großartigste Bauwerk der perikleischen Zeit, der Parthenon-Tempel, wurde auf einem Hügel plaziert, so daß er an jeder Stelle der unterhalb liegenden Stadt dem Blick ausgesetzt war. Der große zentrale Platz der Stadt, die Agora, besaß nur wenige Bereiche, deren Betreten verboten war. Bei den demokratischen politischen Räumen, die die Athener bauten, war besonders bemerkenswert, daß das in den Hügel Pnyx gebaute Theater, in dem die Versammlung aller Bürger stattfand, in der Organisation der Menge und der Wahlregeln deutlich sichtbar zu machen suchte, wie Individuen und kleine Gruppen unter den Augen aller wählten. Die Nacktheit könnte in der Tat als das Merkmal eines Volkes erscheinen, das in der Stadt vollkommen zu Hause war: die Stadt war der Ort, an dem man sich in heiterer Nacktheit zeigen konnte – anders als die Barbaren, die ohne den Schutz des Steins ziellos auf der Erde umherwanderten. Perikles feierte ein Athen, in dem zwischen Fleisch und Stein Harmonie zu herrschen schien.

Der Wert, der der Nacktheit beigemessen wurde, leitete sich zum Teil aus der Denkweise der Griechen der perikleischen Zeit über das Innere des menschlichen Körpers ab. Die Körperwärme war der Schlüssel zur menschlichen Physiologie: diejenigen, die über das höchste Maß an körperlicher Wärme geboten, brauchten wenig Bekleidung. Darüber hinaus reagierte der warme Körper stärker, fiebriger auf andere als der kalte und träge Körper; warme Körper waren stark, sie besaßen sowohl die Hitze zu agieren als auch zu reagieren. Diese physiologischen Prinzipien übertrugen sich auf den Gebrauch der Sprache. Wenn Menschen zuhörten, sprachen oder lasen, dann nahm man an, daß ihre Körpertemperatur stieg und damit wiederum ihr Wunsch zu handeln – eine Annahme über den Körper, die Perikles' Glauben an die Einheit von Wort und Tat zugrunde lag.

Dieses griechische Physiologieverständnis macht die Idealisierung der Nacktheit weit komplexer als der krasse Gegensatz, den Thukydides zwischen einem Griechen herstellte, der stolz auf seinen Körper und stolz auf seine Stadt war, und dem in zusammengestückelte Felle gehüllten Barbaren, der im Wald oder in den Sümpfen lebte. Die griechische Auffassung des menschlichen Körpers legte unterschiedliche Rechte – und Unterschiede im städtischen Raum – für Körper mit unterschiedlichen Wärmegraden nahe. Diese Unterschiede deckten sich auf höchst bemerkenswerte Weise mit der Trennung der Geschlechter, da Frauen als kältere Versionen der Männer galten. Frauen zeigten sich in der Stadt nicht nackt; überdies war ihr Aufenthalt zumeist auf das Innere des Hauses beschränkt, als passe der lichtlose Innenraum besser zu ihrer Physiologie als die offenen, sonnigen Plätze. Im Haus trugen sie eine Tunika aus dünnem Stoff, die bis zu den Knien reichte; die Tunika für die Straße war knöchellang und aus rauhem undurchsichtigen Leinen. Auch die Behandlung von Sklaven beruhte auf der Annahme, daß die harten Umstände der Knechtschaft die Körpertemperatur des Sklaven, selbst wenn er ein adliger Gefangener war, senkte, so daß er immer begriffsstutziger wurde, der Sprache immer unfähiger, zunehmend weniger menschlich, geeignet nur noch für die harte Arbeit, die die Herren ihm auferlegten. Die von Perikles gefeierte Einheit von Wort und Tat erfuhren nur männliche Bürger, deren »Natur« sie dafür ausrüstete. Das heißt, die Griechen verwandten die Wissenschaft von der Körperwärme, um Regeln der Beherrschung und Unterwerfung zu verfügen.

Nicht nur Athen hatte sich diesem herrschenden Körperbild und der auf ihm beruhenden radikal ungleichen Behandlung von Menschen und der dadurch diktierten Organisation des Raums verschrieben. Das Athen der Zeit des Perikles spricht jedoch in der heutigen Zeit zu uns, wie es das antike Sparta vielleicht nicht tut, weil sein Leitbild des Körpers zu Krisen der athenischen Demokratie führte. In seiner Geschichte kam Thukydides wieder und wieder auf die Themen der Grabrede zurück; er fürchtete das absolute Vertrauen in das Gemeinwesen, das Perikles zum Ausdruck brachte. Thukydides' Geschichte zeigte statt dessen, daß sich in wesentlichen Augenblicken der Glaube der Menschen an ihre eigene Macht als selbstzerstörerisch erwies; daß athenische Körper im Schmerz keine Linderung in den Steinen der Stadt zu finden vermochten. Die Nacktheit bot keinen Balsam für das Leiden.

Thukydides erzählt also eine warnende Geschichte über eine große Anstrengung der Selbstdarstellung am Beginn unserer Zivilisation. In diesem Kapitel werden wir den Hinweisen folgen, die er darauf gibt, wie diese Selbstdarstellung durch die Hitze der Wörter, durch die Flammen der Rhetorik zerstört wurde. Im nächsten Kapitel werden wir die andere Seite der Medaille untersuchen: wie diejenigen, die kalte Körper waren, sich weigerten, stumm zu leiden, und statt dessen danach strebten, ihrer Kälte in der Stadt Bedeutung zu verleihen.

1. DER KÖRPER DES BÜRGERS

Perikles' Athen

Stellen wir uns zum Verständnis der Stadt, die Perikles pries, einen Spaziergang im Athen des ersten Kriegsjahres vor, und beginnen wir auf dem Friedhof, wo er gesprochen haben dürfte. Der Friedhof lag jenseits der Mauern der Stadt am nordwestlichen Rand von Athen – außerhalb der Stadtmauern, weil die Griechen die Körper der Toten fürchteten: Verunreinigung ging von den gewaltsam zu Tode Gekommenen aus, und alle Toten mochten nachts herumspuken. Stadtwärts kämen wir zum Thriasischen Tor (später Dipylontor, Doppeltor, genannt), dem Haupteingang in die Stadt. Das Tor bestand aus vier monumentalen Türmen, die um einen zentralen Hof angeordnet waren. Für einen friedlichen Besucher, der in Athen ankam, bemerkte ein moderner Historiker, war das Thriasische Tor »ein Symbol der Macht und Unzerstörbarkeit der Stadt«.[7]

Die Mauern Athens erzählen die Geschichte seines Aufstiegs zur Macht. Athen entwickelte sich ursprünglich um die Akropolis herum, eine Erhebung, die sich mit primitiven Waffen verteidigen ließ. Vielleicht tausend Jahre vor Perikles bauten die Athener eine Mauer, um die Akropolis zu schützen; Athen entwickelte sich von hier aus hauptsächlich nach Norden, und unvollständige Belege zeigen, daß die Athener während des siebten vorchristlichen Jahrhunderts die neuen Stadtteile wiederum mit einer Mauer umgaben. Die frühe Stadt jedoch war kaum eine befestigte Burg. Die geographische Lage machte die Verteidigung kompliziert, weil Athen, wie viele andere antike Städte, in der Nähe des Wassers, nicht aber direkt am Wasser lag; der Hafen Piräus war sechs Kilometer entfernt.

Die Lebenslinie, die Stadt und Meer verband, war verletzlich. 480 v. Chr. überfielen die Perser Athen, und die existierenden Mauern boten wenig Schutz; um zu überleben, mußte die Stadt befestigt werden. Um 470 begann die ernsthafte Befestigung von Athen in zwei Stufen; die erste umschloß die Stadt selbst, die zweite verband sie mit dem Meer. Eine Mauer verlief bis Piräus, eine andere zu dem kleineren Hafen Phaleron östlich von Piräus.

Die Mauern bezeichneten eine Geographie bitterer Fron, von der die Grabrede schweigt. Das Territorium, das zu Athen gehörte, war weit größer als das Gebiet, das die Mauern umschlossen. Das Land um Athen, die *chora*, etwa zwölfhundert Quadratkilometer, eignete sich zur Schaf- und Ziegenzucht besser als zur Rinderhaltung, zum Anbau von Gerste eher als zum Anbau von Weizen. Das Land war um 600 weithin entwaldet, was zu den ökologischen Schwierigkeiten beitrug; der griechische Bauer pflegte seine Olivenbäume und seine Weinstöcke, indem er sie stark zurückschnitt – eine weitverbreitete Praxis im Mittelmeerraum, welche die ausgedörrte Erde noch stärker der Sonne aussetzte. Das Land war so unfruchtbar, daß zwei Drittel des Getreidebedarfs von Athen importiert werden mußten. In der Chora wurde Silber gewonnen, und nachdem die Schutzwälle einmal vollendet waren, begann man auf dem Land große Marmorbrüche zu betreiben. Die Landwirtschaft basierte hauptsächlich auf kleinen Gehöften, die von Bauern mit einem oder zwei Sklaven bewirtschaftet wurden. Die ganze antike Welt war vorwiegend eine Welt der Landwirtschaft. »Es ist eher eine vorsichtige Schätzung«, schreibt die Historikerin Lynn White, »daß selbst in ziemlich wohlhabenden Gebieten mehr als zehn Leute auf dem Land arbeiten mußten, damit eine Person von anderer als Landarbeit leben konnte.«[8]

Aristoteles erschien – ebenso wie anderen Griechen und überhaupt den Eliten in westlichen Gesellschaften bis in die Moderne hinein – der materielle Existenzkampf als etwas Erniedrigendes; es gab tatsächlich, so wurde festgestellt, im antiken Griechenland kein »Wort, mit dem man die allgemeine Bedeutung von ›Arbeit‹ oder die Vorstellung von Arbeit ›als einer anerkannten sozialen Funktion‹ ausdrücken konnte.«[9] Ein Grund dafür war vielleicht die bloße, überwältigende Notwendigkeit, daß die breite Masse einfach schuften mußte, was so sehr ein Tatbestand ihres Lebens war, daß die Arbeit zum Leben selbst wurde. Der antike Chronist Hesiod schreibt in *Werke und Tage* über die Menschen, daß sie »niemals bei Tage ruhen... von Mühsal und Leid, nicht einmal die Nächte«.[10]

Diese angestrengte Ökonomie machte die Zivilisation der Stadt erst möglich. Sie verlieh der Bedeutung der Begriffe »städtisch« und »ländlich« einen bitteren Beigeschmack. Im Griechischen können diese Wörter, *asteios* und *agroikos*, auch als »geistreich« und »ungeschlacht« übersetzt werden.[11]

Nach dem Durchschreiten des Tors nimmt die Stadt einen weniger abweisenden Charakter an. Wenn wir durch das Thriasische Tor eintreten, gelangen wir direkt ins Herz des Töpferviertels (*kerameikos*). Die Töpfer konzentrierten sich in der Nähe neuer Friedhöfe außerhalb der Mauer und der alten Begräbnisstätten, weil die Urne ein wesentlicher Bestandteil einer jeden Beerdigung war. Vom Thriasischen Tor ins Stadtzentrum führte eine breite Straße, die aus der Zeit um fünfhundert Jahre vor Perikles stammte; ursprünglich von riesigen Vasen gesäumt, hatte man im Jahrhundert vor Perikles damit begonnen, kleinere Säulen (*stelai*) an ihren Rändern aufzustellen, Beweis für die aufblühende Steinmetzkunst in Athen. Während dieses Jahrhunderts entwickelten sich entlang der Straße weitere Formen von Geschäft und Handel.

Diese Hauptstraße wurde *dromos* oder der Panathenäische Weg genannt. Geht man den Weg hinunter, kommt man an den Eridanos, einen kleinen Fluß, der durch den nördlichen Teil der Stadt fließt; die Straße führt dann um den Kolonos Agoraios, und man erreicht den zentralen Platz von Athen, die Agora. Vor dem Angriff der Perser auf die Stadt lagen die meisten Gebäude der Agora auf der Seite des Kolonos Agoraios; diese Gebäude waren die ersten, die nach der Katastrophe wieder aufgebaut wurden. Vor ihnen liegt ein rhombenförmiger Platz von etwa zehn Morgen. Hier, auf diesem offenen Platz der Agora, trieben die Athener Tauschhandel und Geldgeschäfte, politisierten und ehrten die Götter.

Hätte ein Besucher den Panathenäischen Weg verlassen, so hätte er eine ganz andere Stadt gesehen. Die athenischen Wälle, etwa sechs Kilometer lang, versehen mit fünfzehn Haupttoren, umgaben in einem unregelmäßigen Kreis eine Stadt, die vollgestopft war mit niedrigen Häusern und engen Gassen. Zur Zeit des Perikles war die Bebauung in dem Gebiet in der südwestlichen Ecke, der *koile*, am dichtesten. Die athenischen Häuser, normalerweise nur ein Stockwerk hoch, waren aus Stein und gebrannten Ziegeln gebaut; war eine Familie wohlhabend genug, öffneten sich die Räume auf einen ummauerten Innenhof, oder ein zweites Stockwerk wurde aufgesetzt. Die meisten Häuser verbanden Lebensraum der Familie und Arbeitsplatz, entweder als Laden oder als Werkstatt. Es gab zusätzlich zum Hauptmarkt um die Agora abgetrennte Bezirke und Märkte für die Herstellung und den Verkauf von Keramik, Getreide, Öl, Silber und Marmorfiguren. Von »Griechenlands Größe« war in diesen Bezirken mit ihren kahlen schmuddeligen Mauern und den Gassen, die nach Urin und Bratöl rochen, wenig zu entdecken.

Beim Verlassen der Agora auf dem Panathenäischen Weg würden wir feststellen, daß das Land wieder ansteigt, diesmal verläuft der Weg vom Nordwesten bis unter die Mauern der Akropolis, und die Straße gipfelt im großen Eingangshaus der Akropolis, den *propylaia*. Ursprünglich eine Festung, war die Akropolis zu Beginn der klassischen Zeit zu einem ausschließlich religiösen Gelände geworden, zu einer heiligen Domäne oberhalb des bunteren Lebens auf der Agora. Aristoteles glaubte, daß diese Verschiebung des Ortes in den politischen Veränderungen der Stadt eine Entsprechung fand. In der *Politeia* schreibt er: »Eine Burg [Akropolis] gehört zu einer Oligarchie oder Monarchie, eine ebene Fläche zur Demokratie.«[12] Dennoch versinnbildlichte das erstaunlichste Bauwerk auf der Akropolis, der Parthenon, den Ruhm der Stadt selbst.

Der Parthenon wurde 447 v. Chr. an der Stelle eines früheren Tempels begonnen und vielleicht 431 v. Chr. endgültig fertiggestellt. Der Bau des neuen Parthenons, an dem Perikles aktiv teilnahm, schien ihm ein Sinnbild der athenischen Tugend zu sein, denn er stellte eine gemeinsame bürgerliche Anstrengung dar. Die peloponnesischen Feinde, so sagte er in einer Rede vor Kriegsbeginn, »bebauen ihr eigenes Land selbst«, ein Umstand, für den er nur Verachtung fand; »die ihr eigenes Land bebauen, sind im Krieg mehr um ihr Geld als um ihr Leben besorgt.« Anders als die Athener »betreiben sie in der Hauptsache ihre Sondergeschäfte«. Athen war stärker, weil seinen Feinden nicht bewußt war, »daß [die] eigene Sorglosigkeit... die gemeinsame Sache ganz und gar verdirbt.«[13] Das griechische Wort für Stadt, *polis*, bedeutete einem Athener wie Perikles weit mehr als ein Ort auf der Landkarte; es bedeutete den Ort, an dem Menschen zu einer Einheit verschmolzen.

Die Plazierung des Parthenons in der Stadt dramatisierte seinen kollektiven bürgerlichen Wert. Von vielen Stellen der Stadt aus sichtbar, von neuen oder sich ausweitenden Bezirken ebenso wie von älteren Vierteln, lag die Ikone der Einheit schimmernd in der Sonne. M. I. Finley hat diese Eigenschaft der Selbstdarstellung, des Gesehen-Werdens, »eine Orientierung nach außen« genannt. Er sagt: »In dieser Hinsicht ist der übliche Eindruck höchst irreführend: Wir sehen Ruinen, wir blicken durch sie hindurch, wir laufen im Inneren des Parthenons herum... Was die Griechen sahen, war etwas ganz anderes...«[14] Es kam auf das Äußere des Gebäudes an; wie nackte Haut war dies eine durchgehende, sich selbst genügende, fesselnde Oberfläche. Bei einem architektonischen

Die Akropolis
von Athen
5. Jahrh. v. Chr.
*Scala/Art
Resource, N. Y.*

Gegenstand ist die Oberfläche nicht mit der Fassade identisch; eine Fassade wie die der Kathedrale Notre Dame in Paris vermittelt ein Gefühl davon, daß die innere Masse des Gebäudes die äußere Fassade hervorgebracht hat, während die Haut des Parthenons, bestehend aus Säulen und Dach, nicht wie eine vom Inneren nach außen getriebene Form wirkt. In dieser Hinsicht gibt der Tempel einen Hinweis auf die städtische Form Athens im allgemeinen; städtisches Volumen entstand aus dem Spiel der Oberflächen.

Selbst ein so kurzer Gang von dem Friedhof, auf dem Perikles sprach, zum Parthenon hätte dem Besucher die Werke einer großen Ära des Städtebaus gezeigt. Dies galt besonders für die Gebäude, die den Athenern Raum boten, sich im Gespräch zu offenbaren. Außerhalb der Stadtmauern entstanden die Akademien, wo die Jungen ihre Ausbildung nicht durch Auswendiglernen, sondern in Diskussionen erhielten. In der Agora schufen die Athener einen Gerichtshof für 1.500 Menschen, bauten das Beratungshaus für die Debatten politischer Fragen für 500 führende Bürger, errichteten ein Gebäude namens *tholos*, in dem die täglichen Angelegenheiten in einer noch kleineren Gruppe von 50 Würdenträgern besprochen wurden. Nahe der Agora hatten die Athener einen natürlichen, schüsselförmigen Hang des Hügels Pnyx in einen Versammlungsort für die gesamte Bürgerschaft verwandelt.

Die bloße Tatsache so weitgehender materieller Verbesserungen erweckte große Hoffnungen für den Ausgang des gerade ausgebrochenen Krieges. Einige moderne Historiker halten die athenische Idolisierung der Polis für untrennbar vom imperialen Erfolg der Stadt; andere sind der Ansicht, daß dieses kollektive Ganze als eine rhetorische Abstraktion diente, nur ins Leben gerufen, um Abtrünnige zu bestrafen oder rebellierende Gruppen unter Kontrolle zu halten. Perikles jedoch glaubte ohne jeden Vorbehalt an die Polis. »Solche Hoffnung [auf den Sieg] ist bei Menschen verständlich, die das schnelle Anwachsen des materiellen Wohlstands nach den Perserkriegen miterlebt hatten«, schreibt der moderne Historiker E. R. Dodds. »Für diese Generation war das Goldene Zeitalter kein verlorenes Paradies in dunkler Vergangenheit, wie Hesiod noch geglaubt hatte. Für sie lag es nicht in der Vergangenheit, sondern in der Zukunft, und in einer nicht einmal allzu fernen Zukunft.«[15]

Körperwärme

Die in Stein gehauenen Figuren der berühmten Friese auf der Außenseite des Parthenons, die »Elgin Marbles«, offenbaren die Anschauungen über den nackten menschlichen Körper, die diese städtischen Formen und Hoffnungen ins Leben riefen. Die Friese sind nach dem englischen Adligen benannt worden, der sie im 19. Jahrhundert von Athen nach London schaffte, wo der moderne Tourist sie heute im British Museum anschauen kann. Die Skulpturen stellen zum Großteil die Panathenäische Prozession dar, mit der die Stadt Athen ihrer Gründung gedachte und ihre Götter ehrte, indem die Bürger entlang dem Panathenäischen Weg durch die Stadt zogen, bis sie bei der Akropolis ankamen. Die Gründung von Athen war gleichbedeutend mit dem Triumph der Zivilisation über die Barbarei. »Jeder Athener sah natürlich Athen als den Helden dieses Kampfes«, stellt der Historiker Evelyn Harrison heraus.[16] Auf dem Frontgiebel des Parthenons wird die Geburt Athenes dargestellt; im gegenüberliegenden Giebel kämpft die Göttin als Beschützerin Athens mit Poseidon; in den Metopen ringen Griechen mit Zentauren, halb Pferd, halb Mensch, und Olympier mit Riesen.

Die »Elgin Marbles« waren ungewöhnlich, weil sie die große Menschenmenge der Panathenäen mit Götterbildern zusammenbrachten. Der Bildhauer Phidias stellte die menschlichen Körper in unverwechselbarer Weise dar, vor allem, weil er sie mit kühnerem Schwung und plastischer aus dem Stein schlug als andere Bildhauer vor ihm; diese Art der Darstellung erhöht ihre Präsenz in der Nähe der Götter. Tatsächlich wirken die auf den Parthenonfriesen dargestellten Menschen neben den Göttern viel selbstverständlicher als etwa die auf delphischen Friesen. Der delphische Bildhauer betont die Unterschiede zwischen Göttern und Menschen, während Phidias in Athen, mit den Worten Philipp Fehls, »eine subtile Verbindung zwischen dem Reich der Götter und Menschen, die in gewisser Weise den Anschein einer inneren Notwendigkeit besitzt«[17], schuf.

Die menschlichen Figuren auf den Parthenonfriesen sind alle junge, perfekte Körper, ihre Vollendung wird nackt zur Schau gestellt, und ihr Ausdruck ist immer heiter gelassen, egal, ob sie einen Ochsen führen oder Pferde bändigen. Sie sind Verallgemeinerungen dessen, wie Menschen aussehen sollten, und stehen im Gegensatz zu dem Zeus, der wenige Jahre zuvor in Olympia gemeißelt worden war. Der Körper des Gottes ist dort individueller, seine Muskeln zeigen Spuren des Alters, und sein Gesicht trägt Zeichen der Furcht. In den Parthenonfriesen, bemerkt der Kunsthistoriker John Boardman, ist das Bild des menschlichen Körpers »nicht individualisiert, sondern idealisiert..., nicht von dieser Welt; [nie war] das Göttliche so menschlich, das Menschliche so göttlich«.[18] Ideale junge nackte Körper repräsentierten eine menschliche Macht, die die Trennung zwischen Göttern und Menschen in Frage stellte, eine Herausforderung, bei der den Griechen wohl bewußt war, daß sie tragische Folgen haben konnte; aus Liebe zu ihren Körpern riskierten die Athener den tragischen Fehler der *hybris*, des tödlichen Hochmuts.[19]

Quelle des Stolzes auf den Körper waren Ansichten über die Körperwärme, die angeblich das Heranwachsen eines menschlichen Wesens bestimmte. Jene Föten, die zu Beginn der Schwanger-

Die Skulpturen des Parthenons: Reiter vor dem Aufsitzen, spätes 5. Jahrh. v. Chr. *British Museum*

schaft ausreichend gewärmt wurden, so glaubte man, wurden Männer; Föten, denen diese anfängliche Wärme fehlte, wurden Frauen. Wenn die nötige Wärme im Mutterleib fehlte, wurde ein Wesen hervorgebracht, das weicher, flüssiger, kälter und überhaupt formloser war als ein Mann.[20] Diogenes von Apollonia war der erste Grieche, der diese Ungleichheit der Wärme untersuchte; Aristoteles nahm Diogenes' Analyse auf und erweiterte sie, vor allem in seinem Werk *De Generatione Animalium*. Aristoteles stellte zum Beispiel eine Verbindung zwischen Menstruationsblut und Sperma her und nahm an, daß Menstruationsblut kaltes Blut, Sperma dagegen gekochtes Blut sei; Sperma war überlegen, weil es neues Leben hervorbrachte, wogegen Menstruationsblut träge blieb. Aristoteles charakterisierte den Mann als »im Besitz des Prinzips der Bewegung und Entstehung, die Frau als im Besitz des Prinzips der Materie«[21], ein Gegensatz zwischen aktiven und passiven Kräften im Körper. Der antike Arzt Hippokrates stellte eine andere Überlegung an, die zum selben Ergebnis führte. Er ging von zwei Sorten Sperma aus, starkem und schwachem, enthalten in der Samen- sowie in der Vaginalflüssigkeit der Menschen; in Thomas Laqueurs Zusammenfassung der hippokratischen Sichtweise heißt es: »Falls beide Partner starkes Sperma produzieren, entsteht daraus ein männliches Wesen; wenn beide schwaches Sperma produzieren, wird ein weibliches Wesen geboren; und falls beim einen Partner die Schlacht zugunsten des schwachen und beim anderen zugunsten des starken ausgegangen ist, dann wird das Geschlecht des Sprößlings von der Menge des produzierten Spermas bestimmt.«[22] In dieser Version bringt das Ergebnis auch einen wärmeren männlichen und einen kälteren weiblichen Fötus hervor.

Die Griechen erfanden den Begriff der Körperwärme nicht, und sie waren auch nicht die ersten, die ihn mit dem Geschlecht in Zusammenhang brachten. Die Ägypter, und vielleicht schon vor ihnen die Sumerer, verstanden den Körper auf diese Weise; ein ägyptisches Dokument, der Jumilhac-Papyrus, schreibt »die Knochen dem männlichen Prinzip und das Fleisch dem weiblichen«[23] zu, Knochenmark entstehe aus Samen, das Fett im Fleisch stamme aus dem kühlen, weiblichen Blut. Die Griechen verfeinerten diese ägyptischen Glaubenssätze noch: Aristoteles glaubte, die Energie der Wärme des Samens erreiche das Fleisch durch das Blut; männliches Fleisch sei also wärmer und friere nicht so leicht. Er glaubte, daß auch der Muskel eines Mannes fester als der einer Frau sei, weil das männliche Gewebe wärmer sei.[24] Der Mann konnte es also aushalten, entblößt und nackt zu sein, das weibliche Fleisch nicht.

Die Griechen glaubten, »weiblich« und »männlich« repräsentiere die beiden Pole eines Körper-Kontinuums, wohingegen zum Beispiel die Viktorianer die Menstruation und das Klimakterium als so geheimnisvolle weibliche Kräfte behandelten, daß Männer und Frauen als nahezu verschiedene Spezies erschienen. Laqueur beschreibt diese griechische Ansicht als eine, »in der zumindest zwei soziale Geschlechter nur einem einzigen biologischen Geschlecht entsprechen, in der die Grenzen zwischen männlich und weiblich eine Frage der Abstufung, nicht aber der Art sind..., ein eingeschlechtlicher Leib.«[25] Mit wenig Wärme versorgte männliche Föten wurden effeminierte Männer; weibliche Föten, die überdurchschnittlich viel Wärme erfahren, maskuline Frauen. Tatsächlich leiteten die Griechen von dieser Physiologie der Fortpflanzung die Prinzipien für das Verständnis der männlichen und weiblichen Anatomie ab: in seitenverkehrter Form besaßen die männlichen und weiblichen Genitalien dieselben Organe. »Wend das [Genital] der Frau nach draußen«, forderte Galen von Pergamon einen Medizinstudenten auf, »und nach drinnengefaltet zweimal das des Mannes, und finden wirst du gänzlich Gleiches bei den beiden.«²⁶ Galens Ansichten galten fast zweitausend Jahre lang als wissenschaftliche Wahrheit, fanden ihren Weg von der westlichen Antike über arabische Ärzte in die christliche Medizin des Mittelalters, überlebten die Renaissance und verloren ihre Gültigkeit erst im 17. Jahrhundert.

Die längste Zeit der westlichen Geschichte sprach die Medizin also über »den Körper« – einen Körper, dessen Physiologie sich zwischen sehr kalt und sehr heiß bewegte, zwischen sehr weiblich und sehr männlich. Wärme im Körper schien die menschliche Befähigung des Sehens, des Hörens, der Aktion und Reaktion, sogar der Sprache zu bestimmen. In der Zeit des Perikles entwickelte sich dieser Diskurs zu einer Sprache der körperlichen Stimulation. Zwei Generationen vor ihm zum Beispiel glaubten die Menschen gemeinhin, daß »man sieht, weil Licht vom Auge ausstrahlt«.²⁷ Zur Zeit des Perikles wurde dagegen angenommen, das Auge empfange wärmende Strahlen vom wahrgenommenen Gegenstand. In seinem *De Sensu* sagt Aristoteles später, daß sogar die Wahrnehmung der Durchsichtigkeit und des leeren Raumes eine solche körperliche Erfahrung darstelle; da das Licht eine Substanz sei, die sich selbst dem Auge einpräge, erzeugten Bilder Wärme im Betrachter.²⁸ Und doch würden diese wärmenden Strahlen von unterschiedlichen Menschen unterschiedlich wahrgenommen: Je wärmer der empfangende Körper sei, desto intensiver reagiere er auf Stimuli – so, wie ein loderndes Feuer ein Holzscheit gieriger aufzehrt als ein kaum flackerndes. Der kalte Körper ist in seinen Reaktionen träge, er erwärmt sich langsamer.

Wörter schienen denselben physischen Einfluß auf die Sinne des Körpers zu haben wie Bilder, und die Fähigkeit, auf diese verbalen Reize zu reagieren, hing gleichfalls von dem Grad der Wärme ab, die der empfangende Körper enthielt. Für Platon waren Ausdrücke wie »glühende Worte« und »eine hitzige Auseinandersetzung«²⁹ buchstäbliche Beschreibungen und keine Metaphern; Dialektik und Diskussion erwärmten die Körper der Beteiligten, während Körper, die in der Einsamkeit dachten, erkalteten. Sicher hatten die Griechen zur Zeit des Perikles bereits die Gewohnheit angenommen, im Stillen zu lesen, eine Gewohnheit, die der Dramatiker Euripides im *Hippolytos* darstellt; das Lesen erforderte andere mentale Praktiken als das Sprechen.[30] Die Griechen hatten jedoch nicht die moderne, abstrakte Erfahrung eines »Textes«: der griechische Leser stellte sich wahrscheinlich vor, er höre die Stimmen wirklicher Menschen, die noch aus dem Text sprächen, und einen geschriebenen Text zu revidieren, kam dem Unterbrechen einer sprechenden Person gleich. Nur wenn der Körper allein war, weder sprach noch las, erkalteten seine Kräfte, und er wurde träge.

Diese antike Auffassung von Körperwärme führte auch zu Auffassungen von Schande und Ehre unter den Menschen. Die medizinische Skala von weiblich, kalt, passiv und schwach auf der einen bis zu männlich, heiß, stark und zupackend auf der anderen Seite stellte eine Skala zunehmenden menschlichen Wertes dar; sie betrachtete Männer als den Frauen, die aus demselben Stoff waren, überlegen. Die moderne Historikerin Giulia Sissa behauptet, daß zwar »das Weibliche derselben Sphäre wie das Männliche angehörte, dies jedoch keineswegs die liberale Anerkennung der Gleichheit nach sich zog. Vielmehr wurde das Weibliche als dem Männlichen offensichtlich unterlegen abgetan«.[31] Diese medizinische Skala half auch, den Bürger und den Sklaven voneinander zu unterscheiden, am einen Ende stand der Sklavenkörper, wegen seiner Spracharmut geistig unbeweglich und kalt; am anderen Ende stand der Bürger, dessen Körper von den feurigen Debatten in der Versammlung gewärmt wurde. Die Lebensfülle, Heiterkeit und Noblesse der Nackten der Parthenonfriese war untrennbar verbunden mit der Schande der geringeren Körper. Ehre und Schande in der Stadt leiteten sich aus dem griechischen Physiologieverständnis ab.

Um die Kräfte im nackten Knabenkörper zu wecken, schickten die Älteren ihn zum Gymnasium. Das Wort »Gymnasium« kommt vom griechischen *gymnoi*, das »splitternackt« bedeutet.[32] Der nackte schöne Körper erscheint als Geschenk der Natur, doch erinnern wir uns, daß Thukydides sich über die Nacktheit als eine Errungenschaft der Zivilisation äußerte. Das Gymnasium lehrte die jungen Athener, wie man nackt war. In Athen gab es drei Gymnasien; das wichtigste war die Akademie, die einige Generationen nach Perikles Platons Schule wurde. Um sie auf unserem imaginären Spaziergang zu erreichen, kehren wir zum Thrisianischen Tor zurück, durchqueren es und folgen der breiten, von Bäumen beschatteten Fußgängerallee; die Akademie lag etwa 1.400 Meter nordwestlich des Tors.

Die Schüler lebten nicht in der Akademie, sondern gingen am Tag zu Fuß von der Stadt aus dorthin. Das Gelände der Akademie war ein altes Heiligtum; während der demokratischen Zeit wurde dieses Gebiet in »eine Art Vorstadtpark«[33] umgewandelt. Innerhalb dieses Areals befand sich die *palaistra*, der meist quadratische Säulenhof, in dem ein Raum für Ringkämpfe, allgemeine Trainingsräume und Räume zum Reden und Trinken untergebracht waren. Einige Gymnasien hatten für die Ringkampfschule ein eigenes Gebäude. Aristophanes zeichnet in den *Wolken* ein idyllisches Bild von den in den Gymnasien zugebrachten Tagen: in einer modernen Übertragung »bildet die Gesamtheit der gesunden Aktivität schönglied-riger Knaben einen Kontrast zu dem klugen Palaver der bleichen, schmächtigen, gebildeten *habitués* der Agora«.[34]

Das Gymnasium versuchte den Knabenkörper zu einem Zeitpunkt in der mittleren oder späten Pubertät zu formen, zu dem die Muskeln sich auszubilden beginnen, aber die sekundären Geschlechtsmerkmale, besonders der Bartwuchs, noch nicht entwickelt sind. Dieses Alter schien für die dauerhafte Herausbildung der Muskeln wesentlich zu sein. Durch das Stemmen anderer Knaben beim Ringen bildete sich die Rücken- und Schultermuskulatur des Heranwachsenden aus; das Drehen und Wenden des Körpers straffte die Taille; beim Diskus- und Speerwurf streckten sich die Armmuskeln, beim Laufen festigten sich die Beinmuskeln und das Gesäß. Da die Knaben sich mit Olivenöl einrieben, wenn sie trainierten, rutschten und glitten sie beim Ringen oft ab; dadurch steigerte sich die Kraft der Hände. Durch die Reibung der Körper aneinander erhöhte sich die Körpertemperatur; auf die Weise erfüllten die Spiele einen weiteren physiologischen Zweck.

Genauso wie das Gymnasium die männlichen Muskeln herausbildete, formte es auch die männliche Stimme, indem es die Jungen lehrte, mit Worten zu wetteifern, eine Fertigkeit, die sie brauchen würden, um an der Demokratie der Stadt teilzunehmen. Die Ausbildung im Debattieren geschah zu Perikles' Zeit durch die Teil-

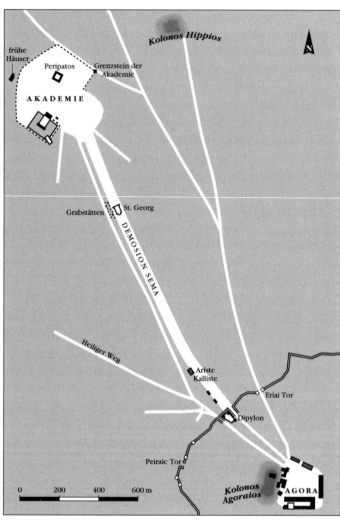

Die nordwestliche Vorstadt von Athen: der Gang zur Akademie, 4. Jahrh v. Chr.

nahme normaler Bürger, die sich zum Gymnasium begaben. Der erste Schritt bestand darin, dem Jungen zu zeigen, wie er seine Stimme zum Tragen bringen und seine Worte sicher artikulieren konnte. Danach lernte er, in der Auseinandersetzung die Wörter mit derselben Sparsamkeit der Bewegung einzusetzen, wie er dies beim Ringen tat. Die Schulen zur perikleischen Zeit vermieden das Auswendiglernen früherer Zeiten; Wettbewerb trat an die Stelle mechanischen Lernens. Doch die Jungen mußten sich immer noch lange Passagen der Homerischen Epen einprägen, die als Zitate in diesen Debatten eingesetzt wurden.

Die spartanischen Gymnasien trainierten allein den Körper, die debattierende Stimme gehörte nicht in den bürgerlichen Rahmen. Außerdem zielte das Gymnasium in Sparta darauf ab, allein die Fähigkeit eines Jungen zu entwickeln, andere körperlich zu besiegen. So war etwa das spartanische Gymnasium von einem Wassergraben umgeben; hier »kämpften die jungen Spartaner wild miteinander und schleuderten sich gegenseitig ins Wasser«.[35] Es sollte auch darauf hingewiesen werden, daß Sparta eine der wenigen Städte war, die Mädchen zum Ringkampf ermutigte – doch dies war eine Nützlichkeitserwägung: das Training stärkte ihren Körper für das Kindergebären. In Athen kräftigte das Gymnasium den Knabenkörper für Ziele, die über rohe Gewalt hinausgingen.

Im Gymnasium lernte ein Junge, daß sein Körper Teil der größeren Gemeinschaft namens *polis* war, daß der Körper der Stadt gehörte.[36] Ein starker Körper gab natürlich einen guten Krieger ab; eine ausgebildete Stimme sorgte dafür, daß der Erwachsene später an den politischen Debatten teilnehmen konnte. Das athenische Gymnasium lehrte noch eine weitere Lektion: Die Schule bildete den Jungen darin, wie man sexuell nackt war. Anders als moderne Moralisten hielten die Athener Sexualität für einen positiven Bestandteil des Bürgertums. Dabei ging es um mehr als die Frage der Einhaltung sexueller Verbote wie etwa den Glauben, daß Masturbieren nur etwas für Sklaven war, mit denen niemand verkehren wollte; es ging um mehr als nur darum, Gesetze zu erlassen wie die, die Sklaven verboten, das Gymnasium zu betreten, »einen freien Knaben zu lieben oder ihm zu folgen«.[37] Im Gymnasium lernte ein Junge, wie er seinen Körper zu gebrauchen hatte, damit er auf ehrenvolle Weise selbst begehren und begehrt werden konnte.

Im Laufe des Lebens eines griechischen Mannes wurde er von älteren Männern geliebt und empfand dann, wenn er älter wurde, Liebe zu Knaben; er empfand auch erotische Liebe zu Frauen. Bei den Griechen gab es den Begriff »Verweiblichung«, nicht aber den der »Homosexualität«, wie wir ihn heute gebrauchen. Die Verweiblichung wurde im Sinne einer Differenzierung gebraucht, die auf der Physiologie des Körpers beruhte. Männer mit »weichen«

männlichen Körpern (griechisch *malthakoi*) handelten wie Frauen; »sie wünschen sich aktiv, von anderen Männern in eine ›weibliche‹ (d. h. empfangende) Rolle beim Geschlechtsverkehr gebracht zu werden«.[38] Die Malthakoi gehörten zu den mittleren Wärmezonen zwischen extrem männlich und extrem weiblich. Im Gymnasium lernte ein Junge, aktiv zu lieben, nicht passiv wie die Malthakoi.

Der Liebestutor eines Jungen war gewöhnlich ein älterer Jugendlicher oder Erwachsener, der zum Gymnasium herausgekommen war, um dem Ringen und anderen Spielen zuzuschauen. Der Ältere (*erastes*) suchte einen Jüngeren (*eromenos*) für die Liebe aus; der Altersunterschied zwischen den beiden wurde normalerweise bemessen nach den sekundären Geschlechtsmerkmalen, Gesichts- und Körperbehaarung, obwohl ein Eromenos die Größe eines Erwachsenen erreicht haben mußte, um umworben werden zu können. Sokrates hatte noch mit über sechzig Jahren junge Liebhaber, obwohl der Erastes normalerweise ein junger Mann war, der noch nicht oder erst kürzlich geheiratet hatte. Der Erastes machte dem Eromenos Komplimente, reichte ihm Geschenke und suchte ihn zu streicheln. Der öffentliche Raum des Gymnasiums war nicht Schauplatz für Sex. Hier wurden Kontakte geknüpft; wenn zwei Männer sich füreinander interessierten, zogen sie sich in den Schutz der das Gymnasium umgebenden Gärten zurück oder trafen sich später am Abend in der Stadt.

Zu diesem Zeitpunkt sollte, so schrieb es der Sexualkodex vor, keine Penetration irgendeiner Körperöffnung stattfinden, weder Fellatio noch Analverkehr. Statt dessen nahmen der Junge und der Mann den Penis des anderen zwischen die Schenkel, rieben und massierten ihn. Man nahm an, daß dieses Reiben die Körperwärme der Liebenden ansteigen ließ, und es war die von den Männern empfundene Hitze bei der Reibung der Körper und nicht der Samenerguß, auf die sich die sexuelle Erfahrung zwischen zwei Männern richtete. Die koitale Reibung als Vorspiel zwischen Mann und Frau sollte ebenso die Körpertemperatur der Frauen erhöhen, damit sie ausreichend Kraft erhielten, die Geburtssäfte zu produzieren.

Beim Sex zwischen Mann und Frau beugte sich die Frau häufig vornüber und bot so ihr Gesäß dem Mann dar, der hinter ihr stand oder kniete. Aus Vasenbildern schließt der Altphilologe Kenneth

Ein Mann verkehrt anal mit einer Frau, frühes 5. Jahrh. v. Chr.

Dover, daß es in dieser Stellung »keinen Zweifel daran geben kann, daß oft der weibliche Anus, nicht die Vagina, penetriert wurde«.[39] Die Griechen fanden wie viele andere Kulturen im analen Verkehr sowohl besondere Lust als auch eine einfache und sichere Form der Verhütung. Aber dies war auch eine Stellung, die sozialen Status zum Ausdruck brachte: die Frau, die sich niederlegte oder vornüberbeugte, machte sich selbst zur Untergeordneten. Ganz ähnlich befand sich auch der effeminierte Mann, der penetriert werden wollte, in einer Position der Unterordnung. In einem Gerichtsverfahren, das wegen Prostitution gegen den Athener Timarchos geführt wurde – ein Prozeß, der ihm die Bürgerschaft absprechen sollte –, stellte sein Ankläger Aischines eine Liste der Formen von Geschlechtsverkehr zusammen, die eines Atheners unwürdig waren, und jener Formen des Geschlechtsverkehrs, die sich mit der künftigen Würde der Bürgerschaft vereinbaren ließen:

...die Einnahme einer gebückten oder niedrigeren Haltung, die Aufnahme des Penis eines anderen Mannes in Anus oder Mund; Ablehnung von Bezahlung, das unnachgiebige Verschieben jeden Körperkontaktes, bis der potentielle Partner seinen Wert bewiesen hat, Enthaltung jeglichen sinnlichen Genusses solcher Kontakte, das Bestehen auf der aufrechten Haltung, die Vermeidung von Blickkontakten während des Vollzugs...[40]

Beim Sex zwischen Männern stehen beide Partner oftmals aufrecht. Die Penetration wird verschmäht, die männlichen Liebenden vollführen dieselben Handlungen aneinander und sind trotz ihres unterschiedlichen Alters gleich. In dieser Haltung, so sagt Aischines, lieben sie einander als gleichgestellte Bürger. Die Liebe spielt sich auf der Körperoberfläche ab und entspricht in ihrer Valenz den Oberflächen des urbanen Raumes.

In der griechischen Kultur waren Gehen und Stehen Ausdruck des Charakters. Mit langen Schritten zu gehen erschien als männlich; Homer sagt bewundernd von Hektor: »Die Trojaner aber stießen vor, gesammelt, und voran ging Hektor, groß ausschreitend.«[41] Wohingegen »als die Göttinnen Hera und Athene vor Troja erschienen, um den Griechen beizustehen, sie [Homer zufolge] ›schüchternen Tauben gleich an Schritten‹ waren, genau das Gegenteil der ausschreitenden Helden«.[42] In der Stadt erhielten sich einige dieser archaischen Attribute. Würdige, langsame Bewegungen zeichneten einen Mann als männlich und wohlerzogen aus; »dies ist ein des Edlen unwürdiger Zug«, erklärte der Schriftsteller Alexis, »auf der Straße achtlos und unsicher zu laufen, wenn man es auch mit Anmut tun kann.«[43] Frauen sollten mit kurzen, trippelnden Schritten gehen, wenn ein Mann dies tat, erwies er sich als »weibisch«. Hoch aufgerichtet, gleich, zielbewußt: im Griechischen trug das Wort *orthos*, oder »aufrecht«, die Implikationen männlicher Würde. Passivität der unehrenhaften Art kennzeichnete Männer, die analen Verkehr zuließen, das Gegenteil von *orthos*.

Diese Choreographie liebender Körper formte das Verhalten, das athenischen Bürgern angemessen war. In der Grabrede betonte Perikles, daß Bürger sich in die Stadt »verlieben« sollten, und benutzte dafür das erotische Wort für Liebhaber, *erastai*, um Liebe zur Stadt auszudrücken.[44] Thukydides legte Perikles einen Ausdruck des allgemeinen Sprachgebrauchs in den Mund, da andere Athener

Einander liebende
Männer, frühes
5. Jahrh. v. Chr.

den sexuellen Begriff Erastai verwandten, um diejenigen zu bezeichnen, die die Stadt liebten – auch Aristophanes' Stücke bedienen sich dieses Sprachgebrauchs.[45] Eine erotische Verbindung zwischen Bürger und Stadt, so wie zwischen Bürger und Bürger, war das erste, was ein Junge auf dem Gymnasium lernte, eine aktive, aufrechte Liebe.

Die Athener stellten eine direkte Analogie zwischen Körper und Gebäude her – nicht, daß die Athener Häuser bauten, die wie Köpfe oder wie Finger ausgesehen hätten. Vielmehr wandten sie ihr physiologisches Verständnis des Körpers an, um die Form der Stadt zu schaffen. Zum Beispiel kamen wir auf unserem imaginären Spaziergang über die Agora an einem Bauwerk vorbei, das den Stempel dieser Auffassung trug, die *stoa*. Sie war ihrer Grundform nach ein langer Unterstand, und sie enthielt sowohl kalte als auch warme, geschützte wie exponierte Dimensionen; die Rückseite der Stoa war zugemauert, die Front bestand aus einer dem offenen Platz der Agora zugewandten Kolonnade. Obwohl sie frei standen, waren die Stoen in der Zeit des Perikles nicht als selbständige Gebäude konzipiert, sondern vielmehr als Randbebauung des offenen Platzes. An der Wandseite des Unterstandes versammelten sich die Männer, um zu reden, Geschäfte zu machen oder zu essen; Speiseräume in öffentlichen Gebäuden waren etwa so gestaltet wie in einem Wohnhaus. Die Männer wollten zwischen festen Wänden essen und trinken und »den Rücken nicht einer offenen Kolonnade« zukehren.[46] Andere Leute drängten sich ihnen nicht auf, auch wenn die Menschen in der Stoa sehr wohl zu sehen waren. Näherte sich ein Mann der wandlosen, der Agora zugewandten Seite, so konnte man sich an ihn wenden; er war auf der »männlichen Seite, der exponierten Seite«.[47]

Die bildnerischen Darstellungen an den Gebäuden richteten sich auch nach der Lehre des Gymnasiums, daß der Knabenkörper gewissermaßen wie ein Kunstwerk modelliert werden konnte, wobei die Physiologie des Körpers das Rohmaterial lieferte. Die Parthenonfriese stellten eine Szenerie dramatisch gemeißelter Körper dar, die die Aufmerksamkeit auf die Kunstfertigkeit des Bildhauers lenkte und ihn »in Konkurrenz zu dem [dramatischen] Dichter treten ließ«[48], wie ein moderner Kommentator feststellt.« Doch die schiere Größe und Gestalt des Parthenon offenbarte darüber hinaus auf politische Weise die gestalterischen Implikationen des als Kunstwerk verstandenen Körpers.

Der zur Zeit des Perikles erbaute Parthenon war nicht ganz wie andere griechische Tempel. Er war etwa 70 Meter lang und 30 Meter breit, was ungefähr eine Relation von neun zu vier ergab, ein Verhältnis, das auch viele der Innenräume beherrschte – und ein neues Maß in griechischen Tempeln. Die Außensäulen waren ebenso ungewöhnlich. Die griechischen Tempel hatten eine regelmäßige Form, oftmals sechs Säulen vorn und dreizehn entlang der Seite; der Parthenon besaß acht und siebzehn. Diese merkwürdigen Maße ergaben sich daraus, daß man eine gigantische weibliche Figur unterbringen mußte, eine Statue der Athene. Der Bildhauer Phidias stellte Athene als Göttin des Krieges dar, Athena Parthenos – von der sich der Name des Gebäudes herleitet –, und nicht die alte Athena Polias, eine Göttin des Mutterleibs und der Erde, deren heilige Statue, an anderem Ort auf der Akropolis aufbewahrt, klein und aus Holz gefertigt war. Jetzt, da Athen eine Seemacht geworden und nicht mehr eine kleine Stadt war, die von den ihre Mauern umgebenden Ländereien leben mußte, feierte der Parthenon die Schutzgöttin der Stadt im Licht der eigenen gewachsenen Macht in einem Tempel, dessen Dimensionen mit den Regeln der Vergangenheit brachen.

Das Innere des Parthenon teilte sich in zwei Räume: hinten eine Schatzkammer; vorn der Raum, in dem sich die Statue Athenas befand. Die Athena Parthenos war zwölf Meter hoch, und der Eindruck ihrer Größe wurde noch durch ein spiegelndes Wasserbecken verstärkt, das sich am Fuß der Figur befand; ein Mensch erreichte nur knapp die Höhe des Sockels, auf dem die Athene stand. Sie hatte einen bronzenen Körper, trug jedoch ein goldenes Kleid von etwa zehn Meter Länge; auf Armen und Gesicht schimmerte eine Haut von Elfenbein, die sich über das metallene Fleisch legte. Das Wasserbecken hielt das Elfenbein feucht und schien auch ihr Bild tief in die Erde hineinzuspiegeln. Perikles rechtfertigte die Kosten dieser neuen Riesen-Athene damit, daß man ihr goldenes Kleid, wenn nötig, abnehmen und einschmelzen könne, um für die Kriege aufzukommen, die Athen führte – eine heilige Ikone, die geschändet werden durfte, sobald der Staat Geld brauchte. So drückt der Körper der Stadtbeschützerin dem Umfang und dem Inneren des bekanntesten Gebäudes der Stadt seinen Stempel auf.

Zeigten Gymnasium, Stoa und Parthenon den Einfluß des Körpers auf die städtische Form, so vermochten sie doch nicht ganz zu demonstrieren, worin die Konsequenzen von Perikles' Aufforderung bestanden, die Bürger sollten Erastai der Stadt werden. Die Athener brauchten eine räumliche Gestaltung, die diese Liebe befriedigen konnte. Außerdem war Perikles' Grabrede eine Hymne auf die Demokratie in Athen, die auf den Kräften der menschlichen Stimme beruhte. Die Athener suchten Räume für die Stimme zu gestalten, die ihre physische Kraft stärken und vor allem der einzelnen exponierten Sprechstimme die ehrenhaften Eigenschaften der körperlichen Nacktheit verleihen sollten. Aber es gelang diesen städtischen Entwürfen oft nicht, der Stimme wie beabsichtigt entgegenzukommen; die nackte Stimme wurde in ihnen zum Instrument von schlechter Herrschaft und Uneinigkeit.

2. DIE STIMME DES BÜRGERS

Athen versammelte die Körper in zwei unterschiedlichen Räumen, jeder von beiden ermöglichte der Menge eine bestimmte Erfahrung gesprochener Sprache. Auf der Agora vollzogen sich viele Aktivitäten gleichzeitig, die Menschen waren geschäftig, sprachen in vielen kleinen Gruppen über dies und das. Normalerweise dominierte nicht eine einzelne Stimme das Ganze. In den Theatern der antiken Stadt saßen die Menschen still und lauschten der einzelnen Stimme des Redners. Beide Räume stellten eine Gefahr für die Sprache dar. Bei den gleichzeitigen und wechselnden Aktivitäten auf der Agora zerstreute das Schwatzen der Stimmen oft die Wörter, und die meisten der dahintreibenden Körper nahmen nur Bruchstücke ihrer Bedeutung auf. Im Theater wurde die einzelne Stimme mit Hilfe rhetorischer Techniken selbst zu einem Kunstwerk; die Räume, in denen die Menschen lauschten, waren so angelegt, daß die Zuschauer oft Opfer der Rhetorik wurden, von ihrem Fluß gelähmt und entehrt.

Sprech-Räume

Obwohl das Leben auf der Agora allen Bürgern, ob arm oder reich, offenstand, blieben die meisten zeremoniellen und politischen Ereignisse, die hier stattfanden, der großen Zahl der Sklaven und Fremden verschlossen, auf die die Wirtschaft der antiken Stadt gegründet war. Einer Schätzung zufolge lag die Zahl der Bürger in Attika im vierten vorchristlichen Jahrhundert bei 20.000 bis 30.000 – bei einer Gesamtbevölkerung von 150.000 bis 250.000; sicherlich machten die Bürger während der klassischen Zeit nicht mehr als 15 bis 20 Prozent der Gesamtbevölkerung oder die Hälfte der erwachsenen Männer aus. Und nur ein kleiner Teil dieser Bürger war wohlhabend genug, um in Muße zu leben, Stunde um Stunde, Tag um Tag redend und diskutierend unter ihren Mitbürgern zu verbringen: die begüterte Klasse machte fünf bis zehn Prozent der Bürgerschaft aus. Um als Mitglied der begüterten Klasse zu gelten, brauchte ein Bürger das Vermögen von wenigstens einem Talent, das waren 6.000 Drachmen; ein Facharbeiter verdiente eine Drachme pro Tag.

Um jeden Tag in das bewegte und intensive Leben der Agora eintauchen zu können, mußte der Bürger außerdem in deren Nähe wohnen. Ein Großteil der Mitglieder dieses Stadtstaates jedoch wohnte weit entfernt von der Agora, außerhalb der Stadtmauern in der Chora; am Ende des fünften Jahrhunderts wohnten etwa 40 Prozent der Bürger weiter als 24 Kilometer entfernt vom Stadtzentrum. So weit weg zu wohnen, bedeutete einen Fußmarsch von mindestens vier Stunden zur Agora auf den löchrigen und unebenen Straßen des ungeliebten Landes.

Diejenigen, die teilnehmen konnten, fanden auf der Agora viele getrennte und unterschiedliche Aktivitäten, die gleichzeitig, aber voneinander getrennt stattfanden. Es gab religiöse Tänze auf dem offenen flachen Boden in einem *orchestra* genannten Teil der Agora; Bankgeschäfte wurden an Tischen, an denen der Bankier seinem Kunden gegenübersaß, in der Sonne abgewickelt; die Athener zelebrierten religiöse Riten im Freien oder auf sakralem Boden, zum Beispiel in einem »Zwölf Götter« genannten Heiligtum, das sich im Norden an die Orchestra anschloß. Essen und Handeln, Gespräche und Klatsch sowie religiöse Verrichtungen fanden in den Stoen statt, die in der perikleischen Zeit die West- und die Nordseite der Agora säumten. Die Lage der Stoa im Norden machte sie auch im Winter benutzbar, da ihre Wandseite vor dem Wind schützte und ihre Kolonnaden sich zur Sonne öffneten.

Die berühmteste Stoa, die *poikile* oder »bunte« Stoa, die um das Jahr 460 auf der Nordseite der Agora gebaut wurde, blickte über den Panathenäischen Weg zur Akropolis; John Camp weist darauf hin, daß sie, »anders als die meisten anderen Stoen auf der Agora, nicht zu einem speziellen Zweck, für eine besondere Aktivität oder die Benutzung durch eine einzelne Gruppe von Würdenträgern gebaut wurde. Statt dessen schien sie eher den Bedürfnissen der Bevölkerung insgesamt zu dienen, Schutz und einen Treffpunkt in der Nähe der Agora zu bieten«. Hier betrachteten die Massen »Schwertschlucker, Jongleure, Bettler, Parasiten, Fischhändler... und Philosophen«.[49] Und hier sollte Zenon später die philoso-

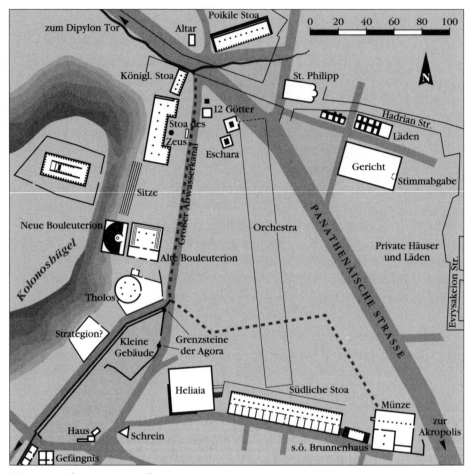

Die Agora Athens ca. 400 v. Chr.

phische Bewegung der Stoa begründen; die Absage an weltliches Treiben, für die die Stoa eintrat, nahm merkwürdigerweise ihren Ausgang an diesem Ort des Spaßes und der Spielerei.

Die Entwicklung der athenischen Demokratie formte die Oberflächen und das Volumen der Agora, da die freie Bewegung der Menschen in diesem Raum der partizipatorischen Demokratie gut bekam.

Wenn man von Gruppe zu Gruppe schlenderte, konnte man die Geschehnisse in der Stadt gut mitbekommen und diskutieren. Der

Eine Stoa in der Agora Athens ca. 400 v. Chr.

offene Raum lud auch zur zwanglosen Teilnahme an Gerichtsverhandlungen ein.

Die Athener der demokratischen Ära waren berühmt für ihre Neigung zu juristischen Gefechten. Eine Figur in den *Wolken* des Aristophanes zeigt auf eine Landkarte und sagt: »Schau, das ist Athen.« Er erhält die Antwort: »Wahrhaftig? Nicht zu glauben! Ich seh ja nirgendwo die Richter sitzen!«[50] Obwohl die archäologischen Belege nicht eindeutig sind, befand sich der beliebteste Hauptgerichtshof der Stadt, die *heliaia*, wahrscheinlich an der südwestlichen Ecke der Agora. Das Gebäude selbst stammte aus der früheren Zeit der Tyrannis, profitierte jedoch von der Synchronie der Massenbewegung auf dem Platz. Der Gerichtshof war ein weiter unbedachter Raum, der bis zu 1.500 Menschen faßte. (Eine »Jury« hatte aus mindestens 201 Personen zu beste-hen, war oft stärker als 501 Personen und konnte 1.500 umfassen.) Die diesen weiten Raum umspannenden Mauern waren niedrig, vielleicht einen Meter hoch. Damit konnte jeder von außen hineinblicken, und die Juroren und die vorbeigehenden Menschen konnten die Vorgänge und Argumente diskutieren.

In dem offenen Raum der Agora erledigten die Athener ihre wichtigsten politischen Geschäfte: die Ostrazismen und die Verbannungen aus der Stadt. Einmal im Jahr trafen sich alle Bürger, um zu entscheiden, ob bestimmte Individuen so viel Macht auf sich vereinten, daß sie Tyrannen zu werden drohten; Reden wurden gehalten, eine Liste wurde aufgestellt. Zwei Monate später kamen die Bürger wieder zusammen. Besonders in den zwei Monaten, in denen überlegt werden sollte, bot die Erwartung eines Ostrazismus fast endlose Möglichkeiten für Kuhhändel, Klatsch, Flüsterkampagnen und Arbeitsessen. Entfielen auf einen Mann bei der erneuten Zusammenkunft der Bürger mehr als 6.000 Stimmen, dann verbrachte er die folgenden zehn Jahre im Exil.

Orthos beherrschte das Körperverhalten auf der Agora. Der Bürger versuchte, so zielstrebig und rasch er konnte, durch den Wirbel anderer Körper hindurchzugehen; stand er still, so sah er den Fremden in seiner Nähe ins Auge. Durch eine solche Bewegung, Haltung und Körpersprache versuchte er, persönlichen Gleichmut auszustrahlen. Der Kunsthistoriker Johann Joachim Winckelmann sagte einmal, eine Gruppe solcher Körper auf der Agora stelle eine Art Tableau der körperlichen Ordnung inmitten der Vielfalt dar.[51]

Was geschieht, wenn 6.000 Körper eng zusammengepreßt werden? An modernen Maßstäben gemessen, haben wir es bei einem Raum von zehn Morgen mit einer mittleren Dichte zu tun; nicht so dicht wie ein Fußballpublikum und dichter als die Menge in einem typischen Einkaufszentrum, ungefähr so dicht wie um die Mittagszeit auf dem Markt des heutigen Siena. In den Menschenmengen von heute teilt sich die Masse gern in Gruppen von dreißig oder fünfzig Menschen auf, wobei jede Gruppe der benachbarten den Rücken zukehrt und sich von denen zurückzieht, die ihr den Rücken zeigen. So wird aus der Menge eine Reihe von Mengen, das Individuum umschlossen von seiner Untergruppe. Wir kennen die Ansicht der Athener, eine Menge von 6.000 Menschen sei zu raschen Entschlüssen nicht fähig. Dieser Schwierigkeit suchten sie mittels spezialisierter Gebäude beizukommen. Der *tholos* zum Beispiel beherbergte den wechselnden exekutiven Ausschuß der Stadt, eine Gruppe von fünfzig der städtischen Ratsmänner. Dieses Gremium traf sich jede Nacht und jeden Tag im Jahr – siebzehn der fünfzig mußten sich immer im Tholos aufhalten, so daß es in Athen ständig eine kleine Gruppe von Menschen gab, die handlungsfähig war, bereit, auf Notfälle zu reagieren.

Wir wissen auch, daß spätere antike Beobachter fanden, die Vielfalt der Agora störe ihren Sinn für politische Schicklichkeit und Ernst. So empfiehlt etwa Aristoteles in der *Politik*: »Der Geschäftsmarkt dagegen soll von diesem abgetrennt und anderswo sein.«[52] Aristoteles war kein Feind der Vielfalt; in seiner *Politik* heißt es auch: »Eine Stadt besteht aus unterschiedlichen Arten von Menschen; ähnliche Menschen bringen keine Stadt zuwege.«[53] Seine Meinung war auch nicht die eines modernen Konservativen, der den Markt von jeglichem politischen Einfluß freizuhalten sucht. Im Gegenteil war er der Auffassung, daß sich die Politik, besonders aber die Rechtsprechung auch in der Wirtschaft durchsetzen müsse. Andere, spätere Kommentatoren traten in ähnlicher Weise für die Affirmation der »Majestät des Gesetzes« in seinem eigenen Raum ein, indem sie sich der Sprache des Orthos bedienten; die Beamten müßten in all ihrer Würde gesehen werden, die Würde ihres Verhaltens müßte dem Volk offen demonstriert werden und dürfte nicht im Gedränge verlorengehen.[54]

Aber auch die Haltung des einzelnen vermochte wenig gegen das Stimmengewirr auf der Agora. In der lauten Menge wurde jede Unterhaltung fragmentiert, die Körper bewegten sich von Gruppe zu Gruppe, die Aufmerksamkeit des Individuums wurde gebrochen und ständig verlagert. Die Athener schufen deshalb einen Ort für die dauerhaftere Wahrnehmung der Sprache im Beratungshaus (*bouleuterion*) auf der westlichen Seite der Agora; dort wandten sie ein Gestaltungsprinzip an, das dem der Gleichzeitigkeit des offenen Platzes entgegengesetzt war.

Das Gebäude beherbergte eine Gruppe von fünfhundert Männern, die die Agenda dessen plante, was alle Bürger zu diskutieren hatten; sie traf sich hier täglich bis auf die sechzig offiziellen Feiertage des athenischen Kalenders und einige wenige »verfluchte« Tage, an denen man den Zorn der Götter herausforderte, wenn man tagte. Obwohl das Bouleuterion aus einer früheren Zeit der Tyrannis stammte, wurde es demokratisch genutzt. Die Überreste des Gebäudes zeigen, daß es wie ein Theater ansteigende Sitzreihen hatte. Hier saß der Rat und hörte dem Sprechenden zu, der unten stand. Diese Form war ein Garant dafür, daß der Redner von allen Hörern gesehen werden konnte und auch alle Hörer einander sehen konnten. Keine Ströme schlendernder Körper störten dieses Gegenüber von Sprecher und Publikum. Das Beratungshaus war vom Lärmen der Agora etwas abgesetzt, ein diskretes Gebäude, das »nicht den dominanten Platz einnahm, den man in der Architektur der Agora erwarten mochte«, bemerkt der Archäologe R. E. Wycherley, »ein Gebäude, dessen Zugang etwas kompliziert war«.[55] Die Wände des Bouleterions waren hoch, und das Gebäude war überdacht; jemand, der draußen stand, konnte nicht hineinschauen oder einfach hineinlaufen. Der Raum unterstützte auf diese Weise die einzelne Stimme und verstärkte ihre Worte; die Anordnung der Sitze konzentrierte die Aufmerksamkeit auf sie. Derselbe Raum, der die Aufmerksamkeit auf die Stimme lenkte, schuf aber zugleich eine Form der visuellen Überwachung: aufgrund der ansteigenden Sitzreihen konnten die Räte bei den Wahlvorgängen einfach identifiziert werden. Dies war bei einer Masse von Menschen auf ebener Erde nicht möglich, da man höchstens die Reaktionen der unmittelbaren Nachbarn sehen konnte.

Im Jahr 510 v. Chr., am Ende der Tyrannenherrschaft, konnten fast alle Worte, die Männer austauschen wollten, in der Agora gesprochen werden. Im Jahr 400 v. Chr., als die Demokratie den Versuchungen der Tyrannis widerstanden hatte und dauerhaft in Athen etabliert war, hatten sich die Sprech-Räume von der Agora auf verschiedene andere Teile der Stadt verlagert. Die Agora war in der Mitte des fünften Jahrhunderts nicht mehr der Ort, wo Dramen gezeigt wurden. Auf der alten Agora hatte die Stadt hölzerne Tribünen in der Freiluft-Orchestra errichtet, wenn neue Stücke gezeigt wurden; irgendwann im fünften Jahrhundert brachen diese Tribünen während eines der jährlichen Feste zusammen, und an ihrer Stelle wurde ein festes Theater in den südlichen Hang der Akropolis gegraben. Es hatte die Form einer riesigen Schale mit Sitzreihen, an deren Fuß die Tänzer und Schauspieler auftraten. Zur selben Zeit wanderte ein Großteil der unter freiem Himmel aufgeführten Musik in das *odeion*, eine überdachte Halle für Musikwettbewerbe. Dies bedeutete aber nicht den Niedergang der

Agora; sie füllte sich weiter mit Stoen und Tempeln. Die Versammlung aller Bürger traf sich noch immer auf der Agora, um über Ostrazismen abzustimmen; die Gerichte waren randvoll; die zu ihr führenden Straßen weiteten sich zum zentralen Marktplatz. Die Agora war jedoch nicht mehr der beherrschende Ort für die Stimme; vor allem umfaßte ihre Vielfalt die Stimme der Macht nicht mehr vollständig.

Die frühen griechischen Theater waren einfach Hügel, die nur leicht terrassenförmig angelegt werden mußten, um den Menschen Sitzplätze zu bieten, damit sie sich Tänzer, Dichter und Athleten anschauen konnten. In dieser Haltung zählt für eine Person vor allem, was vor ihr und weniger, was an ihrer Seite oder hinter ihr geschieht. Ursprünglich waren die Sitze hölzerne Bänke; das Theater entwickelte sich zu einem System von vertikalen Aufgängen, die schmalere Reihen von steinernen Sitzen trennten. So wurde es für die Menschen leichter, einander beim Kommen und Gehen nicht zu stören; die Aufmerksamkeit des Zuschauers konnte sich unbeeinträchtigt auf die Spielfläche konzentrieren. Das Wort »Theater« kommt vom griechischen *theatron*, das wörtlich übersetzt werden kann mit »ein Platz zum Sehen«. Ein *theoros* ist auch ein Botschafter, und tatsächlich hat das Theater eine Botschafterfunktion, da es den Augen und Ohren des Zuschauers eine Geschichte von einem anderen Ort oder aus einer anderen Zeit übermittelt.

In einem Freilufttheater bestand die Orchestra oder der Tanzplatz aus einem Kreis von festgestampfter Erde am Fuß des Fächers der Sitze; dahinter entwickelten die Theaterarchitekten allmählich eine Mauer, *skene* genannt, die ursprünglich aus Stoff, dann aus Holz und noch später aus Stein bestand. Die Handlung eines Stückes zur perikleischen Zeit entfaltete sich vor der Skene, die Schauspieler bereiteten sich hinter ihr vor. Die Skene half, die Stimme zu verstärken, die größere physikalische Kraft jedoch, die das Theater der Stimme verlieh, ergab sich aus dem Ansteigen der Sitzreihen. Eine Stimme, die in einem solchen ansteigenden Raum spricht, verdoppelt oder verdreifacht ihre Lautstärke im Vergleich zur ebenen Erde, weil die Steigung den Schall daran hindert, sich zu zerstreuen. Die gestaffelten Sitzreihen verbessern natürlich auch die Sicht, da die Menschen über die Köpfe der vor ihnen Sitzenden

Das Theater von Epidauros, 4. Jahrh. v. Chr. *Scala/Art Resource, N. Y.*

hinwegsehen können; das Gesehene indessen wird nicht wie bei einer Filmkamera vergrößert. Das antike Theater verband die visuelle Wahrnehmung einer weitentfernten Figur mit einer Stimme, die weit näher zu sein schien als die Gestalt, von der sie ausging.

Die Verstärkung der Stimme des Schauspielers und sein Anblick entsprachen der Trennung, die im antiken Theater zwischen Schauspieler und Zuschauer bestand. Es gibt einen rein akustischen Grund für diese Trennung: die Stimme von jemandem, der oben in den ansteigenden Sitzreihen in einem Freilufttheater sitzt, verliert sich auf ihrem Weg nach unten und klingt schwächer als die eines Sprechers auf ebener Erde. Außerdem hatten sich die Techniken des Schauspielers zur Zeit des Perikles verfeinert.

Diese Trennung hatte für jene Theaterräume, die für die Politik genutzt wurden, eine große Bedeutung. Im Athen des fünften vorchristlichen Jahrhunderts benutzte man für politische Zwecke das Theater auf dem Hügel Pnyx, zehn Minuten zu Fuß südwestlich von der Agora. Der Hügel Pnyx, ein schüsselförmiges Stück Land ganz wie die anderen Hügel, die als Theater genutzt wurden, diente um 500, wenige Jahre nach dem Sturz des Tyrannen Hippias,

Das Theater von Delphi,
4. Jahrh. v. Chr.
Scala/Art Resource, N. Y.

zum ersten Mal als Ort für große politische Versammlungen. Die Lage des Hügels bedeutete, daß das Publikum das Gesicht dem Nordwind zuwandte, während der Sprecher, wenn er stand, in die südliche Sonne blickte, sein Gesicht ohne jeden verbergenden Schatten. In der perikleischen Zeit gab es hinter dem Sprechenden, soweit bekannt ist, keinen Hintergrund: seine Stimme erreichte das Publikum aus der Weite des Landes, das sich hinter ihm erstreckte, der einzigen Verbindung zwischen der Masse der Bürger und dem Panorama von Bergen und Himmel.

Die Gebäude der Agora waren ohne einen maßgebenden Bebauungsplan hingestellt worden: »Sieht man von einem etwa zehn Morgen großen ausgesparten, ungepflasterten und offenen Bezirk in der Mitte ab, so läßt sich in der [athenischen] Agorabebauung keine bestimmte Konzeption erkennen.«[56] Der Fächer des Theaters unterlag im Gegensatz dazu einem festen Muster, das eine Masse in vertikale Segmente ordnete, die einsame Stimme unten verstärkte und den Redner und jede seiner Gesten in aller Deutlichkeit exponierte. Es war eine Architektur der individuellen Darstellung. Außerdem beeinflußte diese strenge Gestaltung die

Selbstwahrnehmung der sitzenden Zuschauer. Wie der Historiker Jan Bremmer betont, wurde dem Sitzen in der griechischen Kultur derselbe Wert beigemessen wie dem Stehen oder Laufen – jedoch auf ambivalentere Weise. Zur Zeit des Perikles wurden die Götter oft in sitzender Haltung dargestellt, etwa während der Feste der Götter. Und doch hieß sitzen auch sich unterwerfen, so wie etwa ein junges Mädchen in das Haus ihres frischgebackenen Ehemanns kam und ihre Unterwerfung unter seine Autorität durch ein Ritual symbolisierte, indem sie sich zum ersten Mal an seinen Herd setzte. Vasenbilder zeigen städtische Sklaven, die ihre Arbeiten entweder sitzend oder kauernd verrichten.[57]

Das Theater machte sich diesen Aspekt des Sitzens in der Tragödie zunutze: Das sitzende Publikum befand sich buchstäblich in einer Haltung, die es erlaubte, mit dem verletzlichen Protagonisten zu empfinden, denn die Körper sowohl der Zuschauer als auch des Schauspielers befanden sich in einer »bescheidenen, unterwürfigen Haltung gegen das höhere Gesetz«. Das griechische tragische Theater zeigte den menschlichen Körper, bemerkt die Altphilologin Froma Zeitlin, »in einem unnatürlichen Zustand des *pathos* (Leiden), wenn er am weitesten von seinem Ideal der Stärke und Integrität entfernt ist ... Die Tragödie beharrt ... auf der Zurschaustellung dieses Körpers«.[58] In diesem Sinne war Pathos das Gegenteil von Orthos.

Während das Freiluftleben der Agora hauptsächlich inmitten von laufenden oder stehenden Körpern stattfand, machte der Pnyx politischen Gebrauch von sitzenden Zuschauerkörpern. Sie hatten die Arbeit der Selbstbeherrschung in einer passiven und verletzlichen Haltung zu erbringen. In dieser Haltung lauschten sie der nackten Stimme, die unten sprach.

Die Hitze der Worte

Die Folgen zeigten sich bei den Treffen der *ekklesia*, der Versammlung aller Bürger, die vierzigmal im Jahr auf dem Pnyx zusammentrat. Eingangstore kontrollierten den Zugang zum Gebäude; an den Toren zahlte die Stadt allen Bürgern einen Geldbetrag, um der Dominanz der vermögenden Klasse entgegenzuwirken. Die Treffen begannen am frühen Morgen und dauerten bis zur Mitte des Tages; auch dies kam den ärmeren Bürgern entgegen, die so den Rest des Tages noch arbeiten konnten. Die Treffen auf dem Pnyx begannen mit einem Gebet und verhandelten dann die Tagesordnung, die der kleinere Rat im Bouleuterion aufgestellt hatte. Es gab vorbereitete Reden, dann Abstimmungen per Handzeichen und Urnenwahlen.

Nehmen wir an, wir befinden uns in einer Ekklesia auf dem Pnyx an einem Tag des Jahres 406 v. Chr. in einer der letzten Phasen des Peloponnesischen Krieges, als die politischen Streitigkeiten in der Stadt den Siedepunkt erreicht hatten. Im Verlauf der Seeschlacht von Arginoussai hatten die Kommandanten der Flotte, die Strategen, einige ihrer Seeleute dem Ertrinken überlassen. Auf dem Pnyx fragt der Herold des Tages traditionell: »Wer möchte sprechen?« Bei einem früheren Treffen hatte der athenische Bürger Theramenes vorgeschlagen, die Stadt solle die Strategen verurteilen. Xenophon berichtet uns, daß die Kommandanten sich unter Berufung auf einen heftigen Sturm auf See geschickt verteidigt hatten: Sie waren nahe daran, das Volk zu überzeugen; und viele Privatleute waren bereit, aufzustehen und Bürgschaft zu leisten. Dann jedoch war die Diskussionszeit abgelaufen. Heute stellt Kallixenos, ein Verbündeter des Theramenes, erneut den Antrag auf Verurteilung.

Er fordert ein Abstimmungsverfahren, das die Abstimmenden identifiziert, wie es in den schwerwiegendsten Fällen der Entscheidungsfindung üblich ist, und verlangt, daß die Athener insgesamt nach Phylen darüber abstimmen; für jede Phyle sollen zwei Urnen aufgestellt werden, eine, in die die Steine zugunsten der Kommandanten gelegt werden, die andere für jene, die ihre Bestrafung fordern. Jede Phyle der Stadt kann so für seine auf der Debatte beruhende Entscheidung verantwortlich gemacht werden.

Die Anhänger der Kommandanten greifen daraufhin zu einer Finte: Das Verfahren ist gegen die Verfassung, sagen sie, denn dies ist eine Sache für das Gericht. In Reaktion darauf schreit die Menge auf, es sei doch unerhört, daß man das Volk nicht tun lassen wolle, was ihm beliebe. Die Parteigänger des Militärs sind von der Gewalt, mit der das Volk reagiert, eingeschüchtert, sie geben auf, nur Sokrates erklärt, er werde nicht anders als nach der Vorschrift des Gesetzes handeln.

Nun beginnt die Verteidigung der Kommandanten. Ein führender Bürger, Euryptolemos, führt noch einmal die Argumente an, die bei der vorangegangenen Versammlung den Sieg davongetragen haben. Er beantragt, daß die Kommandanten einzeln vor Gericht gestellt werden sollen – gegen den Vorschlag des Rates im Bouleuterion, der besagt, daß sie gemeinsam gerichtet werden sollten. Zunächst stimmen die Bürger durch einfaches Heben der Hand dem Vorschlag zu. Menekles jedoch, ein prominenter Bürger, ergreift nach dieser Abstimmung noch einmal das Wort und fordert unter Eidesbekräftigung den Antrag auf Aufhebung des Beschlusses, weil er gesetzwidrig sei. Er schafft es, die Menge umzustimmen. Die Kommandanten sollen nun doch gemeinsam vor der Versammlung gerichtet werden. Ein Redner nach dem anderen tritt auf, die Debatte wird immer unübersichtlicher. Schließlich sprechen sich die Bürger in der Mehrheit dafür aus, die Männer zu verurteilen, die Volksleidenschaft schlägt um, und die sechs Kommandanten, die sich in Athen aufhalten, werden hingerichtet. Doch damit ist die Geschichte noch nicht zu Ende. Xenophon schreibt: »Kurze Zeit später gereute es die Athener, und sie beschlossen, diejenigen, welche das Volk getäuscht hatten, zu einer Voruntersuchung vor die Volksversammlung zu laden.«[59]

Was geschah eigentlich in diesem taumelnden, widersprüchlichen Lauf der Geschehnisse, der in Hinrichtungen und dann einsetzenden gegenseitigen Beschuldigungen gipfelte? Das Ereignis selbst hatte ganz woanders, fern der Stadt, stattgefunden. Xenophon berichtet uns, daß den Strategen zu ihrer Verteidigung weniger Zeit zugebilligt wurde, als ihnen nach dem Gesetz zugestanden hätte, daß sie aber mit großer Leidenschaft vor der Versammlung sprachen. Zunächst war es ihnen gelungen, das Volk durch die dramatische Schilderung des Sturms auf ihre Seite zu bringen. Sie weckten Mitgefühl für die Notlage der Flotte. Die Verteidiger der Kommandanten machten jedoch in der zweiten Zusammenkunft der Ekklesia einen strategischen Fehler. Sie stellten das Entscheidungsrecht des Volkes in Frage. Dies brach den Zauber, und das Volk wandte sich gegen sie. Dann stellten Menekles und andere

Redner das Geschehen in ihrem Licht dar, so daß die Menge im Verhalten der Angeklagten nicht mehr die Naturkatastrophe, sondern menschliche Feigheit sah. Die Strategen wurden hingerichtet. Nachdem sie nun einmal auf diese nicht mehr rückgängig zu machende Weise gehandelt hatten, suchten die Männer der Versammlung nach Schuldigen und wandten sich gegen jene, die sie mit trügerischen Argumenten überredet hatten.

Für Xenophon und andere zeitgenössische Beobachter war es die Macht der Rhetorik, die die Ekklesia so hin und her warf. Die Kräfte der Rhetorik waren die der *peitho*, was bedeutete, die Fügsamkeit anderer nicht durch Waffengewalt, sondern durch die Macht der Worte zu erzwingen. Einerseits erschien dies wünschenswert, andererseits tauchte die zerstörerische Seite der Rhetorik in den Legenden auf, die von der Göttin Pandora erzählt wurden, so etwa bei Hesiod: Pandoras verführerische Peitho erzeugte »Trug und kosende Worte und schlau betörende Schalkheit ... zum Leid der betriebsamen Männer«.[60]

Wörter schienen die Körpertemperatur steigen zu lassen. Die Griechen nahmen Redewendungen wie »die Hitze der Leidenschaft« oder »in flammenden Worten« wörtlich. Rhetorik war die Technik der Erzeugung verbaler Hitze. »Trug und kosende Worte« der Rhetorik, die Hesiod fürchtete, bewiesen die Macht der Redekunst, den menschlichen Körper zu beeinflussen. Diese Körper-Kunst setzte »Tropen« oder Redewendungen so ein, daß sie eine Menschenmasse aufpeitschte. Die griechischen Tropen der politischen Rhetorik wurden großenteils aus dem reichen Vorrat der homerischen Legende und Dichtung gezogen, und der Redner, der eine Menge bewegen wollte, mußte seinen Homer gut kennen. Griechische Denker – der bekannteste unter ihnen Plato, jedoch auch viele andere – fürchteten die Verführungskunst der Rhetorik, besonders wenn der Redner leidenschaftliche Hitze nur vorspielte, um sie in anderen zu wecken.

Der Redner arbeitete wie der Schauspieler mit Illusionen, die jedoch im Drama eine ganz andere Bedeutung als in der Politik besitzen. Zu Beginn von Sophokles' *Oidipus Tyrannos* konnte ein Zuschauer seinem Sitznachbarn erzählen, daß Ödipus sich an diesem Abend blenden werde, weil er seinen Vater getötet und mit seiner

Mutter geschlafen habe; auch wenn er dies erfährt, wird der Nachbar nicht aufstehen und das Theater verlassen. Denn diese Zusammenfassung der Handlung ist Information, nicht Erfahrung. Im Drama unterwirft sich der Zuschauer der verbalen Erfahrung durch aufrüttelnde Konfrontation, Umkehrungen und überraschende Wendungen. Mit jedem Schritt nimmt der Sinn zu: Wir begreifen allmählich – in einem Verstehensprozeß, der die Information der Handlung übersteigt –, daß Ödipus einen gräßlichen Preis wird zahlen müssen, daß es keinen Weg zurück gibt, keinen Handel, den er abschließen könnte, um seinem Schicksal zu entkommen.

In der Debatte über die Strategen waren die Redner gezwungen, rhetorische Illusionen zu erzeugen, weil das Ereignis an einem anderen Ort stattgefunden hatte und keine Zeugen außer den Angeklagten mehr am Leben waren. Aber in der Debatte bedeutete der Übergang von einer Stimme zur anderen nicht eine Zunahme an Sinn. Dieser Mangel zeigte sich schon darin, daß die Ekklesia in der Frage hin und her schlingerte, ob man die Strategen überhaupt vor Gericht stellen sollte; dann wurden sie hingerichtet, und schließlich suchte das Volk, das Geschehene ungeschehen zu machen, und klagte diejenigen an, die es verführt hatten; es gab keine narrative Akkumulation von Sinn, keinen logischen Fluß. Statt dessen brachte jeder Redner das Publikum dazu, die ertrinkenden Seeleute neu zu erblicken, so daß dieses, den Worten des Sprechers folgend, sein Bild der verlassenen Männer jeweils neu zeichnete. Je besser ein Redner war, desto mehr befreite er sich vom Entwurf seines Vorgängers; je machtvoller seine Umdeutung war, desto stärker zog er das Publikum in den Sog seiner Darstellung. Die einsame Stimme bemächtigt sich in der politischen Rhetorik des Publikums, im Theater dagegen akkumuliert die Handlung, eben weil die Figuren immer stärker voneinander abhängig werden, selbst dann, wenn sie im Streit liegen.

Die Athener kannten und fürchteten die gefährlichen Kräfte der einzelnen exponierten und rhetorisch geschulten Stimme. »Die Gerichtshöfe speisten sich wie die Versammlungen aus einer Nahrung scharfsinniger Rhetorik, von der die Athener erkannten, daß sie möglicherweise zersetzend für die Staatsmaschinerie war.«[61] Die Bürger erkannten, daß sie durch die Rhetorik und durch rhetorisch geschulte Politiker manipuliert werden konnten, und der geschulte Sprecher (meistens ein sehr gebildeter Mann, der eine bei einem professionellen Redenschreiber in Auftrag gegebene Rede vorlas) lernte rechtzeitig, wie Josiah Ober betont, mit der Furcht seiner Zuhörer umzugehen, so daß er auch sie zu manipulieren vermochte; er suchte zum Beispiel sich selbst als einen einfachen Mann des Volkes darzustellen, der nicht gewöhnt war, öffentlich zu sprechen, der anfing zu stottern oder den Faden verlor.

Die nackten Krieger des Parthenonfrieses strahlten eine ideale Heiterkeit aus. Die exponierte Stimme des Redners führte zu einem ganz anderen Ergebnis: Der machtvolle Rhetor sorgte oft für Unordnung unter den Zuhörern, die er bewegte, seine Worte erhitzten sie bis zur Verwirrung. Der vielleicht interessanteste Vorfall während des Gerichtsverfahrens gegen die Strategen war die Wut, die die Bürger empfanden, nachdem sie einmal für die Hinrichtung der Kommandanten gestimmt hatten. Die Hinrichtungen fanden an einem geheimen Ort statt, wie es bei staatlichen Morden der Brauch war. Dies beraubte die Menschen der Möglichkeit, die Folgen ihrer Entscheidung direkt zu erfahren.

Der politische Prozeß im Pnyx konnte sich also weit von dem perikleischen Glauben an die Einheit von Worten und Taten in der Polis entfernen. Die machtvolle Hitze im Körper, der Stolz auf die Nacktheit und die Selbstdarstellung: dieses Leitbild vom Körper führte nicht zur kollektiven Selbstkontrolle im politischen Körper. Die Athener litten in der Tat unter *hybris*, unter einem körperlichen Streben, das die Grenzen sozialer Kontrolle weit überschritt. Thukydides sagte dazu: »Den wahrsten Grund freilich ... sehe ich im Wachstums Athens, das die erschreckten Spartaner zum Kriege zwang.«[62] Genauer noch sah er, wie die Mächte der Rhetorik diese Hybris bewirken konnten. Die Zerstörung des perikleischen Traumes wurde 427 offenbar, als die ganze Alte Welt von der Macht der Wörter erschüttert schien. Mit den sich überstürzenden Ereignissen des Krieges wandelten sich auch Worte und ihre Bedeutungen. Thukydides schreibt: »Unbedachtes Losstürmen galt nun als Tapferkeit..., vordenkendes Zögern als aufgeschmückte Feigheit, Sittlichkeit als Deckmantel einer ängstlichen Natur, Klugsein bei jedem Ding als Schlaffheit zu jeder Tat; tolle

Hitze rechnete man zu Mannes Art, aber behutsames Weiterberaten nahm man als ein schönes Wort zur Verbrämung der Abkehr.« Der Fluß der Rhetorik war so leidenschaftlich geworden, daß »wer schalt und eiferte, immer für glaubwürdig [galt], wer ihm widersprach, für verdächtig«.⁶³ Die Hitze der Wörter hatte die Streitenden zu rationalem Handeln unfähig gemacht.

Konnte die Bearbeitung von Stein den Menschen irgendeine Kontrolle über die Hitze ihres Fleisches bieten? Ließ sich die Macht der Vernunft in die Stadt *hineinbauen?* Die Athener schlugen sich halb erfolgreich mit dieser Frage herum, als sie den Ort gestalteten, an dem der Strom der Worte freigesetzt wurde.

Rationales Handeln verlangt die Übernahme von Verantwortung für die eigenen Handlungen. Die in dem kleinen Bouleuterion sitzenden Räte ließen sich identifizieren und so für ihre jeweiligen Entscheidungen verantwortlich machen. Die Planer des Pnyx wollten dieselbe Regel im größeren politischen Theater beibehalten. Der klare Plan des Theaters, sein aufsteigender Fächer von Sitzen mit regelmäßigen Terrassen und vertikalen Gängen ermöglichte es den Zuschauern, die Reaktionen der anderen Männer auf die Reden mitzuerleben und zu erkennen, wie sie abstimmten – ganz im Unterschied zu der visuellen Ungenauigkeit auf der Agora, wo man Schwierigkeiten hatte, mehr zu sehen als die paar Nachbarn, die gleich neben einem standen.

Außerdem hatten die Menschen im Pnyx einen ihnen zugewiesenen Sitzplatz. Wie die Zuweisung von Plätzen im einzelnen organisiert war, ist nicht klar; einige Historiker haben überzeugend argumentiert, daß die Versammelten nach ihrer Phylenzugehörigkeit geordnet saßen. Es gab ursprünglich zehn Phylen in der Stadt, später zwölf oder dreizehn, und sowohl in seinen frühen als auch in späten Zusammensetzungen war der Pnyx nach den Phylen in entsprechende keilförmige Segmente unterteilt.⁶⁴ Jede Phyle belegte ein Segment.⁶⁵ Wenn im Pnyx Urnenwahlen abgehalten wurden, dann wurden die – steinernen – Stimmen von den Phylen oder *demes*, der Einheit der Ortsverwaltung, abgegeben. Jede Gruppe legte ihre Stimmen in Urnen, die dann ausgezählt und für diese bestimmte Gruppe bekanntgegeben wurden.

In einer Demokratie sind Verantwortlichkeit und Selbstkontrolle kollektive Akte – sie gehören dem Volk. Als Kleisthenes 508 seine demokratischen Reformen in Athen einführte, erklärte er, das Volk besitze die Macht der *isegoria*, die als »Gleichheit auf der Agora« übersetzt werden kann.[66] Gleichheit auf der Agora führte zur Redefreiheit, die die Athener *parrhesia* nannten. Und doch reichte diese Freiheit alleine nicht für Demokratie aus; sie begünstigte die rhetorische Verführung. Eine weitere der Reformen des Kleisthenes suchte dem beizukommen, indem sie Gruppen von Bürgern gemeinsam für die von ihnen getroffenen Entscheidungen verantwortlich machte. Egal, wie die Gruppen unter dem Sturm der Wörter in ihren Meinungen schwankten, sie waren gemeinsam verantwortlich für jede Entscheidung, die sie herbeigeführt hatten – selbst wenn eine bestimmte Phyle die Entscheidung für falsch gehalten haben mag. Sie waren verantwortlich für die Entscheidung, weil sie an dem Prozeß teilgenommen hatten, der zu ihr führte. Praktisch hieß das, daß nach einer Abstimmung das Wissen der Bürger, wer wie gewählt hatte, gegen eine Phyle oder einen Stadtteil gewandt werden konnte; der Gruppe konnten Gelder oder Dienste vorenthalten werden, oder sie konnte sogar gerichtlich verfolgt werden. Die kleisthenische Reform wollte das Volk als Ganzes, nicht nur als Individuen, dahin bringen, Verantwortung für den verbalen Prozeß der Demokratie zu übernehmen.

Dennoch brachte der Pnyx, dessen klare Gestaltung den Ernst des Wortes unterstrich, die Menschen buchstäblich in eine Position der Verletzlichkeit. Sie konnten für ihre eigenen Handlungen nur dann verantwortlich gemacht werden, wenn sie sich nicht bewegten; in dieser unbeweglichen Haltung wurden sie jedoch zu Gefangenen der einzelnen Stimmen. Das Leitbild der körperlichen Kraft im Fries des Parthenon schuf keine wirkliche bürgerliche Einheit; der Sexualkodex, der Gleichheit, Harmonie und gegenseitige Integrität bestätigte, ließ sich in der Politik nicht nachahmen. Der Körper des Bürgers war statt dessen in seiner politischen Haltung nackt den Mächten der Stimme ausgesetzt – in derselben Weise, wie wir manchmal jemanden, der nackt ist, als schutzlos beschreiben. Aus diesem politischen Zwiespalt entstand das sitzende »Pathos«, das Froma Zeitlin das Pathos der Erfahrung heißer Leidenschaft in einem passiven Körper nennt.

Die Geschichte, die ich hier erzählt habe, ist nicht die Geschichte vom Scheitern des Ideals der athenischen Demokratie. Vielmehr ist es die Geschichte der Widersprüche und Spannungen, wie Menschen sie in einer Demokratie erfahren haben, die den Körper auf besondere Weise feierte. Das in Stein gehauene Leitbild des nackten Körpers zerbrach; die exponierte Stimme entwickelte sich im städtischen Raum zu einer entzweienden Kraft.

Diese athenische Geschichte wird manchmal als eine Spaltung von Geist und Körper dargestellt. In unserer Zeit stellen wir uns diese Trennung oft so vor, daß trockene mentale Konstrukte die Sinnlichkeit des Körpers unterdrücken. Am Beginn unserer Zivilisation war das Problem jedoch umgekehrt: Der Körper beherrschte das Wort und hinderte die Menschen daran, rational in der Einheit von Wort und Tat zu leben, die Perikles in der Grabrede feierte. Von der demokratischen Rhetorik erhitzt, verloren die Bürger im Streit die Rationalität; der Hitze der Wörter in der Politik fehlte die narrative Logik der Theaterstücke. Die Athener waren unfähig, ein Gegengewicht aus Stein zu schaffen; im Pnyx waren die Menschen zwar verantwortlich für ihre Handlungen, hatten sie aber nicht unter Kontrolle.

Haben sich die Begriffe für diese Kluft zwischen Körper und Geist im Lauf unserer Geschichte auch geändert, so ist die Trennung, die an unserem Ursprung liegt, doch bestehen geblieben. Sie zeigt, daß in unserer Geschichte das »Humane« für dissonante und unversöhnte Kräfte steht. Mit dem Auftreten des Christentums wird dieser Konflikt notwendig und unvermeidlich erscheinen: das Menschentier ein Tier im Krieg mit sich selbst – Folge des Sündenfalls und der Vertreibung aus dem Paradies. In der antiken Welt versuchten die Griechen mit dieser Wahrheit in anderer Weise fertig zu werden: über die Erfahrung städtischer Rituale.

ZWEITES KAPITEL

DER MANTEL DER DUNKELHEIT

*Der Schutz des Rituals
in Athen*

Der Parthenon stellt eine Hymne auf eine weibliche Gottheit dar, eine die Stadt beherrschende Frau. Und doch brachte Perikles seine Grabrede mit der Erklärung zu Ende: »Soll ich nun auch der Tugend der Frauen noch gedenken, die jetzt im Witwentum leben werden, so wird mit kurzem Zuspruch alles gesagt sein.« Der Rat bestand darin, still zu sein. Er erklärte, der größte Ruhm einer Frau bestehe darin, daß sie »sich mit Tugend oder Tadel unter den Männern möglichst wenig Namen macht«.[1] Mit ihrer Rückkehr in die Stadt sollten die Frauen auch in den Schatten zurückkehren. Ebensowenig war es Sklaven und in Athen wohnenden Fremden gestattet, in der Stadt zu sprechen, da sie alle kalte Körper waren.

Obwohl Perikles die Grabrede an Lebende richtete, stellte er sich wie alle Griechen vor, daß auch die Geister der Toten ihn hörten. Die Toten hatten alle Körperwärme verloren, und doch suchten ihre Schatten die Lebenden heim, blieben machtvolle Kräfte des Guten oder Bösen. Die Kälte stand mit der Dunkelheit im Bunde, die Unterwelt war die Behausung der Schatten. Und doch war das Fehlen von Wärme kein hoffnungsloser Umstand. Diejenigen, die mit lebendigen kalten Körpern geschlagen waren, taten, was in ihrer Macht stand, übten bestimmte Rituale aus, Rituale, die sich in einen Mantel der Dunkelheit hüllten. Diese antiken Rituale legen einen festen Bestandteil unserer Zivilisation offen: die Weigerung der Unterdrückten, passiv zu leiden, so, als sei Schmerz eine unveränderliche Naturgegebenheit. Diese Weigerung zu leiden hatte jedoch ihre eigenen Grenzen.

1. DIE MACHT KALTER KÖRPER

In der Grabrede spricht Perikles auf merkwürdig beiläufige Weise über die Rituale der Stadt. Er sagt: »Dann haben wir uns bei unserer Denkweise auch von der Arbeit die meisten Erholungen geschaffen: Es gibt Wettkämpfe und Opfer, die jahraus, jahrein bei uns Brauch sind.«[2] Wie ein moderner Historiker bemerkt hat, ist dies »eine sehr pragmatische Sichtweise der Religion einer Gemeinschaft«; andere Athener hätten den Kalender der Feiertage als den wahren Kern ihres bürgerlichen Lebens verstanden und nicht als »Ausruhen vom Geschäft«.[3]

Das Ritual mag als eine statische Macht erscheinen, die durch die Wiederholung von Gesten und Worten Mal um Mal Erinnerung bewahrt. Die Rituale in der alten Welt verwandelten sich aber, als die alten Formen neuen Bedürfnissen zu dienen begannen. Rituale, die den Platz der Frauen in einer früheren agrarischen Gesellschaft ehrten, veränderten sich langsam, so daß das Körperstigma der Passivität sich von den städtischen Frauen löste. Der Wandel vom agrarischen Mythos zum urbanen Ritual zerstörte nicht die Erinnerungen an die Vergangenheit, und Frauen benutzten das Ritual auch nicht, um sich gegen die Männer aufzulehnen. Während das größte aller Rituale der Stadt, die *panathenaia*, Männer und Frauen zusammenfaßte, brachten diejenigen Rituale, die allein Frauen versahen, diese Kraft der Verwandlung der Vergangenheit klarer zum Ausdruck. Eines dieser Rituale, die *thesmophoria*, zielte darauf ab, dem kalten weiblichen Körper Würde zu verleihen; ein anderes, die *adonia*, gab den Frauen jene Mächte von Sprache und Begierde zurück, die Perikles ihnen in der Grabrede abgesprochen hatte.

Die Thesmophoria

Die Thesmophoria begannen als Fruchtbarkeitsritus. Sie reichen zurück bis in die vorhomerischen Zeiten, ein Ritual, das Frauen im Spätherbst durchführten, wenn die Saat ausgebracht werden sollte. Demeter, die Erdgöttin, war seine göttliche Schutzherrin. Der Ge-

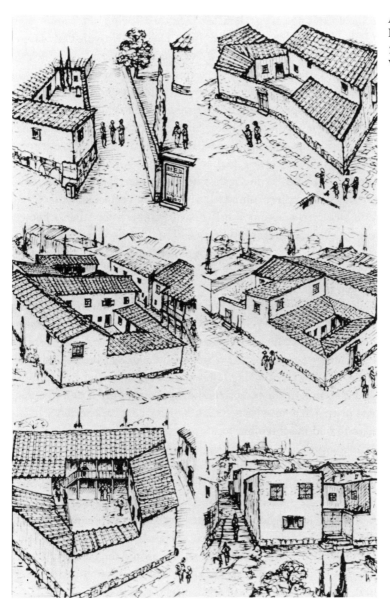

Athenische Häuser, spätes 5. und 4. Jahrh. v. Chr.

schichte zufolge trug Demeter ihre tote Tochter Persephone zu Grabe und betrauerte sie; der Name leitete sich von der Haupthandlung ab, die darin bestand, etwas in die Erde zu legen (*thesmoi* heißt im Griechischen »niederlegen«, auch im weiteren Sinn von Gesetze geben). Die Frauen bereiteten die Thesmophoria mit rituellen Handlungen vor, in der Schweine eine Rolle spielten – in der griechischen Mythologie galten Schweine als heilig. Am Ende eines jeden Frühlings legten sie geschlachtete Ferkel in Höhlen, oder *megara*, die in den Boden gegraben waren; hier sollten die toten Tiere verwesen. Dieses Frühlingsfest zu Ehren der Demeter (die *scirophoria*) symbolisierte unmittelbar die Fruchtbarmachung der Erde. Das Demeterheiligtum von Eleusis lag außerhalb Athens. Die im Herbst in Athen durchgeführten Thesmophoria verwandelten diesen einfachen Akt der Erdbefruchtung in eine städtische Erfahrung.

Am ersten der drei Tage der Thesmophoria begaben sich die Frauen in die Höhlen, die die feuchten Überreste der Ferkel enthielten, und mischten Saatkörner unter die Kadaver. Dieser Tag drehte sich um das »Gehen« (*kathodos*) und »Aufsteigen« (*anodos*), denn die Frauen stiegen aus der Höhle auf, um sich in spezielle Hütten zu begeben, wo sie auf dem Boden saßen und auch schliefen. Am zweiten Tag fasteten die Frauen, um an Persephones Tod zu erinnern; sie trauerten, indem sie schimpften und fluchten. Am dritten Tag holten sie die mit Kornsaat angereicherten Schweinereste und mischten diesen stinkenden Matsch als eine Art heiligen Kompost in die Erde.[4]

Die Thesmophoria schienen unmittelbar die Geschichte der Demeter darzustellen, wie die Menschen zur Zeit des Perikles sie kannten, eine Geschichte von Tod und Wiedergeburt, von der Göttin, die ihre eigene Tochter der Erde übergibt – eine Übergabe, die im Schlachten und Begraben der Ferkel ihre Parallele findet. Dennoch veränderte das Ritual, so wie es in Athen ausgeübt wurde, den ursprünglichen, agrarischen Mythos. Statt Fruchtbarkeit und Sterilität einander entgegenzusetzen, beschworen die Thesmophoria sexuelle Enthaltsamkeit als Gegenteil der Sterilität. Denn drei Tage vor den Thesmophoria schliefen die Frauen nicht mit ihren Männern, und sie waren auch während des Festes enthaltsam. Somit veränderte das Ritual sich von dem Beweinen der

Tochter, deren Leiche die Erde nährte, hin zu einem Drama, das sich um das Thema der Selbstkontrolle drehte.

In einem fesselnden Abschnitt läßt der Altphilologe Jean-Pierre Vernant das Ritual, wie es in Athen praktiziert wurde, lebendig werden:

> Die Zeit der Aussaat stellt den Beginn der Periode dar, die günstig für das Heiraten ist; verheiratete Frauen, Familienmütter, feiern in Gesellschaft ihrer rechtmäßigen Töchter eine offizielle Zeremonie, die sie zeitweilig vom Ehemann trennt; Schweigen, Fasten, sexuelle Enthaltsamkeit; sie nehmen eine unbewegliche Haltung ein, kauern sich auf den Boden; sie klettern hinab in unterirdische megara, um Talismane der Fruchtbarkeit zu sammeln, die dann mit dem Saatgut vermischt werden; es herrscht ein leicht ekliger Geruch, und anstelle von aromatischen Pflanzen gibt es hier Bündel von Weidenzweigen, da Weiden als Antiaphrodisiakum galten.[5]

Der Geruch der lustabtötenden Weide war wichtig für den Ritus, ebenso der faulige Gestank und die Dunkelheit der Hütten, in denen die Frauen auf dem Boden kauerten. Ihre Körper wurden ruhig und kalt, fast leblos. In diesem kühlen, passiven Zustand begann das Ritual, sie zu verwandeln: Sie wurden zu würdigen Körpern, die die Geschichte von Demeters Trauer verkörperten.

Während der Demetermythos die Frauen mit der Erde verband, verbanden die Thesmophoria die Frauen untereinander. Diese neue Verbindung zeigte sich in der formalen Organisation der Thesmophoria; die Anführerinnen des Rituals wurden von den Frauen selbst ausgesucht. »Männer«, schreibt Sarah Pomeroy, »waren nur insofern an den Festlichkeiten beteiligt, als sie – sei es durch eine besondere Steuer oder durch unentgeltliche Dienstleistungen für ihre Frauen – die Ausrichtung des Festes sowie die dafür anfallenden Kosten zu übernehmen hatten.«[6] Außerdem zelebrierten die Frauen, sagt Vernant, den Ritus »als Bürgerinnen«, auch wenn sie sich von der Welt der Männer zurückzogen, um dies zu tun. Erst am Ende des dritten Tages kehrten sie zu den Ehemännern zurück, die sie draußen erwarteten, wenn sie mit ihrer Geburtslast von totem Fleisch und Kornsaat aus den Hütten traten. Der Mantel der Dunkelheit in der Erde, die Kälte der Höhlen, die Nähe zum Tod verwandelte den Status ihrer Körper. Während der Thesmophoria traten die Frauen eine Reise durch die Dunkelheit an und kamen, in ihrer Würde bekräftigt, zurück ans Licht.

Gewiß hinterließ die Metamorphose vom Land in die Stadt auch in vielen anderen Mythen ihre Spuren, da der Kalender der städtischen Feste ursprünglich an das ländliche Leben gebunden war, an den Lauf der Jahreszeiten und an den Ackerbau.

Die Verwandlung des Demetermythos in ein urbanes Ritual besaß indessen wegen des Ortes, an dem sie stattfand, eine besondere Bedeutung für Frauen. Fragmentarische Hinweise legen nahe, daß bei der ersten Durchführung des Rituals die Schweine in natürliche Höhlen gelegt worden waren. Der Stadtarchäologe Homer Thompson hat festgestellt, wo dieser steinzeitliche Ritus in der Stadt wieder aufgenommen wurde. Die Höhlen und die Hütten befanden sich offenbar direkt auf dem Pnyx, hinter dem Theater, in dem die Männer die Ekklesia abhielten. Durch das Ritual hatten sich die Frauen auf diese Weise einen städtischen Raum für sich selbst geschaffen – nahe dem Raum der Macht, den die Männer besetzt hielten.

Der Fachbegriff für die Veränderungen, die sich in den Thesmophoria vollzogen, ist »Metonymie«, ein griechisches Wort für einen rhetorischen Kunstgriff. Die Metonymie ersetzt ein Wort durch ein anderes; Seeleute können Haie oder Möwen genannt werden, je nachdem, welchen Effekt der Sprecher oder Schreiber erzielen möchte. Jede dieser Vertauschungen erklärt etwas: Wenn wir einen Seemann einen Hai nennen, sagen wir unmittelbar etwas über die Raubgier seiner Handlungen; nennen wir ihn eine Möwe, sagen wir etwas über seine Fähigkeit aus, sich wie eine Möwe über den Aufruhr der Wellen zu erheben.[7] Die Metonymie gleicht dem Überwerfen eines Mantels über ursprüngliche Bedeutungen, indem sie das Original durch Assoziation verwandelt. Von allen Waffen im Arsenal des Dichters variiert die Metonymie die Sprache am stärksten, indem sie die Bedeutung eines Wortes weiter und weiter von ihrem Ursprung entfernt.

Im Verlauf der drei Tage der Thesmophoria erfuhren die Frauen – den Gestank der Schweine und Weiden einatmend, auf dem Boden kauernd – rituelle Verwandlung durch die Kraft der Metonymie. »Kalt« und »passiv« bedeuteten vom zweiten Tag an Selbstdisziplin und Stärke, nicht wie draußen Schwäche und Unterlegenheit. Diese Veränderungen fanden ihren Höhepunkt am dritten Tag, wenn die

Frauen aus den Hütten hervortraten. Sie waren nicht wie Männer geworden. Das Licht traf auf in Mäntel gehüllte, durch den Ritus verwandelte Körper – mysteriös und unerreichbar für Männer. Dies waren Körper, die eine neue Würde angenommen hatten.

Rituelle Metonymien bedienen sich, anders als die Zeilen der Dichter, des Raumes, um solche Veränderungen zu bewirken. Diese Räume ändern den Zustand der Körper, die in den magischen Zirkel des Rituals eintreten. Ein solcher Wandel vollzog sich in den Thesmophoria: die rituelle Höhle, kalt und dunkel, verlieh den kalten Körpern, denen Perikles empfahl, unbemerkt zu leben, einen neuen Wert in der Stadt. Die Form der Hütten konzentrierte den Dunst der Weiden, der den Frauen bei ihrer Verwandlung durch die Abtötung ihrer Begierde half. Der Ort der Hütten im städtischen Raum betonte die Nähe dieser Würde verleihenden Stätte zu dem Platz, wo die Männer als Bürger herrschten.

Die Adonia

Die Adoniafeiern waren agrarische Riten, die mit dem Tod zu tun hatten. Ihre städtische Verwandlung vollzog sich im häuslichen Raum. Die griechischen Frauen waren wegen ihrer angenommenen physiologischen Schwächen auf das Haus beschränkt. Der griechische Historiker Herodot stellte die Vernünftigkeit dieses Verhaltens seiner Zivilisation der Merkwürdigkeit der Ägypter gegenüber, als er behauptete, daß »die Sitten und Bräuche der Ägypter größtenteils im Gegensatz zu denen der übrigen Menschheit [stehen]. Bei ihnen gehen die Frauen auf den Markt und treiben Handel, während die Männer zu Hause sitzen und weben.«[8] Im *Oikonomikos* des Xenophon ermahnt ein Ehemann seine Frau eindringlich: »Du wirst allerdings im Hause bleiben.«[9]

Das antike griechische Haus besaß hohe Wände und nur wenige Fenster; sofern das Einkommen es zuließ, waren seine Räume um einen inneren Hof herum angeordnet. Im Haus herrschte so etwas wie das Haremsystem des klassischen muslimischen Haushalts. Verheiratete Frauen erschienen niemals im *andron*, dem Raum, in dem die Gäste unterhalten wurden. Bei den im Andron veranstalteten Trinkgelagen tauchten nur weibliche Sklaven, Prostituierte oder Fremde auf. Ehefrauen und Töchter lebten in dem Raum oder den Räumen mit dem Namen *gynaikeion*; war der Haushalt wohlhabend genug, nahmen diese Räume den zweiten Stock ein, noch weiter entfernt von den täglichen Störungen der Straße oder des Innenhofes.

Die Adonia verwandelten diese Regel des weiblichen Rückzugs in den Haushalt. Das Ritual tat dies, indem es sich auf die Erfahrung des Riechens bezog. Die Griechen hielten den Geruch von Pflanzen und Gewürzen für höchst willkommene Empfindungen, die buchstäblich Atmosphären der sexuellen Freiheit oder der Zurückhaltung schufen. Der moderne biologische Ausdruck für Tiergerüche, »Pheromone«, kommt von dem griechischen *pherein*, »tragen«, und *hormon*, »erregen«.[10] Während der Thesmophoria durchzog ein Anti-Pheromon, der Weidengeruch, die Hütten – ein Geruch, der die Lust abtöten sollte; auf der anderen Seite bedienten sich die Adonia aromatischer Gewürze, die die Lust zu wecken schienen. »Der Unterschied zwischen den Thesmophoria und den Adonia«, so schreibt der Anthropologe Marcel Detienne, »gleicht dem zwischen Fastenzeit und Faschingsdienstag.« Die Adonia feierten die sexuelle Lust der Frau; süß duftend, trunken und wüst – dieses Fest der Aromen gab der Frau die Freiheit, an einem seltsamen und sonst nicht genutzten Ort des Hauses über ihre Begierden zu sprechen: auf dem Dach.

Die Adonia leiteten sich von den den Gott Adonis umrankenden mythologischen Geschichten ab. Er stand an dem einen Pol der griechischen Vorstellung von Männlichkeit; am anderen stand Herakles, der exemplarische Krieger. Herakles war berühmt, so Homer in der *Odyssee*, »für seinen unersättlichen Bauch, der niemals mit Essen und Trinken aufhörte«. Sein Hunger nach Sex kam seiner Völlerei gleich; in der *Lysistrata* bricht es aus einem lüsternen Ehemann heraus: »Mein Schwanz ist Herakles, der zum Essen kommt«.[11] Herakles hatte angeblich 72 Söhne und eine Tochter gezeugt. Im Gegensatz dazu war der anmutige Adonis weder lüstern noch verfressen. Er starb, bevor er Vater werden konnte, in der Jugend von einem KeilerEber getötet. Und völlig anders als Herakles schenkte er Frauen Lust, statt die eigene Lust in ihren Körpern zu befriedigen. Adonis war eine Figur der *hedone*, des griechischen

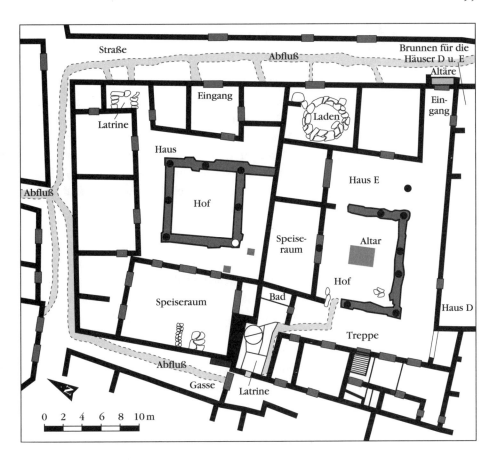

Grundriß athenischer Häuser, Delos, 5. Jahrh. v. Chr.

Begriffs für Sinnenfreude, und Aphrodite trauerte um ihn als einen Liebhaber der Frauen.

Im Ritual der Adonia nahmen die Frauen von Athen Bezug auf diesen Mythos, beklagten den Tod eines jungen Mannes, der es verstand, den Frauen Lust zu schenken. Eine Woche vor dem Fest, das in jedem Juli zu seinen Ehren abgehalten wurde, setzten die Frauen Salatsamen in kleine Töpfe auf den Dächern ihrer Häuser; diese Samen keimen schnell, und die Frauen gossen und düngten die Töpfe sorgfältig, bis sich frische grüne Schößlinge zeigten. Von diesem Augenblick an jedoch gaben sie den Pflanzen kein Wasser mehr. Begannen die Sprossen abzusterben, war es an der Zeit, mit dem Fest zu beginnen. Jetzt wurden die Töpfe auf den Dächern »Gärten des Adonis« genannt, die verdorrten Pflanzen spiegelten seinen Tod.

Man könnte erwarten, daß das Ritual sich eng an die Geschichte anschließt, die der Mythos erzählt; tatsächlich schien diese Jahreszeit den Symbolismus des sterbenden Gartens zu verstärken, da der Juli eine Zeit der sengenden Sonne ist. Gleichwohl ersannen die Frauen von Athen ein Ritual, das nur dem Namen nach eine Beerdigung war. Statt zu trauern, blieben sie die ganze Nacht wach, tanzten, tranken und sangen zusammen. Sie warfen Myrrhe und andere Gewürze in Weihrauchbehälter (Adonis war der Sohn der Myrrha, der Nymphe der Myrrhe), um sich sexuell zu erregen. Das Fest war berüchtigt für seine lüsternen Witze und unerlaubten Sex. Eine römische Erzählung einige Jahrhunderte später läßt eine Kurtisane einer Freundin schreiben: »Beim Adonisfest werden wir ... bei Thettalas Geliebter schmausen... Dazu mußt du ganz gewiß erscheinen und dein Äffchen, deinen Korallenschmuck und deinen Adonis mitbringen, den du jetzt so verhätschelst [offensichtlich ein Dildo]. Mit allen unseren geliebten Freundinnen wollen wir trunken sein.«[12]

Eben die Pflanzen, die die Frauen in ihren kleinen »Gärten des Adonis« gesät hatten, bestätigten diese ihrem ganzen Wesen nach sexuelle Feier. Die Dichterin Sappho schreibt, daß Aphrodite Adonis in ein Salatfeld bettete, nachdem er tödlich verletzt worden war; erscheint uns dieses Bild auch merkwürdig, so war es doch äußerst sinnfällig für die Griechen, die Salat als ein wirkungsvolles Antiaphrodisiakum betrachteten: »Sein Saft ist nützlich für jene, die nasse Träume haben, und er lenkt einen Mann vom Geschlechtsverkehr ab«, schreibt Dioskorides.[13] Salat erscheint in der antiken Literatur als ein Symbol für Impotenz und allgemeiner noch für einen tödlichen »Mangel an Lebenskraft«.[14] Man glaubte, Salat sei eine Pflanze, die im Schatten gedieh und von verstorbenen Müttern verzehrt wurde. Anläßlich der Adonia begannen die Frauen mit dem Feiern, wenn der Salat welkte, braun wurde und in den Töpfen getrockneter Erde verdorrte. Das heißt, sie begannen mit dem Feiern, wenn die Pflanze starb, deren Säfte angeblich die lebendige sexuelle Begierde austrocknete.

Die Adonia scheinen eine Feier von Begierden gewesen zu sein,

Junge Frauen stellen die Trauer um Adonis während der Adonia nach.

die im Leben der Frauen sonst nicht erfüllt wurden. Der sexuelle Entzug ergab sich jedoch nicht aus der Vernarrtheit der Männer in die Jungen, die zu Bürgern werden sollten; das würde Homosexualität im heutigen Sinne voraussetzen, so als schlösse eine Art erotischer Begierde die andere aus. Wie die Historikerin Eva Cantarella festgestellt hat, »waren die wirklichen Rivalen der Ehefrauen ... andere ›ehrbare‹ Frauen, die ihre Männer dazu bringen konnten, sich von ihnen scheiden zu lassen«.[15] Die Pflanzen und Gewürze der Adonia halfen den Frauen dabei, sich einem grundsätzlicheren Problem zu stellen: Ihre Lust war untrennbar mit der Unterwerfung unter den Willen der Männer verbunden. Die Adonia sollten einen Freiraum schaffen.

Die Adonia verwandelten wie die Thesmophoria einen agrarischen Ritus in eine urbane Erfahrung. Der antike Mythos verband den Tod der Lust mit der Fruchtbarkeit der Erde, so wie das Blut des sterbenden Adonis in den Erdboden sickerte; dies stand dafür, daß das Land seine Nahrung aus dem Leiden der Menschen bezieht. Im urbanen Ritual erweckt das Austrocknen des Landes und das Welken seiner Pflanzen den sinnlichen Körper zu neuem Leben. Damit ein alter Ritus diesem neuen Zweck dienen konnte, veränderten die Frauen den Raum des Hauses.

Die Adonia unterschieden sich signifikant von den Männerfesten (den *symposia*), die das ganze Jahr über im Andron stattfanden. In einem mäßig wohlhabenden Haushalt konnten in dem normalerweise quadratischen Raum drei Liegen an den Seitenwänden und eine Liege am Kopfende stehen; vierzehn Gäste konnten es sich hier bequem machen, essen und trinken, männliche wie weibliche Prostituierte liebkosen. Das Symposion bot den Männern eine Gelegenheit, sich gehenzulassen, sich in rauhen Scherzen zu ergehen, »die grundsätzlich das Gegenteil von den [schicklichen Versammlungen] in der Polis als Ganzem waren«.[16] Das Symposion war, wie L. E. Rossi schreibt, mit seinen trinkenden, flirtenden, redenden und angebenden Männern »ein Schauspiel für sich«.[17] Wie auch im Gymnasium spielte der Wettbewerb in dieser Männergesellschaft eine wichtige Rolle. Die Teilnehmer hatten Gedichte, Witze und Prahlereien vorbereitet, so daß sie sie während des Banketts darbieten konnten. Manchmal geriet das Gleichgewicht zwischen Wettbewerb und Kameradschaft außer Kontrolle, und das Symposion endete in einer wilden Schlägerei.

Oben auf dem Dach herrschte während der Adonia die gleiche Lüsternheit, die Frauen traten jedoch nicht miteinander in Wettbewerb; es gab keine vorbereiteten Witze. Die Adonia vermieden auch die Geheimhaltung und Exklusivität, die das Symposion kennzeichneten. Die Frauen wanderten durch die Straßen, hörten Stimmen, die sie in der Dunkelheit riefen, erstiegen die Dächer auf Leitern, um fremde Frauen zu treffen. In der antiken Stadt waren die flachen Dächer normalerweise leer. Außerdem fand dieses Fest in der Nacht in Wohngebieten statt, die keine Straßenbeleuchtung hatten. Die dominanten Plätze der Stadt – Agora, Gymnasium, Akropolis und Pnyx – waren Orte der Selbstdarstellung bei Tageslicht. Die wenigen Kerzen, die während der Adonia auf den Dächern angezündet wurden, machten es schwierig, diejenigen zu sehen, die in der Nähe saßen, geschweige denn jemanden auf der Straße. So breiteten sie einen Mantel der Dunkelheit über die Verwandlungen, die sich mit dem Raum des Hauses vollzogen. In der Dunkelheit, belebt von Gelächter, wurde das Dach ein anonymes, freundliches Territorium.

In ebendiesem Raum, unter dem Mantel der Dunkelheit, gewannen die Frauen ihre Sprachmacht zurück und artikulierten ihre Begierden. So, wie die Thesmophoria Bilder der Kälte verwandelten, transformierten die Adonia Bilder der Hitze; die Hitze der Sonne war tödlich für ihre Pflanzen, während die Dunkelheit die Frauen frei machte.

Bis vor kurzem hielten Gelehrte die Adonia für einen lesbischen Ritus; sie nahmen einfach an, daß, wenn Frauen sich zu selbständiger Lust trafen, sie sich gegenseitig sexuell stimuliert haben müßten. Das berühmte Liebesgedicht von Sappho ist oft im Zusammenhang mit den Adonia zitiert worden:

»Wenn ich dich erblicke, geschieht's mit einmal,
    daß ich verstumme,
Denn bewegungslos liegt die Zunge, feines
    Feuer hat im Nu meine Haut durchrieselt,
mit den Augen sehe ich nichts, ein Dröhnen
    braust in den Ohren
und der Schweiß bricht aus, mich befällt ein Zittern
    aller Glieder, bleicher als dürre Gräser
bin ich, dem Gestorbensein kaum mehr ferne
    schein ich mir selber.«[18]

Die Adonia scheinen aber doch komplizierter gewesen zu sein: Was immer die Mischung sexueller Vorlieben gewesen sein mag, dem Ritus fehlte die bewegende Intensität von Sapphos Gedicht, weil er eine Gelegenheit für zeitweilige Lust unter Fremden in der Dunkelheit bot und mit tiefer, anhaltender erotischer Bindung nichts zu tun hatte.

Die Stadt erkannte die Adonia nicht formell an; sie erschienen nicht im offiziellen Kalender wie die meisten anderen Feste, die von der Stadt geplant, überwacht und finanziert wurden. Das Fest war ebenso informell organisiert, wie seine Gefühle spontan waren. Und es sorgte, was kaum überrascht, für Unbehagen bei den Männern. Zeitgenössische Schriftsteller wie Aristophanes in der *Lysistrata* machten sich über den Lärm, die Sirenenklänge und die Trunkenheit dieses Ereignisses lustig und begegneten Frauen, die ihr übliches Schweigen brachen, mit Verachtung. Die konsequenteste Kritik an den Adonia jedoch wurde von Plato im *Phaidros* erhoben. Plato läßt Sokrates sagen:

> Sage mir aber dieses, ob ein verständiger Landmann den Samen, den er vor andern pflegen und Früchte von ihm haben möchte, recht eigens im heißen Sommer in einem Adonisgärtchen bauen und sich freuen wird, ihn in acht Tagen schön in die Höhe geschossen zu sehen, oder ob er dieses nur als ein Spiel und bei festlichen Gelegenheiten tun wird, wenn er es denn tut; jenen aber, womit es ihm Ernst ist, nach den Vorschriften der Kunst des Landbaues in den gehörigen Boden säen und zufrieden sein, wenn, was er gesäet, im achten Monat seine Vollkommenheit erlangt?[19]

Plato sah in den Adonia nur die Demaskierung der Unfruchtbarkeit einer flüchtigen Lust, im Gegensatz zur antiken agrarischen Geschichte von der Ernährung der Erde. Begierde – für sich genommen – ist unfruchtbar.

Gegen Plato ließe sich sagen, daß die Adonia den Frauen die Sprache der Begierde zurückgab – und zwar auf besondere Weise. Wie die Thesmophoria bediente sich dieses Ritual eines poetischen Kunstgriffes, und zwar in räumlicher, nicht in verbaler Form. Die Adonia schöpften aus der Macht der Metapher. Eine Metapher verbindet unterschiedliche Dinge in einem einzigen Bild, wie in dem Ausdruck »die rosenfingrige Morgendämmerung.« In einer solchen Metapher ist die Bedeutung des Ganzen größer als die ihrer Teile. Metaphern funktionieren anders als die Metonymie: In einer Metonymie kann man für »Seemann« verschiedene Wörter einsetzen – Hai, Möwe, Wal, Albatro; sind jedoch »Rosenfinger« und »Morgendämmerung« erst einmal zusammengesetzt, dann nehmen sie eine Bedeutung an, die über die Entsprechung der Teile, Morgendämmerung und Finger, hinausgeht. Außerdem widersetzen sich starke Metaphern dem wörtlichen Verständnis. Wenn man behauptet, »die rosenfingrige Morgendämmerung« wolle sagen, daß rohrförmige, rosafarbene Wolken bei Tagesanbruch am Himmel erscheinen, dann geht die evozierende Kraft des Bildes verloren; der Dichter schuf ein Bild, das in der Erklärung stirbt.

Im Ritual der Adonia sorgte der Raum für das Funktionieren der Metapher. Normalerweise rechtfertigten Fruchtbarkeit und Kindesgeburt die Sexualität der Frau. Es *ist* etwas merkwürdig, daß eine Person sich dann frei fühlen sollte, wenn sie auf einem Dach im Juli, nachts, umgeben von toten Pflanzen, zu Fremden über ihre geheimen Begierden spricht. Darin, daß sie diese unwahrscheinlichen Elemente miteinander verschmilzt, liegt die räumliche Macht der Metapher. Ein »metaphorischer Raum« bedeutet im Ritual einen Platz, an dem Menschen disparate Elemente miteinander in Zusammenhang bringen. Sie tun dies durch körperliche Gestik, nicht, indem sie sich verbal erklären. In der Adonia nahmen das Tanzen und das Trinken die Stelle der Klage oder einer Analyse der Lebensbedingungen der Athener Frauen ein. So erklärt sich das Unverständnis, mit dem Aristophanes und Plato die Adonia kommentieren, ihre Unfähigkeit, sich einen Reim auf das Geschehen zu machen; der Dachritus widersetzt sich analytischer Argumentation.

Der Altphilologe John Winkler nennt die Adonia mit einem bemerkenswerten Ausdruck das »Lachen der Unterdrückten«.[20] Dieses Ritual sagte jedoch nicht Nein zum männlichen Ja. Es veranlaßte die Frauen nicht, sich für eine Nacht die Agora, den Pnyx oder andere männliche Bastionen anzueignen. Das Dach war nicht der Ort der Rebellion. Vielmehr war es ein Ort, an dem die Frauen zeitweise und körperlich die Umstände verließen, die ihnen die herrschende Ordnung der Stadt auferlegt hatte. Die Adonia wären von den Ehemännern und den Wachen der Stadt leicht zu verhindern gewesen. Keine städtische Macht jedoch suchte die Frauen davon abzuhalten, sie zu feiern, und vielleicht war dies auch ein Geschenk der Metapher bei einem Fest des Widerstands, das zu merkwürdig war, um Gegenmaßnahmen heraufzubeschwören. Legitimierten die Thesmophoria kalte Körper in den Steinen der Stadt, so nahmen die Adonia für einige Nächte den Steinen das Gewicht.

Logos und Mythos

Diese beiden antiken Feste illustrieren eine einfache soziale Wahrheit. Das Ritual heilt. Das Ritual ist ein Weg, auf dem Unterdrückte – Männer ebenso wie Frauen – auf die Herabsetzungen und die Verachtung, unter denen sie sonst in der Gesellschaft leiden, reagieren können. Allgemeiner noch vermögen Rituale die Schmerzen von Leben und Sterben erträglich zu machen. Das Ritual konstituiert die *soziale* Form, in der Menschen als aktiv Handelnde, und nicht als passive Opfer, mit dem, was ihnen versagt wurde, umzugehen suchen.

Trotzdem hatte die westliche Zivilisation immer eine ambivalente Beziehung zu diesen Mächten des Rituals. Vernunft und Wissenschaft schienen den Sieg über menschliches Leiden zu versprechen – einen Sieg und nicht nur eine rituelle Bewältigung. Und die Vernunft, die unsere Kultur gestaltet hat, steht den Grundlagen des Rituals, seinen Metonymien, Raummetaphern und Körperpraktiken, die sich der logischen Rechtfertigung und Erklärung entziehen, mißtrauisch gegenüber.

Diese ambivalente westliche Beziehung zu Vernunft und Ritual nahm in der Antike Gestalt an. Sie tauchte in der Unterscheidung auf, die die Griechen zwischen *logos* und *mythos* trafen. Der Religionshistoriker Walter Burkert hat diesen Kontrast folgendermaßen zusammengefaßt:

> *Mythos* im Kontrast zu *logos*: *logos* kommt von *legein*, »zusammensetzen«. Es bedeutet die Sammlung von Fakten: *logon didonai*, vor einer kritischen und mißtrauischen Zuhörerschaft Zeugnis ablegen; *mythos* bedeutet, eine Geschichte erzählen, für die man keine Verantwortung übernimmt: *ouk emos ho mythos* – dies ist nicht meine Geschichte, aber ich habe sie anderswo gehört.[21]

Die Sprache des Logos verbindet Dinge. Das *logon didonai* steckt den Rahmen für eine Person ab, die Verbindungen herstellt: ein Publikum ist da, das die argumentierende Person beurteilt, und dieses Publikum ist mißtrauisch. Der Logos kann unrein werden; wie in der Debatte über die Strategen kann ein Redner Sympathie und Identifizierung mit seinen Darstellungen einzelner Fakten, Personen und Ereignisse wecken. Diese Darstellungen sind sukzessiv angelegt, die Wortbilder scheinen verbunden zu sein, obwohl sie der Untersuchung durch reine deduktive Analyse nicht standhalten würden.

In allen Formen des Logos wird jedoch der Redner mit seinen Worten gleichgesetzt; sie gehören zu ihm, und er ist für sie verantwortlich. Das griechische politische Denken bildete Ideen der Demokratie um Gesichtspunkte des Logos herum aus. Wie Kleisthenes als erster feststellte, ergeben Freiheit der Meinung und Debatte erst dann Sinn, wenn die Menschen Verantwortung für ihre Worte übernehmen; wenn sie dies nicht tun, dann ist die Auseinandersetzung ohne Gewicht, und die Worte haben keine Bedeutung. Der Pnyx war räumlich auf dieses Verständnis des Logos angelegt; man konnte sehen und hören, wer einer Rede applaudierte oder wer den Redner verhöhnte, und feststellen, wie abgestimmt wurde.

Im Mythos ist ein Sprecher nicht verantwortlich für seine Worte. Statt dessen beruht die mythische Sprache auf der Aussage, daß »dies nicht meine Geschichte ist, ich habe sie anderswo gehört«. Die meisten Mythen, ganz bestimmt die griechischen, drehen sich um das Tun magischer Wesen oder Götter, so daß die Annahme verständlich ist, die Götter hätten diesen Geschichten Gestalt verliehen und nicht die Männer und Frauen, die sie anderen erzählen. So wird das Publikum, das jemanden einen Mythos erzählen hört, frei sein von dem Mißtrauen, das es gegen einen Sprecher in der politischen Versammlung hegen mag, einen Sprecher, der für seine Worte Anerkennung beansprucht. Der Anthropologe Meyer Fortas spricht an einer Stelle von einem solchen Mythos als einer »Ratifizierung der sozialen Bindung«.[22] So auch Aristoteles' berühmte Definition des Dramas als einer »freiwilligen Aufhebung der Ungläubigkeit«; der Mythos, von dem die frühen Dramen abgeleitet waren, stellt den wahren Zusammenhang für diese Bemerkung her. Beim Mythos geht es um das Vertrauen in Worte selbst.

Die Unterscheidung zwischen Logos und Mythos ist eine harte Lektion. Die Worte, für die die Menschen Verantwortung übernehmen wollen, bringen gegenseitiges Mißtrauen und Verdächtigungen hervor, die abgewehrt und umgelenkt werden müssen. Diese harte Wahrheit wirft ein beängstigendes Licht auf Kleisthenes' Überzeugung, daß die Menschen frei sein sollten zu sprechen und zugleich verantwortlich für das, was sie sagen. Demokratie findet in einer

Politik gegenseitigen Mißtrauens statt. Die Worte aber, für die ein Sprecher nicht verantwortlich ist, schaffen ein Band des Vertrauens; dieses Vertrauen entsteht unter der Herrschaft des Mythos, im Bann einer Sprache, die von den Sprechenden selbst unabhängig ist – wie bei der Preisung der Demeter in den Hütten des Pnyx oder den Hymnen an Adonis auf den Dächern athenischer Häuser. Der über beide Orte gebreitete Mantel der Dunkelheit verstärkte den unpersönlichen, vertrauenswürdigen Charakter dieser Worte, weil es nicht einfach war, den individuellen Sprecher zu sehen – die Worte kamen aus der Dunkelheit. Die Räume des Rituals schufen magische Zonen gegenseitiger Bestätigung. Und diese Mächte des Mythos wirkten auf den feiernden Körper und verliehen ihm neue Würde. Im Ritual werden Wörter mit Körpergesten vollzogen: Tanzen, Kauern oder gemeinsames Trinken wurden zu Zeichen gegenseitigen Vertrauens, zu tief verbindenden Handlungen. Das Ritual warf einen Mantel der Dunkelheit über das Mißtrauen, das die Individuen in der antiken Stadt gegeneinander hegen mochten, ganz anders als die Mischung von Bewunderung und Verdächtigung, welche die nackte Selbstdarstellung bewirkte.

So bildete die athenische Kultur parallele Kontraste aus: warme gegen kalte Körper; nackte Männer gegen bekleidete Frauen; helle Räume unter freiem Himmel gegen verdunkelte Räume der Höhle und des nächtlichen Daches; die herausfordernde Zurschaustellung des *logon didonai* und der heilende Mantel des Mythos; der durch die Kraft seiner Worte oft die Selbstkontrolle verlierende Körper der Macht gegen die im Ritual vereinigten unterdrückten Körper, auch wenn diese Vereinigung nicht artikuliert, gerechtfertigt oder erklärt werden konnte.

Thukydides jedoch läßt uns nicht ganz auf diese Weise feiern, zumindest nicht, was das Athen anging, das er kannte. Die Vernunft hatte Grund, das Ritual zu verdächtigen, denn das Ritual hatte seinen eigenen fatalen Fehler darin, daß es Menschen miteinander verband, ohne den Grund der Verbindung begreiflich machen zu können. Thukydides zeigte, daß das Ritual den Athenern nicht ausreichend begreiflich machen konnte, *weshalb* sie in einem gegebenen Moment ein großes gesellschaftliches Desaster erlebten; ohne dieses Verständnis aber konnte sich ihr Zusammenleben auflösen.

2. DER LEIDENDE KÖRPER

Die Grabrede des Perikles steht am Ende eines Abschnitts aus Thukydides' *Geschichte*; dernächste erzählt von einer großen Seuche, die Athen im Winter und Frühling des Jahres 430 heimsuchte. Unter dem Einfluß der Seuche verhielten sich die Menschen auf eine Weise, die der strahlenden Sicherheit widersprach, welche in der Grabrede zum Ausdruck kam: die Institutionen der Demokratie brachen zusammen, kranke Körper lösten die Bindungen des Rituals in der Stadt, Perikles' Werk war zerstört.

Die Ärzte des alten Athen wußten wenig darüber, wie man mit einem massiven Ausbruch der Pest umgehen sollte, und Thukydides beschreibt die körperlichen Symptome der Seuche in verwirrter Ehrfurcht:

[Die Menschen] befiel Rötung und Entzündung der Augen, und innen war sogleich alles, Schlund und Zunge, blutigrot, und der Atem, der herauskam, war sonderbar und übelriechend..., die meisten bekamen ein leeres Würgen, verbunden mit einem heftigen Krampf..., die Vögel ... und die Tiere, die an Leichen gehn, rührten entweder die vielen Unbegrabenen nicht an, oder sie fraßen und gingen ein.[23]

Die Seuche traf als erstes und am verhängnisvollsten das soziale Gefüge der Stadt, indem sie die Rituale zerstörte, die der Heiligkeit des Todes Tribut zollten. Die Griechen begannen, die Toten ihrer Nachbarn zu entweihen: »[Einige] legten ihren Leichnam auf einen fremden Scheiterhaufen und zündeten ihn schnell an, bevor die wiederkamen, die ihn geschichtet hatten, andre warfen auf eine schon brennende Leiche die, die sie brachten, oben darüber und gingen wieder.« Obwohl einige Menschen sich ehrenhaft verhielten, sich um die Kranken kümmerten und sich auf die Weise ansteckten, »[wurden] die Menschen, völlig überwältigt vom Leid und ratlos, was aus ihnen werden sollte, ...gleichgültig gegen Heiliges und Ererbtes ohne Unterschied«.[24]

Nachdem das Ritual einmal erkrankt war, traf die Seuche die Politik. »Für seine Vergehen gedachte keiner den Prozeß noch zu erleben und die entsprechende Strafe zu zahlen.«[25] Die Athener verloren ihre Kräfte zu Selbstdisziplin und Selbstbeherrschung, statt dessen gaben sie sich momentanen oder verbotenen Freuden hin: »Denn mancher wagte jetzt leichter seinem Gelüst zu folgen, das er bisher unterdrückte... und [sie fühlten] sich im Recht, rasch jedem Genuß zu frönen und zu schwelgen.«[26] Die Krankheit machte die politischen Hierarchien bedeutungslos, da die Seuche nicht zwischen Bürgern und Nicht-Bürgern, Athenern und Sklaven, Männern und Frauen unterschied. In dem Augenblick, als die Athener ihr eigenes Leben nicht länger kontrollieren konnten, ergriffen ihre Feinde die Gelegenheit und rückten von der Landseite im Frühjahr des Jahres 430 v. Chr. auf die Stadt vor.

Nur wenige Monate nachdem Perikles die Grabrede gehalten hatte, lag sein Traum von einer selbstregierten Stadt in Trümmern, und er selbst war als Architekt dieses Traumes bedroht. Vor dem Krieg hatte Perikles vorgeschlagen, die lange Mauer zwischen Athen und Piräus zu verdoppeln, so daß der Verkehr zwischen Stadt und Hafen geschützt war; und dies war geschehen. Ein Raum von etwa 75 Metern trennte diese beiden parallelen Wälle, der somit weit genug war, um die Menschen vom Lande aufzunehmen, die während der Zeit des Krieges Schutz suchten.

Jetzt im Jahre 430, da die Spartaner unter Archidamus in die Ebenen von Attika um Athen einfielen, drängten sich Menschenmassen der Mauern, die er geschaffen hatte, besonders innerhalb den Mauern, die die Verbindungsstraße zwischen Piräus und Athen schützten. Dieser Korridor wurde eine Seuchenfalle für Flüchtlinge. Die Athener wandten sich gegen Perikles. »Die Schuld aber trage [Perikles]«, so Plutarch später, »welcher des Krieges wegen die Landbevölkerung hinter die Stadtmauern zusammengepfercht habe und die vielen Menschen nun doch zu nichts gebrauche, sondern sie eingesperrt halte wie Vieh, daß sie sich gegenseitig anstecken müßten...«[27] Dennoch waren diese Athener bei weitem keine Feiglinge, die sich vor Schmerz und Tod fürchteten; auf dem Schlachtfeld und zur See waren sie harte Kämpfer. In seiner Schilderung der letzten Schlacht der Athener 411 bei Cynossema schilderte Thukydides erschöpfte und schwache Soldaten, die noch immer tapfer kämpften und noch immer hofften, es »sei doch noch Aussicht auf Sieg, wenn sie's nur mit allen Kräften anpackten«.[28]

Rituale hätten die Stadt zusammenhalten sollen. Der Ritus kommt »von einem anderen Ort«, und dieser Ort ist oft der Ort der Toten. Die Thesmophoria und die Adonia ähnelten anderen Ritualen der Stadt, die ihre mythischen Themen aus Tod, Beerdigung und Trauer zogen und die Lebenden mit den Toten verbanden. In der Grabrede, so beobachtet Nicole Loraux, wollte Perikles seine Zuhörer überzeugen, daß die gefallenen Soldaten »schöne Tode« gestorben waren, weil dies ein Tod gemäß den Regeln und zum Wohl der gesamten Stadt war; »jeder von uns, der überlebt hat, würde sich natürlich in ihrem [Athens] Dienst aufreiben«, sagt Perikles.[29]

In der gleichen Weise versicherten die Thesmophoria und die Adonia die Frauen, daß die Tochter der Demeter und Adonis »schöne Tode« gestorben waren, die den Bedürfnissen der städtischen Frauen dienten. Der *Oidipus Tyrannos* des Sophokles erzählt die Geschichte einer Seuche, deren Ausgang war, daß der König sich blendete, um seine Stadt wiederherzustellen; dies ist die Geschichte einer Selbstopferung, die für das zeitgenössische Publikum gesellschaftliche Bedeutung hatte – jenseits der Freudschen Interpretation verbotener Lust und Schuld.

Die Pest bot der Stadt aber keine entsprechende gesellschaftliche Möglichkeit. Thukydides erzählt uns, daß diese Seuche Athener wie Nicht-Athener zwar dazu brachte, sich der »alten Orakel« zu erinnern, diese jedoch eine verwirrende Antwort gaben; der eindeutigste der Göttersprüche konnte kein Trost für die Athener sein, denn er sagte den Spartanern, daß »Krieg, nach Kräften geführt, den Sieg [bringe], und daß er selbst [Apollo], sagte es [das Orakel], mit zugreifen [werde]«.[30] Gewiß besaßen die Athener wie alle alten Kulturen ein tiefes Wissen um die Grenzen und die Dunkelheit des menschlichen Handelns in der größeren kosmischen Ordnung; viele ihrer Rituale zeugen von diesen Grenzen. Die Rituale sprachen jedoch von menschlicher Verzweiflung, nicht von gesellschaftlicher Rettung und vom Zusammenhalt im Angesicht des Unglücks.

Die verschlossenen, immanenten Kräfte des Rituals, die »von einem anderen Ort« kommen, bedeuten, daß der Ritus nicht ein Werkzeug sein kann, mit dessen Hilfe die Menschen das Unbekannte und Unvorhergesehene zu erfahren vermögen. Das Ritual ist nämlich nicht ein Werkzeug oder Instrument, das man wie in einem wissenschaftlichen Experiment anwenden könnte. Das Ritual ist auch nicht wie ein Kunstwerk, das seine Mittel einsetzt, um die größtmögliche Wirkung zu erzielen. Das Wesen jeglicher rituellen Praxis liegt darin, daß Menschen in etwas eintreten, das bereits sowohl existiert als auch außer ihnen zu sein scheint. Die Magie des Rituals, die »von einem anderen Ort« herkommt, liegt darin, daß sie nicht *durch den Willen beeinflußt werden kann*. Wie alle urbanen Rituale der Stadt hatten sich die Thesmophoria und die Adonia sehr langsam entwickelt, im Lauf von Jahrhunderten, und alte Bedeutungen allmählich in neue umgeschmolzen. In jedem Jahr vollzogen die Frauen diese Rituale im Geiste der Wieder-Aufführung dessen, was einmal geschehen war, und sie waren weit entfernt davon, die subtilen Veränderungen, die sie nach und nach vornahmen, zu analysieren.

Während der Seuche erlitten die Athener das Schicksal anderer hochritualisierter Kulturen: Sie stellten fest, daß dem Repertoire vergangener magischer Praktiken die Kraft und Spannweite fehlte, um die Krisen der Gegenwart zu erklären. Am nächsten kamen die Athener einem mythischen Verständnis der Seuche (falls Plutarchs spätere Beschreibung stimmt), als sie die großen Anstrengungen des Perikles, die Stadt aufzubauen, als so etwas wie die Hybris des Ödipus deuteten. Diese Deutung sagte ihnen indessen nicht, was sie tun sollten. Thukydides betont diese Unzulänglichkeit, wenn er den Mantel der Dunkelheit des Rituals über menschlichem Handeln als einen Mantel der Verwirrung darstellt.

Und doch zeichnete sich die athenische Kultur durch den Glauben daran aus, daß die Menschen ihre eigenen Lebensbedingungen zu schaffen und zu verstehen vermochten. Im Griechischen bedeutet das Wort *poiein* »machen«; *poiesis* leitet sich davon ab und bedeutet den kreativen Akt. Weit mehr als Sparta stellte die Kultur des perikleischen Athen eine durchgehende Hymne auf das Ideal der Poiesis dar: die Stadt als Kunstwerk. Denken ist ein Teil dieses kreativen Aktes, sowohl wissenschaftliches als auch politisches Denken; einige antike Schriftsteller nannten die demokratische Politik eine *auto-poiesis*, eine sich immer ändernde politische Selbst-Erschaffung.

Einige moderne Interpreten haben die Tatsache, daß Thukydides Grabrede und Seuche so hart nebeneinander stellte, als ein Zeichen dafür gelesen, daß der Historiker selbst nicht an die schönen Phrasen seines führenden Zeitgenossen glaubte. Das ist jedoch zu einfach. Statt Partei für den spartanischen Feind zu ergreifen, suchte Thukydides die komplexen und oft unstabilen Kräfte zu verstehen, die die Kultur der Polis geschaffen hatten. Die Kräfte der *auto-poiesis*, die auf dem Parthenonfries inszeniert wurden, stellten eine Gefahr für die Stadt dar, aber auch das Ritual allein, wenn es nicht durch rationales Denken und demokratische Debatte ergänzt wurde, konnte eine Gefahr sein.

Diese Kräfte konvergierten im menschlichen Körper, dem größten Kunstwerk der Stadt. »Der Körper der griechischen Antike erschien nicht als eine Gruppenmorphologie passender Organe in der Manier einer anatomischen Zeichnung«, schreibt Jean-Pierre Vernant, »auch nicht in der Form physischer Besonderheiten, die jedem von uns eigen sind wie in einem Porträt. Er tritt vielmehr in der Weise eines Wappens auf.«[31] Unter all den Städten des griechischen Altertums inszenierte besonders Athen diesen heraldischen Körper: die Stadt zeigte die körperliche Nacktheit als das Werk der Zivilisation vor; bildete den männlichen Körper im Gymnasium zum Kunstwerk; machte liebende Männerkörper zum Zeichen der Stadtgesellschaft, schulte die Sprechstimme, stellte sie zur Schau und formte einen Platz, der ursprünglich dem Drama gewidmet war, für die politischen Zwecke der *auto-poiesis* um. Die komplexen Rituale Athens schöpften aus den poetischen Kräften von Metapher und Metonymie, die im Körper und im städtischen Raum umgesetzt wurden.

»Unsere Stadt [ist] die Schule für Hellas«, rühmte Perikles.[32] Das Vermächtnis des perikleischen Athen besteht – zum Teil – in dunkleren Lektionen, die sich im Leiden des städtischen Körpers manifestieren. Aus der athenischen Kunst des Körpers stammt eine der Traditionen der Trennung von Erkenntnis und körperlicher Freiheit, die der westlichen Zivilisation hartnäckig anhängt, und ein Hinweis auf die Grenzen des Rituals, eine Gesellschaft in der Krise zu verbinden und zu heilen.

DRITTES KAPITEL
DAS OBSESSIVE BILD

Ort und Zeit im Rom Hadrians

Im Jahre 118 n. Chr. begann Kaiser Hadrian mit der Errichtung eines neuen Gebäudes an der Stelle des alten Pantheons auf dem Campus Martius in Rom. Das ursprüngliche römische Pantheon war im Jahr 25 v. Chr. von Agrippa als Schrein entworfen worden, der allen römischen Göttern geweiht war. Hadrians Pantheon versammelte die Götter in einem bemerkenswerten neuen Gebäude, einer enormen Kuppel, die auf einer zylindrischen Basis ruhte. Sein auffälligstes Merkmal war damals wie heute das Licht, das durch das Dach der Kuppel in das Pantheon fällt. An sonnigen Sommertagen erhellt eine Lichtsäule das Innere, bewegt sich, während die Sonne draußen ihre Bahn durchläuft, vom Rand der Kuppel hinunter zum Zylinder bis auf den Boden und dann wieder den Zylinder hinauf; an wolkigen Tagen wird das Licht zu einem grauen Nebel, getönt vom Steinmörtel der Schale. In der Nacht verschwindet die Masse des Gebäudes; in der Öffnung der Rotunde leuchtet ein Kreis von Sternen in der Dunkelheit.

Zur Zeit Hadrians schien das Licht des Pantheons auf ein von politischen Symbolen gesättigtes Interieur. Der Fußboden des Pantheons war als immenses steinernes Schachbrett ausgelegt; dasselbe Muster benutzten die Römer, wenn sie im Imperium neue Städte entwarfen. Die runde Wand barg Nischen für Götterstatuen. Die Versammlung von Göttern sollte in gegenseitiger Harmonie Roms Trachten nach der Weltherrschaft unterstützen; die Römer beteten sie fast wie lebende Götzen an. Das Pantheon feierte, in den Worten des modernen Historikers Frank Brown, »die imperiale Idee und all die Götter, die dafür standen«.[1]

Fünf Jahrhunderte nachdem Hadrian das Pantheon gebaut hatte, wurde es zu einer christlichen Kirche, Sancta Maria ad Martyres, geweiht von Papst Bonifaz IV. im Jahre 609. Es war einer der ersten heidnischen Tempel in Rom, die für den christlichen Gottesdienst benutzt wurden, und es verdankt sein Überleben dieser Tatsache; während andere antike Denkmäler zu bloßen Steinbrüchen für mittelalterliche Baumeister wurden, konnte eine Kirche nicht geplündert werden. Sancta Maria ad Martyres erhielt ein neues Leben als Märtyrerschrein, besonders jenen Christen gewidmet, die für ihren Glauben gestorben waren. Einst ein Tempel, der einer Menge auf das Imperium herablächelnder Götter geweiht war, diente Sancta Maria ad Martyres nun nur einem einzigen Gott, einem Gott der Schwachen und Unterdrückten. Das Gebäude ist also auch ein Markstein des großen Übergangs der westlichen Zivilisation vom Polytheismus zum Monotheismus.

Der Bau des Pantheons bezeichnete auch zu seiner Zeit einen dramatischen Vorgang. Das römische Imperium hatte visuelle Ordnung und kaiserliche Macht untrennbar miteinander verbunden: Der Kaiser war davon abhängig, seine Macht in Denkmälern und öffentlichen Werken *sichtbar* zu machen. Macht brauchte Stein. Aber das Pantheon wurde zu einem Zeitpunkt gebaut, so einer seiner Chronisten, »als Riten und Regeln, die aus einer fernen Vergangenheit stammten, zwar noch nicht vergessen waren, das Aufsteigen eines neuen und ganz anderen Zeitalters aber schon zu spüren war«.[2] Zu Hadrians Zeit erfüllten Kulte das römische Imperium, große Kulte wie der des Mithras und kleine Kulte wie das Christentum, und diese Kulte »nahmen unsichtbare Welten weit wichtiger als diese Welt«.[3] Gewiß glaubten die Römer nicht, die über sie herrschenden heidnischen Götter unmittelbar sehen zu können; man nahm an, daß die Götter sich verstellten, wenn sie auf die Erde kamen, um unter Männern und Frauen zu wandeln, so daß sie nicht erkannt werden konnten. Aber die Menschen meinten, daß die alten Götter überall sichtbare Zeichen ihrer Anwesenheit hinterließen, und die Herrscher Roms hatten sich dieser sichtbaren Spuren bedient, um ihre eigene Herrschaft zu stärken und zu rechtfertigen, indem sie überall in der westlichen Welt kaiserliche Monumente im Namen der Götter errichteten. Das Pantheon war ein solches Gebäude, das Männer und Frauen in Rom zum Sehen, Glauben und Gehorchen bringen sollte.

Die belasteten Beziehungen zwischen dem Sichtbaren und dem Unsichtbaren in Hadrians Rom erwuchsen aus einem tieferen und allgemeineren Unbehagen am menschlichen Körper. Obwohl die Athener sich auch der Dunkelheit und Zerbrechlichkeit des

DAS OBSESSIVE BILD 115

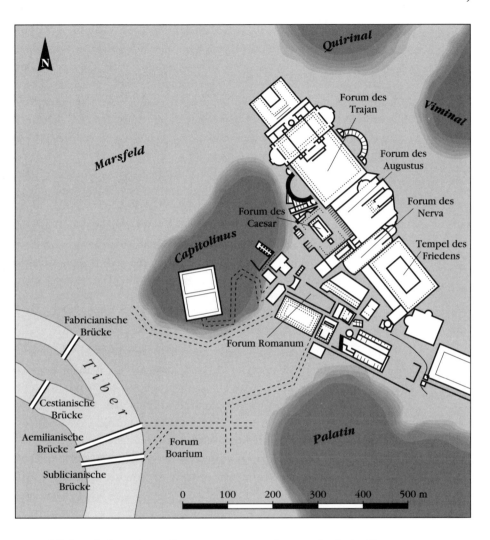

Plan von Rom, um 120 n. Chr.

menschlichen Lebens bewußt gewesen waren, hatten sie doch die schiere Kraft von Muskeln und Knochen zelebriert. Zu der Zeit, da Hadrian das Pantheon baute, wurde die Kraft des römischen Körpers nicht mehr uneingeschränkt gefeiert. Die Gladiatoren schworen einen Eid, der mit den Worten schloß: »Welchen Unterschied macht es, einige wenige Tage oder Jahre zu gewinnen? Wir werden in eine Welt geboren, in der es keine Gnade gibt.« Der römische Schriftsteller Seneca machte geltend, daß dies – jener »schimpflichste der Verträge« (*turpissimum auctoramentum*) – zugleich das ehrenhafteste Band zwischen Soldaten und Bürgern zum Ausdruck brachte.[4] Das lateinische Wort *gravitas* bedeutet »Würde«, aber auch bloße, erbitterte Entschlossenheit. Der Eid des Gladiators, den Männer leisteten, die schworen, einander umzubringen, bestätigt diese Entschlossenheit in einem schrecklichen Widerspruch: »Du mußt aufrecht und unbesiegt sterben.« Physische Stärke war durchdrungen von Dunkelheit und Verzweiflung.

Das Erregen bloßer körperlicher Begierde schreckte heidnische und christliche Römer gleichermaßen. »So, wie die Römer entkräftende Hoffnung fürchteten«, schreibt der Historiker Carlin Barton, »so fürchteten sie die Begierde und ihre schrecklichen Folgen.« Aber Heiden und Christen fürchteten die körperliche Begierde aus unterschiedlichen Gründen. Für den Christen entwürdigte Begierde die Seele; für den Heiden bedeutete sie »die Mißachtung sozialer Konventionen, die Zerstörung von Hierarchie, die Verwirrung der Kategorien ... die Entfesselung des Chaos, der Feuersbrunst, des Weltuntergangs«.[5] Bedurfte der Herrscher der visuellen Ordnung, so auch seine Untertanen. In dieser grimmen Welt von dunkler Stärke und ungezügelter Begierde suchte der Heide Trost, indem er sich zwang, an das zu glauben, was er in den Straßen der Stadt, in den Bädern, dem Amphitheater, den Foren sah. Er nahm die steinernen Götzen, die gemalten Bilder und die Theaterkostüme als buchstäblich wahr an. Er sah und glaubte.

Die römische Bildbesessenheit bediente sich einer besonderen Art der visuellen Ordnung. Es war dies eine geometrische Ordnung, und die Prinzipien dieser beruhigenden Geometrie nahmen die Römer nicht so sehr auf dem Papier wahr, als an ihren eigenen Körpern. Mehr als ein Jahrhundert vor Hadrian hatte der Architekt Vitruv gezeigt, daß der menschliche Körper geometrisch nach den bilateralen Symmetrien von Knochen und Muskeln, Ohren und Augen aufgebaut ist. Über das Studium dieser Symmetrien lehrte Vitruv, wie die Struktur des Körpers in die Architektur eines Tempels übersetzt werden konnte. Andere Römer verwandten eine ähnliche geometrische Bildsprache bei der Stadtplanung; sie folgten den Regeln der bilateralen Symmetrie und bevorzugten die lineare visuelle Wahrnehmung. So entstand aus dem Lineal des

Geometers Ordnung; die Linien von Körpern, Tempeln und Städten schienen die Prinzipien einer wohlgeordneten Gesellschaft zu offenbaren. Im Unterschied zu Gemälden, die historische Szenen darstellen, vermitteln abstrakte geometrische Figurationen dem Betrachter keinen Sinn für Zeit. Die Zeitlosigkeit der Geometrie war den Römern willkommen, weil sie der Epoche, in der sie lebten, eine beruhigende immerwährende Gültigkeit verlieh. Gründeten die Römer zum Beispiel neue Städte im Imperium, so suchten sie die Dimensionen eines Ortes auszumessen und so zu bestimmen, daß die römische Stadtplanung unmittelbar auf das eroberte Gebiet angewandt werden konnte. Dieser geometrische Stempel, der häufig die Zerstörung alter Heiligtümer, Straßen oder öffentlicher Gebäude erforderlich machte, leugnete die Geschichte derjenigen, welche von den Römern besiegt worden waren.

Der Kunsthistoriker Ernst H. Gombrich stellt zutreffend fest, daß sowohl die griechische als auch die römische Kunst den öffentlichen Raum Geschichten erzählen lassen wollte – anders als zum Beispiel die ägyptische Kunst, die sie kannten.[6] Besonders gerne sahen sich jedoch die Römer erzählende Bilder an, die die Kontinuität der Stadt, die Dauerhaftigkeit und den unveränderlichen Kern ihres Wesens betonten. Römische visuelle Erzählungen wiederholen ständig dieselbe Geschichte; sie berichten von einer gesellschaftlichen Krise, einer drohenden Katastrophe, die durch das Auftreten eines großen Senators, Feldherrn oder Kaisers überwunden wird.

Der Römer sah und glaubte; auch sah und gehorchte er einer dauerhaften Regierung. Die Dauerhaftigkeit Roms lief sozusagen gegen die Zeit im menschlichen Körper, eine Zeit des Wachstums und des Verfalls, eine Zeit gescheiterter Hoffnungen und vergessener Pläne, eine Zeit, die Gesichter durch Alter oder Verzweiflung verwandelte. Wie Hadrian selbst in einem Gedicht festhielt, lag die Erfahrung, die ein Römer mit dem eigenen Körper machte, im Konflikt mit der Fiktion des Ortes namens »Rom«.

Die römischen Christen suchten im Gegensatz dazu eine besondere Zeit-Erfahrung in ihrem eigenen Körper zu bestätigen. Sie hofften, das Chaos der körperlichen Begierden durch religiöse Bekehrung zu besiegen; sie meinten, das Gewicht des Fleisches werde geringer, wenn ein Christ sich mit einer höheren, immateriellen Macht vereinte. Ein wirklicher Wandel aber sei nur möglich, betonte ein Gläubiger wie Augustinus, wenn der Christ Johannes' Furcht vor der »Augenlust« teilte; fesselnde visuelle Bilder schufen eine Bindung an die Welt.[7] Die christliche Vorstellung hatte sich um die Erfahrung des Lichts zu bilden, Gottes Licht, das den Betrachter blendete und die Fähigkeit, die Welt zu sehen oder in einen Spiegel zu blicken, auslöschte.

Je stärker ihr Glaube an Gott wurde, desto weniger fühlten sich die frühen Christen mit dem Ort verbunden, an dem sie lebten. In dieser Hinsicht bezogen sie sich auf das alte jüdische Erbe der heimatlosen spirituellen Wanderung; Juden, die in dieser Welt, nicht aber von dieser Welt waren. Dennoch hörte auch der fromme Christ schließlich auf zu wandern; er kam zum Gebet in Hadrians Tempel. Die gesellschaftliche Fiktion des römischen Ortes erschien erneut, »das Alte wurde neu«, wie der Kunsthistoriker Richard Brilliant schreibt, »die Vergangenheit zur Gegenwart«.[8] Und mit diesem wiederauferstandenen Sinn für den Ort nahm auch das Bedürfnis der Christen, ihren Körper zu verwandeln, ab.

Der Übergang vom Polytheismus zum Monotheismus enthüllte somit ein großes Drama über Körper, Ort und Zeit. Die intensive Liebe der Griechen zur Polis hatte in der Ära Hadrians bereits einem besorgteren Sicherheitsbedürfnis und einer vielfach belasteten Bildbesessenheit Platz gemacht. Dies waren Menschen, denen die traditionellen Götter und auch ihr eigener Platz in der Welt nicht mehr selbstverständlich waren. Der Übergang zum Monotheismus betonte nun die innere Veränderung auf Kosten der urbanen Kontinuität, legte größeren Wert auf innere Veränderung als auf gesellschaftliche Zugehörigkeit. Und konnte sich der heidnische Römer dem steinernen Reich nicht ohne nagende Zweifel überlassen, so vermochte der Christ seinen Körper ebensowenig ganz Gott hinzugeben.

1. SIEH UND GLAUBE

Die Ängste eines Kaisers

Über dem Eingang des Pantheons las ein Römer: *M. Agrippa L. f. cos. III fecit*, was so viel heißt wie »Marcus Agrippa, Sohn des Lucius, zum dritten Mal Konsul, ließ dieses Gebäude errichten«. Die Inschrift verwirrt den modernen Besucher, denn Hadrian ließ auf diesem Tempel den Namen des Erbauers des alten Pantheons, das 150 Jahre zuvor errichtet worden war, anbringen. Die Inschrift jedoch erklärt Hadrians eigenes Bedürfnis nach der gesellschaftlichen Fiktion »Rom«.

Hadrian wurde unter zweideutigen Umständen Kaiser. Es war nicht sicher, ob sein Vorgänger Trajan, der üblichen kaiserlichen Praxis folgend, Hadrian als Sohn und Nachfolger adoptiert hatte. Der junge Hadrian hatte das Gefühl, im Schatten von Trajans großer Beliebtheit zu stehen, nachdem das Volk Trajan den Titel des besten Kaisers (*optimus princeps*) verliehen hatte. Im Augenblick der Machtübernahme veranlaßte Hadrian die Ermordung von vier populären Senatoren, die er für Rivalen hielt. Im Jahre 118 n. Chr., kurz nachdem er Trajan auf den Thron gefolgt war, suchte Hadrian sich von diesen Schatten zu befreien. Er gab dem Senat gegenüber eine Art Rechtfertigung für die Morde ab; er verteilte Gold unter die Menschen und erließ ihnen ihre Staatsschulden; die Schuldscheine wurden in einem großen Freudenfeuer verbrannt. Statt die Erinnerung des Volkes an Trajan zu bekämpfen, suchte Hadrian, sie sich anzueignen. Er tat dies, indem er Trajans Wunsch, am Fuß der Trajanssäule bestattet zu werden, nachkam – einer Säule, die im Basrelief die Errungenschaften des *optimus princeps* schilderte. Außerdem wollte Hadrian eine Verbindung zwischen sich und dem ersten Kaiser, dem göttlichen Augustus, herstellen; die hadrianischen Münzen zeigten einen sich aus der Asche erhebenden Phönix, ein Emblem der Wiederherstellung von Ordnung und Einheit im Rom des Augustus. Nach seinen anfänglichen Fehltritten signalisierten all diese Handlungen Hadrians

Wunsch nach historischer Kontinuität; er wollte das Gefühl des Wandels möglichst gering halten. In diesem Geiste begann Hadrian mit dem Bau des Pantheons.

Das Pantheon betonte Kontinuität in vieler Hinsicht. Hadrian ließ Statuen von Augustus, dem ersten Kaiser, und Agrippa, dem republikanischen Architekten, zu beiden Seiten des Eingangs aufstellen. Wie Augustus forderte er den römischen Senat auf, als offizieller Fürsprecher seines Projekts aufzutreten. Dies geschah nur, um die Form zu wahren, so als existierten die republikanischen Werte noch, denn seit 130 Jahren welkten die Institutionen der alten Republik unter der Herrschaft der Kaiser dahin – solche Fiktionen waren an diesem Punkt in Hadrians Leben jedoch nützlich. Als Herrscher schlug Hadrian stets den Weg des geringsten Widerstandes ein; als Bauherr zerstörte er nicht das Werk anderer, sondern baute in Rom so viel wie möglich auf freiem Land.

Für einen Herrscher, der seinen Untertanen Sicherheit und Ruhe bieten wollte, mag der Künstler im Kaiser einen Fehltritt begangen haben, denn das Pantheon ist ein zutiefst erregendes Bauwerk. Die Römer hatten auch zuvor schon Kuppelbauten gesehen – die Größe und technische Perfektion dieser Kuppel jedoch waren etwas ganz Besonderes. Ein Kunsthistoriker hat dazu festgestellt, daß »man sich offensichtlich bemüht hat, die Unkonventionalität von Hadrians neuem Bauwerk von der Front aus gesehen zu verstecken«.[9] Ein völlig normaler Hof war der Fassade vorgelagert und wurde vervollständigt von der konventionellen Form eines Stücks Tempelfront (*pronoas*), die vor den zylindrischen Baukörper geschoben wurde und als Eingang diente. Auf der anderen, der Ostseite, schloß sich ein weiteres schachtelartiges Gebäude an das Pantheon, die Septa Julia. Alles andere als auffallend in seiner Rundheit, wurde das Pantheon wie ein Zylinder in einem Schraubstock gehalten. Außerdem nahm das Pantheon in Rom einen ganz anderen Platz als etwa der Parthenontempel in Athen ein. Der Parthenon erhob sich kühn über der Stadt. Das Pantheon war in ein dichtes Gewirr umgebender Gebäude eingepaßt worden; man stieß darauf, wenn man eine Straße hinunterging.

Die älteren Römer hatten schmerzliche Erinnerungen daran, wie ein Kaiser die Stadt durch seine Bautätigkeit vergewaltigen konnte.

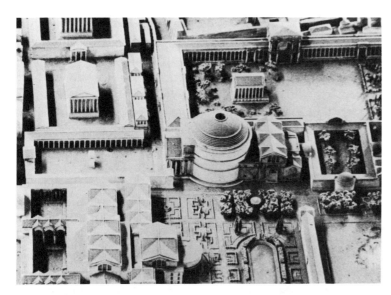

Modell des
Pantheonbezirks
in Rom
um 300 n. Chr.

Sie dachten an Nero, etwa an dessen »Goldenes Haus«, die *domus aurea*, das ihm als Palast diente. Architektonisch verwiesen die riesigen gewölbten Räume der *domus aurea* auf Hadrians Kuppel. Diese zwei Generationen vor Hadrian erbaute enorme Konstruktion zerstörte einen Großteil des Gefüges des römischen Stadtkerns, ihre ummauerten und bewachten Gärten hinderten den gewöhnlichen Römer daran, im Stadtzentrum herumzulaufen. Die Römer haßten die Zeichen von Neros größenwahnsinnigem Genie: eine 36 Meter hohe Statue seiner selbst, ein die Gärten umschließender, kilometerlanger Bogengang, eine Tonne Blattgold. »Als der Palast in dieser Pracht geschmückt worden war, weihte er ihn ein«, schrieb Sueton eine Generation später, »und sagte, um seine Zufriedenheit auszudrücken, bloß: jetzt fange er doch endlich an, wie ein Mensch zu wohnen!«[10] Nachdem er aus dem Goldenen Haus verjagt worden war, beging Nero Selbstmord. Er stürzte sich im Jahre 68 in einer schäbigen Wohnung eines römischen Vorortes in sein Schwert.

Nero hinterließ Hadrian eine mahnende Geschichte von Herrschern, die ihre Macht nackt zur Schau stellten; und doch galt, in den Worten des Historikers Fergus Millar, daß »der Kaiser war, was der Kaiser tat«.[11] Beeindruckende Gebäude zu schaffen, gehörte zu den wichtigsten dieser Taten; die Kaiser untermauerten mit ihren Bauten im wörtlichen Sinn in den Augen der Untertanen ihre Legitimität. Der römische Architekt Vitruv erklärte in einer Rede an Augustus, daß die Majestät des Imperiums durch die erhabene Würde seiner öffentlichen Gebäude zum Ausdruck komme.[12]

Hadrian mußte bauen, Hadrian mußte diskret sein: Wie andere erfolgreiche Kaiser löste Hadrian diese Spannung durch die gesellschaftliche Fiktion, daß das Wachsen der Stadt ins Monumentale ihren essentiellen und unveränderlichen Charakter als »Rom« offenbarte. Untertanen mochten rebellieren, Senatoren in Bürgerkriege ziehen, Kaiser dem Senat alle Macht rauben – der essentielle Charakter der Stadt manifestierte sich in ihren Bauten. Diese Fiktion eines essentiellen Charakters bezog sich auf die Mythologie der einzigartigen Tugenden Roms zur Stunde seiner Geburt. »Nicht ohne Grund haben Götter und Menschen diesen Ort zur Gründung einer Stadt gewählt«, erklärt Livius, »die sehr gesunden Hügel, und den günstig gelegenen Fluß, ... das Meer nahe genug für allerlei Vorteile, ohne doch durch allzu große Nähe den Gefahren auswärtiger Flotten ausgesetzt zu sein.«[13] Livius hatte in der Tat recht. Der Tiber »besaß ein stabiles Delta, das als Hafen ausgebaut werden konnte«, schrieb der moderne Stadtplaner Spiro Kostof, »und diese Tatsache und die Schiffbarkeit des Stroms sicherten Roms Seeverbindungen«.[14]

Der Glaube an etwas unwandelbar Römisches erwies sich als immer notwendiger, je mehr sich die römische Macht über die Welt ausbreitete. Ovid schrieb, anderen Völkern sei ein bestimmter Teil der Erde zugewiesen worden; für die Römer aber sei der Raum der Stadt der Raum der Welt (*Romanae spatium est urbis et orbis idem*).[15] Wie die Historikerin Lidia Mazzolani es ausdrückt, wollte Vergil in der *Aeneis* »das Recht der Stadt Rom auf eine Vormachtstellung« nachweisen, »die der Himmel jahrhundertelang vorbereitet hatte«.[16] Diese Prahlereien hatten andere Implikationen als der 500 Jahre zuvor von Perikles formulierte Anspruch, Athen sei die Schule von Hellas. Athen hatte keinerlei Absicht, irgendeines der eroberten Völker zu Athenern zu machen. Rom sehr wohl. Wie ein Magnet zog die Stadt all jene an, die sie beherrschte, und sie schwoll an von Einwanderern, die dem Zentrum von Wohlstand und Macht nahe sein wollten. Außer im Fall der Juden, die er erbarmungslos verfolgte, übte Hadrian Toleranz gegenüber der immensen Sekten- und Völkervielfalt im ganzen Reich und in der Stadt. Unter seiner Regierung wurden eroberte Territorien in die Definition von »Rom« selbst mit aufgenommen, als Mitglieder einer »Staatengemeinschaft, in der jede einzelne Provinz und Nation ihre eigene stolze Identität besaß«.[17] Zur Zeit der Machtübernahme Hadrians gab es fast eine Million Menschen in Rom, der Großteil lebte in dichtbewohnten Vierteln, die den am stärksten bevölkerten Teilen des heutigen Bombay ähnelten. Der massive Bevölkerungsdruck deformierte die Straßenführung, da Häuser in die Straßen hineinragten oder sie sogar ausfüllten. Ärmere Römer zwang die Überbevölkerung, in *insulae*, den ersten Mietshäusern, zu leben, unregelmäßigen Bauwerken, die mit der Zeit Stockwerk um Stockwerk emporwucherten und manchmal eine Höhe von dreißig Metern erreichten.

Wie das Athen des Perikles war das Rom Hadrians eine Stadt, die in ihrer Mehrheit aus Armen bestand. Anders als im Athen des Perikles konnten die Sklaven in Hadrians Rom etwas leichter ihre Freiheit erlangen: als ein Geschenk des Herrn oder indem sie sie selbst erwarben; dies war eine neue Quelle der Vielfalt. Die Armutsbezirke in der Stadt beherbergten außerdem viele kaiserliche Soldaten, die ihren Lebensunterhalt nur dann verdienen konnten, wenn sie an Feldzügen teilnahmen. Die Bevölkerung war leicht erregbar: Gewalt beherrschte nachts die unbeleuchteten Straßen. Die Wirtschaft des Reiches selbst machte die Stadt unstabil.

Der Historiker Michael Grant schätzt, daß »der gesamte Handel und die Industrie des ganzen Reichs zusammen wahrscheinlich nie mehr als zehn Prozent seiner Gesamteinnahmen ausmachten«.[18] Gewerbe und Handel spielten nur auf lokaler Ebene eine Rolle; Brennstoffe waren knapp; Reichtümer waren nur durch Eroberung zu gewinnen. Das Überleben der meisten Menschen hing von einem komplizierten Netz von Klientenbeziehungen zu einflußreicheren Individuen ab – ein Netz, über das die Beute verteilt wurde, das aber auch bei Erschütterungen des Reiches häufig riß. Ein höherer Diener hatte niedere Diener als Klienten, ein Ladeninhaber hatte ein Gefolge höherer Diener, ein kleinerer Ortsbeamter hatte ein Gefolge von Ladeninhabern und so fort. Der römische Tag gestaltete sich so, daß man am Aufstehen und an den täglichen Empfängen derer teilnahm, von denen man abhing, persönliche Schmeichelei mischte sich mit Begünstigung, Trinkgeldern und kleinen Geschäften.

Aus all diesen Gründen war das Ideal eines wahren und unwandelbaren Roms eine notwendige Fiktion für die Römer; sie bestätigte, daß unter der Unsicherheit, dem Elend und den Erniedrigungen des täglichen Lebens feste Werte lagen. Die schlichte Behauptung indessen, die Stadt sei »ewig«, konnte kaum ausreichen; die riesige städtische Ansammlung ähnelte in nichts mehr dem kleinen Dorf, das ursprünglich am Tiber entstanden war. Auch war die politische Geschichte Roms alles andere als eine Geschichte von Bewahrung und Kontinuität. Um die Fiktion einer »Ewigen Stadt« glaubwürdig zu machen, mußte der Kaiser seine Macht in einer bestimmten Weise inszenieren, und das Volk mußte das Stadtleben als eine Art theatralischer Erfahrung behandeln.

Hadrian bringt Apollodorus um

Ein Kaiser mochte militärische Niederlagen, Hungersnot oder sogar seine eigene begrenzte Geisteskraft überleben. Er mußte jedoch mit eiserner Festigkeit und Intelligenz als der Gestalter jener Bühne für menschliche Narrheit und menschlichen Ruhm agieren, die »Rom« hieß. Die Geschichte – wahrscheinlich nicht wahr, aber weithin geglaubt – von Hadrians Mord an einem in seinen Diensten stehenden Architekten zeigt, unter welchem Druck der Kaiser stand, auf dieser Bühne keine falsche Bewegung zu machen.

Zu jener Zeit, als Hadrian in der Mitte seiner Regierungsjahre zu bauen begann, war das *Forum Romanum* erfüllt von Monumenten, die den Ruhm der Familien früherer Kaiser bezeugten. Um diesen Familienheiligtümern etwas entgegenzusetzen, baute Hadrian den Tempel der Venus und Roma östlich des Forum Romanum. Er baute ihn über einem Teil von Neros unseligem »Goldenen Haus«, so daß der Tempel der Venus und Roma das Forum überragte. Hadrian weihte dieses Heiligtum der Anbetung der Stadt selbst. »Hadrians neuer Tempel (und Kult) der Venus und Roma ... erho-

Tod durch wilde Tiere im Amphitheater Aus einem Mosaik, das in einer Villa nahe Leptis Magna in Nordafrika gefunden wurde.

ben die Stärke und Ursprünge Roms und des römischen Volkes über die einer einzelnen Familie.«[19] Zu Beginn seiner Herrschaft hatte Hadrian versprochen: *populi rem esse, non propriam* – der Staat »gehört dem Volk, nicht mir«.[20] Der Tempel der Venus und Roma symbolisierte die Einhaltung dieses Versprechens.

Angeblich schickte der Kaiser die Pläne für diesen Tempel dem Architekten Apollodorus, einem der großen Baumeister des kaiserlichen Rom. Er hatte zuvor Trajan gedient und kannte Hadrian schon etwa zwanzig Jahre.

Der moderne Historiker William MacDonald beschreibt den Architekten als »einen Mann von beachtlicher Bedeutung, einen Schriftsteller und Kosmopoliten«.[21] Als Hadrian ihm die Pläne für sein neues Werk sandte, kritisierte Apollodorus die technische Konstruktion und die Proportionen sowohl des Gebäudes als auch seiner Statuen. Späteren Gerüchten zufolge ließ Hadrian daraufhin Apollodorus umbringen.

Einige Geschichtsschreiber wollten darin eine Spiegelung von Hadrians Eifersucht auf seinen Vorgänger Trajan sehen – so sei er nun auch neidisch auf den besseren Architekten Apollodorus gewesen. Dio Cassius behauptete dies hundert Jahre später in seiner *Römischen Geschichte*. Aber er erwähnte auch eine populäre Meinung, die den Mord anders erklärte. Als Hadrian die Kritik des Apollodorus erhielt, »war der Kaiser sowohl verärgert als auch äußerst betroffen, weil er in einen Fehler verfallen war, der sich nicht rückgängig machen ließ«, berichtet Dio, »und er hielt weder seinen Ärger noch seinen Kummer zurück, sondern vernichtete den Mann«.[22] Diese Volksmeinung war durchaus einleuchtend, wenn man an das Diktum denkt, daß der Kaiser ist, was der Kaiser tut. In den Bauten des Kaisers drückte sich sein Anspruch auf Legitimität aus. Apollodorus warf Hadrian vor, der Tempel der Venus und Roma, der die Einheit des Kaisers mit dem römischen Volk ausdrücken sollte, sei fehlerhaft. Ein Kaiser, der schlecht baute, beging nicht bloß einen architektonischen Fehler; er zerriß sein wichtigstes Band zum Volk. Es war nur folgerichtig, daß der Kaiser, der dieses Band schützen wollte, den Kritiker seines Entwurfs umbrachte.

Auch das Volk gewann, wenn es glaubte, daß die Bauwerke ihres Herrschers den Stempel absoluter Autorität trugen. Wir verdanken den Römern den Ausdruck *theatrum mundi*, den Shakespeare später mit »Die ganze Welt ist eine Bühne« wiedergab. Ein Römer vermochte sich willig jener Aufhebung der Ungläubigkeit aussetzen, die das Wesen des Theaters ausmacht. Er hatte die Gewißheit, daß die Macht die architektonische Form dieser Orte, in denen das Spektakel des Lebens sich entfaltete, legitimierte. Für die Römer, die der Evidenz ihrer Augen trauten, wurde das Reich des beglaubigten Steins in der Stadt buchstäblich zur Bühne der Welt.

Theatrum mundi

Die römische Erfahrung des *theatrum mundi* beruhte auf einem für den modernen Menschen absurd buchstäblichen Glauben an Erscheinungen. Plinius erzählt zum Beispiel in einer berühmten Anekdote die Geschichte über den Künstler Zeuxis, der Trauben so täuschend echt malte, daß Vögel herbeiflogen, um davon zu essen. Ein anderer Künstler, Parrhasius, malte daraufhin einen so echt scheinenden Vorhang davor, daß Zeuxis, stolz auf das Urteil der Vögel, verlangte, der Vorhang sollte nun aufgezogen werden, damit man sein Bild sehe.[23]

Ein moderner Leser könnte dies für eine Geschichte über die illusionistische Macht des Künstlers halten. Ein Römer glaubte, sie zeige das Verhältnis der Kunst zur Wirklichkeit: die Ergänzung, die

Parrhasius dem Bild hinzufügte, machte es für Zeuxis noch wirklicher. Die Erscheinungen so wörtlich zu nehmen, verwies auf eine römische Institution, die weit entfernt zu sein scheint von Hadrians Heim für die Götter, dem Heim der Gladiatoren im Amphitheater.

Ein römisches Amphitheater besaß eine Form, als hätte man zwei griechische Theater-Halbkreisen zusammengelegt, so daß der Theaterraum geschlossen war. In diesen riesigen kreisrunden oder ovalen Räumen hatten die Römer seit Jahrhunderten Gladiatoren zugesehen, die einander bis auf den Tod bekämpften; sie hatten sich beim Anblick von Löwen, Bären und Elefanten amüsiert, die einander und auch Menschen in Stücke rissen; Verbrecher, religiöse Häretiker und Deserteure wurden gefoltert, gekreuzigt oder lebendig verbrannt. Carlin Barton schätzt, daß ein ausgebildeter Gladiator jedes Mal ungefähr eine Chance von eins zu zehn hatte davonzukommen, wogegen die Sklaven, Kriminellen und Christen so gut wie keine Chance hatten, den ersten Zusammenstoß lebend zu überstehen. Veranstalteten die Kaiser Schlachten, in denen Armeen von Gladiatoren im Amphitheater kämpften, wurden die Überlebenschancen noch geringer; Trajan ließ einmal zehntausend Männer über einen Zeitraum von vier Monaten bis zum Tode kämpfen.[24]

Dieses Theater der Grausamkeit war nicht nur sadistische Unterhaltung. Wie der Historiker Keith Hopkins gezeigt hat, gewöhnten die Menschen sich durch die Vorstellungen an das Gemetzel, das für kaiserliche Eroberungen nötig war.[25] Mehr noch, die Römer ließen die Götter im Amphitheater erscheinen, wo Menschen sie verkörpern mußten. Der Schriftsteller Martial beschreibt eine solche Beschwörung, bei der »Orpheus in einer ländlichen, jedoch auch üppigen Aufmachung erscheint. Er steht allein, angetan mit einem Lendenschurz aus Tierhaut, in der Hand die Leier ... Plötzlich wird er von einem Bären angegriffen und getötet, der ›unvorhergesehen‹ durch eine Falltür im Arenaboden auftaucht ...«[26] Wachen warteten mit Brandeisen und Peitschen bewaffnet im Hintergrund, um sicherzustellen, daß der unglückliche Mensch seine Rolle zu Ende spielte. Weiter bezeugt auch der Christ Tertullian, gesehen zu haben, wie Atys, eine Figur aus der griechischen Mythologie, kastriert wurde, und wie ein Mann, der den Herkules spielte, lebendigen Leibes verbrannt wurde.²⁷ Die Gladiatoren und Märtyrer offenbarten die buchstäbliche Realität der Erscheinungen, genau wie der Maler Zeuxis es tat. Martial erklärte: »Wovon der Ruhm immer singen mag, die Arena läßt es wahr werden«; die Römer, so stellt Katherine Welch fest, »überboten‹ den Mythos, indem sie ihn wirklich stattfinden ließen«.²⁸

In den Gladiatorenvorstellungen nahm diese an Buchstäblichkeit orientierte Schaulust eine besondere Form an: als Mimik und Pantomime, in der das stille Bild die Szene beherrscht. Die römische Pantomime war sehr beliebt, weil sie ständig Anspielungen auf das wirkliche Leben machte.²⁹ Sueton behauptet sogar, daß Nero bei seinem armseligen Tod zuerst verschiedene Posen einnahm, die er sich bei der Aufführung von Pantomimen angeeignet hatte, und dann in sein Schwert fiel, »durch seine Tränen [murmelnd]: Tot! Ein so großer Künstler!«³⁰ Der Einfluß von pantomimischen Darstellungen lebender politischer Führer auf das Volk war so groß, daß Domitian sie als junger Kaiser verbot. Trajan jedoch »holte um 100 n. Chr. die Pantomimen auf die Bühne zurück, und sein Nachfolger Hadrian, der vom Theater und seinen Künstlern besonders begeistert war, nahm alle Pantomimen, die mit dem Hof zu tun hatten, in Staatsbesitz«.³¹

Als Körpergeste wirkte die Pantomime auf die Welt des realen politischen Verhaltens. Das Heben der Hand, das Zeigen mit dem Finger, die Drehung des Oberkörpers stellten eine präzise Körpersprache dar. Folgendermaßen sollte zum Beispiel laut den Instruktionen des römischen Orators Quintilian *admiratio* (was sowohl Überraschung als auch Bewunderung bedeutet) zum Ausdruck gebracht werden: »Die rechte Hand zeigt leicht aufwärts, und die Finger werden in die Handfläche gebracht, einer nach dem anderen, angefangen mit dem kleinen Finger; die Hand wird dann wieder geöffnet und umgedreht mit einer Umkehrung dieser Bewegung«³²; eine einfachere Geste, die Bedauern ausdrücken sollte, sollte darin bestehen, daß man die geballte Faust an die Brust preßte. Der Redner, wie auch der Märtyrer, der den kastrierten Atys ganz ausspielen mußte, hatte eine Reihe von pantomimischen Gesten zu machen; ohne sie fehlte es seinen Worten an Kraft.

Wie wir an den römischen Münzen sehen, wurden diese politischen Gesten in Hadrians Ära einfacher und prägnanter. Münzen spielten in dem weit ausgedehnten Reich eine wichtige Rolle, da sie mit ihren Prägungen ein Stück harte Information boten; die Künste der Pantomime wurden angewandt, um die Münzen beredt zu machen. Der Historiker Richard Brilliant hat bemerkt, daß die Münzenpräger zur Zeit von Trajans Regierung Bilder schufen, die »den Imperator vor Szenen zeigten, in denen sein beherrschender Charakter sich offenbarte«, wogegen die Hersteller der Münzen Hadrians die Gesten des Kaisers »vereinfachten und abkürzten«. Auf einer Münze, die eine kaiserliche Verfügung darstellt, kontrastiert »sein klares Bild mit dem neutralen Hintergrund der Münze«.[33] Statt der von Perikles gefeierten Einheit demokratischer Worte und Taten schuf die Münzpantomime eine Einheit kaiserlicher Handlungen und Bilder.

Dies waren die Elemente des *theatrum mundi*: eine von Autorität geprägte Kulisse; ein Schauspieler, der die Trennlinie zwischen Illusion und Wirklichkeit überschreitet; eine Schauspielkunst, die auf der stummen Körpersprache der Pantomime beruht. Solches Theater besaß direkte und indirekte Bedeutung. Jeder, durch dessen Hand eine Münze Hadrians ging, konnte sofort die Bedeutung der Münze verstehen, wenn er sich die Gesten der Figuren auf den beiden Seiten anschaute. Der Römer im Amphitheater wußte sofort, daß der auf besondere Weise gekleidete Unglückliche Orpheus war und daß er bei lebendigem Leibe von einem Bären gefressen werden würde. In der Politik konnten Gesten wie die *admiratio* auf Hadrians Münzen vereinfacht werden, die Geste selbst war jedoch unproblematisch, da ihr Wesen festlag.

Das *theatrum mundi* unterschied sich somit von Ritualen wie den Thesmophoria, die eine Geschichte durch die Veränderung des Raumes verwandelten, so daß durch Metonymie aus einer alten eine neue Bedeutung entstand. Das *theatrum mundi* suchte direkte Bezüge herzustellen, bekannte Bedeutungen zu wiederholen. Die Römer stillten ihr Verlangen nach Neuheiten im Amphitheater, indem sie hundert Orpheusdarsteller von hundert Bären hinschlachten ließen. Statt sich einen neuen, seltsamen Tod auszudenken, vervielfachten sie das Bild. Durch die Wiederholung prägte es sich dem Betrachter immer tiefer ein.

Das *theatrum mundi* flößte dem Heiligen Augustinus besonderen Schrecken ein; seine visuelle Kraft konnte sogar stärker sein als der Glaube an Gott. Um die Macht dieses Teufels zu entlarven, führte Augustinus die Erfahrung eines christlichen Freundes an, der ins Kolosseum ging, um seinen Glauben unter Beweis zu stellen. Der christliche Freund hielt seinen Kopf zunächst abgewandt von dem grausamen Treiben, das unten in der Arena stattfand, und betete um innere Stärke; langsam, als drehte ein Schraubstock seinen Kopf, begann er zu schauen und verfiel dem Spektakel, dessen blutige Bilder ihn in ihren Bann schlugen, bis er schrie und jauchzte wie die Menschenmasse um ihn herum. In dem von der heidnischen Welt errichteten visuellen Gefängnis wurde der christliche Wille schwächer und kapitulierte schließlich vor den Bildern.

Einige moderne Kommentatoren sind der Auffassung, die Römer hätten unter visueller Armut gelitten, weil sie die Welt so buchstäblich nahmen.[34] Aber statt an einem Mangel an bildlicher Imagination könnten die Römer vielmehr an einem Exzeß des Bildlichen gelitten haben. Beunruhigt von den dunklen Vorahnungen, die sich im Gladiatorenschwur offenbarten, in einer Gesellschaft lebend, in der Macht Unordnung zeugte, in einer am eigenen Wachstum erstickenden Stadt, traten die Römer Hadrians visuell in eine »freiwillige Aufhebung der Ungläubigkeit« ein.

2. SIEH UND GEHORCHE

Normalerweise siedeln wir Schauspieler und Geometer nicht im selben Arbeitsgebiet an. Dennoch beruhten die Körpergesten auf einer systematischen Bilderwelt, auf dem System von Symmetrien und visuellem Ausgleich, das die Römer im menschlichen Körper entdeckt zu haben glaubten. Diese Körpergeometrie gebrauchten sie wiederum, um der Welt, die sie eroberten, eine Ordnung aufzuerlegen. So verbanden sie die Lust, zu schauen und zu glauben, mit dem Befehl, zu sehen und zu gehorchen.

Die Geometrie des Körpers

Das Pantheon bietet einige Hinweise darauf, wie sie dabei vorgingen. Das Pantheon ist von Symmetrie beherrscht. Das Innere setzt sich aus drei Teilen zusammen, einem runden Fußboden, einer zylindrischen Wand und der Kuppel. Der horizontale Durchmesser entspricht fast genau der vertikalen Höhe. Von außen nach innen ist das Pantheon in drei Bereiche unterteilt, in eine Tempelfassade, eine mittlere Durchgangszone und den Innenraum. Von der mittleren Zone aus sieht man gerade, in den Boden eingelegte Linien vor sich, die darauf verweisen, wie man sich vorwärts bewegen soll; die Bodenlinien lenken das Auge nach vorn zu einer großen Nische in der Wand direkt gegenüber dem Eingang. Sie birgt die wichtigste Kultstatue des Bauwerks. Obwohl die Geometrie abstrakt ist, haben einige Kunsthistoriker von den Bodenlinien als dem »Rückgrat« des Gebäudes und von der großen Nische als seinem »Kopf« gesprochen; andere Betrachter haben sich, von unten in die Kuppel blickend, den Bau als römische Büste vorgestellt, die zylindrische Wand als die Schultern eines Generals, die Statuen als die gehämmerten Verzierungen auf der Brustplatte eines Kriegers und die Kuppel als seinen Kopf – ein etwas unglückliches Bild, weil die Öffnung an der Decke, der *oculus*, eigentlich das Auge des Gebäudes ist.

Trotzdem, die Geometrie des Gebäudes lädt zu solchen organischen Vergleichen mit gutem Grund ein. Obwohl das Pantheon riesig ist, scheint es auf fast unheimliche Weise eine Erweiterung des menschlichen Körpers zu sein. Besonders das symmetrische Spiel der Kurven und Quadrate läßt an berühmte Renaissance-Zeichnungen von Leonardo und Serlio denken. Diese Zeichnungen zeigen einen nackten Männerkörper, Arme und Beine ausgestreckt. In einer Zeichnung schlug Leonardo (um 1490) einen Kreis um die ausgestreckten Glieder, Kreismittelpunkt war der Nabel des Mannes; ein Quadrat verbindet die vier Punkte an den Spitzen der Finger und Zehen.

Im dritten Band seiner *Zehn Bücher über Architektur*, »Über Symmetrie: In Tempeln und im menschlichen Körper«, verbindet

Das Pantheon in Rom, moderne Zeichnung.

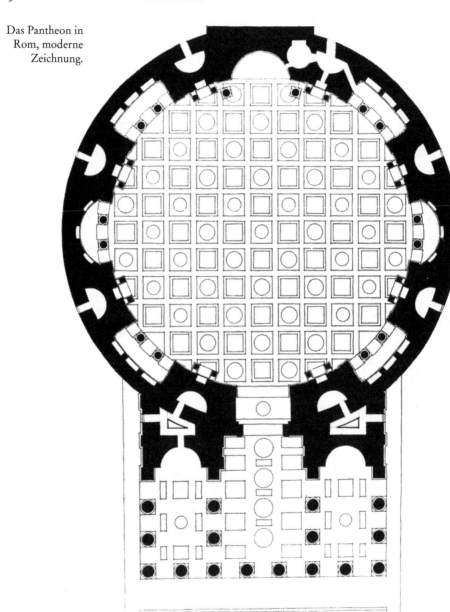

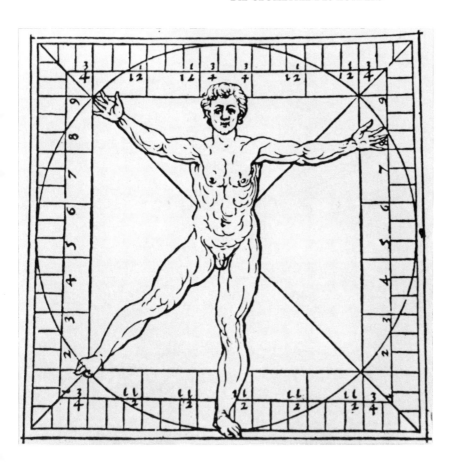

Sebastian Serlios Zeichnung eines männlichen Körpers.

Vitruv die Proportionen des menschlichen Körpers direkt mit den Proportionen, die die Architektur eines Tempels beherrschen sollten. Die Natur habe den Menschen so gestaltet, daß seine Glieder passend zum Körper als Ganzem proportioniert seien,[35] und gerade diesem Sachverhalt sollte der Architekt eines Gebäudes mittels der Beziehung von Kreis und Quadrat nacheifern:

Wenn also die Natur den menschlichen Körper so zusammengesetzt hat, daß seine Glieder in den Proportionen seiner Gesamtgestalt entsprechen, scheinen die Alten mit gutem Recht bestimmt zu haben, daß auch bei der Ausführung von Bauwerken diese ein genaues symmetrisches Maßverhältnis der einzelnen Glieder zur Gesamterscheinung haben.[36]

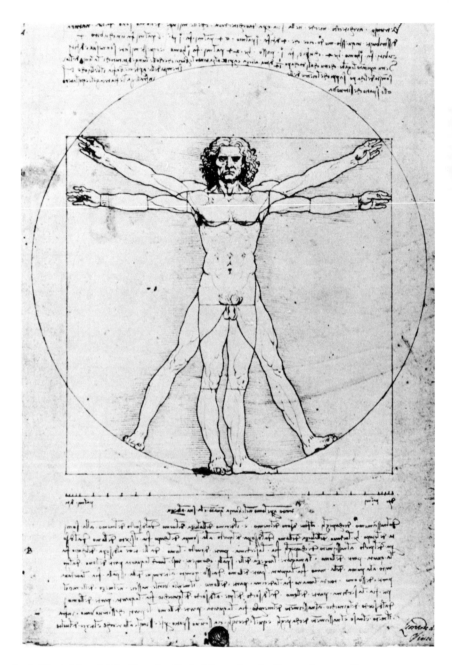

Leonardo da Vinci, *Menschliche Figur im Kreis, Illustration der Proportionen*, 1485-1490.

Ein Tempel sollte wie der Körper gleiche und einander gegenüberliegende Teile haben. Dies ist bei einem quadratischen Gebäude offensichtlich, doch die Römer waren Bogen- und Kuppelbauer. Die Genialität des Pantheons bestand darin, bilaterale Symmetrien in einen runden Raum zu bringen: Die beiden Nischen etwa, eine auf jeder Seite der Hauptnische gegenüber dem Eingang, sind bilateral symmetrisch. Außerdem glaubte Vitruv, der Architekt müsse Maßstab und Proportion in einem Gebäude von Maßstab und Proportion der menschlichen Körperteile ableiten. Vitruv dachte sich die Arme des Körpers mit den Beinen durch den Nabel und damit mit der Nabelschnur, der Quelle des Lebens, verbunden. Die Gliedmaßen können verlängert werden, so daß die einander gegenüberliegenden Arme und Beine jeweils eine gerade Linie bilden: die beiden Gliedmaßenlinien treffen dann im Bauchnabel aufeinander. Die Finger- und Zehenspitzen bilden die vier Eckpunkte eines Quadrats. Dies ist der Körper nach Vitruv, wie Leonardo und Serlio ihn später gezeichnet haben, ein Quadrat einem Kreis eingeschrieben, und dieses Prinzip des Vitruv kontrolliert das Innere des Pantheons.

So sah das römische Leitbild des Körpers aus, das Vitruv, wie wir sehen werden, aus vielen verschiedenen Quellen und alten Praktiken ableitete und kodifizierte. Indem er dieser idealen Ordnung folgte, konnte ein Architekt Gebäude nach einem menschlichen Maßstab schaffen. Überdies offenbarte die menschliche Geometrie etwas darüber, wie eine Stadt aussehen sollte.

Die Erschaffung einer römischen Stadt

Renaissancekünstler wie Albrecht Dürer, der Vitruvs Schriften studierte, waren fasziniert von den Möglichkeiten, die die Einzeichnung eines Rasters aus kleineren Quadraten innerhalb seines ursprünglichen Quadrats-im-Kreis bot, so daß Teile des Körpers innerhalb des geometrischen Systems definiert werden konnten. Der Boden des Pantheons weist dieselbe Einteilung auf: Er ist ein Schachbrett, definiert durch Quadrate aus Marmor, Porphyr und Granit, entlang der Nord-Süd-Achse angeordnet, an der das Gebäude sich auch als Ganzes orientiert. In wechselnde Quadrate sind steinerne Kreise eingelegt. Die kaiserlichen Planer zu Vitruvs Zeit entwickelten ganze Städte, indem sie sich dieses Systems bedienten. Sie schufen ein Schachbrett von Baugrundstücken und Straßen. Obwohl es keine römische Erfindung ist, nennt man diese Art von Stadtplan das römische »Gitterschema«. Die ältesten bekannten Städte in Sumer wurden bereits so erbaut, ebenso wie die ägyptischen und chinesischen Städte Tausende von Jahren vor der römischen Herrschaft. In Griechenland plante Hippodamus solche Städte, auf dem italienischen Festland taten die Etrusker dasselbe. Entscheidend an diesen Gittern – wie bei allen elementaren Mustern – ist die Art, wie eine spezielle Kultur sie benutzte.

Um eine Stadt anzulegen oder eine bereits existierende Stadt, die im Lauf der Eroberung zerstört wurde, wiederaufzubauen, suchten die Römer den Punkt festzulegen, den sie *umbilicus* nannten, ein Stadtzentrum, das dem Nabel des Körpers ähnlich war; auf diesen urbanen Bauchnabel bezogen die Planer jedes Maß für die Räume in der Stadt. Auch der Boden des Pantheons enthält einen solchen Umbilicus. Wie das zentrale Quadrat im Damespiel oder beim Schachspiel, so besitzt er auch im Pantheon großen strategischen Wert: Das zentrale Quadrat im Pantheonfußboden liegt direkt unter dem kreisrunden Auge, der den Blick durch die Kuppel in den Himmel lenkt.

Die Planer bestimmten den Nabel einer Stadt überdies durch das Studium des Himmels. Der Lauf der Sonne schien den Himmel in zwei Teile zu zerlegen; die Bewegung der Sterne schien diese Unterteilung im rechten Winkel zu schneiden, so daß der Himmel aus vier Teilen zusammengesetzt war. Zur Gründung einer Stadt suchte man auf dem Boden einen Fleck, der direkt unter dem Punkt lag, in dem sich die vier Teile des Himmels trafen, so als spiegle sich die Himmelskarte auf der Erde. Kannten die Planer einmal diesen Mittelpunkt, konnten sie die Grenzen der Stadt bestimmen; hier zogen sie eine Furche in die Erde, *pomerium* genannt, die eine heilige Grenze darstellte. Das Pomerium zu überschreiten, sagt Livius, kam der Deformation des menschlichen Körpers durch übermäßige Dehnung gleich. Nachdem sie Mittelpunkt und Grenze hatten, zogen die Stadtplaner die beiden rechtwinkligen Hauptstraßen, die sich im Umbilicus schnitten; die Straßen hießen *decu-*

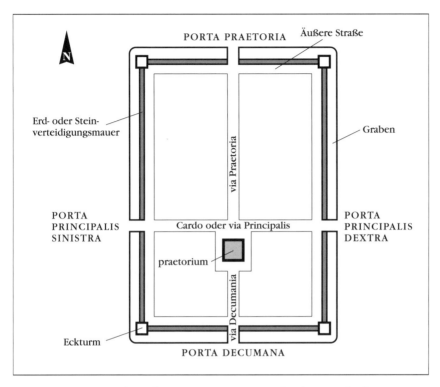

Plan eines römischen Castrums.

manus maximus und *cardo maximus*. Diese Straßenlinien schufen einen Raum von vier symmetrischen Quadranten; im nächsten Schritt wurde jeder Quadrant viergeteilt. Jetzt besaß die Stadt sechzehn Sektionen. Sie wurden wieder und wieder unterteilt, bis der Plan dem Fußboden des Pantheons glich.

Der Umbilicus besaß unermeßlichen religiösen Wert. Unter diesem Punkt glaubten die Römer die Stadt mit den in der Erde lebenden Göttern verbunden; oberhalb des Punktes waren sie mit den Göttern des Lichts im Himmel verbunden – den Gottheiten, die das Geschick der Menschen lenkten. Nahe diesem Punkt gruben die Planer ein Loch in die Erde, das *mundus* genannt wurde, »eine Kammer oder zwei solcher Kammern, eine über der anderen, ... den Göttern der Unterwelt geweiht«.[37] Es war buchstäblich ein Höllenloch. Bei der Gründung einer Stadt legten die Siedler Früchte und andere Gaben aus ihren Haushalten in den Mundus, ein Ritual, das die »Unterweltgötter« günstig stimmen sollte. Dann bedeckten sie den Mundus, stellten einen viereckigen Stein auf und entfachten ein Feuer. Nun hatten sie eine Stadt »geboren«. Polybius erklärte dreihundert Jahre vor Hadrian, ein römisches Militärlager müsse aus Quadrat, Straßen und anderen Bauwerken bestehen, die so regelmäßig wie eine Stadt seien – Eroberung sollte zu dieser Geburt führen.[38]

Vitruv glaubte, daß die Arme und Beine des menschlichen Körpers über den Nabel miteinander verbunden seien; die Nabelschnur besaß in seiner Architekturtheorie größere symbolische Bedeutung als die Genitalien. So diente auch der Nabel der Stadt als der Punkt, von dem aus ihre Geometrie berechnet wurde. Der Nabel jedoch war ein äußerst emotionsbesetztes Geburtssymbol. Die Gründungsriten einer römischen Stadt erkannten die schreckerregenden Mächte der unsichtbaren Erdgötter an, die die Stadtplaner unterhalb des Mittelpunkts zu beschwichtigen suchten. Die mit dem Gebären assoziierten Schrecken bezogen sich auf die Geschichte von Roms eigener Gründung.

Einer Legende zufolge gründete Romulus Rom am 21. April des Jahres 753 v. Chr., indem er einen Mundus in den Hügel des Paladin grub. Auf dem Paladin gab es seit frühester Zeit einen Feuerkult, und aus diesem Feuerkult entstand der erste Tempel der Vesta, ein rundes Gebäude; darin wurden Lebensmittel so gelagert wie die Früchte und Speisen in der Erde des Mundus. Später wurde der Tempel der Vesta auf das römische Forum verlegt, wo die vestalischen Jungfrauen damit betraut waren, das Feuer im Tempel bis auf einen Tag des Jahres immer am Leben zu erhalten; erlosch es für länger, würde Rom untergehen, so machtvoll und tödlich waren die Götter unter der Stadt. Der Ursprung dieser Bedrohung durch unsichtbare Mächte, die in Hadrians Zeit so deutlich wurde, war tief in der römischen Kultur verwurzelt. Die Furcht war im Mittelpunkt der Stadt spürbar.

Es konnte also nicht überraschen, daß die scheinbar rationale Geometrie, die Körper und Stadt vereinte, gar nicht ganz rational verfuhr. Wenn die Römer über die von ihnen eroberten Orte schrieben, wandten sie sehr realistische Vorschriften an: Gründe eine Stadt, wo gute Häfen sind, blühende Märkte, natürlicher Schutz und so fort. Dennoch entschieden sich die Stadtplaner oft, diesen Regeln nicht zu folgen. Sechzehn Kilometer nördlich von Nîmes etwa, im römischen Gallien und modernen Frankreich, gibt es ein Gelände, das aufgrund seiner Lage eine exzellente Festung abgegeben hätte; zur Zeit der römischen Besiedlung gab es dort sogar einen florierenden Markt. Die Eroberer aber wählten die stärker exponierte, ökonomisch weniger aktive Gegend im Süden, weil dort ein tiefer Mundus gegraben werden konnte, der sich mit großen Mengen von Lebensmitteln anfüllen ließ, um die Götter der Unterwelt auf Distanz zu halten.

So wie der Gladiatorenschwur sowohl Furcht als auch Entschlossenheit ausdrückte, tat dies auch die Landkarte des Stadtplaners. Das Graben des Mundus in einer neuen Stadt an der Grenze drückte aus, daß an dieser Stelle die römische Zivilisation wiedergeboren wurde; die disziplinierte und entschlossene Gewalt der römischen Legionen glich die Ängste aus, die das Loch darstellte, das die Sieger in den Boden gruben, um die Götter der Unterwelt zu besänftigen. Daß die Römer bei der Geburt von Städten immer wieder dieselbe Geometrie benutzten, kritisiert die Urbanistin Joyce Reynolds: Sie seien »berüchtigt für die Sturheit der an Rom orientierten Denkmuster, trotz der ständig zunehmenden Irrelevanz dieser Stadt-Ideologie unter den neuen Umständen des Imperiums«.[39] Aber diese Siedlungen immer gleichen Musters spiegeln einen wesentlichen Aspekt der römischen Kultur wider, aus der sie entstanden waren: den Aspekt des *theatrum mundi*.

In Rom sahen die Menschen zu, wie Gladiatoren und Märtyrer in obsessiv wiederholten Pantomimen schlachteten und hingeschlachtet wurden; an der Grenze sammelten sich die Truppen, um die Landvermesser zu beobachten, die für sie in ausgefeilten Zeremonien die Handlungen zur Auffindung des Umbilicus, das Graben des Mundus und Ziehen des Pomeriums an den Grenzen der neuen Stadt ausführten. Die Landvermesser wiederholten die Zeremonien, wann immer und wo immer die Legionen vorrückten; in Gallien, an der Donau, in Britannien: dieselben Worte und Gesten beschworen dasselbe Ortsbild.

Wie der Theaterregisseur arbeitete der römische Planer mit festen Bildern. Die imperiale Planung der Römer suchte eine Stadt in einem einzigen Schlag zu entwerfen, die römische Geographie wurde dem Land in dem Moment aufgezwungen, da die erobernde Armee das Territorium gewonnen hatte. Das städtische Gitter diente den Interessen Roms, weil dieses geometrische Bild unabhängig von der Zeit existierte. Aber eine solche Planung setzte voraus, daß es auf dem eroberten Gebiet »nichts« gab. Es schien den römischen Eroberern in der Tat so, als ob sie in die Leere marschierten, obwohl die Landschaft in Wirklichkeit dicht besiedelt sein mochte. »Ob ich betrachte den Ort – kein liebenswürdiger Ort ist's, und auf der Welt kann es nichts Düstreres geben als ihn«, schrieb der Dichter Ovid im Exil, »oder die Menschen, kaum sind die Menschen noch wert dieses Namens, und übertreffen sogar Wölfe an grausamer Wut ... Felle und bauschige Hosen gewähren Schutz vor den Frösten; schaurig mit zottigem Haar sind die Gesichter bedeckt.«[40] Blieben die Römer, im Banne ihres Wiederholungszwangs, auf dem Marsch auch Römer, so bestand doch ein tiefer Graben zwischen Heimat und Grenze: am Rande des Imperium Mundi drohten diese Pantomimen der Neugründung Roms das Leben der Besiegten zu zerstören.

Natürlich fügten sich die eroberten Völker selten in das Stereotyp der geschichts- und charakterlosen Rohlinge. In Gallien und in Britannien waren die eingeborenen Stämme vielmehr oft selbst Städtegründer, und dort konnte die römische Umformung einer Stadt mit dem fortgesetzten einheimischen Wachstum manchmal versöhnt werden – das Stadtzentrum romanisiert, die Wohngegenden und Märkte außerhalb nach lokalen Traditionen ausgebaut. In den von den Römern eroberten griechischen Stadtstaaten fiel ohnedies jedes Vorurteil fort, da die römische Hochkultur so viel von den Griechen übernommen hatte. Die Auferlegung des Römischen glich hier mehr einer leichten heimatlichen Einfärbung, um die Herrschaft zu rechtfertigen.

Die Eroberer hofften, daß die urbane Form dazu beitragen würde, Barbaren schnell an die römische Lebensweise zu gewöhnen. Bei Tacitus gibt es eine Passage, die dies zu der Zeit schildert, als Agricola über Britannien herrschte:

> Er ermahnte Individuen, stand Gemeinden bei, Tempel zu errichten, Marktplätze und Häuser: er lobte die Energischen, tadelte die Trägen, und das Buhlen um seine Komplimente ersetzte den Zwang. Außerdem fing er an, die

Söhne der Häuptlinge auf [römische] liberale Weise zu erziehen ... Ein Ergebnis davon war, daß die Nation, die die lateinische Sprache abgelehnt hatte, nach Rhetorik strebte. Zudem wurde das Tragen unserer Kleidung zu einer Auszeichnung, und die Toga kam in Mode.[41]

Die Geometrie der neuen Stadt hatte wirtschaftliche Konsequenzen für die Eroberer selbst. Das Aufteilen der Stadt in Quadranten setzte sich fort, bis das Grundstück klein genug war, um es einzelnen Personen übergeben zu können. In der Armee hing die Anzahl der Landparzellen, die ein Soldat erhielt, von seinem Rang ab. Die eroberte Landschaft wurde in derselben Weise aufgeteilt, die Soldaten erhielten genau nach ihrem Rang berechnete Teile des Landes. Mathematische Berechnungen spielten für den Römer eine enorme Rolle, nicht nur, weil er zugemessenes Land besaß, sondern auch, weil sein Besitz durch den Teilungsprozeß *rationalisiert* worden war. Der Besitzer konnte seine Eigentumsrechte gegen stärkere Individuen verteidigen, weil der Besitz eines Teils sich aus derselben Logik, die das Ganze hervorgebracht hatte, ableitete. *Formae* genannte Bronzetafeln hielten fest, wo das Land lag, und sie zeigten seine Größe und Form. Diese Bronzetäfelchen waren das Kostbarste, was ein Soldat bei sich trug. »Keine andere Zivilisation«, schreibt Joseph Rykwert, »hat die Durchsetzung eines konstanten, gleichförmigen Musters in den Städten, auf dem Land und auch in ihren Militärsiedlungen mit so besessenem Durchhaltevermögen vollzogen, wie die Römer dies während der späten Republik und des Kaiserreichs taten.«[42]

Dies also war der Stempel »Roms«, der anderen Orten aufgedrückt wurde, ein organisches, geometrisches Muster. Welche Bedeutung konnte dieses Muster in Hadrians Rom selbst besitzen, einer Stadt, die schon lange jeden Plan, der einmal ihrer Geburt zugrunde gelegen haben mochte, ausgelöscht hatte?

Das Forum Romanum

Das alte römische Forum war dem Stadtzentrum der Agora zur Zeit des Perikles sehr ähnlich; es mischte Politik, Wirtschaft, Religion und Geselligkeit miteinander. In der bewegten Menschenmenge hatten spezielle Gruppen jeweils ihre Reviere. Der römische Stückeschreiber Plautus beschreibt diese Territorien im frühen zweiten Jahrhundert v. Chr. sardonisch anhand ihrer unterschiedlichen sexuellen Ausrichtungen:

> Nichtstuer hingen um die Basilika herum. Auch ein gutes Angebot an Huren, wenn auch nicht erste Wahl; auch Männer konnten gemietet werden ... im unteren Forum angesehene und wohlhabende Bürger auf einem Spaziergang: auffälligere Typen im mittleren Forum. An den alten Läden die Geldwechsler Darlehen werden verhandelt oder gewährt ... Im Vicus Tuscus stolzieren Homosexuelle, sehr gewandt, herum.[43]

Das Forum unterschied sich von der Agora darin, daß sie diese vielfältige Menge in einem Rechteck unterbrachte, das auf allen vier Seiten von Gebäuden gesäumt war. Besonders wichtig war ein religiöser Bau, der Portikus der Zwölf Götter, der am Fuß des Kapitolinischen Hügels an das alte Forum grenzte. Während die griechischen Götter beständig gegeneinander kämpften, standen hier die Gottheiten in etwas ähnlichem wie einem frühen Pantheon friedlich beieinander. Man nannte die Zwölf Götter *Di Consentes et Complices* – übereinstimmend und harmonisch. Die frühen Römer stellten sich vor, daß man sich im Himmel und der Unterwelt »auf eine Rangordnung der übernatürlichen Macht geeinigt hatte«.[44] Ebendieses Bild der ordentlich aufgereihten Götter zeigte die Bauform, die die Römer auf der Erde, auf dem Forum, errichten wollten.

Durch die Entwicklung zweier architektonischer Formen suchten die Römer ihre Architektur immer übereinstimmender, immer harmonischer und immer linearer zu gestalten: Peristyl und Basilika. In unserem heutigen Verständnis dieser Bauformen ist das Peristyl eine lange Kolonnade, die entlang eines Gebäudes oder verbundener Gebäude verläuft; die Basilika ist ein rechteckiger Bau, den die Menschen auf der einen Seite betreten, um sich dann in Richtung auf die andere zu bewegen. Ursprünglich waren diese beiden Architekturformen bei den Römern noch nicht so klar unterschieden. Die Römer wollten einen Raum schaffen, in dem eine Person vorwärtsschreiten und nicht von seitlich führenden Bewegungen abgelenkt werden sollte; römischer Raum besaß eine Achse. So funktionierte das erste Museum. 318 v. Chr. baute die Stadt über einer Reihe von Läden, die eine Seite des Forums säumten, ein langes zweites Geschoß, die *Maeniana*, in dem Erinnerungsstücke

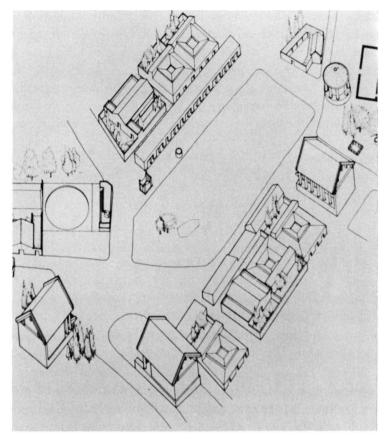

Das Forum Romanum im 4. Jahrh. v. Chr.

römischer Eroberungen entsprechend ihrer Chronologie auslagen. Folgte der Besucher dieser Achse, konnte er die Geschichte der römischen Militärmacht verfolgen.

»Eine Basilika war nichts anderes als eine große Halle, in der man sich traf.«[45] Ursprünglich war diese Gebäudeform in Griechenland eine Gerichtshalle gewesen, an deren Stirnseite der Richter saß. In der römischen Welt waren Basiliken lange, hohe Gebäude, oftmals flankiert von Gebäudeteilen mit niedrigeren Dächern an den Seiten. Die zentrale Halle war sowohl an beiden Stirnseiten als auch durch die Fenster über der Höhe, auf der die Seitengebäude an den zentralen Baukörper stießen, beleuchtet. Die Basilika konnte Hunderte, manchmal auch Tausende von Menschen aufnehmen, die sich entlang ihrer Zentralachse an einem Ende hinein- und am anderen Ende hinausbewegten. Die erste vollständig nachweisbare Basilika auf dem Forum Romanum taucht 184 v. Chr. auf; die Römer fügten ihr später immer größere Gebäude hinzu, die denselben Prinzipien gehorchten: gigantische, die Bewegungsrichtung vorgebende Schachteln.

Eine moderne Geschichte beschreibt, wie diese Gebäude für einen Römer, der auf dem Forum Romanum vor ihnen stand, ausgesehen haben mögen: »Man sah Kolonnaden und Portikos von Tempeln und Basiliken auf jeder Seite und als Hintergrund am weiter entfernt liegenden Ende die Fassade des Tempels der Concordia.«[46] Als Römer jedoch schlenderte man nicht einfach träge an diesen Gebäuden vorbei. Die großartigen Bauwerke schienen einem den Befehl zu erteilen, sich aufrecht vor sie hinzustellen.

Erinnern wir uns daran, daß die Oberflächen des griechischen Pantheons darauf ausgerichtet waren, von vielen verschiedenen Punkten in der Stadt gesehen zu werden. Der frühe römische Tempel suchte im Gegensatz dazu, den Betrachter nur vor seiner Fassade zu plazieren. Sein Dach dehnte sich zu Dachgesimsen an den Seiten aus; sein Zeremonialschmuck lag gänzlich an der Vorderfront; das Pflaster und die Grünanlagen um den Tempel waren ganz auf die frontale Betrachtung angelegt.[47] Im Tempel selbst gab das Gebäude auf ähnliche Weise die Richtung vor: schau nach vorne, beweg dich vorwärts. Diese diktatorischen Schachteln waren der Ursprung für die visuellen Direktiven, die in Hadrians Pantheon mit seiner zentralen Achsensymmetrie auf den Wänden und auf dem Boden herrschten.

Die Geometrie römischen Raums disziplinierte die Körperbewegung und erteilte in diesem Sinne den Befehl: »Sieh und gehorche.« An einem Wendepunkt der römischen Geschichte überschnitt sich dieser Befehl mit dem anderen römischen Diktum: »Sieh und glaube.« Während er in Gallien kämpfte, hoffte Julius Cäsar, die Römer an seine Existenz zu erinnern, indem er ein neues Forum baute, unterhalb des kapitolinischen Hügels, etwas westlich vom Forum Romanum. Obwohl es sein offizieller Zweck war, zusätzlichen Raum für die Rechtsgeschäfte der Republik zu schaffen, bestand sein wahrer Sinn darin, den Römern Cäsars Macht vor

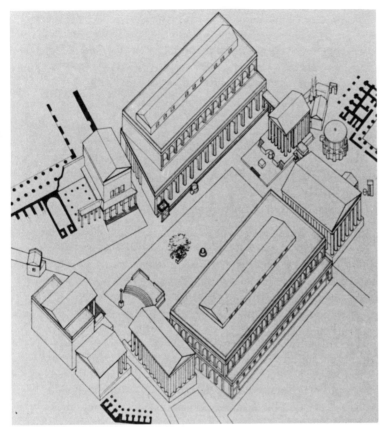

Das Forum Romanum im 1. Jahrh. n. Chr.

Augen zu führen. Hier baute er den Tempel der Venus Genetrix. Angeblich war Venus die Göttin gewesen, die Cäsars Familie, die Julier, begründet hatte; Cäsars Bauwerk »war in Wirklichkeit ein Tempel der Julischen Familie«.[48] Als Kopf des Gebäudekomplexes dominierte dieses einzelne Monument; untergeordnete Bauwerke oder Mauern waren auf eine Mittelachse bezogen und bildeten ein Rechteck. Indem er den Betrachter genau vor den Haupttempel wie vor einen Götterschrein stellte, suchte Julius Cäsar die angeblich göttlichen Ursprünge seiner Familie zu unterstreichen und somit seine eigene machtvolle Präsenz zu demonstrieren.

Wie in den Provinzstädten untergrub auch im Zentrum von Rom die Geometrie der Macht das Schauspiel menschlicher Vielfalt. Als das Forum Romanum geordneter wurde, zogen die Metzger, Bäcker, Fischhändler und Kaufleute in andere Stadtteile und überließen zu späterer republikanischer Zeit das Geschäft auf dem Forum Rechtsanwälten und Bürokraten; als dann die Kaiser ihre eigenen Foren bauten, folgten diese politischen Günstlinge ihren Herren in neue Räume und verließen das Forum Romanum. Die Gebäude wurden, um modernen Planerjargon anzuwenden, immer »monofunktionaler«, zur Zeit des Hadrian standen viele weitgehend leer. »Viele der politischen und kommerziellen Aktivitäten, die in der Agora freien Raum erforderten, wurden in die Peripherie verdrängt«, schreibt der Historiker Malcolm Bell; »in dieser wohlgeplanten Welt ... gab es wenig Bedarf für die mehrdeutigen Werte der Stoa.«[49]

In dem Maße, wie die Vielfalt abnahm, wurde dieses antike Zentrum Roms zu einem Ort der Zeremonien, das Forum Romanum zu einem Schauplatz, an dem sich die Macht die beruhigenden Roben und Rollen der Pantomime überstreifte. So fanden zum Beispiel bis etwa 150 v. Chr. sowohl Geschworenenprozesse als auch bestimmte Abstimmungen der Bürger in einem Gebäude an der Seite des Forum Romanum statt, dem Comitium. Als die Rufe der Händler, rare Aprikosen aus Smyrna zu kaufen oder ein günstiges Angebot von Stierhoden wahrzunehmen, auf dem Forum leiser wurden, zogen Abstimmung und politische Diskussion ins Freie. Redner bearbeiteten die Menge von der Rostra aus, ursprünglich ein geschwungenes Podium, das aus dem Comitium herausragte. Als Julius Cäsar die alte Rostra an einen neuen Platz auf dem Forum Romanum verlegte – an die nordwestliche Stirnseite –, bezweckte er damit, dieses neue Rostrum zu einem Ort der feierlichen Erklärung statt der partizipatorischen Politik zumachen. Der Redner war nun nicht mehr auf drei Seiten von Menschen umgeben; vielmehr war er wie ein Richter in den frühesten Basiliken plaziert. Im Freien war seine Stimme schlecht zu hören, aber was machte das schon. Der Redner sollte erscheinen, den Finger erheben, sich an die Brust greifen, die Arme ausbreiten: für die Menschenmenge, die ihn nicht hören konnte und die sowieso die Macht verloren hatte, auf seine Worte zu reagieren, sollte er lediglich wie ein Staatsmann wirken.

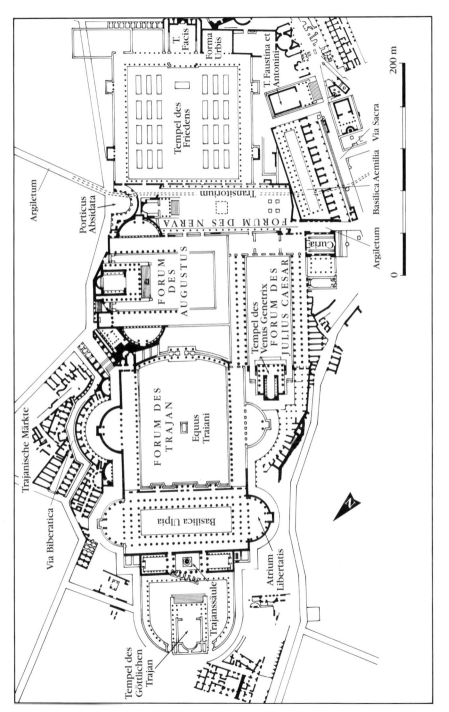

Die Foren von Rom um das Jahr 120 n. Chr.

Visuelle Ordnung drückte ihren Stempel auch den Gebäuden auf, die den römischen Senat beherbergten, als diese höchste Institution der römischen Republik mit dem Beginn der Kaiserzeit zu einem nur noch zeremoniellen Körper wurde. Bis fast zum Ende der Republik stand der Senat an exponierter Stelle in der Curia Hostilia. Die dreihundert Senatoren Roms waren in einem Gebäude untergebracht, das innen in Stufen anstieg. Julius Cäsar drängte die Curia vom Forum ab, so daß sie hinter einem anderen großen Gebäude verborgen stand, der Basilica Aemilia. Hier, in der Julianischen Curia, führte ein Gang vom Eingang zu einem Podium für die Senatsbeamten. Sitzreihen wiesen im rechten Winkel von dieser Achse weg; die Sitzordnung richtete sich reihenweise nach der Rangordnung, die Älteren saßen vorn, die Jüngeren hinten. Der Wahlvorgang verlief jedoch ganz anders als im griechischen Pnyx. Die Senatoren begaben sich entsprechend ihrem Rang von der einen Seite des Hauptganges auf die andere, und der Vorsitzende erklärte eine Frage für entschieden, wenn er auf der einen Seite eine größere Anzahl als auf der anderen sah. Die geschlossenen Ränge der Götter wurden jetzt in einem Senat reproduziert, der immer mehr die Macht verlor, die Staatsangelegenheiten zu kontrollieren.

Der politische Schmarotzer Velleius Paterculus beschwor das Ergebnis dieser visuellen Änderungen in Worten, die eigentlich dazu dienen sollten, den ersten Kaiser, Augustus, zu preisen:

> Die Wahlwerbung für Ämter vom Campus Martius, Uneinigkeit aus dem Senat verbannt; Gerechtigkeit, Gleichheit und Betriebsamkeit, lang in Vergessenheit begraben, sind im Staat wiederhergestellt [...] Aufruhr im Theater wurde unterdrückt. Alle sind entweder selbst vom Wunsch nach Rechtschaffenheit erfüllt oder sind dazu gebracht worden.[50]

Ein zeremonieller Raum, würdevoll und ohne Betrieb, ohne Handel und ungebührlichen Sex oder einfache Geselligkeit, war das alte Forum Romanum schon zur Zeit Hadrians in eine Totenstarre verfallen. Seine Geschichte nahm die der anderen kaiserlichen Foren voraus, die nach ihm gebaut werden sollten. Am Ende der Kaiserzeit bildeten sie ungeheure Zeremonialräume, durch die die Römer sich wie auf einer Achse bewegten. Sie waren enorme, einschüchternde Gebäude, die die Majestät der lebenden Götter repräsentierten. Kein planender höchster Mathematiker wachte über die

Entwicklung des Forum Romanum, die Geburt des Forum Iulium und die wachsenden kaiserlichen Foren, die diese Räume immer einschüchtender werden ließen, während die Stimmen der Bürger schwächer wurden. Die visuelle Kontrolle, die die Römer bei der Gründung ihrer Grenzstädte praktizierten, schlug nun auf das Zentrum zurück. Verabscheuten die kosmopolitischen Römer auch die Provinzen, beherrschten doch die visuellen Befehle, die sie den eroberten Völkern gegeben hatten, mittlerweile auch ihr eigenes Leben.

Zur Zeit Hadrians kontrollierte die Geometrie der Macht den privaten Raum ebensosehr wie den öffentlichen Bereich.

Das römische Haus

Das römische Haus beherbergte Familien, die in einer Hinsicht bemerkenswert anders waren als die griechischen Familien: es gab eine größere Gleichheit zwischen den Geschlechtern. Ehefrauen konnten ihren eigenen Besitz behalten, wenn sie *sine manu* heirateten, das heißt ohne sich vollständig unter die Autorität, die Manus, des Ehemannes zu begeben. Töchter konnten bestimmte Erbschaften mit Söhnen teilen. Männer und Frauen aßen gemeinsam; in den frühesten Tagen Roms legten sich die Männer auf Liegen nieder, während die Frauen standen, zur Zeit des Hadrian jedoch legten sich Ehepaare gemeinsam zum Essen – ein für den perikleischen Griechen unvorstellbarer Anblick. Gewiß war die Familiengruppe streng hierarchisch und patriarchalisch geordnet, der älteste Mann die herrschende Autorität. Dennoch verwiesen die komplexeren und offeneren Beziehungen zwischen Mann und Frau darauf, daß der römische Haushalt, die *domus*, die Stadt außerhalb der Hauswände widerspiegelte. Die Geometrie im Haus entsprach der Klasse, dem Klientenstatus, Alter und Besitz der Menschen, die es beherbergte.

Das Äußere der alten römischen *domus* war nicht wichtiger als das Äußere des perikleischen griechischen Hauses – es bestand aus kahlen Wänden. Das Innere mancher Häuser mag auf den ersten Blick ganz ähnlich ausgesehen haben: um einen offenen Hof herum angeordnete Räume. Dennoch herrschte von Anfang an Linearität. Man betrat ein altes römisches Haus durch ein Vestibül und kam in das freie Atrium; seitlich gab es Schlafräume und Speicher; gegenüber, hinter dem Becken oder der Fontäne, sah man eine Nische, in der die Schutzgötter des Hauses standen. Dies war der Platz des Vaters, hier saß er manchmal auf einem erhöhten Stuhl wie auf einem Thron, auf beiden Seiten von den Porträtmasken der Ahnen flankiert; der Besucher sah sich einem Gruppenbild der Autorität gegenüber, das aus Masken, Statuen und einem lebenden Mann bestand.

War das Haus wohlhabend genug, herrschte die Linearität auch in den Seitenflügeln: Die Reihenfolge der Räume spiegelte Hierarchie wider. Es gab »eine klare räumliche Aussage der Priorität, die deutliche Form des Vor, Hinter und Neben sowie von Groß und Klein« in der Anordnung der Räume des Haushalts, so daß die Menschen genauestens wußten, wer als erster einen Raum betreten und in welcher Reihenfolge die anderen ihm folgen sollten, oder welche Räume, je nach der Wichtigkeit der Gäste, zu benutzen waren.[51] Dies setzte natürlich voraus, daß eine Familie sich ein Haus mit so vielen Räumen leisten konnte, und die meisten Römer konnten das selbstverständlich nicht. Trotzdem diente die häusliche Ordnung an der Spitze der Sozialpyramide als ein Standard, an dem andere sich orientierten.

Stellen wir uns den Besuch in einem solchen idealen Heim zu Hadrians Zeit vor; es gehört einer Familie der oberen Mittelschicht, vergleichbar dem Heim eines Arztes oder Richters im 19. Jahrhundert, mit acht oder neun Dienern ausgestattet. Bei unserem imaginären Besuch mag es sinnvoll sein, im Kopf zu behalten, daß der Preis für einen gesunden Menschensklaven in römischer Zeit etwa einem Drittel oder Viertel des Preises für ein Pferd entsprach. Wir kommen am Eingang des Hauses an, dessen Tor (oder Tore, denn oft gab es drei Tore hintereinander) in ein überdachtes Vestibül führt, in dem wir und andere Besucher erst einmal genau begutachtet werden. Das Vestibül soll uns durch Wohlstand beeindrucken; Vitruv empfahl, es so verschwenderisch wie möglich zu gestalten. Das Vestibül öffnet sich auf einen von Säulen umgebenen Hof. Die Flucht der vom Haupthof abgehenden Räume wäre in römischer Zeit leichter zu erkennen gewesen als bei einem moder-

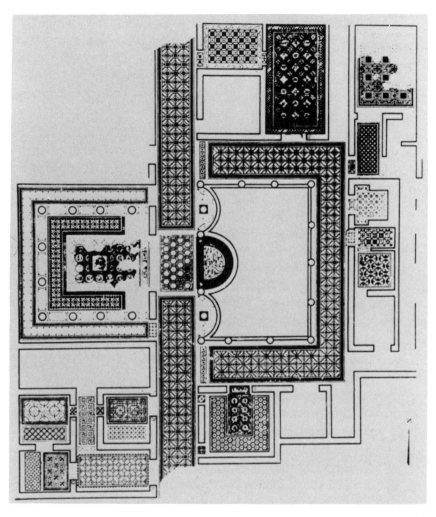

Das Haus des Neptun in Acholla mit *oecus* im Westen, *triclinium* im Süden und Schlafzimmern mit angrenzenden Vorzimmern oder Korridoren in der südwestlichen Ecke.

nen Bau gleichen Zuschnitts, denn gewöhnlich fehlten dem römischen Haus die Innentüren; statt dessen gab es Tuchvorhänge. Ein höherer Diener bedeutet uns, wie weit wir durch die Anzahl der zurückgezogenen Vorhänge in das Haus vordringen dürfen.

Dann würden wir den offenen Innenhof des Hauses betreten und stünden wartend am Rand des Wasserbeckens. In gewisser

Weise hatte der offene Innenhof dieselbe Funktion wie eine Agora: Es war »ein Raum, in dem sich eine Vielzahl von Ereignissen abspielte, vom einsamen Müßiggang bis zum großen Empfang, wie er sich für den hohen Herrn des Hauses ziemte – ganz zu schweigen vom Tagewerk der Sklaven, für die das Peristyl Durchgangsraum, Arbeitsstätte und Wasserspeicher war«.[52] Andererseits funktionierte es eher wie ein Forum: hier wird die Menschengruppe um uns aussortiert, um, je nach Bedeutung, vom Herrn drinnen empfangen zu werden. Die in die inneren Räume des Hauses Zugelassenen haben für gewöhnlich eine engere Verbindung zur Familie als jene, die man im offenen Raum des Peristyls empfängt. Alles im Haus vermittelt logische Reihenfolge und geradlinigen Ablauf. In den größten Häusern führte der Haupthof zu kleineren Peristylen, die wiederum selbst von Räumen umgeben waren. Wo ein Mitglied des Haushaltes uns jeweils empfängt, hängt von der Wichtigkeit dieser Person in der *domus* ebenso wie von unserer eigenen Bedeutung ab. Diese Hierarchie erstreckte sich auch auf die Sklaven, die bestimmte Räume im römischen Haus innehatten, ähnlich wie es in englischen Häusern des 19. Jahrhunderts üblich war – der Majordomus mit seinen eigenen Büroräumen, das Eßzimmer für Diener und Haushälterin und so fort.[53]

Linien bestimmen das soziale Leben im Eßzimmer oder *triclinium*. Sind wir zum Abendessen geladen, dann sehen wir die Mitglieder des Hauses ihre Plätze auf den Liegen je nach ihrem Rang einnehmen, in strengen Reihen entlang der Wände, gipfelnd im Platz des Herrn auf der Hauptliege. Verheiratete Frauen liegen an der Seite ihrer Männer. Vollständig entspannt ist jedoch niemand. Juvenal schimpft auf das pompöse Gehabe bei diesen Essen, der Pater familias hält eine Ansprache, wobei die Gäste in ihren Antworten um so unterwürfiger werden, je weiter sie vom Gastgeber entfernt liegen – und doch rechnete Juvenal, vollendeter Römer der er wahr, genau aus, welchen Rang welches Familienmitglied einnahm, je nachdem, wo er oder sie sich zum Essen legte.

Die Linien der Macht liefen im Schlafzimmer zusammen, in dem wir nichts zu suchen haben. »Im Moment des Geschlechtsverkehrs«, bemerkt der Historiker Peter Brown, »war es den Körpern der [römischen] Elite nicht gestattet, auch nur einen einzigen willkürlichen Strudel in dem feierlichen Strom aufzuwühlen, der von Generation zu Generation durch das Ehebett floß.«[54] Das Bild der »Blutslinie« ist heute eine bloße Redewendung; für die Römer der Antike war es ein Diktat. Plutarch erklärte, das Ehebett solle »eine Schule des gesitteten Verhaltens« sein[55], einmal verheiratet, war das Ehepaar von diesen Blutslinien beherrscht: ein uneheliches Kind hatte, anders als im perikleischen Athen, rechtlichen Anspruch auf seinen Teil des Familienbesitzes.

Körper, Haus, Forum, Stadt, Imperium: alle basierten auf linearen Vorstellungen. Die Architekturkritik spricht von dem römischen Bemühen um klare und genaue Orientierung im Raum, um Räume mit wohldefinierten rechten Winkeln wie den Gitterplänen, Strukturen mit strengen Formen wie dem römischen Bogen, einem Halbkreis, oder Gebäuden mit strikt definierten Volumina wie den Kuppeln, die sich aus der Drehung dieses Halbkreises im dreidimensionalen Raum ergaben. Der Wunsch nach genauer Orientierung sprach von einem tief empfundenen Bedürfnis, der Gier nach Bildern verwandt, die immer aufs neue wiederholt und im Wortsinn als Wahrheit genommen werden konnten. Es war die visuelle Sprache eines verunsicherten, ungleichen und unbeweglichen Volkes, das im Räumlichen nach Orientierung und Bestätigung suchte; die Formen sollten ihm sagen, daß es ein dauerhaftes, essentielles Rom irgendwo außerhalb der Erschütterungen der Geschichte gab. Und obwohl Hadrian diese Sprache meisterlich beherrschte, mag er gewußt haben, daß dies alles eine Fiktion war.

3. DIE UNMÖGLICHE OBSESSION

Irgendwann in der Zeit seiner Herrschaft – angesichts des Themas nehme ich an, daß er schon ein alter Mann war – schrieb Hadrian das kurze Gedicht »An seine Seele«, das auf Lateinisch lautet:

> Animula vagula blandula
> Hospes comesque corporis,
> Quae nunc abibis in loca?
> Pallidula rigida nudula
> Nec ut soles dabis iocos.

> Du Seelchen so flatternd und schmeichelnd,
> Des Körpers Gast und Genoß,
> Wohin ziehst du hinaus in die Weiten?
> So blaß und so kalt und so bloß.
> Vorbei sind die froheren Zeiten.[56]

Hier ist die Übersetzung des jungen Byron:

> Ah! gentle, fleeting, wav'ring sprite,
> Friend and associate of this clay!
> To what unknown region borne
> Wilt thou now wing thy distant flight?
> No more with wonted humour gay,
> But pallid, cheerless, and forlorn.[57]

Ein unermüdlicher Bauherr und Gestalter des Raums, betrauert Hadrian hier die zerstörerische Wirkung der Zeit. Das Gedicht sollte eher als bitter-süße denn als verzweifelnde Lyrik verstanden werden, wie der Historiker G. W. Bowersock meint, denn der Ton ist informell, die Diktion zart.[58] Das Gedicht könnte auch so gelesen werden, wie die Schriftstellerin Marguerite Yourcenar es tat; ihre Lesart basiert auf einem Satz, den sie in Flauberts Briefen über die Zeit Hadrians fand: »Als die Götter nicht mehr waren und der

Christus noch nicht gekommen war, gab es in der Geschichte einen einzigartigen Moment – zwischen Cicero und Marcus Aurel – da der Mensch allein war.«[59] Gewiß ist Hadrians Gedicht weit von jeder Selbstgewißheit entfernt.

Der »Lehm« (*clay*) in Byrons Übersetzung ist in Hadrians Latein »der Körper«; Byron übersetzt »soles« falsch, um die Einsamkeit in der Welt zu suggerieren. Doch vielleicht verstand der moderne Dichter den Geist des antiken Kaiser-Dichters, der seine Herrschaft der gesamten westlichen Welt aufzwang, eine Herrschaft, die darauf aufbaute, daß die Menschen seiner Zeit in der Tat fürchteten, allein zu sein. Für moderne Kunstkritiker wie William MacDonald wäre diese freie Deutung der Worte Hadrians dem Pantheon nicht fremd. Erfüllt vom Geiste Vitruvs und getränkt mit imperialen Symbolen, kontrolliert, fast überdeterminiert in seiner visuellen Form, erweckt das Bauwerk ein tiefes und mysteriöses Gefühl der Einsamkeit.

Der so ganz andere Geist, in dem ein Christ die Macht der Zeit geschildert hätte, läßt sich vielleicht an einem Gedicht von Alexander Pope ablesen, dessen Titel und Thema dem Hadrians ähneln.[60] Popes »Sterbender Christ an seine Seele« endet mit der folgenden Strophe:

> Die Welt weicht zurück; sie schwindet!
> Der Himmel öffnet sich! Mein Ohr
> Klingt von Seraphenton:
> Gib, gib deine Schwingen! Ich steig! Ich flieg!
> Oh Grab, wo ist dein Sieg?
> Oh Tod, wo ist dein Stachel?[61]

Angefangen bei der winzigen Keimzelle der Christen im Rom Hadrians fanden unsere Vorfahren diese Bejahung der Zeit bezwingender als Hadrians heidnische Einsamkeit.

VIERTES KAPITEL
ZEIT IM KÖRPER
Frühe Christen in Rom

In der heidnischen Welt erschien körperliches Leiden selten als menschliche Chance. Männer und Frauen mögen sich ihm gestellt, mögen aus ihm gelernt haben, aber sie suchten es nicht. Mit dem Aufkommen des Christentums erlangte körperliches Leiden einen neuen spirituellen Wert. Die Bewältigung des Schmerzes hatte vielleicht sogar einen höheren Wert als die Überwindung der Lust; Schmerz war schwieriger zu transzendieren, eine Lehre, die Christus durch sein eigenes Leiden bewies. Die Lebensreise eines Christen nahm durch die Transzendierung *jeden* körperlichen Reizes Gestalt an; in dem Maße, wie ein Christ gleichgültig gegen den Körper wurde, hoffte er, Gott näher zu kommen.

War die Reise des Christen in der Zeit eine gelungene, fort vom Körper und hin zu Gott, dann zog sich der Gläubige auch aus der Bindung an einen Ort zurück. Die heidnischen Befehle »Sieh und glaube« und »Sieh und gehorche« hatten mit seinem Glauben nichts zu tun; keine Orientierung im Raum konnte enthüllen, wo Gott war. Gott ist überall und nirgends, und Jesus war, wie jüdische Propheten vor ihm, ein Wanderer. Der Gläubige, der dem Weg des Propheten folgte, verließ – spirituell wenigstens – die Stadt. In der eigenen Entwurzelung wiederholte der Christ oder die Christin die Vertreibung aus dem Paradies und wurde dadurch bewußter und mitfühlender gegen die Leiden anderer Menschen.

Diese christliche Reise stellte heroische Anforderungen an ihre Anhänger. Eine Religion, die sich an die Armen und Schwachen wandte, verlangte zugleich von ihnen, in sich selbst eine übermenschliche Stärke zu finden. Die Geschichte der frühen Christen in Rom war die von Menschen, die an diesem Glauben festhielten und doch entdecken mußten, daß sie – da sie auch nur Menschen waren – Boden unter den Füßen brauchten. Sie brauchten eine Stadt.

1. DER FREMDE KÖRPER CHRISTI

Antinous und Christus

Einer der dramatischsten Abschnitte der frühen Kirchengeschichte entwickelte sich aus einer Anklage, die ein Christ gegen Hadrians persönlichstes Bauprojekt vorbrachte, eine Stadt, die der Kaiser zu Ehren seines Höflings Antinous baute. Wenig ist gesichert über die persönlichen Beziehungen zwischen Antinous und Hadrian. Wahrscheinlich begegneten sie sich, als Hadrian Athen oder eine andere hellenistische Stadt um 120 n. Chr. besuchte; zu der Zeit war Antinous ein Junge von zwölf oder vierzehn Jahren. Einige Jahre später zeigten römische Münzen einen Antinous, der an den Jagdgesellschaften Hadrians teilnahm und somit Mitglied seines intimen Kreises war. Gegen 130, Antinous war neunzehn oder zwanzig, starb er plötzlich; sein Körper wurde vom Nil angespült aufgefunden. Der Kaiser wollte dem jungen Mann ein Denkmal setzen, indem er am Nilufer, wo Antinous gestorben war, eine Stadt errichtete, die er Antinopolis nannte; und er stellte in seinem Landsitz in Tivoli zahlreiche Statuen des jungen Mannes auf. Eine logische Lesart dieser fragmentarischen Belege ist, daß Hadrian und Antinous ein Liebespaar waren. Wenn Hadrian Antinous liebte, erklärte das nicht nur seinen Wunsch, eine ganze Stadt zu seinen Ehren zu errichten, sondern auch Hadrians Erlaß kurz nach dem Tod des Jungen, in dem er Antinous zu einem Gott erhob.

Die französische Schriftstellerin und Altphilologin Marguerite Yourcenar hat einen Roman über Hadrian und Antinous geschrieben – *Ich zähmte die Wölfin. Die Erinnerungen des Kaisers Hadrian* – , dessen Thema das Rätsel von Antinous' Tod ist. Der Roman stellt sich verschiedenen früheren Deutungen des Geschehens entgegen. Diese Erklärungen waren entweder prüde der Liebe zwischen Männern ausgewichen und hatten Antinous durch einen Unfall im Fluß ertrinken lassen, oder sie hatten die Liebe zwischen Männern zur Todesursache selbst gemacht – Hadrian ließ Antinous ertränken, weil er untreu war. Yourcenar entwickelt ihre Ge-

Antinous
von Eleusis

schichte auf der Grundlage einer anderen Erklärung, die zugleich sexuell offener und historisch wahrscheinlicher ist. Sie läßt Hadrian die Möglichkeit erwägen, daß Antinous Selbstmord begangen habe. Man glaubte im östlichen Mittelmeerraum zu dieser Zeit allgemein, man könne durch einen nach bestimmtem Ritual vollzogenen Selbstmord das Leben einer geliebten Person retten; die Lebenskraft gehe dann vom Toten auf den Lebenden über. Hadrian war kurz vor Antinous' Tod lebensgefährlich erkrankt, und Yourcenar mutmaßt, der junge Mann habe sich getötet, um den Kaiser zu retten. Um 130 wurde der tote Antinous in der Tat zu einem neuen Osiris, zu einer populären Kultfigur, ein junger, heilender ägyptischer Gott, dessen Tod anderen Lebenskraft verlieh.

Da der Antinouskult sich auf Osiris bezog, verglichen einige Römer Antinous mit anderen Göttern, die sich für die Menschen geopfert hatten. Der berühmteste dieser Vergleiche stammt von Kelsos, einem Römer, der eine Generation nach Hadrian im letzten Drittel des zweiten Jahrhunderts schrieb; er verglich Antinous mit Christus. Kelsos erklärte in einem Text, der wahrscheinlich aus der Zeit zwischen 177 und 180 stammt, daß Antinous' Selbstmord, da er der Rettung von Hadrians Leben galt, mit der Passion Christi vergleichbar sei. »Die Ehre, die [Christen] Jesus erweisen, unterscheidet sich nicht von der, die Hadrians Liebling gezollt wird.«[1]

Eine Generation später provozierte dieser Vergleich einen Gegenangriff durch Origenes, einen der ersten großen christlichen Intellektuellen. Er suchte eine Liebesverbindung zwischen Männern als schwach und unstabil herabzusetzen: »Was gibt es Gemeinsames zwischen dem edlen Leben unseres Jesus und dem Leben von Hadrians Günstling, der den Mann nicht einmal von einer morbiden Lust auf Frauen abhielt?«[2] In seiner Antwort auf Kelsos verfolgte Origenes jedoch im Grunde ein tiefergehendes Ziel: Er wollte zeigen, daß der Körper Christi nicht wie ein menschlicher Körper war.

Anders als Antinous, so Origenes, kann Jesus nicht angeklagt werden, »auch nur den geringsten Kontakt mit der leisesten Ausschweifung« gehabt zu haben, weil Christus nicht wie ein heidnischer Gott mit seinen Lüsten und körperlichen Sehnsüchten ist.[3] Die heidnischen Götter glichen zur Zeit Hadrians überhöhten

Menschen, ausgestattet mit übernatürlichen Kräften und ewigem Leben. Aber sie kannten Lust und Angst, Eifersucht und Wut; viele von ihnen besaßen einen monströsen Egoismus. Jesus, schrieb Origenes, war anders; ebenso wie er keine sexuellen Begierden kannte, litt er am Kreuz nur aus Mitleid mit den Menschen auf Erden. Christus mochte den Heiden merkwürdig erscheinen, weil ihm körperliche Empfindungen fehlten; aber dies war so, weil er Gott war; sein Körper war ein fremder Körper, den Menschen unergründlich.

Origenes verwarf die magischen Kräfte des toten Antinous als bloßen »ägyptischen Zauber«, machte sich über Hadrian lustig und erklärte, daß »der Fall Jesu sich sehr von diesem unterscheidet«. An dieser Stelle machte Origenes einen zweiten, enorm provokanten Schritt. Er erklärte, daß der Glaube an Jesus nicht vom Staat erzeugt werden könne. Christen gehorchten nicht »irgendeinem König, der ihnen befahl, zu kommen oder dem Befehl eines Landpflegers zu folgen«.[4] Im Pantheon versammelten sich die Götter in ihren Nischen, um den glücklichen Gang des Imperiums zu bezeugen, so wie sie sich schon vierhundert Jahre zuvor im Portikus der Zwölf Götter versammelt hatten, »übereinstimmend und harmonisch«, Roms Glück segnend; Politik und Religion waren untrennbar miteinander verbunden. Nun konnte der Staat den Glauben nicht mehr verordnen, und alle Monumente und Tempel waren leere Hüllen.

Die frühen Christen stellten die staatlich kontrollierten Formen der Religion nicht unbedingt öffentlich in Frage, aber sie schreckten persönlich vor ihnen zurück. Die neue Religion zog indessen eine Grenze, die selbst ein noch so kosmopolitischer und zuvorkommender Christ nicht übertreten konnte. Er war durch die Regeln des Glaubens verpflichtet, schreibt der Historiker Arthur Darby Nock, »die öffentliche Anbetung des Kaisers abzulehnen«; dies hieß, daß der Christ »nicht auf den Genius des Kaisers, den Lebensgeist seiner Familie schwören konnte; er konnte nicht an den Feierlichkeiten am Tag seiner Geburt und seiner Einführung teilnehmen; er konnte nicht als Soldat oder städtischer Magistrat an jenen Kulthandlungen teilnehmen, zu denen diese gezwungen waren.«[5] Solch eine Trennungslinie zwischen Politik und Glauben erwuchs aus der Auffassung von Zeit, die den Glauben der frühen Christen kennzeichnete.

Diese Überzeugung ging davon aus, daß Menschen nicht als Christen zur Welt kommen, sondern zu Christen *werden* – eine Selbstverwandlung, die sich nicht aus der Befolgung von Befehlen ergibt. Der Glaube muß im Verlauf eines individuellen Lebens geschaffen werden, und die Bekehrung ist nicht ein einmaliges Ereignis; hat sie einmal begonnen, hört sie nie wieder auf, sich zu entfalten. Solche spirituelle Zeit wurde in der theologischen Sprache durch die Feststellung ausgedrückt, daß Glauben eine Erfahrung des Werdens sei. Die Bekehrung löst eine Person immer weiter aus der Abhängigkeit von den Befehlen einer herrschenden Macht und treibt so einen Keil zwischen Staat und Religion.

Als William James in *The Varieties of Religious Experience* über die psychologische Erfahrung der Bekehrung schrieb, hielt er fest, daß Konversion zwei Formen annehmen könne; die erste Form der Bekehrung sei psychologisch »kalt«, glaubte James, eher einem Wechsel der politischen Partei zu vergleichen. Man mochte Teile und Elemente des vorigen Glaubens beibehalten, und man blieb in gewissem Maß der neuen Lehre gegenüber distanziert, auch wenn man sich ihr verschrieb. Man verlor nicht seinen Platz in der Welt; eine solche Erfahrung war gewöhnlich ein isoliertes, einmaliges Ereignis. James dachte an Menschen in Neuengland, die Unitarier wurden; ein moderner Übertritt zum Reformjudentum würde wohl auch in dieses Bild passen.

Die andere Bekehrungserfahrung, schreibt James, sei sehr viel leidenschaftlicher; sie beruhe auf der Überzeugung, daß das Leben, das man führt, völlig falsch und daß ein grundlegender Wandel nötig sei. In dieser Bekehrungsform jedoch, »[ist] die Überzeugung unserer derzeitigen Verirrung ein bei weitem deutlicherer Teil unseres Bewußtseins als die Vorstellung von einem positiven Ideal, nach dem wir uns richten könnten«. Diese Form der Konversion wurde von Arthur Darby Nock als ein »Abwenden ... ebensosehr wie ein Zuwenden« beschrieben.[6] Weil es nicht dem bloßen Wechsel einer politischen Partei gleiche, halte diese Abwendung ein ganzes Leben lang an.

Die frühen Christen konvertierten auf diese zweite Weise. In der heidnischen Welt gehörte der Körper der Stadt; wohin ging man, wenn diese Fessel fiel?[7] Es gab keine eindeutige Landkarte; die Karten der weltlichen Macht waren nutzlos. Für die frühen Christen war der Weg zum wahren Glauben auch deshalb unklar, weil in den jüdischen Ursprüngen des Christentums die Vorstellung herrschte, daß ein frommer Mensch entwurzelt von Ort zu Ort wanderte.[8]

Das Volk des Alten Testaments sah sich als Wanderer, und der Jahwe des Alten Testaments war selbst ein wandernder Gott, seine Bundeslade konnte man mit sich führen. In den Worten des Theologen Harvey Cox: »Als schließlich die Philister die Lade eroberten, wurde den Hebräern klar, daß Jahwe nicht einmal darin war ... Er reiste mit seinem Volk und zog, wohin er wollte.«[9] Jahwe war ein Gott der Zeit, nicht des Raums, ein Gott, der seinen Anhängern versprach, daß ihre unglückliche Pilgerschaft eine göttliche Bedeutung habe.

Die frühen Christen bezogen sich auf diese Werte des Alten Testaments. Der Autor der »Epistel an Diognatus« erklärte zum Beispiel auf der Höhe des Ruhms des römischen Imperiums:

Christen unterscheiden sich vom Rest der Menschheit weder dem Ort noch der Sprache noch den Sitten nach. Denn sie leben nicht irgendwo entfernt in ihren eigenen Städten ... auch führen sie nicht einen außergewöhnlichen Lebensstil ... Sie leben in ihrem eigenen Land, doch nur als Verweilende ... Jedes fremde Land ist ihnen Vaterland und jedes Vaterland fremd.[10]

Auch wenn man nicht körperlich auf Wanderschaft ist, muß man seine Bindung an den Ort, in dem man lebt, aufgeben. Der heilige Augustinus nennt dieses Gebot die christliche Verpflichtung, eine »Pilgerfahrt durch die Zeit« zu unternehmen. Er schreibt im *Gottesstaat*:

Von Kain nun steht geschrieben, daß er einen Staat gründete, Abel aber als Fremdling tat dies nicht. Denn droben ist der Staat der Heiligen, wenn er auch hienieden Bürger erzeugt, in denen er dahinpilgert, bis die Zeit seines Reiches herbeikommt.[11]

Diese »Pilgerfahrt durch die Zeit«, welche die Bindung an physische Orte aufhob, bezog ihre Autorität aus der Weigerung Jesu, seinen Jüngern zu erlauben, ihm Denkmäler zu errichten, und aus seinem Versprechen, den Tempel von Jerusalem zu zerstören. Ein leidenschaftlicher Bürger zu sein, dem Leben der Stadt verbunden, widersprach dem Glauben an eine andere Welt. Um des eigenen Seelenheils willen mußte man die emotionalen Fesseln des Ortes abstreifen.

Das fing mit dem eigenen Körper an. Der Angriff des Origenes auf Kelsos, Antinous und Hadrian sollte zeigen, daß das Christentum die heidnische Erfahrung des Körpers revolutioniert hatte. Origenes suchte in seinen Schriften gegen Kelsos und in seinem eigenen Leben diese Revolution zu exemplifizieren. Er schrieb, daß die Bekehrung mit dem Nachdenken darüber beginnen mochte, wie anders der Körper Christi sei. Der Bekehrte lernte, seine Leiden nicht dem Leiden Jesu gleichzusetzen oder sich vorzustellen, göttliche Liebe ähnele menschlicher Begierde. Aus diesem Grund lag Hadrians Sünde, Antinous zu vergöttlichen, und Antinous' Sünde, für Hadrian zu sterben, darin, daß sie körperliche Leidenschaft mit Göttlichkeit verbanden. Heidnische Römer wie Kelsos, die sich unter all dem wenig vorstellen konnten, meinten, die von den Christen praktizierte Heimlichkeit gehe darauf zurück, daß sie private Orgien veranstalteten – eine durchaus akzeptable Verhaltensweise, und den wilden Festen, die die Götter gelegentlich selbst veranstalteten, nicht fremd.

Der nächste Schritt des Christen zur Bekehrung sollte noch radikaler sein, ein Schritt, den Origenes bis zum Extrem trieb. In einem Anfall religiöser Ekstase kastrierte er sich selbst mit einem Messer. Die Heiden hatten die Christen oft angeklagt, ihre Körper in geheimen Riten zu verstümmeln. Taten dies auch nur wenige, so sah Origenes seine eigene Passion doch als Nachfolge der Passion Christi, denn die Anstrengung, sich dem Schmerz zu stellen und ihn zu überwinden, sei ein bei weitem einschneidenderer Schritt als der bloße Vorsatz, sich der Lust zu enthalten. Wir können nicht einfach beschließen, uns des Leidens zu enthalten. Die Selbstverstümmelung des Origenes wies zudem Anklänge an das antike Heidentum auf, zum Beispiel an die Selbstblendung des Ödipus, die dem heidnischen König zu einem neuen moralischen Verständnis verhalf; oder auch an andere monotheistische Kulte wie den frühen Zoroastrismus, dessen Anhänger manchmal in die Sonne blickten, bis sie erblindeten; in der Verwandlung ihrer Körper glaubten sie, Gott zu spüren.

Der moderne Mensch mag diese Handlungen als wahrhaft asketisch würdigen und sie dennoch von einem Gefühl körperlicher Scham ableiten, das sich bis zum Fehltritt von Adam und Eva zurückverfolgen läßt. Für Origenes konnte die körperliche Scham nicht ein Ziel an sich sein. Der Körper des Christen mußte die Grenzen von Lust und Schmerz übertreten, um *nichts* zu fühlen, die Empfindung zu verlieren, die Begierde zu transzendieren. Dementsprechend wehrte Origenes sich heftig gegen den Vorwurf des Kelsos – der selbst ein strenges Auge auf die orgiastischen Praktiken vieler der östlichen Osiris-Kulte hatte – , die christliche Körperdisziplin sei eine Form von Masochismus. Kelsos schrieb, die Christen »gehen auf teuflischen Wegen in die Irre und wandern in großer Dunkelheit umher, schändlicher und unreiner als die, die den Antinous in Ägypten feiern«.[12]

Die Beschreibung dieser entbehrungsreichen und unnatürlichen körperlichen Lebensreise des Christen veranlaßte Origenes, die beiden sozialen Grundlagen des Christentums zu bekräftigen. Die erste war die christliche Doktrin der Gleichheit zwischen den Menschen. Im Auge dieses Gottes waren alle menschlichen Körper gleich, weder schön noch häßlich, weder überlegen noch minderwertig. Bilder und visuelle Formen verloren ihre Bedeutung. Somit stellte sich das christliche Prinzip gegen die griechische Feier der Nacktheit, die römischen Formeln des »Sieh und glaube« und des »Sieh und gehorche«. Und obwohl das Christentum noch lange an den antiken Vorstellungen von Körperwärme und Physiologie festhielt, brach es im Prinzip mit der Ungleichheit von Mann und Frau, die sich aus dieser Physiologie ergab. Die Körper von Mann und Frau waren gleich, zwischen Gläubigen sollte es kein »männlich und weiblich« mehr geben. Im Ersten Korintherbrief setzte sich Paulus für eine strenge Kleiderordnung ein, die Männer und Frauen unterschied, aber er sagte, männliche und weibliche Propheten seien von »einem Geist« beseelt und in diesem Sinne geschlechtslos.[13] Dank diesem fremden, revolutionären Körper Christi befreiten sich seine Anhänger aus dem Gefängnis der weltlichen Erscheinungen, die auf Geschlecht und Besitz – oder irgendeinem anderen sichtbaren Maß – beruhten. Sie besaßen in dieser Religion des Anderen keinen zwingenden Wert.

Zweitens verbündete das Christentum sich ethisch mit der Armut, mit den Schwachen und Unterdrückten – mit allen verletzbaren Körpern. Johannes Chrysostomus sagte über Prostituierte: »Sage mir nicht, das nackte Weib ist ja eine Hure; nein, die Hure und die Freie haben die gleiche Natur, denselben Leib.«[14] Die christliche Betonung der Gleichheit der Demütigen und der Macht der Armut leitete sich direkt von ihrem Verständnis des Körpers Christi ab. Von den anderen als schwacher Mann von niedriger Geburt wahrgenommen, sollte sein Märtyrerdasein teilweise die Ehre derer wiederherstellen, die ihm darin glichen. Der Historiker Peter Brown faßt diese Verbindung des verletzbaren Körpers Christi mit den Körpern der Unterdrückten zusammen, wenn er sagt: »Die beiden großen Themen Sexualität und Armut strebten in der Rhetorik des Johannes und vieler anderer Christen aufeinander zu. Beide sprachen von einer universellen Verletzbarkeit des Körpers, der alle Männer und Frauen unterlagen, unabhängig von Klasse und bürgerlichem Stand.«[15]

Logos ist Licht

»Wie kann ich Gott also erkennen? ... Und wie kannst du ihn mir zeigen?« fragte der Heide Kelsos, worauf ihm der Christ Origenes antwortete: »Der Schöpfer aller Dinge ... ist Licht.«[16] Suchten Christen den Prozeß des Werdens zu erklären, so beriefen sie sich auf die Erfahrung des Lichts. Sie beschrieben die Bekehrung als einen Prozeß der Erleuchtung; im jüdisch-christlichen Verständnis bedeutet Logos die Verbindung zwischen Wort und Gott – Wörter, auf die Licht gefallen ist. Origenes erklärte, daß das Licht Christus zeige, »wie er war, bevor er Fleisch wurde«.[17]

Licht, reines Licht, göttliches Licht, ist nicht sichtbar. Aus diesem Grund verdammte Augustinus »Astronomen wegen ihrer Bemühungen, die Himmel zu bemeistern ... verglich sie mit Spinnen, die ihr Opfer in ihr Netz einspinnen, und nannte solche Neugier ›Lust des Auges‹«.[18] Der Himmel ist am Firmament nicht zu sehen.

Licht ist überall. Theologisch bedeutet dies, daß der immaterielle Gott überall ist, unsichtbar, jedoch niemals abwesend. Der Wer-

LOGOS IST LICHT 169

Die Passion Christi wird zum Triumph, nach dem Evangelium des Johannes. Das Kreuz ist in Konstantins Siegesbanner aufgenommen und die Dornenkrone wird durch den Lorbeerkranz ersetzt.

densprozeß war für Origenes wie für die Heiligen Matthäus und Augustinus der Prozeß der Umwandlung der eigenen körperlichen Begierden, so daß man diese unsichtbare Kraft, die die Welt erfüllte, wahrnehmen konnte. Es bedeutete, aus dem Körper hinaus in das Licht zu treten.

Und doch drängte sich an eben diesem Punkt, da die neue Theologie ihre immaterielle Schlußfolgerung zu erreichen schien, die physische Welt in die christliche Erfahrung. Gerade weil das Licht überall ist, bedurfte es zu seiner Erfahrung eines Gebäudes, eines Hauses, eines besonderen Ortes. Ein Christ, der zu Hadrians Zeit den Tempel betrat, der später ein christliches Heiligtum werden sollte, wußte das. Im Pantheon verleiht die Kuppel dem Licht Gestalt. Scheint die Sonne direkt über der Kuppel, dann bündelt der offene Oculus die Strahlen zu einer festumrissenen Lichtsäule. Gibt es an wolkigen Tagen keine direkte Sonneneinstrahlung, dann ist das durch den Oculus dringende Licht diffus, und die Kuppel scheint von Licht durchdrungen.

Der Heide Dio Cassius glaubte, daß »wegen seines gewölbten

Daches das Pantheon den Himmeln glich«. Der Dichter Shelley, selbst Atheist, hatte eine christlichere Reaktion, als er das Gebäude zu Anfang des 19. Jahrhunderts betrat; den Blick nach oben gerichtet, kam es Shelley vor, »als sähest du den unermeßlichen Himmelsdom, die Idee von Größe ist geschluckt und verloren«.[19] Dennoch machte er nicht dieselbe Erfahrung, wenn er draußen umherging, wo der Himmel ihm in all seiner Unendlichkeit ebenso offenlag.

Dies war das Dilemma der frühen Christen. Sie mußten Orte schaffen, an denen sie ihre »Pilgerfahrt durch die Zeit« absolvieren konnten. Die Bekehrung war ein drängendes Anliegen. Der Christ konnte nicht in Suetons respektvoller und leicht ironischer Haltung den Göttern gegenüber verharren. Tatsächlich schien das Bedürfnis, die Menschen zu bekehren, in seiner Unermeßlichkeit fast lähmend zu sein: Alle sinnlichen Reize mußten aufhören, damit der Körper nicht mehr begehre, berühre, schmecke und rieche – ein seiner eigenen Physiologie gegenüber gleichgültiger Körper werde. Es gab dramatische Beispiele der Konversion durch körperliche Entsagung wie Origenes' Kastration; diese Selbstverstümmelung erforderte jedoch außergewöhnlichen physischen Mut. Gewöhnlichere Individuen bedurften eines Ortes, an dem sie als Pilger durch die Zeit außerhalb ihres Körpers standen. Mehr noch, dieser Ort mußte sorgfältig gebaut sein, kunstvoll, sollte er doch jenen, die schwach und verletzbar waren, helfen, zum Licht zu finden.

2. CHRISTLICHE ORTE

In der Praxis war das frühe Christentum ein Kult des östlichen Mittelmeerraums, dessen Botschaft von Reisenden im Osten verbreitet wurde, die Briefe von Stadt zu Stadt trugen. Diese Briefe definierten den Glauben und brachten Nachrichten von anderen Gläubigen. Die Städte, in denen das Christentum zuerst Fuß faßte, waren klein, meistens handelte es sich um Handelszentren des Imperiums. Die Briefe Plinius des Jüngeren an Trajan enthalten einige frühe Anzeichen dafür, daß offizielle Kreise begannen, Notiz von den Christen als einer Gruppe zu nehmen, die sich von den Juden unterschied; die meisten Römer bemerkten diesen Unterschied al-

Das Innere des Pantheons in Rom

lerdings erst im Jahre 64 n. Chr., als Nero die Christen zum Sündenbock für das große Feuer machte, das einen Großteil Roms zerstört hatte. Und dennoch werden sie während der Herrschaft Hadrians in der Stadt kaum sichtbar gewesen sein.

In den frühen Jahren ähnelten die Christen in der Stadt auf manche Weise den revolutionären Kommunisten im frühen 20. Jahrhundert. Beide waren in kleinen Zellen organisiert, die sich in Privathäusern trafen, Neuigkeiten mündlich oder durch Vorlesen geheimer Dokumente weitergaben; es fehlte eine einheitliche Kommandostruktur, Spaltung und Konflikt zwischen den Zellen waren sowohl im frühen Christentum als auch im Kommunismus an der Tagesordnung. Die ersten Kommunisten jedoch schätzten das Haus als Ort des Handelns gering; sie konzentrierten sich darauf, die öffentliche Sphäre der Stadt, ihre Fabriken, Zeitungen und Regierungsinstitutionen zu infiltrieren. Für die ersten Christen war das Haus der Ort, an dem ihre »Pilgerfahrt durch die Zeit« begann.

Das christliche Haus

Das Haus diente der christlichen Gemeinde von der Generation nach Jesu Tod an bis etwa in die Mitte des zweiten Jahrhunderts als Versammlungsort. Danach zogen die Christen aus den Privathäusern in andere Gebäude. Zu Hadrians Regierungszeit war das Christentum ganz auf den Bereich des Hauses beschränkt; der Staat untersagte die öffentliche Ausübung der Religion, und die Gläubigen schützten sich auch gegen Verfolgung, wenn sie innerhalb ihrer vier Wände blieben. Aufgrund dieser Einschränkungen haben Kirchenhistoriker lange Zeit angenommen, die frühen Christen seien machtlos, wenn nicht sogar arm gewesen. Wir wissen es mittlerweile besser: Die Konvertiten des städtischen Christentums kamen aus einem weiten ökonomischen Spektrum. Sie scheinen in der Mittel- und Oberschicht der Gesellschaft nur deshalb zu fehlen, weil diese Christen es vermeiden mußten, sich in der Öffentlichkeit zu kompromittieren, wenn sie nicht die Kraft zum Martyrium hatten; sie mußten in Heimlichkeit leben.

Im Schutz des Hauses begann ihre Glaubensreise in dem Raum, in dem sie speisten. Die kleine christliche Zelle teilte gemeinsam das Mahl, in dessen Verlauf die Gläubigen sich unterhielten, beteten und Briefe von Christen aus anderen Orten des Kaiserreichs vorlasen. War die Bekehrungserfahrung auch in erster Linie individuell, so diente diese soziale Einbettung ihr doch als eine besondere emotionale Unterstützung. Wie Paulus erklärte, erinnerte die Versammlung um einen gemeinsamen Tisch an das Abendmahl.[20] Außerdem, so bemerkt ein moderner Kirchenhistoriker, »war das gemeinsame Mahl in einem Privathaus für kirchliche Gruppen von grundlegender Bedeutung«, weil »Essen ein Zeichen der sozialen Beziehungen zu anderen war. Das Gewähren der Gastfreundschaft durch die Ausrichtung des Mahls war die zentrale Handlung, die dazu diente, die praktizierende Gemeinde zu definieren.«[21] Paulus nannte die Christen insgesamt eine *Ekklesia* und benutzte damit den griechischen Ausdruck für politische Gemeinschaft. Die Christen nannten dieses gemeinschaftliche Essen *Agape*, das als »eine Feier der Gemeinschaft« übersetzt werden kann, das spätere biblische Wort dafür ist *Koinonia*. Agape hatte jedoch auch die Konnotationen leidenschaftlicher Liebe – deswegen stellten sich die Heiden, wenn sie von diesen Festen hörten, Orgien vor.

Das christliche Fest suchte die Muster der heidnischen Geselligkeit, wie Petronius sie in seinem Roman *Satyricon* mit einer fast comicähnlichen Übertreibung ausmalte, zu durchbrechen. Petronius schreibt über ein Fest, das Trimalchio gab, ein unermeßlich reicher ehemaliger Sklave, der seine Gäste unter Bergen von Speisen beinahe begrub und sie in teuren Weinen fast ertränkte. Nachdem einige Gänge aufgetragen worden waren, verfielen sie in eine benommene Trance, wogegen Trimalchios Energie niemals abnahm und er nie aufhörte zu reden. Das Essen wurde zu einer Art Theater der Grausamkeit, da die Gäste sich durch den Abend furzten, würgten und erbrachen. An Stelle der Gemeinsamkeit bei einem griechischen Symposion dramatisierte Trimalchios Fest die Dominanz eines einzelnen Individuums über die ihn Umgebenden. Es gab keinen Wettbewerb, statt dessen einen aktiven Gastgeber und seine passiven, katzbuckelnden Gäste. Dennoch waren Trimalchios Gäste alles andere als unfreiwillige Opfer; sie hatten immer noch Raum für einen Mundvoll Austern in Sahne, sie hatten immer noch ausreichend Energie, um ihre Trinkgefäße für ein weiteres Glas Wein hinzuhalten. Lenkte auch alles bei dem Mahl die Aufmerksamkeit auf Trimalchios Reichtum und Macht, ergriff auch Trimalchios Luxus buchstäblich Besitz von den Körpern seiner Gäste, so brachten sie ihm doch ihre Körper dar, damit er sie fülle – sie fraßen sich selbst in die Unterwerfung hinein.

Die Agape suchte den Zwang des Kliententums zu brechen. Das Mahl, an dem alle gleichberechtigt teilnahmen, wollte betonen, daß »es weder Juden noch Griechen gibt, keinen Sklaven und keinen Freien, keinen Mann und keine Frau«.[22] Während die Menschen heidnische Bankette meistens auf Einladung besuchten, wurden Fremde, die christliche Botschaften brachten, offen und unkompliziert an der Tafel willkommen geheißen. An Römer, die um den Eßtisch versammelt waren, sandte Paulus seinen großen Brief, in dem er die Prinzipien entwickelte, die später den Aufbau der Kirche bestimmen sollten. Dieser Brief ist datiert aus dem Jahr 60 n. Chr., zur gleichen Zeit predigte Petrus in Rom. Sein Bote Phoebe trug den Brief in die Häuser der Christen in Rom, jedes Mal Paulus' Thesen den Gläubigen vorlesend, die ihrerseits den Brief diskutierten; weitere Diskussionen in anderen Häusern folgten. In diesen Diskussionen dominierte, anders als bei Trimalchios Fest, niemals eine einzige Stimme, nur weil sie die des Gastgebers war.

Bei den frühen Hausversammlungen veränderte das christliche Ethos die Sitzordnung der Menschen. Der römische Kodex der linearen Anordnung verwies die wichtigere Person an den Kopf des Tisches und ordnete die übrigen Personen ihrem Rang entsprechend um ihn herum an. Die christliche Versammlung durchbrach diese Ordnung und plazierte die Menschen je nach der Stärke ihres Glaubens im Raum. Postulanten, Individuen, die sich für die christliche Lehre interessierten, aber noch keine Christen waren, und Katechumenen, die schon bekehrt, aber noch nicht getauft waren, standen nahe der Tür oder an den Seiten des Eßraumes, während die Christen zusammen um den runden Tisch saßen. Obwohl wir keine vollständigen Belege haben, scheint es so gewesen zu sein, daß alle Gläubigen während der entscheidenden Momente des Mahls am Tisch zusammensaßen – dies zumindest bis 200 n. Chr., als formelle Rituale das informelle gemeinsame Mahl ersetzten.

»Die Impulse der Natur und die Impulse des Geistes liegen mit-

einander im Krieg«, schrieb Augustinus in seinen *Confessiones* über ein solches Mahl. Der Geruch des Essens regte ihn an, der Alkohol in seinem Blut zeigte Wirkung.[23] »Wieder und wieder zwinge ich meinen Körper, mir zu gehorchen, der Schmerz jedoch, den mir das bereitet, wird aufgewogen von der Freude am Essen und Trinken.«[24] Augustinus suchte Kraft in der Mahnung des Lukas-Evangeliums, 21,34: »Nehmt euch in acht, daß Rausch und Trunkenheit und die Sorgen des Alltags euch nicht verwirren.« Das Mahl war 9
eine Probe, die ihn den Ausdruck »der fremde Körper Christi« zum ersten Mal verstehen ließ.

Sowohl die Gemeinschaft als auch die Probe kulminierten in der Eucharistie, in der man den Wein trank und das Brot aß, die Christi Blut und Leib symbolisierten. Als Paulus seinen Ersten Brief an die Korinther schrieb, war das Ritual der Eucharistie in seiner dauerhaften Form bereits definiert worden: »Jesus ... sprach das Dankgebet, brach das Brot und sagte: Das ist mein Leib für euch. Tut dies zu meinem Gedächtnis! Ebenso nahm er nach dem Mahl den Kelch und sprach: Dieser Kelch ist der *Neue Bund* in meinem Blut. Tut dies, sooft ihr daraus trinkt, zu meinem Gedächtnis!«[25] Der kannibalistische Beigeschmack der Eucharistie rückte das frühe Christentum in die Nähe vieler anderer Kulte, die auch versuchten, den Körper ihrer Götter zu essen. Dennoch fühlte sich der Christ, der von dem Blut und dem Leib Gottes »zu sich nahm«, nicht von der Macht eines Gottes durchdrungen wie die Aztekenpriester, wenn sie das Blut eines wirklich Geopferten tranken. Die Probe lag im Widerstand gegen das Aufwallen körperlicher Energie, das durch Brot und Wein ausgelöst wurde. So predigte Origenes, daß die Seele triumphierte, wenn die Sinne *nichts* schmeckten. Auf diese Weise verlieh die Eucharistie, so schreibt der Kirchenhistoriker Wayne Meeks, der biblischen Wendung, »den alten Menschen abzustreifen« und »den neuen Menschen, Christus« anzunehmen, rituelle Bedeutung.[26]

Das Taufritual war der zweite Weg, den die Christen im Haus beschritten, um »den alten Menschen abzustreifen«. In diesem Ritual setzten sie sich ebenso radikal wie beim Abendmahl von der heidnischen Geselligkeit ab. Die Wichtigkeit der Taufe lag in der Herausforderung, die sie in der Tat für eine der wichtigsten heidnischen zivilen Erfahrungen Roms darstellte: die Erfahrung des gemeinsamen Bades.

Zur Zeit Hadrians waren in Rom immer mehr öffentliche und private Badeanstalten geschaffen worden; die Bäder waren große Kuppelbauten, die die Becken und die Übungshallen überdachten. Dies waren Institutionen, in denen sich alle Römer – normalerweise in Gruppen – trafen; in die Bäder gingen anders als in die griechischen Gymnasien Frauen ebenso wie Männer, Alte ebenso wie Junge. Bis zu Hadrians Zeit badeten Männer und Frauen gleichzeitig; er war der erste, der die Geschlechter trennte; die Frauen badeten nun vor den Männern. Man ging am Nachmittag und am frühen Abend in die Bäder, wenn man die Besuche und Arbeiten des Tages hinter sich hatte. Sehr wohlhabende Personen besaßen ihre eigenen privaten Bäder und suchten die öffentlichen Bäder nur dann auf, wenn sie die Gunst des Volkes gewinnen wollten. Hadrian selbst badete oft in der Öffentlichkeit mit seinen Untertanen, was ihm hohe Achtung eintrug. Die Armen blieben in den Bädern, bis die Gebäude bei Sonnenuntergang schlossen; sie waren eine Zuflucht vor dem Schmutz und Elend ihrer Behausungen.

Das heidnische Bad folgte einer festgelegten Ordnung: Nachdem der Badende eine geringe Gebühr entrichtet und sich in einem *Apodyterium* genannten Gemeinschaftsraum entkleidet hatte, begab er sich zuerst in ein mit heißem Wasser gefülltes großes Becken, das *Caldarium*, wo er sich mit einer Bürste den Schweiß abwusch; darauf ging er in ein Becken mit warmem Wasser, *Tepidarium* genannt, und tauchte schließlich in das kalte Wasser des *Frigariums*. Wie in einem modernen Schwimmbad schlenderten die Leute am Rand des Beckens herum, legten sich nieder, plauderten, flirteten und ließen sich bewundern.

Seneca verachtete das Bad als Bühne der geräuschvollen Selbstdarstellung, beschrieb zum Beispiel »einen Haarzupfer, der seine dünne und schrille Stimme, damit er sich besser bemerkbar mache, immer wieder erhebt und niemals schweigt, außer während er die Achselhöhlen zupft und einen anderen statt seiner zu schreien zwingt«, oder die »verschiedenen Anpreisungen des Wurstverkäu-

Die Thermen des Caracalla in Rom. Moderne Darstellung des Innenraums.

fers und Zuckerbäckers und der Garküchengehilfen, die ihre Ware mit einer Art von persönlich kennzeichnender Tonart verkauften«.[27] Auch die Kuppler von männlichen und weiblichen Prostituierten arbeiteten in den Bädern. Die Menschen fühlten sich hier vor der Härte des Lebens draußen geschützt – ein römisches Sprichwort sagte: »Bäder, Wein und Frauen zerstören unseren Körper – aber sie machen das Leben aus«.[28]

Doch die Menschen glaubten auch, daß das Baden ihren Körpern Würde verlieh; römische Beschreibungen von Barbaren stellen die Fremden mit großer Hartnäckigkeit als ungewaschen dar. Sauberkeit war eine städtische Erfahrung, und ein öffentliches Bad war das beliebteste Gebäude, das ein Kaiser errichten konnte. Die Bäder brachten die enorme Vielfalt der Stadt in gemeinsamer Nacktheit zusammen.

Die Christen besuchten die Bäder wie alle anderen Römer. Ihre Taufe war jedoch von persönlicher und religiöser, nicht von gesellschaftlicher Bedeutung. Sie symbolisierte, daß das Individuum den Kampf mit der körperlichen Begierde bestanden hatte und sich nun für sein ganzes Leben dem Glauben verpflichtete. Die Praxis in einem frühchristlichen Haus sah so aus, daß die Person, die getauft werden sollte, sich vollständig entkleidete, dann in einem abgetrennten Raum oder Winkel in eine Wanne mit Wasser eingetaucht wurde. Danach legte der Täufling neue Kleider an, um zu zeigen, daß er nun eine andere Person war. »Das Bad [wurde] zur dauernden Schwelle zwischen der ›reinen‹ Gruppe und der ›schmutzigen‹ Welt.«[29]

Dieses Wasserritual half den Christen, sich auch von ihren jüdischen Ahnen abzusetzen. Im antiken wie im modernen Judentum baden die Frauen zum Zweck der symbolischen Reinigung im Mikwe-Becken, besonders, um Menstruationsblut abzuwaschen. Wie der hebräische Gelehrte Jacob Neusner feststellt, hat das Mikwe-Becken keinerlei Nebenbedeutung der Reinwaschung von Sünden; es ist eine Reinigung, nicht aber ein Ritual der Selbstverwandlung.[30] Die Frauen, die das Becken verließen, waren keine anderen Menschen geworden; vielmehr war ihr Körper nun bereit, an den Ritualen teilzunehmen. Die Taufe war statt dessen eine dauerhafte Schwelle, die der Gläubige übertrat, wenn er eine lebenslange Verpflichtung für die Religion einging. Der gereinigte, verwandelte christliche Körper spiegelte die Geschichte vom Tod Jesu und seiner Wiederauferstehung wider: Paulus schreibt in seinem Brief an die Römer, wir sind »in seinem Tod getauft«[31].

In der frühen Kirche wurden Erwachsene und nicht Kinder getauft; die Taufe konnte für kleine Kinder keine Bedeutung haben, weil sie bekräftigte, daß eine bewußte Entscheidung getroffen wurde, die wichtigste Entscheidung im Leben. Aus demselben Grund lehnten die frühen Christen die jüdische Praxis der Beschneidung ab. Eine Stelle des Neuen Testaments spricht von der Taufe als »der Beschneidung Christi«, aber in dieser christlichen Beschneidung blieb der Penis unverändert.[32] Paulus, der sich in seinen Schriften gegen die Beschneidung wandte, wollte jedes Prädikat des Körpers löschen, jede Auszeichnung, die bedeutete, daß Menschen von Geburt an automatisch in den Glauben eingebunden waren. Die Ablehnung der Beschneidung ergab sich wiederum aus dem frühchristlichen Glauben, daß Menschen nicht als Christen geboren wurden; zu einem Christen mußte man werden.

Die Taufe brach konsequent mit dem Befehl des »Sieh und glaube«, der das heidnische Rom beherrschte. Der getaufte Christ trug ein Geheimnis in sich, das keine sichtbare Entsprechung hatte. Männliche Juden konnten identifiziert und verfolgt werden, indem man sie nackt auszog und ihre Genitalien untersuchte, während »die Beschneidung Christi« kein Zeichen auf dem Körper hinterließ. Das Äußere eines Christen gab keinen Aufschluß über seinen Glauben; die Erscheinung war bedeutungslos. Und doch begannen die Praktiken des Hausgottesdienstes die Christen in den Städten, in denen sie zu Gott beteten, zu verwurzeln.

Die ersten Kirchen

Es ist schwierig abzuschätzen, wie viele Christen zu Hadrians Zeit in Rom lebten; es gab höchstens einige tausend Gläubige. Einige Generationen später begann man, Christen in der Stadt zu verfolgen und sie im Amphitheater hinzurichten; diese Verfolgung fand ihren Höhepunkt in einem riesigen Gemetzel zwischen 250 und 260 n. Chr. Dennoch wuchs die Sekte stetig. Richard Krautheimer schätzt die Zahl der Christen in Rom im Jahr 250 auf 30.000 bis 50.000.[33] Als Kaiser Konstantin im frühen 4. Jahrhundert zum Christentum konvertierte, umfaßte die Anhängerschaft seiner neuen Religion ein Drittel des römischen Volkes.

Konstantins Edikt von Mailand aus dem Jahr 313 n. Chr. beschleunigte dieses Wachstum, denn es machte das Christentum zu einer legal anerkannten Religion im gesamten Imperium. Der römische Bischof Dionysius (259-268) schuf eine Form der kirchlichen Verwaltung, die Bestand haben sollte: ein Bischof regelte die Angelegenheiten der Christen in der Stadt. Als das Christentum sich weiter festigte, kam die frühe Kirche durch Vermächtnisse und Testamente zu städtischem Besitz. Die Grundstücke und Gebäude wurden durch ehrenamtliche Gruppen verwaltet, die auch Land für Friedhöfe kauften und Gemeindezentren in öffentlichen Gebäuden schufen.

Im Jahre 312 n. Chr. zog Konstantin als erster christlicher Kaiser in Rom ein, und die Lateranbasilika, die er 313 begann, war der bauliche Ausdruck dieser Rückkehr. Die Lateranbasilika war kaiserlicher Besitz. Basilika und Baptisterium »wuchsen auf Grund, der dem Kaiser zur freien Verfügung stand, zwischen Villen und Gärten, fast alle kaiserlicher Besitz, am Rand der Stadt gelegen«.[34] Die Basilika war ein steinernes Gebäude mit hölzernem Dach. Die zentrale Halle wurde von zwei kleineren Schiffen flankiert; eine halbrunde Apsis bildete den Abschluß an einem Ende. Vor der Apsis stand der Bischof oder ein anderer Priester, der den Gottesdienst abhielt, auf einem erhöhten Podium den Reihen der Gemeindemitglieder gegenüber. Die Form des antiken Gerichtshofs war damit neu geschaffen. Das Baptisterium schloß sich, nach einer Seite ausgreifend, dahinter an. Ein silberner Schirm schützte eine Christusstatue. Gemälde, welche die christliche Geschichte schilderten, reihten sich an den Wänden, die mit edlem Marmor und Porphyr bekleidet waren; echte Edelsteine glitzerten in den Augen der Mutter Gottes und ihres gekreuzigten Sohns.

Das Anwachsen der öffentlichen Macht des Christentums ließ das Bild Christi nicht unberührt: »Christus war nicht mehr ... vor allem der Gott der Demütigen, der Wunderheiler und Retter. Da Konstantin sich selbst als Gottes Vertreter auf Erden sah, wurde Gott zunehmend als Kaiser des Himmels betrachtet.«[35] Ein moderner Gelehrter, Thomas Mathews, argumentiert, daß Christus nicht einfach eine neue Version des Kaisers wurde; er blieb ein sonderbarer und wunderwirkender Zauberer. Aber die Orte, an denen der neue Gott nun öffentlich verehrt wurde, zogen das Christentum in den Bannkreis älterer Formen des Gottesdienstes.[36] Die lineare und axiale Ordnung der römischen Basilika, ihr sinnlicher und teurer Schmuck, dienten nun einer imperialen Vision Christi.

Der Gottesdienst nahm eine Form an, die einem kaiserlichen Gebäude entsprach. Zwischen den Herrschern der Kirche und den Gläubigen öffnete sich eine tiefe Kluft. Der Bischof trug die Gewänder und Zeichen eines römischen Magistrats, er betrat die Lateranbasilika umgeben von Geistlichen geringeren Ranges; unter

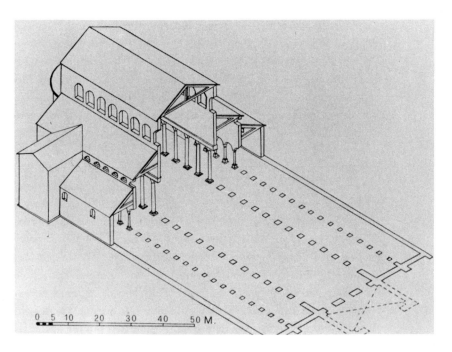

Die Lateranbasilika in Rom. Moderne Darstellung.

den Augen der Gemeindemitglieder schritt er mit großem Zeremoniell den Mittelgang hinauf; sein Weg endete an einem Thron in der Apsis. Dort nahm er, der Gemeinde zugewandt, Platz. Die Männer saßen auf der einen, die Frauen auf der anderen Seite. Die Glaubenshierarchie spiegelte sich nun auch in der Reihenfolge der Gottesdienste wider, es begann mit einer Messe der Katechumenen, in der gemeinsame Gebete gesprochen wurden, worauf Schriftlesungen folgten und schließlich die Messe der Gläubigen. Die Getauften begannen diese zweite Messe mit einer Prozession den Mittelgang hinauf, sie trugen Geschenke, die sie zu Füßen des auf seinem Thron sitzenden Bischofs niederlegten. Nach dem Abendmahl mit Hostie und Wein, Fleisch und Blut, wurde das Kommunionsgebet gelesen, und der Bischof stieg von seinem Thron herab und schritt durch die Reihen der Gläubigen, die ihm schweigend zusahen. Die Kirche war wieder in die Welt eingetreten.

Einige Historiker meinen, der Bau der Lateranbasilika habe lange Zeit beansprucht. Nach dieser Ansicht (die auf Forschungen über Synagogen in der östlichen Gegend von Dura-Europos und nicht in Rom fußt) hatten die Gemeinden zu Hadrians Zeit den Prozeß der räumlichen Abtrennung bereits begonnen: ein separater Raum für das Taufritual war geschaffen, und der Abendmahlsraum durch das Niederreißen einer Wand erweitert worden, so daß die Versammelten gegenüber dem Altar Platz fanden. Die wachsende Zahl der Gläubigen mag dies nötig gemacht haben, ebenso wie eine frühe Abtrennung der Rituale der Eucharistie von denen des gemeinsamen Gebets.[37] In dem Gebäude des christlichen Kaisers, in der Lateranbasilika, wurden diese Veränderungen berücksichtigt. Es war ein Raum, dem »Rom« seinen Stempel aufgedrückt hatte, damit die christlichen Römer sähen und gehorchten.

Indessen kopierten die Befehle der Lateranbasilika an das Auge nicht einfach jene der Tempel aus Hadrians Zeit. Zum einen versammelten die christlichen Basiliken große Menschenmassen in sich. Das Pantheon bot auch vielen Menschen Platz, aber es war unter heidnischen Tempeln wahrscheinlich eine Ausnahme; bei anderen heidnischen Bauten wie dem Tempel der Venus Genetrix wurden die Massen vor der Fassade plaziert und blickten von außen auf das Gebäude. Die Zurschaustellung der Macht in der Lateranbasilika fand ganz im Innenraum statt; die Außenseite war eine langweilige, ungeschmückte und hochaufragende Masse aus Mörtel und Ziegeln.

Wenn der physische Glanz und die erotisierten Idole, die sich in der Lateranbasilika verbargen, den frühchristlichen Drang, das Reich der Sinne zu transzendieren, kompromittierten, so versuchten die Christen doch, ihre Verbindung zu jenem früheren Glauben in einer anderen Art von Raum zu bewahren, der der individuelleren religiösen Erfahrung vorbehalten war. Dies war das *Martyrium*. In ihm war das Licht dem besonderen Ort angepaßt.

Die Kreuzigung Christi rückte den Tod in das Zentrum der christlichen Theologie. Zur Zeit Konstantins wollten die Christen in der Nähe von Märtyrergräbern beigesetzt werden; durch mühsame und mitunter zweifelhafte archäologische Forschung lokalisierten sie die Gräber von Märtyrern und gruben Gänge, Katarakte genannt, in die sie Wein und parfümiertes Olivenöl gossen – ganz ähnlich, wie die heidnischen Römer die Erdgötter durch den Mundus gespeist hatten. Das Martyrium diente zunächst als Ort der Massenbestattung von Christen in der Nähe des Katarakts eines Märtyrers. Zunächst war es nur ein großer, rechteckiger Bau, der sich an die Basilika einer Kirche anschloß; St. Peter in Rom war ursprünglich ein solcher Bau, angeblich an der Stelle, wo der Heilige Petrus bestattet war. Mit der Zeit entwickelte das Martyrium sich jedoch zu einem zylindrischen oder achteckigen Raum, in dessen Mitte sich das Grab des Heiligen oder eines verehrten Gläubigen befand. Der Altar symbolisierte das Grab Christi, seine fünf Wunden wurden von fünf Kreuzen auf dem Altarstein symbolisiert.

San Costanza war ein solches Martyrium, im Jahr 350 für Costanza, die Tochter Konstantins, erbaut; es steht, wenn auch baulich verändert, heute noch. Es hat die Form eines doppelten Zylinders, der kleinere innere Zylinder ruht auf zwölf Doppelsäulen. Sein Innenraum war so üppig mit wertvollen Steinen und Statuen ausgestattet wie die Lateranbasilika. Der Hauptakzent lag jedoch auf dem Grab und nicht auf triumphaler Zurschaustellung. In anderen, weniger geschmückten Martyrien fand sich ein sakramentales Weihwasserbecken auf dem Boden unter der Kuppel, das Licht schien auf diesen Schrein, die um ihn herumgehenden Menschen blieben im Schatten. Wie stark sie auch geschmückt sein mochten, die Martyrien blieben doch Gebäude der Kontemplation, der individuellen Besinnung auf das Leben von Christen gewidmet, die für den Glauben gelitten hatten.

San Costanza verwies bereits auf die spätere Umwidmung des Pantheons in ein Martyrium, Sancta Maria ad Martyres. Auf den Mundus im Zentrum des Pantheonbodens wurde ein Schrein gestellt, die runden Wände lenkten den Blick der Trauernden auf dieses Zentrum, das Auge erhob sich von dieser Ebene des menschlichen Leidens hinauf zum Licht. Sogar der Name von Hadrians Monument erhielt eine neue Bedeutung. Bis zum 4. Jahrhundert sahen die Römer ihre Stadt als den Ort an, der die Götter ihres Reiches versammelte. Die Christen »waren im heimlichen Einverständnis mit diesem Mythos: so wie Rom die Götter aller Nationen als seine Beschützer versammelt hatte, so glaubten die Christen schließlich auch, daß Peter und Paul aus dem Osten hierhergereist waren, um ihre heiligen Körper dieser Stadt zu übergeben«.[38] Der christliche Name für das Pantheon, Sancta Maria ad Martyres, setzte diese pantheonische Tradition fort, denn es bedeutet den Platz, an dem alle Märtyrer in der Anwesenheit Marias versammelt sind.

Das Licht in den Martyrien machte bestimmte symbolische Aussagen über die christliche Lebensreise. In San Costanza wird der im Zentrum aufragende Zylinder von zwölf Fenstern beleuchtet, die das Zentrum mit Licht durchfluten und die Gänge dunkel lassen. Schatten sollten den Ort bestimmen, an dem man den Blick nach innen wandte und sich besann. Aus dem Schatten ins Licht zu blicken, symbolisierte die Bekehrungsgeschichte, weil dieses Kirchenlicht nicht ein Gesicht beleuchtete oder die Details einer Landschaft hervortreten ließ. Sancta Maria ad Martyres dramatisierte dieses Spiel von Licht und Schatten besonders an jenen Tagen, an denen das Sonnenlicht draußen sehr stark war; die gebündelten Strahlen drangen dann wie Scheinwerferlicht in das Gebäude: ein Lichtstrahl, der an keinem Ort zur Ruhe kam, der kein Ziel besaß. Hier konnte man als Christ sehen und glauben.

Die Basilika und das Martyrium repräsentierten schließlich die beiden Seiten des Christentums, Christus den König und Christus den Erlöser der Märtyrer und Schwachen. Und doch repräsentierten Martyrium und Basilika auch den nie ganz vollzogenen Kompromiß der Christen mit der Stadt, in der sie lebten. Die Christianisierung von Rom fiel in einen Zeitraum, in dem die kaiserliche Stadt zu verfallen begann. Die römischen Heiden sahen hierin einen ursächlichen Zusammenhang. Als der Barbar Alarich Rom im Jahr 410 plünderte, meinten die Heiden, die christliche Gleichgültigkeit gegenüber weltlichen Dingen habe zur Schwächung der Stadt beigetragen. In seinem *Gottesstaat* sucht Augustinus diesen Vorwürfen, die Christen hätten das Imperium krank gemacht, zu begegnen. Auch der Christ ist ein Römer, sagt Augustinus, und beachtet die Gesetze der Stadt, solange und soweit sie nicht mit den Befehlen des Glaubens in Konflikt geraten; christliche Römer verteidigten die Stadt gegen Alarich und waren keine Feinde innerhalb der Stadttore. Der Gegensatz, den Augustinus zwischen Menschenstadt und Gottesstadt herstellte, war – wie Peter Brown es ausdrückt – »eine universelle Befindlichkeit des Menschen... in jedem Zeitalter gab es diese fundamentale Spannung«[39] zwischen der Pilgerfahrt durch die Zeit und der Loyalität dem Ort gegenüber. Dies war keine Ablehnung Roms.

In gewisser Weise stimmte die Verteidigung des Augustinus mit der frühchristlichen Doktrin überein, daß die Gottesstadt kein wirklich existierender Ort sein kann. Augustinus unterscheidet zwischen den beiden Städten folgendermaßen:

> Obwohl darum auf dem Erdkreis so viele und große Völker mit mannigfachen Sitten und Bräuchen leben und sich durch eine Vielfalt von Sprachen, Waffen und Kleidern unterscheiden, gibt es doch nicht mehr als nur zwei Arten menschlicher Gemeinschaft, die wir mit unserer Heiligen Schrift sehr wohl zwei Staaten nennen können.[40]

Das Lateranbaptisterium macht auf seine Weise deutlich, daß diese Unterscheidung nicht länger möglich war. Als die Religion an Macht gewann und institutionalisiert wurde, rieb sich die ursprüngliche Askese an den neuen Formen der Herrschaft. Macht braucht einen Ort. Das Martyrium stellte für den christlichen Glauben jedoch etwas anderes dar: eine Erlösung des Ortes. Denn nur an wenigen Orten, die sorgfältig und kunstvoll erbaut waren, ließ sich die Bedeutung der Konversion *sichtbar machen*. An diesen Orten entsagten die Christen dem Fleisch, entdeckten jedoch den Wert des Steins wieder.

3. NIETZSCHES RAUBVÖGEL UND LÄMMER

Von allen modernen Denkern, die sich mit dem Wunsch der frühen Christen, sowohl Fleisch als auch Stein zu transzendieren, befaßten, wandte sich niemand schärfer dagegen als der junge Friedrich Nietzsche. Er lehnte diesen Wunsch als List ab, als bloße Machtstrategie. Eine Passage aus der *Genealogie der Moral*, 1887 vollendet, bringt seine Überzeugung von der Arglist des Christentums vielleicht am besten zum Ausdruck. Es handelt sich um eine Parabel über Lämmer und die »großen Raubvögel, die sich kleine Lämmer holen«[41]. Nietzsche wählte diese Tiere mit Bedacht: Natürlich ist das Lamm ein christliches Symbol, und Adler sind römische Wappentiere, imperiale Vögel; Nietzsche meinte, die Römer flögen über die Welt, um zu jagen und zu herrschen, wo immer sie Beute fanden.

Die Parabel beginnt mit der Erklärung, weshalb diese Raubvögel stärker als die Lämmer sind. Ihre Macht ist größer als die bloße Kraft ihrer Klauen und Schnäbel; die Vögel sind stark, weil sie sich ihrer Macht nicht bewußt sind. Sie *beschließen* nicht, Lämmer zu töten, sie suchen sich einfach Fleisch, wenn sie hungrig sind. Genausowenig beschließen Menschen mit großen Begierden, daß sie trinken, töten oder lieben wollen; sie tun es einfach. Wie Schopenhauer verstand Nietzsche den starken Körper als einen, der sich selbst gegenüber blind ist, frei von Befangenheit und Selbstreflexion: »Es giebt kein ›Sein‹ hinter dem Thun, Wirken, Werden«[42] für den sinnlich machtvollen Menschen. Eine solche Person beurteilt ihr eigenes Verhalten nicht, noch läßt sie sich von der Teilnahme am Leid anderer, also der Lämmer (tierisch oder menschlich), in irgendeiner Weise beeinflussen.

Die einzige Verteidigung, die die Schwachen besitzen, besteht darin, »dem Raubvogel es *zuzurechnen*, Raubvogel zu sein…«[43] Die menschlichen Lämmer – die Schwachen – weben ein Netz sozialer Beziehungen und moralischer Urteile um den starken Körper herum, zurren ihn mit Zweifeln und Gewissensbissen fest. Nietzsche verachtet die Schwachen nicht, weil sie schwach sind, sondern weil sie unaufrichtig sind. Statt einzugestehen: »Ich habe Angst«, blökt das Lamm: »Ich habe eine Seele«. Wenn Christen von der Seele reden, geht es immer darum, wie schrecklich es ist, seinen Begierden freien Lauf zu lassen, und wie tugendhaft, die eigenen Gelüste zu unterdrücken. Und somit, schließt Nietzsche, ist die Seele »vielleicht deshalb bis jetzt auf Erden der beste Glaubenssatz gewesen, weil er der Überzahl der Sterblichen, den Schwachen und Niedergedrückten jeder Art, jene sublime Selbstbetrügerei ermöglichte, die Schwäche selbst als Freiheit… auszulegen«.[44] Die Christen mußten diese notwendige Lüge verbreiten, sollten die Sanftmütigen wirklich die Erde erben.

In seiner Parabel von den christlichen Lämmern und heidnischen Raubvögeln ging es Nietzsches nicht um Gerechtigkeit oder historische Genauigkeit. Die Parabel konnte weder die bewußte Mischung aus Entschlossenheit und Pessimismus des Gladiators noch den körperlichen Mut eines Christen erklären, der sich selbst entmannte. Auch ist die Spaltung zwischen Geist und Körper keine christliche Erfindung gewesen. Wie wir gesehen haben, lassen sich die Ursprünge dieser Spaltung zurückverfolgen bis zu den Griechen, die Nietzsche als freie Menschen feierte. Der entscheidende Irrtum dieser Parabel aber liegt an anderer Stelle. Er besteht in Nietzsches Mißverständnis der Macht. Nietzsche erkennt nicht, daß brutale Kraft allein Herrschaft nicht begründen konnte. Reiche Kraft aus, so würden die Mächtigen sich kaum die Mühe machen, ihre Stärke zu legitimieren. Denn die Legitimation ist eine Sprache der Selbstrechtfertigung, die *von* den Machthabern gesprochen wird, nicht *zu* ihnen. Außerdem nimmt Nietzsches Parabel das Verhalten jener Schwachen nicht wahr, die sich nicht wie Lämmer verhalten; schwache Menschen versuchen, ihre Körper zu kontrollieren, um denen zu widerstehen, die stark sind.

Die Geschichte des Körpers in den Räumen der heidnischen Stadt, der athenischen und römischen, spricht gegen diese Parabel, die im Namen »des Heiden« geschrieben ist. Der idealisierte perikleische Körper erwies sich als durch die Kraft seiner eigenen Stimme verwundbar. Die Rituale der Frauen im Athen des Perikles widerstanden der herrschenden Ordnung, indem sie sowohl ihre Kraft der sexuellen Enthaltung als auch die der sexuellen Begierde dramatisierten. Die visuelle Ordnung, die im Vitruvschen Körper angelegt war und die Hadrians Rom verwirklichte, fing die Römer im Netz der Erscheinungen. Der Widerstand gegen diese visuelle Ordnung gab den Christen die Kraft, sich loszureißen, die Pilgerfahrt durch die Zeit anzutreten, eine Kraft, die sie aus der Verachtung des eigenen Fleisches ableiteten. In der antiken Welt war das Lamm der Doppelgänger des menschlichen Raubvogels, nicht sein Opfer.

Das Christentum konnte den »natürlichen« Menschen nicht zerstören, aber es verwandelte die Tröstungen, welche die Religion den in den Widersprüchen der Welt lebenden Menschen versprach. In seinen Arbeiten über die Entstehung der Religionen sagt der Anthropologe Louis Dumont, daß Religionen den Menschen Erfüllung entweder in dieser Welt oder außerhalb dieser Welt versprachen.[45] Das Pantheon des Hadrian verhieß die erste dieser Erfüllungen; die Kirche von Sancta Maria ad Martyres versprach die zweite. Als der Monotheismus seine Herrschaft über die westliche Zivilisation antrat, brach er zwar mit dem Körper, wie die heidnische, pantheistische Vergangenheit ihn verstanden hatte, aber er brach nicht vollständig mit den Räumen des Pantheismus – zumindest nicht in ihren römischen Versionen. Auch das Lamm konnte sich nicht selbst von seinem Verlangen nach dem Adler befreien; die Seele vermochte sich nicht von ihrem Bedürfnis nach einem Ort in der Welt loszureißen.

TEIL ZWEI
HERZBEWEGUNGEN

FÜNFTES KAPITEL
GEMEINDE

Das Paris des Jehan de Chelles

1. »STADTLUFT MACHT FREI«

Etwa fünfhundert Jahre lang, von 500 bis 1000 n. Chr., welkten die großen römischen Städte dahin. Ein Großteil Europas fiel zurück in eine primitive Landwirtschaft; einfache Menschen standen oft am Rande des Hungertodes, die Landbevölkerung war den Angriffen durchziehender kriegerischer Stämme in der Zeit der Völkerwanderung schutzlos ausgesetzt. Nur isolierte, von Mauern umschlossene Klöster und Abteien, die hier und da in der Landschaft lagen, boten den wenigen Zuflucht, die sie in der Not erreichten. Die europäische Landschaft aus Furcht und Mangel begann sich erst im späten 10. Jahrhundert wieder zu erholen. Das Leben auf dem Land wurde erst wieder sicherer, als der Aufstieg des Feudalismus begann und örtliche Herren ihren Untertanen im Austausch gegen bestimmte Dienste ein gewisses Maß an militärischem Schutz boten. Auch begannen die mittelalterlichen Städte zu wachsen; obwohl sie nur einen kleinen Teil der europäischen Bevölkerung beherbergten, sammelten diese Städte hinter ihren Mauern durch Handel erworbene Reichtümer an.

Das mittelalterliche Paris erlebte im Jahre 1250 zwei richtungsweisende Ereignisse dieser Wiedergeburt. In jenem Jahr begann Jehan de Chelles die Abschlußphase der Arbeit an der Kathedrale von Notre Dame. Wunderschön im Herzen der Stadt gelegen, am östlichen Ende einer von der Seine umarmten Insel, ein Berg exquisit behauenen Steins, war die Kathedrale ein Zeugnis der Macht des Christentums in diesem neuen Zentrum der westlichen Zivilisation. Dennoch feierten die Pariser ihre Errichtung nicht in der Weise, wie die Römer Konstantins Jahrhunderte zuvor die Lateranbasilika eingeweiht hatten. Obwohl nicht nur der König von Frankreich sondern auch der Bischof von Paris, Kirche und Staat vertretend, sich in diesem Ereignis sonnten, feierten die Pariser Notre Dame auch als

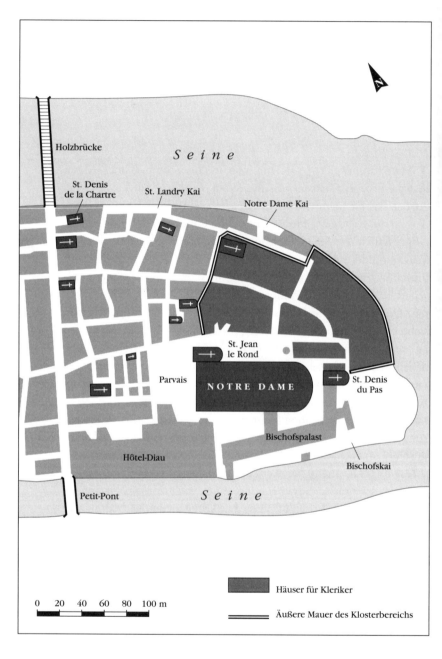

Plan der Notre Dame umgebenden Gemeinde, um 1300.

Die Gartenseite von Notre Dame heute.

den Triumph der Bauzünfte, ließen die Steinmetzen, Glasbläser, Weber und Zimmerleute, die die handwerkliche Arbeit geleistet hatten, hochleben – wie auch die Bankiers, die die Arbeit finanziert hatten. Eine dritte Partei, die Wirtschaft, hatte auf der Bühne der Zivilisation ihr Debüt.

Im Jahr 1250 erschien in Paris die großartigste illuminierte Bibel des Mittelalters, gefördert von dem König, der später als Ludwig der Heilige bekannt wurde. In seinen Farben und der kunstvollen Schrift war das Buch ein ebenso sinnlicher Gegenstand wie die Lateranbasilika. Auch hier war jene dritte Partei bei der Feier zugegen. Der Handel war stark angewachsen, und Studenten aus ganz Europa waren in Scharen nach Paris gekommen. »Die Bewegung, in deren Verlauf die schulische Aktivität vom [ländlichen] Kloster auf die Kathedrale übergeht, ist dieselbe,« schreibt der Historiker Georges Duby, »die auch die wichtigsten Brennpunkte der künstlerischen Schöpfung ins Stadtzentrum verlagert.«[1] Die kunstfertige Herstellung der Bibel Ludwigs des Heiligen stützte sich auf die Nähe dieser großen und blühenden Universität. Die Bibel, ein überragendes Kunstwerk, erscheint als Schlußglied einer Kette, die auf den Fisch- und Getreidemärkten an den Ufern der Seine ihren Anfang genommen hatte.

Die wirtschaftlichen Grundlagen der Zivilisation hatten in der antiken Welt nur karge Anerkennung gefunden; sowohl Handel als auch Handarbeit schienen wenig mehr zu sein als trostlose, animalische Tätigkeiten. Die Stadt des Mittelalters machte aus diesem Tier einen Menschen. »Die politische Situation des mittelalterlichen Stadtbürgers wies ihn auf den Weg, ein homo oeconomicus zu sein«, sagt der Soziologe Max Weber, wogegen »der antike Bürger ein homo politicus war«.[2] Über materiellen Reichtum hinaus versprachen die neuen Wirtschaftskräfte den wenigen, die hinter Stadtmauern lebten, bestimmte Freiheiten. Noch heute kann der Besucher in Städten, die dem mittelalterlichen Handelsbund der Hanse angehörten, über den Stadttoren das Motto *Stadtluft macht frei* lesen. In Paris wie in den Hansestädten verhieß die Wirtschaft Freiheit von der ererbten Abhängigkeit, die durch den feudalen Lehensvertrag verkörpert wurde. Mehr noch, die Stadt versprach den Menschen neue individuelle Besitzrechte; Johannes von Paris bestätigte in der Mitte des 13. Jahrhunderts, daß Individuen »ein Recht auf Eigentum besitzen, in das eine höhere Autorität nicht ungestraft eingreifen darf – da sie es durch eigene Mühen erworben haben«.[3]

Wirtschaft, Staat und Religion lebten im Mittelalter nicht in einer glücklichen *mariage à trois* – weder die Feier von Jehan de Chelles Notre Dame noch das Erscheinen der Bibel Ludwigs des Heiligen konnten die Spannungen zwischen diesen drei Mächten verbergen. Die Macht Ludwigs des Heiligen beruhte zum Großteil auf Feudalverpflichtungen, die er seinen eigenen Vasallen, kleineren Herren, abforderte; die Kirche neigte dazu, den Besitz individueller Gedanken und Rechte mit Häresie zu verbinden. Außerdem verletzten häufig jene, die die wirtschaftliche Macht besaßen – besonders die städtischen Kaufleute und Bankiers – die Empfindlichkeit ihrer Partner.

Das Jahr 1250 stellt den Gipfel des Zeitalters dar, das der Historiker R. W. Southern die Ära des »wissenschaftlichen Humanis-

STADTLUFT MACHT FREI 197

mus« genannt hat. Mehr als hundert Jahre lang hatten mittelalterliche Denker versucht, menschliches Wissen systematisch auf die Probleme der menschlichen Gesellschaft anzuwenden. Thomas von Aquin sagte, es sei möglich, die Welt als logischen Systemzusammenhang zu begreifen. Das Bild vom Gemeinwesen offenbart diese Kohärenz in ihrer Vereinigung von Biologie und Politik.

Die Bibel Ludwigs des Heiligen, um 1250. *Trustees of the Pierpont Morgan Library, 1987.*

Aber die Ökonomie ließ sich nicht ohne weiteres in den wissenschaftlichen Humanismus der Zeit einbauen.

Erinnern wir uns daran, daß Johannes von Salisbury sich im *Policraticus* die Kaufleute als den Magen der Gesellschaft im politischen Körper vorstellte. Dies war das gierige Organ im menschlichen Körper wie im Gemeinwesen. Er schrieb: »Wenn sie [diese Männer mit Privatvermögen] durch exzessive Gier vollgestopft sind und sie ihren Inhalt dann zu hartnäckig bei sich behalten, führt das zu ungezählten und unheilbaren Krankheiten, und durch ihre Laster können sie den Ruin des gesamten Körpers herbeiführen.«[4] Aber nicht nur in der bloßen Gier lag der Affront gegen die Gesellschaft; die Tatsache, daß sie ihre Rechte verdient hatten, stellte bereits das hierarchische Konzept in Frage, das Könige und Bischöfe als den Kopf des Gemeinwesens einsetzte. Denn Johannes von Salisbury wollte, in den Worten des Historikers Walter Ullmann, daß »der Stand des einzelnen in der Gesellschaft ... auf seinem Amt oder seiner offiziellen Funktion beruhte«, nicht auf individuellen Fähigkeiten; »je höher das Amt war, je weiter die Aufgaben gingen, je mehr Gewicht dieser Stellung zukam, desto mehr Rechte hatte der Einzelne auch.«[5]

Der habgierige Geschäftsmann existierte natürlich schon lange, bevor Johannes über ihn schrieb. Aber er blieb ihm ein Rätsel, das überall im *Policraticus* spürbar ist: Dieser von der Geographie besessene mittelalterliche Schriftsteller tat sich schwer, den Magen der Gesellschaft zu beschreiben. Natürlich trieben Kaufleute Handel auf Messen und Märkten, aber wenn man Monat um Monat auf einen bestimmten Markt ging, so beobachtete er, sah man nicht dieselben Gesichter, auch die Waren wechselten ständig. Ging man Jahr um Jahr die Kais der Seine entlang, sah man wiederum stets andere Händler und Waren. Der Magen des politischen Körpers schien seine Ernährung unablässig zu ändern. Johannes von Salisbury, in ökonomischen Fragen wenig bewandert, suchte eine Erklärung dafür, warum die wirtschaftliche Freiheit jede dauerhafte Routine zu verhindern schien, fand aber keine.

Auf die Städte des Mittelalters zurückblickend, stellte Max Weber fest, daß »die mittelalterliche Stadtgemeinde aufgrund des Marktes politische Autonomie genoß«. Der Handel der Stadt verlieh ihr soviel wirtschaftliche Macht, daß sie ihre Angelegenheiten selbst regeln konnte.[6] Im Gegensatz dazu meinte Johannes von Salisbury, daß das Interesse des »Gemeinwohls« in den Händen der Begüterten nicht gut aufgehoben sei. Das erschien dem französischen Stadthistoriker Henri Pirenne, der eine Generation nach Weber schrieb, durchaus vernünftig. Pirenne suchte mit großer Sorgfalt nachzuweisen, daß der Handel *zwischen* den Städten ihren Aufstieg begründete. Mittelalterliche Städte waren also voneinander abhängig, nicht autonom, und mittelalterliche Händler mußten sehr flexibel sein. Pirenne schreibt:

Unter dem Einfluß des Handels kehrte neues Leben in die alten römischen Städte zurück, und sie bevölkerten sich wieder, Handelsgruppen formierten sich um die befestigten Städte herum, richteten sich entlang der Meeresküsten ein, an Flußufern, an Stellen, an denen Flüsse zusammentraten, an den Schnittpunkten natürlicher Kommunikationslinien. Jede von ihnen gründete einen Markt, der, seiner Bedeutung entsprechend, das umliegende Land anzog oder seine Wirkung weithin spürbar machte.[7]

Die Hanse stellte eine solche Handelskette dar, über die Waren auf ganz Nordeuropa verteilt wurden. 1161 gegründet, stützte sie sich auf den Seehandel mit Gütern, die aus Genua und Venedig, aus London und den Niederlanden kamen und in norddeutschen Häfen umgeschlagen wurden, von wo aus sie ins Inland flossen. Paris hatte seit dem 12. Jahrhundert seine eigene Handelskette, die sich östlich und westlich an der Seine entlang sowie nördlich und südlich von Flandern bis Marseille erstreckte. Mittelalterliche Stadtbewohner hatten, so Pirenne, eine starke Bindung an ihre Stadt, aber diese geriet häufig mit ihren wirtschaftlichen Interessen in Konflikt, Interessen, die sie mobiler machten und in größeren Geographien denken ließen. Profit lag oft hinter dem Horizont, in fernen Ländern, in die man reiste, so oft es ging, und aus denen man manchmal nicht wiederkehrte. Risiko und Gewinnchance zogen die Wirtschaft aus dem engen, logischen Kreis des wissenschaftlichen Humanismus heraus.

Die christliche Religion war in ihrer Theologie global, doch sie brachte intensive lokale Bindungen hervor. Die Bindungen der Gläubigen an Paris vollendeten die große Umkehrung, die begonnen hatte, als römische Christen ihren Frieden mit Rom gemacht hatten. Als mittelalterliche Kleinstädte und Städte unter christlicher Ägide erstarkten, waren die Steine der Kirchen und Kathedralen die Materialien, mit denen die Christen ihre lebenslange und leidenschaftliche Bindung an die Orte, an denen sie lebten, zum Ausdruck brachten. Die in den Himmel ragenden riesigen Kirchen, die selbst in kleinen Städten gebaut wurden, brachten die Bindung an einen Ort zum Ausdruck, aber auch das christliche Bedürfnis nach Gemeinschaft. Dieses Bedürfnis nach Gemeinschaft nahm durch ein neues Verständnis des christlichen Körpers Gestalt an. Der »fremde Körper Christi« wandelte sich im Hochmittelalter in einen Körper, dessen Leiden normale Menschen verstehen, mit dem sie sich identifizieren konnten; die Vereinigung von göttlichem und menschlichem Leiden nahm in jenen mittelalterlichen Bewegungen Form an, die auf der »Imitatio Christi« beruhten. Diese Bewegungen erneuerten die christliche Erfahrung des Mitleids für den Nächsten und beruhten darauf, daß der Christ die Leiden anderer als die eigenen empfand. Die Ärzte des Mittelalters glaubten sogar, sie hätten eine medizinische Erklärung für das Mitleid gefunden, als sie beobachteten, wie Organe im Körper reagierten, wenn eines von ihnen während der Behandlung verletzt oder entfernt wurde. Diese Reaktion wurde »Synkope« genannt. In gewisser Weise paßte dieses neue Körperverständnis in die allgemeine Wissenschaftsentwicklung der Zeit, denn Phänomene wie die Synkope schienen den menschlichen Organismus konkret als ein verbundenes, aufeinander reagierendes System zu erweisen. Die Imitatio Christi jedoch war weit mehr als eine intellektuelle Bewegung.

Als das körperliche Leiden Christi für gewöhnliche Männer und Frauen nachvollziehbarer wurde, kam es zu einem gewaltigen Ausbruch religiöser Inbrunst. Georges Duby mag etwas zu weit gehen, wenn er sagt, Europa habe bis zur Zeit des Jehan de Chelles »nur die Erscheinungsformen eines solchen [Christentums] geboten; das Christentum war nur von kleinen Eliten voll gelebt worden. Danach... sollte es nun alle Anzeichen einer Volksreligion tragen.«[8] Das große Wiedererwachen der Religion in Gestalt der Imitatio Christi veränderte die Beziehungen zwischen Männern und Frauen in der Kirche und verwandelte die Erfahrung der

Beichte und die Praktiken der Mildtätigkeit. Diese Veränderungen wirkten sich auf Konvente und Klöster, Kranken- und Armenhäuser, Gemeindekirchen und Kathedralen aus. Und sie hatten eine besondere Bedeutung für die Christen in der Stadt.

Im gewöhnlichen Sprachgebrauch bezeichnet »Gemeinde« den Ort, an dem Menschen ihre Umgebung und ihre Nachbarn gut kennen. Als sich in den dunkelsten Tagen des dunklen Mittelalters zum ersten Mal religiöse Gemeinden bildeten, war diese Vertrautheit in der Tat ihre Grundlage. Aber das Zusammenwirken von inbrünstigen religiösen Impulsen und städtischem Wachstum gab der »Gemeinde« im mittelalterlichen Paris eine andere Bedeutung. Die Armenhäuser, die Hospitäler und Konvente in der Stadt öffneten ihre Tore für Fremde freizügiger als auf dem Land, nahmen Reisende, Obdachlose und ausgesetzte Kleinkinder, unbekannte Kranke und Wahnsinnige auf. Die religiöse Gemeinde umfaßte nicht die ganze Stadt, sondern diente vielmehr als moralischer Bezugspunkt; das Armenhaus, die Gemeindekirche, das Krankenhaus und der Bischofsgarten stellten Maßstäbe auf, an denen das Verhalten in anderen Teilen der Stadt gemessen wurde – besonders die aggressive wirtschaftliche Konkurrenz, welche die Straßenmärkte und die Verladekais entlang der Seine beherrschte.

Auf die Weise entstand in Paris, obwohl es voller Fremder war und Gewalt auf den Straßen herrschte, so etwas wie eine moralische Geographie. Für jene, die von den neuen religiösen Werten ergriffen waren, war die Gemeinde ein Sanktuarium, eine Zuflucht – ein moralischer Bezugspunkt, an dem Mitleid Fremde verband. Im Paris des Jehan de Chelles belebte die Erfahrung christlicher Gemeinschaft auch das örtliche Gemeindeleben; sowohl die Gemeindekirche als auch der Ort von Jehan de Chelles' Werk, die große bischöfliche Gemeinde um Notre Dame, waren städtische Zufluchten.

Die wirtschaftlichen und religiösen Entwicklungen des Mittelalters drängten das Gefühl für den Ort in entgegengesetzte Richtungen, eine Dissonanz, deren Echo bis in unsere Tage hinein wahrnehmbar ist. Die Wirtschaft der Stadt verlieh den Menschen eine Freiheit des individuellen Handelns, die sie nirgends sonst fanden; die Religion der Stadt schuf Orte, an denen Menschen einander nahe waren. Das Motto »Stadtluft macht frei« war der »Imitatio Christi« entgegengesetzt. Diese große Spannung zwischen Wirtschaft und Religion brachte die ersten Zeichen des Dualismus hervor, der die moderne Stadt kennzeichnet: auf der einen Seite das Bedürfnis, sich im Namen der individuellen Freiheit aus der Enge der Gemeinschaft zu lösen, auf der anderen Seite die Sehnsucht, einen Ort zu finden, an dem Menschen einander nahe sind.

Thomas von Aquin suchte in der *Summa Theologica* diese Gegensätze zu versöhnen: in Christus, dem Wesen, das alles in sich vereinigt. Für seine Zeitgenossen hielt diese Einheit nicht stand – ebensowenig wie wir heute einen gangbaren Weg gefunden haben, wirtschaftlichen Individualismus und Gemeinschaft miteinander zu verbinden.

Dieses Kapitel untersucht die Überzeugungen, welche der Bildung christlicher Gemeinden im mittelalterlichen Paris zugrundelagen. Das darauffolgende Kapitel analysiert die ökonomischen Räume der Stadt, die das christliche Ortsgefühl in Frage stellten. Eine Folge dieses Konfliktes tauchte in einer dunklen Episode der Geschichte von Venedig wieder auf. In dieser größten Handelsstadt der Renaissance suchte die christliche Kultur den Besitz des Individuums mit der Moral der Gemeinde zu versöhnen, indem sie jene, die nicht ins christliche Leitbild paßten, aussonderte und unterdrückte. Die venezianische Kultur setzte die Unterdrückung zur Eindämmung innerer Spannungen ein, sie sperrte die Juden der Stadt in Ghettos.

2. DER MITLEIDENDE KÖRPER

An den Eingangstüren von Notre Dame sieht der Besucher heute Steinskulpturen, die ein wenig über das menschliche Maß hinausgehen. Auch wenn sie durch die enormen Ausmaße des Kathedralenbaus verkleinert werden, stellt ihre Größe einen Glaubensakt dar. Vom 11. Jahrhundert an schufen Kirchenbaumeister Skulpturen in Menschengröße, um – wie ein heutiger Kunsthistoriker sagt – »die Beziehung zwischen menschlichen Werten und den der Welt immanenten Werten« zu zeigen.[9] Die aus Stein gehauenen Figuren for-

Ansicht des Westportals von Notre Dame in Paris, gebaut 1250.
Foto Marburg/Art Resource, N. Y.

derten den Betrachter unmittelbar dazu auf, sich selbst als einen Teil der Kirche zu sehen. Sie versuchten den Kirchgänger in die Gemeinde einzubeziehen, und sie waren damit Teil eines Prozesses, der bereits zu einem früheren Zeitpunkt begonnen hatte, als der Heilige Franziskus von Assisi sich in einfacher Sprache direkt an die gewöhnlichen Christen wandte. Bis zu dem Jahr, als Jehan de Chelles die Vollendung von Notre Dame in Angriff nahm, war eine solche Vereinigung von Fleisch und Stein immer stärker geworden, da die Christen zunehmend die eigenen körperlichen Leiden mit dem Leiden Jesu in Verbindung setzten.

Christus »ward... gleichsam gebraten und langsam gesotten, uns zu retten«, schreibt Jean Berthélemy tröstend im *Livre de Crainte Amoureuse*.[10] Eine so erdgebundene, häusliche Vorstellung machte die Kreuzigung zu einer in den Begriffen des Alltagslebens nachvollziehbaren Erfahrung. Statt mit dem König Christus identifizierten sich die Menschen mit »dem leidenden Christus, dem Christus der Passion. Die Kreuzigung wurde immer häufiger und immer realistischer dargestellt«.[11] Diese Bewegung der leidenschaftlichen Identifizierung mit dem körperlichen Leiden Christi wurde als die »Imitatio Christi« bekannt. Das war nicht leichthin gesagt. Das Bild der Imitatio stand zu der Überzeugung des Origenes, der Körper Christi sei unserem fremd, in diametralem Gegensatz.

Der Heilige Franziskus von Assisi sagte seiner Gemeinde, daß sie im Nachdenken über ihre alltäglichen Erfahrungen, ihre eigenen Gefühle, erfassen könnte, was Gott war. Theologisch gesprochen, gewann Franziskus die Natur für das Christentum zurück: Gott ist in der Welt, Gott ist ebenso Fleisch wie Licht. Mildtätigkeit gegen andere war ein Ausdruck der Nachfolge Christi: der Heilige Franziskus bestätigte erneut die Identifizierung mit den Armen und Ausgestoßenen, die das früheste Christentum charakterisiert hatte. Soziologisch gesprochen, zündete er eine Bombe. Er lehrte, daß wir in unserem Körper den ethischen Maßstab zur Beurteilung von Regeln, Rechten und Privilegien in der Gesellschaft tragen: Je mehr Schmerzen diese verursachen, um so genauer wissen unsere Körper, daß sie ungerecht sind. Die Imitatio Christi entdeckte das Fleisch für die Religion, und das Fleisch wurde so zum Richter der gesellschaftlichen Hierarchie. Mehr noch, diese religiöse Anschauung stellte einen Gegensatz her zwischen den Bindungen in der Gemeinde und gesellschaftlichen Strukturen wie denen des Kommerzes, in denen die Liebe zu anderen fehlte.

Gewiß praktizierte das Mittelalter Folter und andere körperliche Grausamkeiten in einem Ausmaß, das den Römern im Kolosseum zur Ehre gereicht hätte. Dieses neue Ethos des Mitleidens jedoch führte zumindest rudimentäre Vorstellungen von Respekt vor den Schmerzen anderer unter der Folter ein. Die öffentliche Folter von Teufelsbesessenen in Paris zum Beispiel wurde nach 1250 nicht mehr mit derselben Unbefangenheit praktiziert wie zuvor; die Folterknechte versicherten sich bei der Kirche, daß sie nur den Teufeln im Innern, nicht aber der sie beherbergenden Person Schmerz zufügten.

Ihrem Wesen nach stellte sich die Imitatio Christi hinter das Leben der Massen und gegen die Privilegien der Elite. Sie zog jedoch Unterstützung aus bestimmten Elementen der mittelalterlichen Wissenschaft, da ihre Glaubenssätze mit dem übereinstimmten, wie gebildete Männer und Frauen den Körper sahen.

Galens »Ars medica«

»Die medizinischen und wissenschaftlichen Annahmen der antiken Welt«, sagt der Medizinhistoriker Vern Bullough, »wurden mit nur geringem Widerstand ins mittelalterliche Denken eingebaut.«[12] Antike Vorstellungen von Körperwärme, Sperma, Menstruationsblut und der Architektur des Körpers gingen in die mittelalterliche Welt mit der Autorität überkommener Weisheit ein – und doch wurden diese Vorstellungen, oft unwissentlich, von den Bedürfnissen einer christlichen Gesellschaft umgeformt, die sie ein Jahrtausend später übernahm.

Einer der Hauptpfade, auf denen die antike Medizin den Weg in das Mittelalter fand, war die Schrift des römischen Arztes Galen, *Ars Medica*, die zuerst vor 1200 in Salerno erschien, später in Cremona neu übersetzt und um 1280 in Paris und anderen europäischen Zentren der Gelehrsamkeit unterrichtet wurde. Galen war noch zu Hadrians Zeit geboren worden, wahrscheinlich im Jahr 130 n. Chr., und starb um 200. Seine medizinische Ausbildung ging auf die Lehren des Aristoteles und Hippokrates zurück, und seine medizinischen Schriften zogen die Aufmerksamkeit der Christen auf sich, weil er ihnen freundlich gegenübergestanden hatte, wenn er auch selbst kein Gläubiger gewesen war, und weil man ihm nachsagte, er habe nie Geld für seine Dienste genommen.

Galen hatte ursprünglich auf Griechisch geschrieben. Die Ausgabe der *Ars Medica*, die die Menschen des Mittelalters lasen, war eine lateinische Übertragung aus dem Arabischen, da die frühe islamische Welt viele der antiken Texte bewahrt und die islamische Medizin das übernommene europäische Wissen um eigene Kenntnisse bereichert hatte. Der große islamische Arzt Ali ibn Ridwan fügte der *Ars Medica* Kommentare hinzu, dasselbe taten zahlreiche europäische Übersetzer, die an dem Manuskript arbeiteten. Die *Ars Medica* las sich dadurch eher wie ein Kompendium tradierter Ideen und nicht wie das Werk eines einzigen Mannes.

In seinem Text definierte Galen die Medizin als »das Wissen darum, was gesund, krank oder neutral ist«. Dieses Wissen stütze sich auf das Verständnis, wie Körpertemperatur und -säfte in den wichtigsten Organen, im Gehirn, im Herz und in den Hoden (die weiblichen Genitalien wurden, wie wir gesehen haben, in der Antike wie nach innen gelegte Hoden behandelt) zusammenwirkten.[13] Die Körperwärme, so meinte Galen, stieg auf einer Skala gleichmäßig an; die Körpersäfte jedoch teilten sich in vier verschiedene »Humore«: Blut, Schleim, gelbe und schwarze Galle. Die Kombination von Wärme und Flüssigkeit brachte wiederum vier unterschiedliche psychologische Zustände im Körper hervor; Galen, der darin Hippokrates folgte, nannte sie die vier »Temperamente«: sanguinisch, phlegmatisch, cholerisch und melancholisch. Galen ging davon aus, daß das Temperament einer Person davon abhing, wie warm oder kalt, trocken oder saftig ihr Körper in einem bestimmten Moment war, welche Säfte warm und voll durch den Körper flossen und welche ihn kalt durchsickerten.

Nach Galens Ansicht leitete sich ethisches Verhalten wie Aggressivität oder Mitgefühl von den Temperamenten ab, die von der Temperatur und den Körpersäften erzeugt wurden. Folgendermaßen zum Beispiel schilderte Galen das cholerische Temperament eines Menschen, dessen Herz warm und trocken ist:

Der Pulsschlag ist hart, groß, schnell und häufig, und der Atem geht tief, schnell und häufig ... Von allen Menschen haben sie die haarigste Brust ... sie sind bereit zum Handeln, mutig, rasch, wild, brutal, vorwitzig und unverschämt. Sie haben einen tyrannischen Charakter, denn sie brausen leicht auf und sind nur schwer zu beschwichtigen.[14]

Wir mögen uns gegen die Verbindung von behaarter Brust und tyrannischem Charakter sträuben, jedoch machte gerade diese Art der Verallgemeinerung das Wesen des Galenismus aus und stellte einen Teil des Reizes dar, den er auf den mittelalterlichen Leser ausübte. Er band den Körper an die Seele.

Galens islamischer Bewahrer und Kommentator Ali ibn Ridwan hatte die vier Temperamente mit vier sozialen Typen verbunden: das oben beschriebene cholerische Temperament charakterisierte den Soldaten; das sanguinische Temperament kennzeichnete den Staatsmann; das phlegmatische Temperament war typisch für den Wissenschaftler; und das melancholische Temperament eignete einem Mann oder einer Frau mit starkem religiösem Gefühl.[15] Der Kaufmann fehlte in dieser Typologie wie auch in dem westlichen Kommentar der *Ars Medica* – eine bezeichnende Lücke; das aggressive Verhalten, das für wirtschaftlichen Erfolg nötig war, konnte weder unter die heroischen Taten eines Soldaten noch unter die ausgleichenden Herrschaftsimpulse eines Staatsmannes eingeordnet werden. Die Person, die um andere trauert, befindet sich in einem melancholischen Zustand; Mitleid läßt die schwarze Galle besonders heiß durch das Herz strömen; dies war die Physiologie eines Körpers, der die Imitatio Christi erfuhr.

Gesund war für Galen ein wohltemperierter Körper, das heißt ein Körper, in dem sich die Temperatur und der »Humor« in den vier Hauptorganen im Gleichgewicht befanden. War also religiöses Mitgefühl ein Zustand schlechter Gesundheit, gar eine körperliche Krankheit? So könnte man argumentieren, doch die Leser Galens im Mittelalter näherten sich dieser Frage anders. Sie beobachteten die Vorgänge der mitfühlenden Melancholie, wenn der menschliche Körper unter das Messer des Chirurgen geriet.

Henri de Mondevilles Entdeckung der Synkope

Henri de Mondeville, ein Arzt, der im Paris des 14. Jahrhunderts arbeitete, glaubte, durch ein chirurgisches Experiment die Mechanik des Mitgefühls im menschlichen Körper entdeckt zu haben, das heißt, die Art und Weise, wie der Körper bei einer gesundheitlichen Krise Wärme und Flüssigkeit verteilte. 1314 veröffentlichte de Mondeville seine medizinischen Ansichten zum ersten Mal.[16] Sie trugen den Stempel Galens, und doch sah de Mondeville die Architektur des Körpers auf eigene Weise.[17] Er unterteilte den Körper in zwei Hauptbereiche, den edlen Bereich von Kopf und Herz und die produktive Region des Magens; jeder Bereich hatte seinen eigenen physiologischen »Herd«. Krankheiten entstanden, wenn diese beiden Körperzonen bei unterschiedlichen Temperaturen heizten und damit das Gleichgewicht der Körpersäfte störten.

De Mondeville stellte fest, daß vor und nach einer Operation ein Körperorgan dazu neigte, die Schwäche des anderen auszugleichen; bei einer Operation, schrieb er, »bemitleiden die anderen Glieder die Leiden [des verwundeten Glieds], und sie senden all ihre Geister und Wärme zur Hilfe«. Ein anderer Arzt, Barthelmey l'Anglais, beschrieb diesen Mitleidsmechanismus ebenfalls: Das erwärmte Blut fließe zum verwundeten Organ. »Es herrscht so große Liebe zwischen [Teilen des Körpers], daß eines Mitleid mit dem anderen hat, das heißt, daß eines, welches weniger leidet, Mitleid mit dem anderen, das mehr leidet, empfindet; daher kommt das Blut der anderen [Teile] sofort geflossen, um ihm beizustehen.«[18] De Mondeville nannte diese Mitleidsreaktion »Synkope«. (Im heutigen medizinischen Sprachgebrauch hat der Begriff eine ganz andere Bedeutung angenommen.)

De Mondeville suchte darüber hinaus die Synkopen von Menschen zu beschreiben, die einer chirurgischen Operation zuschauten (zu jener Zeit ohne Betäubung und mit Skalpellen durchgeführt, die die Schärfe heutiger Brotmesser besaßen), um zu zeigen, daß die Reaktion auf Leiden, die innerhalb eines Körpers stattfindet, auch zwischen fremden Körpern möglich ist. Er schreibt:

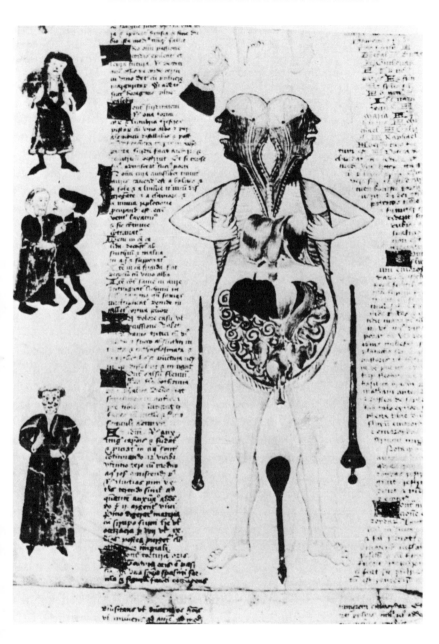

Der doppelte Körper.
Illustration aus *Art de la médecine et de la chirurgie*, Ausgabe von 1412.

Synkope geschieht bei gesunden Männern, wenn sie schrecklichen chirurgischen Eingriffen zusehen, folgendermaßen: die Angst, die sie empfinden, schmerzt ihr Herz; es gibt eine Art Treffen des General*kapitels* der Lebensgeister, so daß, wenn sie versammelt und stimuliert sind, der Lebenskraft des Herzens geholfen wird.[19]

De Mondeville verwendet das Wort »Kapitel« sehr bewußt und unterstreicht es, um Menschen zu beschreiben, die sich versammeln, um eine Operation zu beobachten. Ein Kapitel war eine religiöse Körperschaft, bezog sich aber auch auf Mitglieder einer Gilde. Für ihn konnten somit die Ursprünge von Gemeinschaft durch die körperlichen Reaktionen erklärt werden, die Menschen während einer Operation zeigten. Der Autor des *Ménagier de Paris* aus dem 13. Jahrhundert schrieb ebenfalls, eine Person empfinde »dieselbe Freundschaft gegen deinen Nachbarn, der ein Glied von dir ist, denn wir sind alle Glieder von Gott, der der Körper ist«.[20] Die Chirurgie offenbarte die physische Realität der Passion und Kreuzigung Christi, lehrte die Lektion moralischer Erregung durch Leiden.

Hatte »die mittelalterliche Frömmigkeit... schon immer danach gestrebt, die Hingabe der Seele durch eine Mitwirkung des Körpers zu untermauern«[21], so legte die Entdeckung der Synkope doch auch gesellschaftliche Dimensionen nahe, eine melancholische soziale Landschaft. Im *Policraticus* sagte Johannes von Salisbury, daß »der Souverän (*potestas*), kann er nicht mit wohlwollender Hand die Leben seiner Untertanen retten,... durch *tugendhafte Grausamkeit* das Böse angreift, bis die Sicherheit des Guten gerettet ist«.[22] Rebellierten Menschen gegen ihren Platz in der Hierarchie, wußte ein Herrscher, was er zu tun hatte: er mußte die Widerspenstigen ausschließen oder töten, gerade so, wie ein Chirurg die befallenen Organe herausschnitt. Christliches Mitleid spielte im *Policraticus* kaum eine Rolle. De Mondeville hielt es für übertrieben, dem Rat des Johannes von Salisbury zu folgen. Bei einer Operation kamen die Organe den kranken Körperteilen zur Hilfe und halfen ihnen dabei, sich zu erholen. Aus dieser Sicht hatten gesellschaftliche Krisen ihre positive Seite; gerade in solchen Zeiten wandten die Menschen sich einander zu.

Das Jahrhundert, das zwischen Johannes von Salisbury und

HENRI DE MONDEVILLES ENTDECKUNG DER SYNKOPE 211

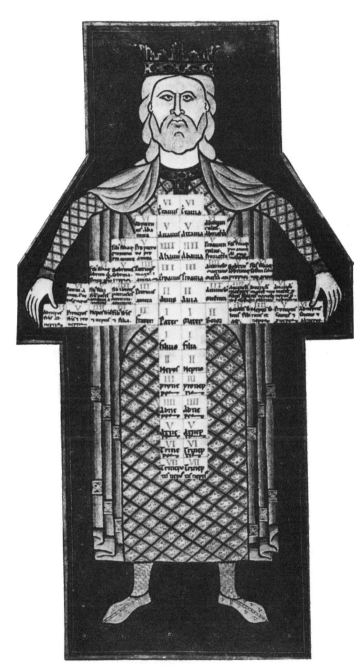

Johannes von Salisburys *politischer Körper*, der die soziale Hierarchie anzeigt. Handschriftenillustration, 13. Jahrhundert.

Henri de Mondeville liegt, mag für die Unterschiedlichkeit ihrer Ansichten verantwortlich sein. Johannes von Salisbury lebte in einem Jahrhundert, in dem gerade erst ein wenig Sicherheit aufkam; seine Großeltern hatten noch eine Zeit erlebt, in der Dörfer ohne weiteres Marodeuren und innerer Anarchie zum Opfer fallen konnten. Die von Mauern umgebene Stadt schien physische Sicherheit zu garantieren; innerhalb dieser Mauern offenbarte medizinisches Wissen, kodifiziert in einem hierarchischen Bild des Körpers, die Prinzipien sozialer Ordnung. De Mondeville lebte bereits in einer sichereren Zeit und empfand etwa die Bedeutung von Stadtmauern anders. In der Synkope versuchten die Organe ihre Säfte und ihre Wärme über ihre Bereiche hinauszusenden und die Gewebewände des Körpers zu durchdringen. In einer sozialen Krise wurden die Mauern zwischen Menschen niedergerissen, und sie waren zu ungewöhnlichen Akten der Großmut fähig.

Wie Johannes von Salisbury glaubte auch Henri de Mondeville an eine direkte Entsprechung zwischen der Struktur des Körpers und der Struktur der Stadt. Aber sein Bild vom Körper zeigte ihm eine andere Stadt, eine Stadt der ständig ungleichen Wärme und Belastung.[23] De Mondevilles Kollegen verglichen zum Beispiel das Auftauchen von aus ihrer Heimat vertriebenen Fremden in einer Stadt mit einer Messerwunde. Aber sie glaubten bezeichnenderweise nicht daran, daß die anderen Organe des Körpers vor dieser Wunde zurückschreckten. So wie die anderen Organe dem verwundeten zu Hilfe eilten, mußte es auch der natürliche Impuls der Gesellschaft sein, die Exilierten barmherzig aufzunehmen. Es gab, so behaupteten sie, eine medizinische Begründung für den Impuls, anderen in einer Krise zu helfen; modern ausgedrückt, würde man sagen: es gibt eine biologische Grundlage des Altruismus.

Zwischen Johannes von Salisbury und Henri de Mondeville lag eine große Kluft, was die Vorstellung vom Körper der Gesellschaft anging. Der eine fragte: Wo gehörst du hin? Der andere fragte: Wie wirst du auf andere reagieren? Der eine stellte sich die Stadt als einen Raum vor, der die dort zusammenlebenden Körper nach ihrem Rang ordnete; der andere empfand die Stadt als einen Raum, der zusammenlebende Körper miteinander verband.

Die der Imitatio Christi verbundene Medizin stellte bestimmte soziale Barrieren im Alltagsleben der Christen in einer Stadt in Frage, besonders die große menschliche Grenze, welche die antike Medizin ersonnen und auf die mittelalterliche Welt übertragen hatte – die Grenze zwischen den Geschlechtern.

Die Frauen des Mittelalters – selbst jene, die so stark waren wie Héloïse von Paris, die Äbtissin des mächtigen Konvents des Heiligen Geistes – schienen ihre angebliche biologische Schwäche im Vergleich zu Männern fraglos hinzunehmen. In Johannes von Salisburys Vorstellung des politischen Körpers war das Herz im Gesellschaftskörper ein Ort, den Männer, die Räte des Königs, einnahmen. Nun aber begannen diejenigen, die von der Nachfolge Christi beseelt waren, wie die Historikerin Caroline Bynum gezeigt hat, sich das Herz in der Brust als eine androgyne, wenn nicht weibliche Zone des Körpers vorzustellen, die mit den Mächten der Jungfrau Maria verbunden war.[24] Auch Jesus schien die Geschlechtergrenzen zu überschreiten, da zahlreiche mittelalterliche Kleriker und Denker ihn metaphorisch als Mutter vorstellten.[25] Anselm von Canterbury fragte: »Doch Du, Jesus, guter Herr, bist Du nicht auch eine Mutter? Bist Du nicht jene Mutter, die, wie eine Henne, ihre Küchlein unter ihre Flügel sammelt? Wahrlich, Meister, Du bist eine Mutter.«[26]

Das Verschwimmen der Geschlechtsidentität Christi legte wie die Zunahme des Marienkultes die Betonung ganz auf das *Nähren*, das heißt auf das durch Bilder der Mütterlichkeit ausgedrückte Mitleid. Besonders Bernard de Clairvaux spitzt dieses mitfühlende, mütterliche Bild Christi zu: »Für Bernard [erscheint]... das mütterliche Bild nicht als das Lebenschenken oder gar als die Empfängnis oder die Geborgenheit im Mutterleib, sondern als das Nähren, speziell das Stillen.«[27] Die Würde, die nun dem Frauenkörper zugesprochen wurde, half den Frauen im 12. Jahrhundert, größeren Einfluß in religiösen Angelegenheiten zu gewinnen. Nun entstanden viele Konvente mit gelehrten Äbtissinnen und ernsthaften spirituellen Aspirationen.

Dennoch war der Impuls des Nährens nicht restlos mit dem melancholischen Temperament des Körpers in Übereinstimmung zu bringen. Melancholie war, wie der Historiker Raymond Klibansky bemerkt, das am stärksten nach innen gekehrte der vier Temperamente. Wer so gestimmt war, wandte sich eher den Geheimnissen der eigenen Seele zu, nicht wie ein Phlegmatiker oder Sanguiniker weltlichen Problemen.[28] Melancholie führte zur Meditation über das Leid der Menschen und die Mysterien der göttlichen Gnade. Die traditionellen Orte der Melancholie waren daher geschlossene Räume, Zellen und von Mauern umgebene Gärten.

Die moderne Medizin verwechselt die Melancholie häufig mit klinischer Depression. Das Verhalten des mittelalterlichen Melancholikers erinnert kaum an die schweren Bewegungen, die lustlose Reaktion auf andere und die Stumpfheit der klinisch Depressiven. Ein Melancholiker zeigte in hohem Maße Mitgefühl und Anteilnahme, besonders in der mittelalterlichen Inszenierung des Todes. Vor der Kathedrale Notre Dame wurde zum Beispiel die Passion Christi in oft krassem Realismus dargestellt; der Jesus verkörpernde Schauspieler mußte manchmal blutige Geißelungen über sich ergehen lassen. Diese intensiv körperliche Szenerie diente dazu, den Zuschauern die Leiden Jesu als die eines Mitmenschen nahezubringen. Innerhalb der Kathedrale suchte die neue, populäre Frömmigkeit zu Ostern, »alle Schranken, jede Abtrennung« zu beseitigen. »Jeder an jedem Ort muß die Predigt hören, jeder muß den ausgestellten Körper Christi sehen können...«[29] Dieselbe offene und lebendige Erfahrung der Anteilnahme an den Leiden des anderen begleitete die letzten Augenblicke vor dem Tod eines Menschen. Im Athen des Perikles hielten sich die Menschen den Toten fern: »Trotz ihrer Vertrautheit mit dem Tode scheuten die Alten die unmittelbare Nachbarschaft der Toten und hielten sie abseits.«[30] Im Mittelalter war »der Tod... auch eine öffentliche Zeremonie. Das Zimmer des Sterbenden wandelte sich zur öffentlichen Räumlichkeit...Wichtig war, daß Eltern, Freunde oder Nachbarn zugegen waren«, schreibt der Historiker Philippe Ariès.[31] Sterbeszenen auf Gemälden zeigen Gruppen von schwatzenden, trinkenden, essenden und betenden Menschen; sie leisteten dem Sterbenden Gesellschaft.

Welches Verhalten wurde von dem Todgeweihten selbst erwartet? Die Sterbenden, so bemerkt Ariès, sollten »auf zeremonielle Weise zwar, aber doch ohne dramatischen Charakter, ohne exzessive emotionale Regung« verscheiden.[32] Aus einer Untersuchung der Verzweiflungsgesten in der bildenden Kunst schließt Moshe Barasch, daß »die Künstler des Spätmittelalters die Trauer der Jungfrau Maria, die den toten Christus auf ihrem Schoß hält, auf viele verschiedene Weisen ausdrückten, daß sie jedoch gewöhnlich auf große Gesten zur Darstellung ihres Gefühls verzichteten«.[33] Durch diese Zurückhaltung in der Geste brachte der Körper eine würdige Melancholie zum Ausdruck. Die angemessene Weise des Sterbens bestand darin, möglichst zu jedem im Raume Anwesenden ein Wort zu sagen oder eine Bewegung mit der Hand oder den Augen als Zeichen des Erkennens zu machen, aber nicht mehr. Im Leben wie in der Kunst sollte der Augenblick des Todes ein Augenblick der Meditation, nicht der Verzweiflung, sein.

Um der christlichen Dualität von Mitleid und Innerlichkeit in der Stadt gerecht zu werden, brauchte es aber mehr als solche körperlichen Verhaltensweisen. Das Ideal meditativer Räume taucht zum ersten Mal in den Schriften des Pariser Philosophen des 12. Jahrhunderts, Petrus Abaelardus, auf. Er bekräftigte, daß »Städte Konvente für Verheiratete sind... Städte werden... von Barmherzigkeit zusammengehalten. Jede Stadt ist eine Bruderschaft.«[34] Diese Vision der Stadt forderte neue Konzeptionen und eine andere Nutzung von Konventen, Klöstern und heiligen Gärten – den traditionellen Räumen der Melancholie.

3. DIE CHRISTLICHE GEMEINDE

An diesem Punkt sollten wir einen Blick darauf werfen, wie das mittelalterliche Paris zwischen Kirche und Staat aufgeteilt war. Natürlich gab es keine säuberliche geographische Trennung, weil Staat und Religion zutiefst miteinander verwoben waren. Wurde ein König in einer Kathedrale gekrönt, »verwandelte der Krönungsritus ihn durch das Sakrament in einen *Christus Domini*, das heißt nicht allein in eine Person von bischöflichem Rang, sondern in ein Abbild von Christus selbst«, schreibt Otto von Simson.[35] Der mittelalterliche König als Christus Domini spiegelte das Bild des römischen Kaisers als eines lebenden Gottes wider. In ähnlicher

Weise stand der Bischof von Paris in den Worten eines anderen Historikers auf derselben Stufe »wie die Grafen, Herzöge und der König, er wurde von den gleichen hohen und niedrigen Amtsträgern bedient. Er hatte seinen Majordomus oder Verwalter, seinen Mundschenk, seinen Zeremonienmeister, seinen Kammerherren oder Schatzmeister, seinen Stallmeister, seinen Haushofmeister, Sekretäre, Kapläne...«[36] Im 11. Jahrhundert lockerte der Bischof sein feudales Band zum König; der Bischof legte einen Treueeid ab, aber nicht mehr den Lehenseid – es war die Art von Unterschied, die für jenes Zeitalter der Privilegien eine enorme Kluft anzeigte.

Palast, Kathedrale und Kloster

Jahrhundertelang war Paris eine königliche Stadt gewesen, doch zur Zeit Jehans de Chelles hatte sich die Bedeutung eines Königssitzes gewandelt. Vor dem Schub städtischen Wachstums im 12. Jahrhundert verbrachten der König und sein Hof ihre Zeit ständig auf den Straßen des Königreichs und wohnten in den Schlössern bedeutender Adliger. Durch solche »Rundreisen« drückte der König seinen Landen den Stempel persönlicher Herrschaft auf; die physische Anwesenheit des Königs half definieren, was das Königreich war. Als seine Städte sich zu erholen begannen, reiste der französische König etwas weniger. Sein Palast auf der Ile de la Cité wurde zunehmend von der Symbolik seines Amtes durchdrungen; das Königtum drückte sich wie zu Zeiten des römischen Reiches in Stein aus.

Philipp II., bekannt als Philipp August (1165-1223), residierte in einem Palast auf der Ile de la Cité, der dicht an dem kirchlichen Gebäudekomplex der Notre Dame am östlichen Ende der Insel lag. Die großen Adligen seines Hofes bauten ihre Paläste südlich der Insel, auf dem linken Seineufer. Dies war Land, das Klöstern gehörte. Karl V. verließ die Einengung der Insel. Er baute den ersten der Louvrepaläste, dicht vor der schützenden Mauer, die Philipp August hatte errichten lassen. Dieser erste Louvre war ein großes Quadrat, sein Zentrum ein »Donjon«, eine riesige offene Zeremonienhalle, unter deren Fußboden sich Waffenarsenale und Zellen für Gefangene befanden. Die Schreibstuben des Hofes umgaben die Halle. Der Louvre von Karl V. war eines der ersten Gebäude, bei denen militärischer Schutz mehr ein architektonisches Symbol als eine Frage von praktischer Bedeutung war. Die vier großen Türme an den Ecken des Louvre-Donjon stellten eine königliche Machterklärung an die Einwohner von Paris dar; realen physischen Schutz boten neue Stadtmauern jenseits des Areals des Palastes.

Während der Zeit von Philipp August waren die Anwesen der Adligen innerhalb der Stadt ein Abbild des Landes; ihre Gärten etwa wurden zum Anbau von Trauben und anderem Obst und Gemüse genutzt. Jetzt wurden diese Gärten eher dekorativ gestaltet als landwirtschaftlich genutzt. Und während Philipp August in seinem Palast noch unter Waisen, Studenten und Schreibern lebte, füllte sich die Umgebung des neuen Louvrepalasts in der Gegend, wo heute die Rue de Rivoli ist, rasch mit den Stadthäusern der bedeutendsten Adligen seines Hofes, jeder einzelne ausgestattet mit einer eigenen Zeremonienhalle, Türmen und Gärten. Von diesen städtischen Türmen aus konnte der Adlige nach draußen spähen, nicht etwa, um zu sehen, ob feindliche Truppen im Anmarsch waren, sondern um herauszubekommen, wen sein Nachbar zum Abendessen geladen hatte. So wurde der Hof zu einer Gemeinde innerhalb der Stadt; es war jedoch nicht eine Gemeinde der Art, wie Abaelard sie geschätzt hätte. Die Bauten der Notabeln drängten sich immer dichter aneinander und an den Louvre heran und bildeten eine große Wabenstruktur der Intrige.

Paris war auch Bischofssitz. Reichtum, Macht und Kultur der Kirche bildeten in der Stadt ein Gegengewicht zur Ausstrahlung des Königspalastes. Der Bischof von Paris stand dem König an städtischem Besitz nicht nach; ihm gehörte die ganze Ile St. Louis, das Land um seine Kathedrale Notre Dame und große Flächen an anderen Orten der Stadt. Als Maurice de Sully im Jahr 1160 mit dem Bau von Notre Dame begann, schloß die »Kathedrale« nicht nur das große Kirchengebäude ein, sondern auch einen Komplex geistlicher Gebäude, in dem Mönche lebten, ein Hospital, Lagerhäuser und ausgedehnte Gärten. Flußkähne legten an den Kais des Kathedralenkomplexes an, um für die körperlichen Bedürfnisse der Mitglieder der Kapitel und der Kathedrale zu sorgen. Diese Kähne kamen oftmals von Saint-Germain und anderen Klöstern, die ihre eigenen Gärten und Speicher besaßen. Das linke Seineufer war um 1200 noch stärker landwirtschaftlich geprägt als das rechte Ufer; ein ausgedehnter Weinberg umgab Saint-Germain.

Im Zeitraum bis 1250, als Jehan de Chelles mit der letzten Bauphase von Notre Dame begann, gab es auch in dieser geistlichen Enklave in der Stadt widerstreitende Interessen. »Das bischöfliche Land war nicht rational aufgeteilt«, schreibt der Historiker Allan Temko, und das ist noch sehr zurückhaltend ausgedrückt; »innerhalb und außerhalb der Kathedrale war das Territorium der Kirche von merkwürdig feudalen Grenzen gekennzeichnet«.[37] Der Bischof kontrollierte die Heiligtümer der Kapelle und einige Seitenschiffe innerhalb der Kirche, während dem Kapitel der Kanoniker, nominell dem Bischof unterworfen, der Rest des Gebäudes unterstand. »Die Zuständigkeit des Kapitels wanderte südlich der Kathedrale durch das Tor des Bischofs zum Eingang seines Palasts«, während »die des Bischofs sich nordwärts wandte und bestimmten Straßen zu kleinen Inseln der Autorität innerhalb des Klosters folgte«.[38] Die Kontrolle über diese Räume von Notre Dame definierte die Macht bestimmter Gruppen in der Kirchenhierarchie. Außerdem bedrängten die Versuchungen des Stadtlebens die vierzig Häuser des Kapitels, die Notre Dame umgaben; König, Papst und Bischof versuchten – normalerweise vergebens – das Randalieren und die Hurerei vieler Kleriker zu bändigen. Dies war wiederum nicht das, was Abaelard sich vorgestellt hatte.

Eine Abtei besaß eine genau umrissene Bedeutung als ein von bestimmten Kirchenfunktionären – Äbten und Äbtissinnen – kontrollierter Ort. Sie hatte aber auch eine weitere Bedeutung: Sie konnte Wohngebäude der Mönche oder des Konvents umfassen, ein Krankenhaus, ein Armenhaus und einen Garten sowie eine Kirche. Eine der ältesten und bekanntesten Abteien ist das Kloster Sankt Gallen in der Schweiz, von dessen Bau detaillierte Pläne erhalten sind. In karolingischer Zeit gab es nur wenige befestigte Burgen im Land, so daß es den Klöstern zufiel, sich in Zeiten von Krieg und Hungersnot sowohl um die Landbevölkerung als auch um die Mitglieder des eigenen Ordens zu kümmern. Aber auch diese frühen religiösen Siedlungen hätten wohl kaum Abaelards Vorstellung von der Stadtgemeinde entsprochen, denn sie waren weit davon entfernt, Orte großzügiger Nächstenliebe zu sein. Die Wachen an den Toren trafen unter den Einlaßbegehrenden eine strenge Auswahl; das Armenhaus stand nur Einheimischen offen, die Zugelassenen wurden in eine offizielle Armenliste, *matricula* genannt, eingetragen.

Die Dominikaner und die Franziskaner siedelten sich im frühen 13. Jahrhundert nicht weit von den Mauern des linken Seineufers an. Dieser Bereich war noch sehr dünn besiedelt, so daß die Orden nur wenig mit den Problemen der Stadt zu tun hatten. Die Serviten hatten weit mehr Kontakt mit ihnen, da sie ihre Kirche auf dem rechten Ufer nahe dem Zentralmarkt erbaut hatten. Die Bettelorden waren die am stärksten urbanisierten religiösen Orden. Sie hatten die Szene relativ spät betreten und suchten, den Kranken auf der Straße aktiv zu helfen sowie die Ketzerei zu bekämpfen. Die Benediktiner waren in Besitz der Abtei von Saint-Germain-des-Prés, die ein großes kirchliches »Heim« und zugleich ein Weingut war. Neue Orden wie die Templer, die sich an den Kreuzzügen beteiligten, schickten eine Armee von Pilgern kreuz und quer durch Europa, die immer auf örtliche Hilfe angewiesen waren. Als sich der Handel in Paris belebte, suchten die Reisenden Obdach und Nahrung in den Kirchenheimen, zunächst im Kathedralenkomplex und in Saint-Germain-des-Prés, dann in den Servitenquartieren und später bei den Bettelorden.

Der wichtigste religiöse Ort war die Gemeinde. »War die Kathedrale der Stolz der Bürger«, schreibt der Historiker Howard Saalman, »so waren ihre Geburt und ihr Tod – ihre Identität – untrennbar mit der Gemeinde verbunden.«[39] Alle Rechtsdokumente stützten sich auf die Gemeindearchive; Märkte bildeten sich um Gemeindekirchen; die Gemeinde war die erste Hilfsquelle für Menschen in Not. Aber als die Bevölkerung von Paris anschwoll, waren die Gemeinden diesen lokalen Bedürfnissen nicht länger gewachsen, und höhere kirchliche Institutionen übernahmen viele der Wohltätigkeitsfunktionen, die zuvor von Kirchengemeinden erfüllt worden waren. Hospitäler für die Armen und ihre Almosenhäuser wurden zahlreicher; viele der neuen Hospitäler in der Stadt wurden von höheren Kirchenautoritäten gegründet, »auf Betreiben der Bischöfe. Nicht weit von dem Wohnort des Bischofs oder Kanonikers erbaut, sind die Nachfolger dieser Institutionen noch heute in der Nähe der alten Kathedralen zu finden: so etwa die modernen kirchlichen Krankenhäuser von Paris...«[40] Im Jahr 1328 gab es etwa sechzig Hospitäler in der Stadt, sie befanden sich hauptsächlich im Zentrum auf der Ile de la Cité und auf dem rechten Ufer; das größte lag nahe Notre Dame, das Hôtel-Dieu. Die zentralen Kirchenautoritäten ließen auch mehr Häuser errichten, die Almosen ausgaben. Diese waren über die ganze Stadt verteilt.

Dennoch wurde mit dem Anwachsen dieser Aktivitäten, die sich auf die ganze Stadt ausdehnten und nicht mehr an die Gemeinde gebunden waren, das Tun der Kirche dank der großen religiösen Erneuerung als persönlich wahrgenommen und nicht etwa als bürokratisch kalt. Um zu verstehen, warum das so war, wollen wir die Arbeit eines Beichtvaters, eines Almosenpflegers und eines Gärtners im Paris des Jehan de Chelles betrachten.

Beichtvater, Almosenpfleger und Gärtner

Im frühen Mittelalter war das Beichten eine relativ leidenschaftslose Angelegenheit. Die Person, die zur Beichte kam, deutete oberflächlich ihre Vergehen an, der Beichtvater erlegte eine Buße auf oder befahl seinem Schützling eine Veränderung seines Verhaltens. Während des 12. Jahrhunderts wurde die Beichte – aufgrund der Flutwelle der religiösen Erneuerung – ein viel persönlicherer, emotional aufgeladener Austausch zwischen zwei Individuen. Physisch blieb der Raum des Beichtstuhls, was er zuvor gewesen war: ein verschlossener Kasten, durch einen Schirm unterteilt, damit Priester und Gemeindemitglied einander nicht sehen konnten. Nun aber gingen »die Brüder an Beichte und Buße ganz anders heran«; anstelle der alten Praxis, einfach nach einer abstrakten Sündentabelle Sühnegebote zu erteilen, traten die Priester »willig in Verhandlungen mit dem Beichtenden ein, um in einer Reihe von Fragen und Antworten die relative Schwere des Vergehens und daher auch die angemessene Härte der Buße zu bestimmen.«[41] Durch den Austausch von Fragen und Geständnissen zog die Beichte Priester und Gemeindemitglied in eine engere persönliche Beziehung.

Was den Priester anging, so konnte er nicht länger die formale Sprache von Pflicht und Schuldigkeit sprechen; er mußte dem Gemeindemitglied genauer zuhören, um zu verstehen, was er hörte. Die Beichte wurde zu etwas Erzähltem, zu einer Geschichte, die zunächst weder der Erzähler noch der Zuhörer verstanden. Vom Priester wurde erwartet, daß er Gefühle des Mitleids ausdrückte, sobald er begann, die Geschichte des Beichtenden zu verstehen. Der Akt des Beichtens war, im mittelalterlichen Wortsinn der Melancholie, ein melancholischer Anlaß: Er forderte Offenheit zwischen Beichtkind und Beichtvater, und er forderte Innerlichkeit, da der Beichtende versuchte, seine Sünden zu verstehen. Da das Gemeindemitglied nicht bloß einer abstrakten Formel folgte, wenn es von seinen oder ihren Sünden sprach, sondern den eigenen Fall mit Hilfe des Priesters interpretieren wollte, stärkte dieser melancholische Austausch das Gemeindemitglied: Es wurde der aktiven Teilnahme am Glauben für fähig erachtet.

In ländlichen Konventen wie in städtischen Kathedralen durchdrang die Imitatio Christi die katholische Praxis. Die Vorstellung eines urbanen Mittelalters in Nordeuropa kann jedoch in die Irre führen, denn die Zahl der Menschen, die damals in Städten lebten, war sehr klein; innerhalb dessen, was wir heute Frankreich nennen, machte die Bevölkerung von Paris etwa ein Prozent des Ganzen aus. Aber es gab eine urbane Dimension in der neuen Beicht*praxis*. Die Voraussetzung für die Beichte ist strenge Anonymität. In einem kleinen Dorf jedoch würde der Priester die Stimme des Beichtenden wahrscheinlich erkennen, um die Situationen wissen, auf die der Beichtende sich bezieht, Urteile fällen und Vorschläge machen, die auf diesem zusätzlichen Wissen beruhen. In der Stadt wurde die Fiktion der Beichte soziale Wirklichkeit. Die Worte, die im städtischen Beichtstuhl gesprochen wurden, fielen stärker ins Gewicht als in einer kleinen Stadt oder in einem Dorf. Der Beichtvater mußte sie aufmerksam verfolgen, er konnte der Geschichte eines Fremden kaum mit einer Formel gerecht werden. Im Paris des Jehan de Chelles galt das besonders für die Beichtstühle von Notre Dame und Saint-Germain-des-Prés, da diese beiden Kirchen Kommunikanden auch von außerhalb der Gemeindegrenzen anzogen. Für die Bettelorden, die den Armen und Kranken beistanden, denen sonst keiner half, war die Bedeutung des ernsthaften Zuhörens noch erheblicher, weil die »Gemeindemitglieder« keine Gemeinde besaßen. Die religiöse Erneuerung legte dem Kleriker nahe, genau zuzuhören; durch die Konfrontation mit dem Unbekannten ließ die Stadt ihm keine andere Wahl.

Die Geschichte des Almosenpflegers ähnelte der des Beichtvaters. Obwohl das Christentum die Identifikation mit den Armen betonte, beruhte die frühmittelalterliche Wohltätigkeit nicht darauf, daß man Mitleid für sie empfand. Wenn er wohltätige Werke verrichtete, gehorchte der Almosengeber einer höheren Macht; er war verpflichtet, Barmherzigkeit zu üben – unabhängig von seinen eigenen Neigungen. Humbert de Romans, ein Gelehrter im Paris des 12. Jahrhunderts, beschwört diese traditionelle Ansicht der Wohltätigkeit in einer Predigt an Bürger, die ein Armenkrankenhaus unterhielten: Wohltätigkeit sei ein Akt im »Dienst des Schöpfers«, die persönlichen Emotionen eines Christen hatten damit wenig zu tun.[42] Genausowenig mußte Mitleid diejenigen motivieren, die den frühen Klöstern Geld in Form von Spenden zukommen ließen, um für die Armen und Kranken zu sorgen. Diese Gaben verliehen den Wohltätern Ehre; zudem suchten die Wohltäter das Wohlwollen der Mönche, denn »das beste zur Verfügung stehende Mittel für die Garantie ewiger Erlösung war der Einsatz der Mönche für die Lebenden und in ihrem Gedenken an die Toten«.[43]

Die religiöse Erneuerung änderte sowohl den Geist als auch die Praxis der städtischen Wohltätigkeit. Die Franziskaner und Dominikaner predigten weltliches Engagement statt spiritueller Isolation. Durch den Dienst an anderen reinigte der Christ seine Seele. Die Nachfolge Christi verstärkte dieses Engagement. Im mittelalterlichen Paris, sagt ein Historiker, schloß Wohltätigkeit, die im Geiste der Barmherzigkeit erbracht wurde, »sowohl eine ethische Rechtfertigung der städtischen Gesellschaft selbst als auch der politischen Aktivitäten ihrer einflußreicheren Mitglieder ein«.[44] Gewiß sammelten sich in der Stadt notleidende Menschen, ein spezifischerer Wandel jedoch kennzeichnete diese Rechtfertigung. Die Servitengemeinschaft nahe dem zentralen Markt auf dem rechten Ufer begann in den ersten Jahren des 13. Jahrhunderts intensiv Laienmitglieder als Almosenpfleger einzusetzen. Die Tatsache, daß Laien nun häufig an der Almosenverteilung beteiligt waren, was zuvor ein Privileg des Klerus (und eine bedeutende Quelle der Selbstbereicherung) gewesen war, bedeutete, daß der städtische Bürger nun eine wichtige Rolle in der Machtstruktur der Kirche spielte.

Der städtische Almosenpfleger des Mittelalters arbeitete ganz anders als ein heutiger Wohlfahrtsbürokrat, der mit menschlichen Bedürfnissen hauptsächlich über das Ausfüllen von Formularen in Berührung kommt. Als Wohltätigkeitsinstitutionen sich überall in der Stadt ausbreiteten und dem Beispiel der Serviten folgten, machte sich der Almosenpfleger oft in die Straßen auf, wobei er sich von den Berichten der Priester und den Hinweisen der Leute auf der Straße lenken ließ; wie die Bettelbrüder versuchte er die Leprakranken zu finden, festzustellen, wo Sterbende allein gelassen worden waren, oder die Kranken ins Hospital zu bringen. Die Arbeit auf der Straße erforderte, daß man sich ohne Rücksicht auf Pfarrgrenzen in das Leben der Leute einmischte. Sie unterschied sich von der passiven lokalen Wohltätigkeit früherer Zeiten, die durch Zulassung oder Zurückweisung an den Kirchentoren geregelt worden war. Das Auftauchen der Laienfürsorger und später der Bettelmönche auf den Straßen ermutigte wiederum die Menschen, die in Not geraten waren, *zu* den Kirchen zu kommen, zu Kirchen, die ihnen das Gefühl vermittelten, daß sie über die Pflicht hinaus auf ihre Not eingingen.

Die Wohltätigkeit veränderte die äußere Form der unmittelbaren Umgebung von Notre Dame. Die Klostermauern von Jehan de Chelles, die den großen Kathedralengarten auf der Südseite von Notre Dame umgaben, waren niedrig – einer Schätzung zufolge nur etwa einen Meter hoch. Weil die Klostermauern so unbedeutend waren und keine bewachten Tore besaßen, konnte jeder sich Zutritt verschaffen. Die neue Barmherzigkeit der Kirche führte dazu, daß sich der Garten mit ausgesetzten Kindern, Obdachlosen, Leprakranken und Sterbenden füllte; sie verbrachten den Tag damit, auf die Mönche zu warten; nachts schliefen sie auf Strohmatten. Aber der Klostergarten sollte die Menschen auch dazu anleiten, in sich zu gehen, den Zustand ihrer Seele zu bedenken. Der Klostergarten von Notre Dame exemplifizierte die Melancholie im Raum, offen, voller Leiden und doch auch kontemplativ.

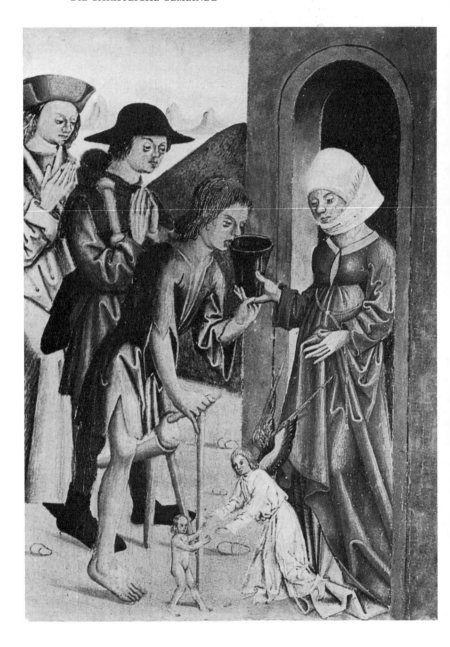

Christliche Wohltätigkeit in der Stadt, *Gute Taten*, Miniatur, um 1500.

Eine lange Tradition hatte festgelegt, wie man einen Garten gestaltete, um den Menschen in den Zustand melancholischer Kontemplation zu versetzen. Unglücklicherweise sind fast alle Informationen darüber, wie der mittelalterliche Garten von Notre Dame bepflanzt war, verlorengegangen, aber wenigstens kennen wir die Regeln, die die Gärtner Jehans de Chelles besaßen, um diese Aufgabe in Angriff zu nehmen.
Städtische Burgen mit Schmuckgärten gab es in Frankreich seit dem Ende des 9. Jahrhunderts. In Paris tauchten Spuren großer Schmuckgärten außerhalb von Klöstern im 10. Jahrhundert auf der

Ein Garten in der Stadt. Pierre de Crescens, *Le Livre des prouffitz champestres*, 15. Jahrh.

Das Hôtel de Cluny in Paris, erbaut zwischen 1485 und 1498. Es verwendet Militärarchitektur als urbanes Ornament.

Südseite der Ile de la Cité auf. Ursprünglich produzierten Stadtgärten Kräuter, Obst und Gemüse für die Stadt. Gegen Mitte des 13. Jahrhunderts wurde es indessen vorteilhafter, in der Stadt zu bauen, statt Land zu bestellen. Es war wirtschaftlich klüger, Lebensmittel zu kaufen, die mit dem Schiff nach Paris gebracht wurden. Die landwirtschaftlichen Gärten, die Notre Dame 1160 noch umgaben, waren 1250 auf einen kleinen Rest zusammengeschrumpft.

Den Parisern boten die Gärten von Notre Dame statt dessen ein Ventil für den Druck der Bevölkerung in den städtischen Häusern und Straßen. Innerhalb des Hauses ebenso wie auf der Straße lebten die Menschen dicht zusammengedrängt. In den Häusern ging es zu wie auf den Straßen, die Menschen kamen und gingen zu jeder Stunde, wie es ihnen paßte, »in intensiver Berührung miteinander zusammengepfercht, bisweilen auf engstem Raume – so lebten die Menschen im Feudalzeitalter. In der feudalen Residenz war kein Raum für individuelle Abgeschiedenheit«.[45] Die Vorstellung eines privaten Raumes, der einem Individuum vorbehalten blieb, war

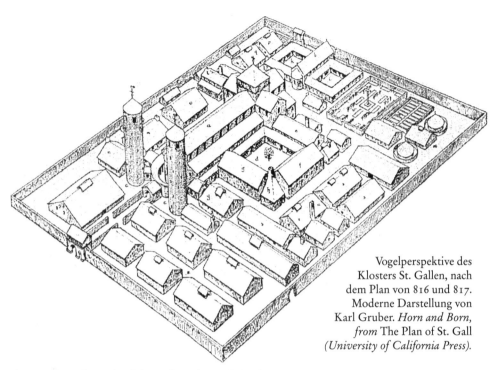

Vogelperspektive des Klosters St. Gallen, nach dem Plan von 816 und 817. Moderne Darstellung von Karl Gruber. *Horn and Born, from* The Plan of St. Gall *(University of California Press).*

dem Pariser des Mittelalters fremd. Auch in den Gärten von Notre Dame drängten sich die Menschen, aber die Gartengestaltung der Zeit arbeitete darauf hin, daß man hier Ruhe und Frieden – wenn auch keine Einsamkeit – finden konnte.

Drei Elemente der Gartenplanung schufen nach mittelalterlicher Vorstellung einen Ort, der der Introspektion entgegenkam: die Laube, das Labyrinth und der Teich. Eine Laube war einfach ein Ort, an dem man vor der Sonne geschützt sitzen konnte. Antike Gärtner stellten sie her, indem sie hölzerne Dächer oder kahle Gitterwerke über Bänke wölbten. Der mittelalterliche Gärtner ließ auf solchen Gitterwerken Kletterpflanzen wachsen, zumeist Rosen und Geißblatt, die einen dicken undurchsichtigen Schirm aus Blättern und Blüten bildeten, so daß man hier sitzen konnte, ohne von anderen gesehen zu werden.

Die Gärtner des Mittelalters paßten das Labyrinth – eine weitere antike Form – der mittelalterlichen Suche nach Ruhe an. Die Griechen benutzten niedrige Büsche, um Labyrinthe zu schaffen; sie pflanzten Lavendel oder Myrte in einem Kreis mit genau festgelegtem Mittelpunkt und vielen, verwirrenden Linien zur Peripherie hinaus. Ein Spaziergänger konnte einfach über die Büsche hinwegsteigen, wenn er den rechten Weg hinaus nicht fand, wogegen es in einem mittelalterlichen Labyrinth »Pfade zwischen Hecken gab, die höher als ein Mensch waren, so daß jeder, der dort umherging und einen falschen Weg einschlug, nicht über sie hinwegblicken und seine Richtung korrigieren konnte«.[46] Die für ein solches Labyrinth verwandten Pflanzen waren zumeist Buchsbaum oder Eibe, wie in einem berühmten mittelalterlichen Labyrinth, das im Garten des Hôtel des Tournelles in Paris angelegt wurde. Fragmentarische Hinweise legen nahe, daß Jehan de Chelles ein hohes Labyrinth im Klostergarten von Notre Dame pflanzte, das – aus heute nicht mehr nachvollziehbaren Gründen – die Form des Davidsterns besaß. Im frühen Mittelalter symbolisierten Labyrinthe das Ringen darum, Gott im Zentrum der eigenen Seele zu finden; in der Stadt diente das Labyrinth einem weltlicheren Zweck. Hatte jemand den Anlageplan des Labyrinths einmal durchschaut, konnte er sich ungestört in dessen Mitte zurückziehen.

Der Gartenteich diente als Spiegel, als reflektierende Oberfläche. Brunnen gab es in Paris in jeder Straße; um sie gegen Fäkalien und Müll zu schützen, zogen die Brunnenbauer die Außenwände einige Fuß hoch. In der Zeit des Jehan de Chelles zierten Schmuckfontänen einige wenige Straßenbrunnen. Die relative Geschütztheit des Klostergartens bedeutete, daß ein Architekt die Brunnenmauern niedriger halten konnte; außerdem hütete sich ein Brunnenbauer im Kloster, dem Brunnen eine Fontäne zu geben, denn der Wasserstrahl hätte die Oberfläche des Wassers gestört. Das Becken des Klosterbrunnens sollte ein flüssiger Spiegel sein, über den man sich beugen konnte, ein Spiegel der Selbstbetrachtung.

Auch die Pflanzen eines Gartens trugen dazu bei, ein Gefühl der Ruhe heraufzubeschwören. Der Küster stellte Schnittrosen in die Kirche, um die Schreine anzuzeigen, in deren Nähe die Menschen leise sein mußten. In Pestzeiten setzte er Vasen mit Fliederzweigen, deren Duft eine beruhigende Wirkung zu haben schien, neben die Statuen der Jungfrau. In den Straßen von Paris trugen die Menschen kleine Bündel aus Kräutern, die sie oft an die Nase preßten, um

Der Garten als irdisches Paradies, aus dem die Welt und ihre Gefahren verbannt sind.
Unbekannter Künstler, *Der Klostergarten*, 1519.
The Metropolitan Museum of Art, Harris Brisbane Dick Fund, 1925.

schlechte Gerüche abzuwehren; diese Kräuter nahmen im Kloster einen sowohl introspektiven als auch medizinischen Wert an. Zu Weihnachten sollte der Geruch getrockneter Myrrhe die Erinnerung an die eigene und an Christi Geburt wecken. Während der Fastenzeit machte der Küster Weihrauch aus getrockneter Bergamotte; der Geruch sollte den Zorn besänftigen, der angeblich um diese Zeit des Jahres die Menschen ergriff.

Wir können nur vermuten, was jemand empfunden haben mag, der in einer Rosenlaube vor Notre Dame saß und plötzlich einen Leprakranken sah, dessen Körper von offenen Wunden bedeckt war. Nicht schiere Überraschung, denn um diese Zeit hatte sich der traditionelle Raum der Melancholie in der Stadt geöffnet: sollten sich die Hoffnungen des Henri de Mondeville erfüllt haben, könnte der Schock eine altruistische Reaktion zur Folge gehabt haben. Etwas genauer können wir uns vorstellen, was der Gärtner bei seiner Arbeit im Garten empfand. Es war eine Arbeit, die eine weit höhere Würde besaß als die des Händlers.

Christliche Arbeit

Der Traum, Zuflucht zu finden, ist uralt; Vergil beschwört ihn als nahendes goldenes Zeitalter in der vierten Ekloge:

... Euter, anschwellend von Milch, wird nach Hause selbst holen die Ziege,
Nicht mehr werden die Herden sich fürchten vor riesigen Löwen.
Selber die Wiege wird dir ausstreuen die schmeichelnden Blumen,
Unter wird gehen die Schlang' und die tückische Blume des Giftes...

Frühe christliche Asketen hatten besonders im Osten spirituelle Zuflucht im Einsiedlerleben gesucht. Spätere westeuropäische Vorstellungen von Zuflucht orientierten sich im Gegensatz dazu an der Gemeinschaft und schrieben das klösterliche Zusammenleben vor. Der Heilige Benedikt, der der Zuflucht diese gemeinschaftliche, ortsgebundene Form verlieh, legte auch fest, wie die Mönche zusammenleben sollten: »*laborare et orare*«, indem sie arbeiteten und beteten. Die Arbeit fand vor allem im Garten statt.[48]

Die christliche Arbeit war immer mit dem Wunsch verbunden gewesen, Schutz vor einer sündigen Welt zu schaffen. Zu der Zeit, da die Klöster auf dem französischen Land aufblühten, im späten 9.

und im 10. Jahrhundert, begannen zwei Orte des religiösen Raums Zufluchtstätten zu bieten: die kleinen Kapellen entlang des Kirchenschiffs und die Kreuzgänge in Klöstern oder Kirchengebäuden. Die Kapellen waren meist der Verehrung eines Heiligen gewidmet. Die Kreuzgänge lagen überwiegend um einen Garten oder Rasen herum und waren symbolisch und praktisch auf die Verehrung der Natur gerichtet.

Die christliche Meditation im Klostergarten bezog sich auf das Bild des Gartens Eden, der den Hintergrund abgab für das Nachdenken über die menschliche Destruktivität, die zu Adams und Evas Vertreibung aus dem Garten geführt hatte. Für die Mönche, die in Klöstern auf dem Lande lebten, war die Pflege eines Gartens ein restaurativer Akt, eine christliche Wiedergutmachung des Sündenfalls und der Vertreibung von Adam und Eva. Nicolas von Clairvaux »unterteilte die gesamte Schöpfung in fünf Regionen: die Welt, das Fegefeuer, die Hölle, der Himmel und der *paradisus claustralis*.«[49] Die letzte der fünf Regionen, der Klostergarten, wollte ein wiedergewonnenes Paradies auf Erden sein. Hier zu arbeiten hieß, die eigene Würde zurückzugewinnen.

Der Garten des Klosters unterschied sich in dieser Hinsicht von den islamischen »Paradiesgärten«, wie der Koran sie schildert und wie sie in Städten wie Cordoba verwirklicht worden sind. Die islamischen Gärten suchten Erholung von der Arbeit zu bieten. Als William von Malmesbury über die Gärten von Thorney Abbey schrieb, erklärte er im Gegensatz dazu, daß »nicht ein Krümel Erde brachliegen soll..., an diesem Ort wetteifert die Kultivierung mit der Natur; was die zweite vergessen hat, bringt die erste hervor«.[50]

Die christlichen Reformer, die die Klöster schufen, glaubten, die Arbeit im Garten versetze nicht nur den Arbeitenden in den ursprünglichen Garten zurück, sondern schaffe auch spirituelle Disziplin; je härter die Arbeit, desto höher ihr moralischer Wert. Dies wurde besonders von den Zisterziensern betont, die die Mönche durch Arbeit aus der Trägheit und Korruption herausreißen wollten, in die viele religiöse Orden versunken waren. Und ebenfalls aus diesem Grund vollzog sich die Arbeit des Mönchs im Garten still – sowohl die Franziskaner als auch die Zisterzienser gehorchten im Garten einer Schweigeregel, ebenso viele Benediktiner. *Laborare et orare* verwies auf den Glauben frühmittelalterlicher Christen, daß Arbeit dem ortsgestaltenden Körper Würde verlieh. Die hochmittelalterliche Verbindung zwischen menschlichem und göttlichem Schmerz erhöhte die Würde der Arbeit, da eine Person, die sich körperlich anstrengte, die Beziehungen zwischen Fleisch und Seele in einem neuen Licht betrachtete. Allerdings erreichte das persönliche Bewußtsein, das durch die Arbeit erlangt wurde, wie Caroline Bynum feststellt, »nicht, was wir mit ›dem Individuellen‹ meinen«[51]; der Mönch arbeitete für die Gemeinschaft.

Die Mönche von Sankt Gallen oder Clairvaux lebten in einem behüteten Raum. Die Stadt brachte die Würde der Arbeit in einer weniger kontrollierten Welt zur Geltung, Würdiges und Unwürdiges mischten sich im Gewebe des städtischen Raums. Die Steinmauern von Notre Dame waren den steinernen Kais der Seine, auf denen gehandelt wurde, nicht fern. Die Türme der Kathedrale versprachen Hilfe, wenn die in die Stadt Gekommenen in Not gerieten. Diese Türme, die sich in den Himmel zu recken schienen, boten Zuflucht vom Getriebe der Kais, der Straßen und der städtischen Elendshütten. Und doch belegt die Feier der Arbeiter, die Notre Dame gebaut hatten, im Jahre 1250, daß *laborare et orare* sich über den Garten hinaus in die Stadt verbreitet hatte: der Steinmetz, der Glasbläser und der Zimmermann schlossen sich nun dem Gärtner an.

Wurden 1250 auch die Kaufleute, die geholfen hatten, diese Zuflucht zu finanzieren, gefeiert, so war deren Ehre doch ungewisser, ihre Würde weit zweifelhafter. Der Handel war keine melancholische Arbeit im mittelalterlichen Sinne, ihm fehlte das selbstbetrachtende Element. In der Tat war das eigentliche Wesen des Handels dem Händler ebenso ein Rätsel wie Bernard von Clairvaux in seinem Kloster oder Johannes von Salisbury in seinem Studierzimmer. Das Sprichwort »Stadtluft macht frei« schien die Handeltreibenden von den emotionalen Bindungen, die sie als Christen doch suchten, abzuschneiden. Wenn die städtischen Gärten der Christen im mittelalterlichen Paris den Gnadenzustand vor dem Sündenfall heraufbeschwören sollten, so schienen diejenigen, die außerhalb des Sanktuariums arbeiteten, in einer städtischen Wildnis herumzuirren.

SECHSTES KAPITEL
»JEDER MENSCH IST SICH SELBST EIN TEUFEL«

Das Paris des Humbert de Romans

Der Bewohner der athenischen Polis identifizierte sich mit seiner Stadt. Der Bewohner einer mittelalterlichen Stadt nannte sich in Frankreich *bourgeois* und *Bürger* in Deutschland. Diese Wörter bezeichneten mehr als nur die Zugehörigkeit zum Mittelstand; die Steinmetzen, die an Notre Dame arbeiteten, waren Bourgeois, doch im mittelalterlichen Paris besaßen nur wenige Bourgeois so wie die griechischen Bürger das Wahlrecht. Der Historiker Maurice Lombard beschreibt den Bourgeois als einen Menschen, der aufgrund von Handel und Kommerz ein Kosmopolit ist. »[Der mittelalterliche Bourgeois] ist ein Mensch an einer Wegscheide, der Wegscheide, an der sich verschiedene städtische Zentren überschneiden«, schreibt Lombard; »er ist ein Mensch, der der Außenwelt gegenüber offen ist, aufnahmebereit für Einflüsse, die in seiner Stadt ankommen und die aus anderen Städten stammen«.[1] Diese kosmopolitische Haltung beeinflußte das Verständnis der eigenen Stadt. Die weltliche Arbeit des mittelalterlichen Paris fand im städtischen Raum statt, nicht an Orten: Räume konnten gekauft und verkauft, der Form nach durch An- und Verkauf verändert werden. Dadurch wurde der Raum zu dem Territorium, in dem – und nicht für das – eine Person arbeitete. Der Bourgeois bediente sich des städtischen Raums.

Die Unterscheidung zwischen Raum und Ort ist für die Stadt grundlegend. Sie beruht auf mehr als der emotionalen Bindung an den Ort, an dem man lebt, denn sie bezieht sich auch auf die Erfahrung der Zeit. Im mittelalterlichen Paris erschien die flexible Nutzung des Raums in Verbindung mit dem Auftauchen der Körperschaft, einer Institution, die das Recht hatte, ihre Aktivitäten im Laufe der Zeit zu verändern. Wirtschaftliche Zeit entfaltete sich, indem der Wirtschaftstreibende Gelegenheiten wahrnahm, unvorhergesehene Ereignisse ausnutzte. In der Wirtschaft verbanden sich der funktionale Gebrauch des Raums mit dem opportunistischen Gebrauch der Zeit. Die christliche Zeit dagegen ruhte auf der Lebensgeschichte Jesu, einer Geschichte, die allen Menschen geläufig war und ihnen Gewißheit gab. Die Religion forderte eine emotionale Bindung an den Ort und verknüpfte sie mit einem Gefühl für erzählte Zeit.

Die frühen Christen, die sich von der Welt »abwandten«, fühlten sich von Veränderung erfüllt, doch fehlte ihnen der Ort; die Konversion bot keine Landkarte, die das Ziel der frühen Christen offenbart hätte. Jetzt besaß der Christ einen Ort in der Welt und einen Pfad, dem er folgen konnte, aber die wirtschaftliche Betätigung schien ihn von beiden fortzutreiben. Auch das Körpergefühl der Menschen trat in diesen Konflikt zwischen Wirtschaft und Religion ein. Während die christliche Zeit und der christliche Ort aus der Kraft des Körpers zum Mitleiden schöpfte, beruhten ökonomische Zeit und ökonomischer Raum auf seiner Fähigkeit zur Aggression.

Der Widerstreit zwischen Ort und Raum, zwischen Festgelegtsein und Opportunität, zwischen Mitleid und Aggression spielte sich in jedem Bürger ab, der versuchte, Glauben und Profit in der Stadt zu vereinigen.

1. DER WIRTSCHAFTLICHE RAUM

Cité, Bourg, Commune

Die Geographie des mittelalterlichen Paris bestand wie die anderer Städte dieser Zeit aus dreierlei Arten von Grundbesitz.

Erstens gab es Flächen, die von einer dauerhaften Mauer umgeben und innerhalb der Mauer im festen Besitz einer definierten Macht waren. In Paris schützten Steinmauern zum Beispiel die Ile de la Cité. Die Insel wurde auch von der Seine geschützt, die als natürlicher Burggraben diente; ein Großteil der Insel gehörte dem König und der Kirche. Solchen Grund nannten die Franzosen eine *cité*.

Die zweite Art von Grundbesitz war nicht von Mauern umgeben, gehörte aber auch großen und klar definierten Mächten. Diese Art von Territorium nannten die Franzosen *bourg*. Der älteste

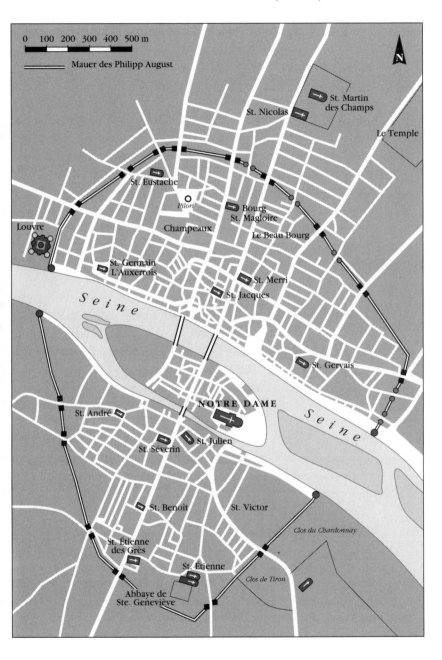

Plan des mittelalterlichen Paris, um 1300.

Bourg von Paris lag auf dem linken Seineufer: Saint-Germain. Er ähnelte einem dichtbesiedelten Dorf. Seine gesamte Fläche gehörte den vier Kirchen der Gemeinde, die Saint-Germain ausmachten. Die größte befand sich dort, wo heute die Kirche Saint-Sulpice steht. Ein Bourg wurde nicht notwendig von einer einzigen Macht kontrolliert. Auf dem rechten Ufer war bis etwa 1250 entlang des Flusses gegenüber von Notre Dame ein neues Viertel entstanden, das sowohl als Hafen als auch als Markt diente; ein kleinerer Adliger kontrollierte den Hafen, ein anderer den Markt.

Die dritte Art von dichtbesiedeltem Grund war weder von festen Mauern beschützt noch von einer genau bestimmten Macht kontrolliert. Die Franzosen nannten sie eine *commune*. Solche Communes lagen verstreut an der Peripherie von Paris und bestanden normalerweise aus kleinen Höfen. Sie bildeten Dörfer ohne Herren.

Die Wiedergeburt von Paris im Mittelalter formte den Status der Communes und Bourgs um, indem sie immer mehr Land in Mauern einschloß. Die Mauern wurden in zwei Phasen erweitert. König Philipp August umgab die Nord- und Südufer von Paris im frühen 13. Jahrhundert mit Mauern. Sie schützten nun ein Gebiet, das im vorangegangenen Jahrhundert ständig gewachsen war. Karl V. erweiterte die Mauern von Paris in der Mitte des 14. Jahrhunderts noch einmal, jetzt aber nur auf dem rechten Ufer. Diese Veränderungen machten aus der ursprünglichen kleinen, isolierten Cité, ihren Bourgs und Communes etwas, was wir eine Stadt nennen würden; der König gewährte und garantierte den Bourgs und Communes innerhalb der Stadtmauern ökonomische Privilegien.

Die Pariser maßen urbane Verbesserungen an der Masse von Stein in der Stadt. Jacques Le Goff schreibt: »Der große Bauboom seit dem elften Jahrhundert, ein Phänomen, das wesentlich war für die Entwicklung der mittelalterlichen Wirtschaft, bestand sehr häufig darin, daß man ein hölzernes Bauwerk durch ein steinernes ersetzte – seien es nun Kirchen, Brücken oder Häuser.«[2] Der Gebrauch von Stein förderte die Entwicklung anderer Handwerksbetriebe. Die letzten Stadien von Jehan de Chelles' Bau der Kathedrale von Notre Dame zum Beispiel belebten den Handel der Stadt mit Glas, kostbaren Juwelen und Tapisserien in hohem Maße.

Der Vereinigungsprozeß der alten Bourgs, Cités und Communes machte die Landkarte von Paris jedoch nicht übersichtlicher.

Die Straße

Man sollte erwarten, daß eine so große Handelsstadt wie das mittelalterliche Paris gut ausgebaute Straßen besaß, um die Waren durch die Stadt zu befördern. An den Ufern der Seine existierten sie auch; von 1000 bis 1200 waren sie mit Steinmauern und festen Kais ge-

Landwirtschaft vor einer *cité* des mittelalterlichen Paris. Brüder Limburg, *Les Très Riches Heures du duc de Berry,* Kalender, Darstellung des Monats Juni, um 1416.

säumt worden, damit der Handel auf dem Fluß effizienter betrieben werden konnte. Abseits des Flusses jedoch brachte das Wachstum der Stadt kein Straßensystem hervor, das den Verkehr erleichterte. »Die Straßen waren in einem armseligen Zustand«, schreibt Le Goff; »es gab eine begrenzte Anzahl von Karren und Fuhrwerken, die teuer waren, oft fehlten brauchbare Transportmittel ganz«. Selbst die bescheidene Schubkarre tauchte erst gegen Ende des Mittelalters in den Straßen von Paris auf.[3] Die römische Stadt mit ihren gutgebauten, auf einem festen Fundament ruhenden Straßen war ein Bauwunder der Vergangenheit.

Die chaotische Form und der traurige Zustand der mittelalterlichen Straße ergaben sich aus den Wachstumsprozessen selbst. Die Straßen einer Gemeinde wurden selten so angelegt, daß sie auf die Straßen der Nachbargemeinde trafen, da die Grenzen ursprünglich das Ende einer kleineren, dorfähnlich nach innen ausgerichteten Siedlung gewesen waren. Auch die Bourgs waren nicht darauf angelegt gewesen, Verkehrsverbindungen zu anderen Orten zu erleichtern. Der Gebrauch, den die Grundbesitzer von ihrem Land gemacht hatten, diktierte den Straßenverlauf.

Das meiste Land in einer Cité oder einem Bourg wurde an Individuen verpachtet, oder man verkaufte ihnen das Recht, darauf zu bauen. Diese Bauherren besaßen das Recht, auf dem Land, das sich im Besitz der großen Institutionen wie der Krone oder der Kirche befand, so zu bauen, wie es ihren Interessen entsprach; außerdem konnten selbst Teile eines einzelnen Gebäudes auf unterschiedlichen Stockwerken oder sogar auf demselben Stockwerk verschiedenen Personen gehören, die sie unterschiedlich ausbauten. »Es gab«, so der Urbanist Jacques Heers, »eine richtiggehende Kolonisation von Bauland innerhalb der Stadt oder ihrer unmittelbaren Umgebung.«[4] Der Landbesitzer versuchte selten, den Bauherrn in irgendeinem Sinne von Stadtplanung zu beeinflussen; tatsächlich konnten der König oder die Kirche auf einer rein wirtschaftlichen Ebene nur in Ausnahmefällen ein Gebäude in Besitz nehmen oder dessen Besitzer zwingen, es an jemand anderen zu verkaufen. In Paris beriefen sich der König oder der Bischof meistens nur dann auf ihr Enteignungsrecht, wenn sie einen Palast oder eine Kirche erweitern wollten.

Eine noch existierende mittelalterliche Straße in Paris.

Nur die zu römischer Zeit gegründeten Städte besaßen einen Straßen- oder Gesamtplan, und die römischen Gitterpläne waren, außer in wenigen Städten wie Trier und Mailand, vom Wachstumsprozeß in unzusammenhängende Teile auseinandergebrochen worden. Weder König noch Bischof noch Bürger hatten eine Vorstellung davon, wie die Stadt als Ganzes aussehen sollte. »Der fragmentarische Charakter der öffentlichen Sphäre spiegelte in der Topographie der Stadt die Schwäche des Staates wider, seiner Machtmittel, seiner finanziellen Ressourcen und seines Durchsetzungswillens«, behauptet ein Historiker.[5] Es wurde völlig willkürlich und regellos gebaut; ein Nachbar bekämpfte den Bau des anderen in Prozessen, oft auch mit brutaleren Mitteln wie angeheuerten Schlägertrupps, die die Arbeit des Nachbarn niederrissen. Aus dieser Aggression entstand die städtische Struktur von Paris. »Die Straßen bildeten ein labyrinthisches Gewirr winziger Gassen und Sackgassen, Durchgänge und Höfe; die Plätze waren klein, und nur selten öffnete sich eine Gebäudeflucht und gab den Ausblick frei; die Verkehrswege waren ständig verstopft.«[6]

Das mittelalterliche Kairo und das mittelalterliche Paris bildeten einen interessanten Gegensatz, auch wenn sie unserem Auge heute gleichermaßen chaotisch erscheinen mögen. Der Koran gibt genaue Anweisungen für die Plazierung von Türen und die räumlichen Beziehungen zwischen Türen und Fenstern. Im mittelalterlichen Kairo mußte Land im Eigentum von Muslimen gemäß diesen Anweisungen bebaut werden, die von religiösen Stiftungen in der Stadt durchgesetzt wurden. Solche Gebäude mußten sich zudem in ihrer Form aufeinander beziehen, mußten einander sozusagen wahrnehmen; man konnte zum Beispiel nicht die Tür eines Nachbarn versperren. Die Religion schrieb eine kontextuelle Architektur vor, wenn der Kontext auch nicht der einer linearen Straßenführung war. Die Häuser im mittelalterlichen Paris unterlagen keinen solchen göttlichen – oder königlichen oder adligen – Geboten, die sie zwangen, sich aufeinander zu beziehen. Jedes wurde ganz nach dem Willen des individuellen Eigentümers mit Fenstern und Stockwerken versehen; es kam nicht selten vor, daß ein Bauwerk den Zugang zu anderen Häusern versperrte.

Der Raum der mittelalterlichen Straße in Paris war nicht mehr

DIE STRASSE 243

und nicht weniger als genau der Raum, der nach dem Bau der Häuser übrigblieb. Bevor etwa die großen Renaissancepaläste im Marais errichtet wurden, besaß diese sumpfige Siedlung auf dem rechten Ufer Straßen, die sich plötzlich so verengten, daß eine einzelne Person kaum zwischen zwei von unterschiedlichen Eigentümern bis an den Rand ihrer Parzelle gebauten Häusern durchkam. Die Abteien und das Viertel des Königs besaßen bessere Straßen, da der Eigentümer zugleich der Bauherr war, obwohl sogar im Bischofsbezirk rund um Notre Dame die verschiedenen Orden willkürlich in die Straße hineinbauten, um die Grenzen ihrer Privilegien zu erproben.

Die Straße trug den Stempel der aggressiven Selbstbehauptung. Sie war kein Garten, kein gemeinschaftlicher Ort, der aus einträchtiger Arbeit entstand. Aber sie besaß bestimmte visuelle Merkmale, die sie zu einem funktionierenden ökonomischen Raum machte. Diese Merkmale waren an ihren Wänden abzulesen.

In den nicht zeremoniellen und ärmeren Bezirken des antiken Griechenland und Rom war die Hauswand einfach nur die feste Grenze der Straße. Die mittelalterliche Stadtökonomie machte die Straßenwand durchlässig. Im Pariser Bezirk der Gerber auf dem rechten Ufer zum Beispiel boten die Läden den vorübergehenden Menschen auf der Straße ihre Waren mit Hilfe einer innovativen Fensterkonstruktion dar: Die Fenster besaßen hölzerne Läden, die sich zu Ladentischen herunterklappen ließen. Das erste bekannte Haus, das solche Fenster besaß, stammt aus den frühen Jahren des 12. Jahrhunderts. Indem sie die Hauswände auf diese Weise nutzten, konnten die Händler die Passanten auf ihre Waren direkt aufmerksam machen und sie in die Läden ziehen. Die vorher abweisenden Wände waren zu aktiven Wirtschaftszonen geworden.

Auch der mittelalterliche Innenhof trat mit dem wirtschaftlichen Treiben auf der Straße in Verbindung. Er diente sowohl als Werkstatt als auch als Ausstellungsraum; sein Eingang wurde allmählich erweitert, damit die vorbeigehenden Menschen sehen konnten, was drinnen geschah. Sogar in den großen Palästen des Marais wurde der Hof noch im 16. Jahrhundert als ein Bienenstock von Läden geplant, in denen Waren hergestellt und an das allgemeine Publikum verkauft wurden, und die zugleich den adligen Haushalt im oberen Teil des Hauses versorgten.

Die Werkstatt eines städtischen Handwerkers. Miniatur von Jean Bourdichon aus dem späten 15. Jahrh.

Die Entwicklung dieses durchlässigen ökonomischen Straßenraums zog auch einen Wandel der Straßenzeit nach sich. Die antike Stadt hing vom Tageslicht ab; der Handel im mittelalterlichen Paris verlängerte die Stunden der Straße.

Die Menschen gingen zum Einkaufen in die Straßen, bevor oder nachdem ihre eigene Arbeit getan war; sowohl die Dämmerung als auch das Morgengrauen wurden zu Stunden des Konsums, die Bäckerei im Morgengrauen zum Beispiel und der Metzgerladen spät am Abend, nachdem der Metzger sein Fleisch während des Tages gekauft, vorbereitet und gebraten hatte. Der Ladentisch blieb unten und der Innenhof unverschlossen, solange noch Menschen auf der Straße waren.

DIE STRASSE 245

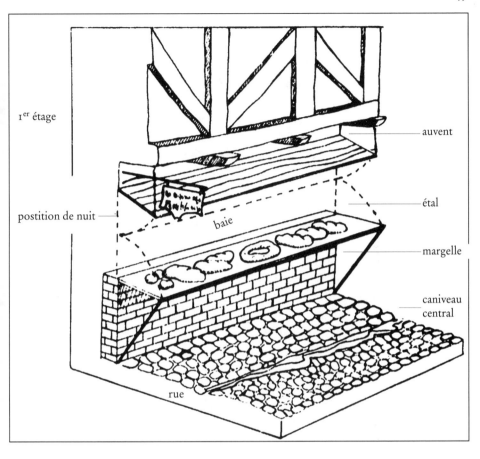

Schematische Zeichnung eines mittelalterlichen Ladens in Paris.

Diese Straßen, deren Gebäude aus der aggressiven Behauptung von Rechten entstanden waren, deren durchlässige Wände und Räume den wirtschaftlichen Wettbewerb ermutigten, waren berüchtigt gewalttätig. Moderne Erfahrungen mit Straßenkriminalität sind nicht zu vergleichen mit der Brutalität, welche die mittelalterliche Straße beherrschte. Diese Gewalt war aber nicht, wie man vielleicht erwarten sollte, eine direkte Folge der Ökonomie.

Gewalt auf der Straße richtete sich weit häufiger gegen Personen als gegen Besitz. In den Jahren 1405/1406 (für diese Zeit stehen die ersten verläßlichen Verbrechenszahlen für Paris zur Verfügung) betrafen 54 Prozent der vor den Zivilgerichtshöfen von Paris verhandelten Fälle »Verbrechen aus Leidenschaft«, während 6 Prozent

Diebstähle waren; in dem Jahrzehnt von 1411 bis 1420 betrafen 76 Prozent der Fälle Gewalt gegen Personen und 7 Prozent Diebstähle.[7] Eine Erklärung dafür liegt vielleicht in der Gewohnheit der Kaufleute, Wachen aufzustellen; die besonders Wohlhabenden unterhielten sogar kleine Privatarmeen, um ihre Anwesen zu schützen. In Paris gab es von 1160 an eine städtische Polizei, doch war sie nur klein, und ihre Aufgabe bestand hauptsächlich darin, Staatsbeamte auf ihren Wegen durch die Stadt zu beschützen.

Die Verbrechensstatistik aus dem Hoch- und Spätmittelalter ist viel zu ungenau, als daß wir daraus ableiten könnten, gegen wen sich die Gewalt auf der Straße richtete – gegen die eigene Familie und Bekannte oder gegen Fremde. Da die Oberschicht von so vielen Wachleuten und Soldaten geschützt wurde, könnte man annehmen, daß sich die Gewalttätigkeit der Armen vor allem gegen andere Arme richtete. Wir kennen indessen einen der Hauptgründe der Übergriffe: er bestand im übermäßigen Alkoholkonsum.

Trunkenheit war bei etwa 35 Prozent der Morde oder Körperverletzungen in der Touraine, einer ländlichen Gegend Frankreichs, im Spiel. In Paris war die Korrelation sogar noch enger, denn es wurde nicht nur zu Hause getrunken, wo ein Betrunkener einfach ins Bett fallen konnte, sondern in Weinkellern und Läden, die die Straßen der Stadt säumten.[8] Ganze Gruppen betranken sich gemeinsam und brachen dann spät in der Nacht auf und suchten Händel.

Das Bedürfnis zu trinken hatte einen einleuchtenden Grund: das Bedürfnis nach Wärme. In dieser nördlichen Stadt heizte der Wein die Körper der Menschen in Gebäuden auf, denen eine wirksame Heizung fehlte. Die gegen eine reflektierende Wand gesetzte Feuerstelle mit einem zu einem externen Kamin führenden Rauchabzug stammt erst aus dem 15. Jahrhundert. Zuvor sorgten offene Kohlebecken oder Feuer direkt auf dem Boden für die Erwärmung eines Gebäudes, und der Rauch dieser Feuer hielt die Menschen davon ab, sich in ihrer Nähe niederzulassen. Außerdem entwich die Hitze schnell, da nur wenige Stadthäuser verglaste Fenster besaßen. Wein diente auch als Narkotikum, das Schmerzen dämpfte. Wie Heroin oder Kokain in heutigen Städten schuf mit reinem Alkohol versetzter Wein in den Trinkkellern und Weinläden eine Drogenkultur des Mittelalters.

Gewiß konnte die Gewalt der Straße eine politische Richtung annehmen, in Paris ebenso wie in anderen mittelalterlichen Städten. »Die städtische Revolte wurde auf der Straße geboren, verbreitet und radikalisiert.«[9] Diese Revolten konnten unpersönliche Gründe haben wie korrupte Beamte, die mit der Verteilung von Getreide betraut waren, oder ähnliches. In Paris wurden die Aufstände meist rasch von den Gendarmen des Königs und des Bischofs erstickt; die meisten dauerten bloß ein paar Stunden, höchstens ein paar Tage. Die normale physische Gewalt, die die Menschen auf der Straße erlebten, war viel unberechenbarer – ein nichtprovozierter Messerstich, die Faust eines volltrunkenen Vorbeitorkelnden im Magen. Wir müssen uns also eine von unterschiedlichen Formen der Aggression gekennzeichnete Straße vorstellen: zielgerichtete ökonomische Konkurrenz und daneben impulsive, nicht-ökonomische Gewalt.

Verbale Gewalt aber spielte eine wichtige Rolle im ökonomischen Wettbewerb, wenn sie auch selten in Tätlichkeiten umschlug. Schuldnern wurde in blutrünstigem Detail ausgemalt, was ihnen geschehen würde, wenn sie nicht zahlten. Einige Historiker sind der Überzeugung, daß die Gewalt dieser Sprache als eine Art emotionaler Entladung diente, die es Konkurrenten erlaubte, sich aggressiv zu verhalten, ohne daß es tatsächlich zu Schlägen kam. Wie dem auch gewesen sein mag, die politischen und kirchlichen Mächte, die die Stadt regieren, mischten sich nur selten ein, wenn ein Geschäft mit Gewalt erzwungen oder die Konkurrenz zusammengeschlagen wurde.

Die relativ geringe Zahl von Eigentumsdelikten verweist darauf, daß es im städtischen Raum eine wirkungsvolle, wenn auch seltsame Ordnung gab. Über Gebote gegen Wucher und Diebstahl hinaus boten weder das Alte noch das Neue Testament viel Anleitung, wie der Christ sich in der Wirtschaft zu verhalten habe. Und vielleicht war dies der Grund dafür, weshalb Johannes von Salisbury sich keinen Reim auf ökonomisches Verhalten machen konnte. Die wirtschaftliche Konkurrenz war nicht in dem Sinn cholerisch, wie die *Ars medica* das cholerische Temperament beschrieb; sie hatte auch wenig Ähnlichkeit mit dem sanguinischen Temperament des Staatsmannes und gewiß keine mit den phlegmatischen Betrachtungen des Gelehrten. Auch melancholisch war die wirtschaftliche Konkurrenz nicht. Was genau dieses ökonomische Wesen war, wurde in der Organisation von Messen und Märkten etwas deutlicher, in Räumen, die der gesellschaftlichen Kontrolle stärker als die Straßen unterworfen waren.

Messen und Märkte

Die mittelalterliche Stadt war ein Beispiel für etwas, was wir heute eine gemischte Wirtschaftsform aus staatlicher Lenkung und freiem Markt nach dem japanischen Modell nennen würden. Die Benutzung der Seine im mittelalterlichen Paris vermittelt einen Eindruck, wie die beiden Systeme ineinander übergingen.[10]

Stellen wir uns vor, ein Frachtschiff kommt die Seine herauf. Bei der Ankunft in Paris mußte der Binnenschiffer Zoll am Grand Pont bezahlen und seine Waren bei einer städtischen Körperschaft, den *marchands de l'eau*, registrieren lassen. Enthielt die Schiffsladung Wein, eines der Hauptimportgüter der Stadt, war es nur Parisern gestattet, ihn an den Kais zu entladen, und ein Wein transportierendes Schiff durfte nicht länger als drei Tage vor Anker liegen. Diese Regelung sorgte für lebhaften Verkehr und schnellen Umschlag, setzte jedoch den Handelsschiffer unter enormen Verkaufsdruck. So waren die Kais von Paris Orte hektischer Betriebsamkeit, wo jede Minute zählte.

Nur zwei große Brücken überspannten im Jahre 1200 die Seine, der Grand Pont und der Petit Pont. Jeder von ihnen war von Läden gesäumt, und jeder war Ort eines besonderen Gewerbes. Auf dem Petit Pont waren es zum Beispiel Apotheken, die die an den unterhalb liegenden Kais abgeladenen Gewürze übernahmen und zu Arzneien weiterverarbeiteten. Die Stadt wachte über die Reinheit der Ingredienzen und über die Stärke der Arzneien. Sogar das Fischen im Fluß »wurde vom König, den Kanonikern von Notre Dame und der Abtei von Saint-Germain-des-Prés geregelt. Dreijahrespachten wurden Fischern gegeben, die auf die Bibel schwören mußten, daß sie Karpfen, Hechte oder Aale unter einer bestimmten Größe im Wasser lassen würden«.[11]

Hatten Händler Waren auf den Brücken und Kais gekauft, transportierten sie sie zu den Messegeländen der Stadt: Räume, die ein größeres Handelsvolumen erlaubten als die Straßen. Einige Waren kehrten dann von den Märkten an die Kais zurück, um entlang der Handelsroute in andere Städten verkauft zu werden; andere flossen in die städtische Wirtschaft. Die wichtigste Messe im mittelalterlichen Paris war die Lendit-Messe, die einmal im Jahr auf einem nahe der Stadt eingerichteten Messegelände stattfand. Diese Messe hatte im tiefsten Dunkel des Mittelalters ihren Ausgang genommen: im siebten Jahrhundert. Während der Zeit des urbanen Zusammenbruchs in Europa bedeutete Handel auf Messen wie der des Lendit, kleine ortsgebundene Geschäfte zu tätigen, die eher auf Tauschhandel basierten als auf Geldverkehr. Die Messen entwickelten jedoch die ersten Verbindungen zwischen den Städten, indem sie die Märkte miteinander in Kontakt brachten.

Bis zum Hochmittelalter waren diese Warenpanoramen zu einem riesigen und durchorganisierten Schauspiel geworden. Die großen Messen wurden nun nicht mehr an Freiluftständen oder in Zelten durchgeführt. Statt dessen fanden sie, wie der Wirtschaftshistoriker Robert S. López schreibt, in »stattlichen Hallen für regionalen oder spezialisierten Handel, auf überdachten Plätzen und in den Arkaden von Straßen« statt.[12] Fahnen und Wimpel hingen über den Buden; in den Gängen breiteten sich lange Tische aus, an denen Menschen aßen, tranken und handelten. Der Volksfestcharakter wurde durch die Aufstellung von Statuen und gemalten Bildern von Heiligen noch verstärkt, denn der Zeitpunkt der Messen fiel mit religiösen Feiertagen und Festen zusammen. Das bedeutete, daß die Händler in Muße mit ihren potentiellen Kunden verhandeln konnten. Da die Messen an religiöse Feste gebunden waren, führte das Interesse der Händler zu einer schnellen Vermehrung der »heiligen« Tage. Obwohl die religiösen Feste den Handel zu weihen schienen, wetterten viele Kleriker gegen diese Verbindung, da die Heiligen in ihren Augen dazu mißbraucht wurden, den Handel mit Essenzen, Gewürzen und Wein zu segnen.

Der Glanz dieser mittelalterlichen Messen mag das moderne Auge in die Irre führen, denn ihre Farbigkeit verbarg eine fatale Ironie. In dem Maße, wie die durch die Messen angetriebene städtische Wirtschaft sich belebte, verloren die Messen selbst an Bedeutung. Im 12. Jahrhundert bot zum Beispiel die Lendit-Messe Metall- und Textilarbeitern in Paris die Möglichkeit, ihre eigenen Erzeugnisse zu verkaufen. Die Pariser merkten, daß sie immer mehr Abnehmer für diese Produkte fanden, die von immer weiter her nach Paris kamen, und ganz natürlich wollten die Hersteller den Handel mit den Kunden, die sie auf der Messe fanden, das ganze Jahr hindurch fortsetzen. Somit »sank unvermeidlich der Anteil der Messen am Gesamthandel, während das absolute Volumen der Transaktionen... weiter anstieg, da die Kommerzielle Revolution fortschritt«.[13] Die Kunstschmiede und Weber fingen nun an, auf den Straßen, in denen sie arbeiteten, an jene Kunden zu verkaufen, die sie zuerst auf saisonabhängigen Messen gefunden hatten.

»Werden die Begriffe ›Markt‹ und ›Messe‹ auch oft gleichbedeutend benutzt, so gibt es doch einen Unterschied zwischen ihnen«, erklärte der Kleriker Humbert de Romans, der in der Mitte des 13. Jahrhunderts schrieb. Er bezog sich im besonderen auf die Märkte, die wöchentlich in den Straßen aufgebaut wurden, Märkte, die häufig aus diesem durchlässigen Raum in die Innenhöfe oder sogar in die zahlreichen kleinen Friedhöfe der Stadt hineinschwappten. Während des 12. Jahrhunderts setzten diese Straßenmärkte im wöchentlichen Turnus den Handel fort, der auf den jährlichen Messen begonnen hatte, stellten Leder- und Metallwaren zur Schau und boten Finanzleistungen und Kapital in Freiluftbüros mit Wänden aus Stoff an. Das Gold der Firma blieb allerdings in festen Mauern, weit weg von der Straße.

Diese Markträume machten die Macht des Staates, den Handel zu regulieren, gründlich zunichte. Händler, die auf dem einen Markt durch Regulierungen behindert wurden, zogen einfach zum nächsten weiter. Zudem brachen diese Märkte die religiösen Zwänge der Messen; man kaufte und verkaufte auch an heiligen Tagen, der Wucher florierte. Vielleicht weil er keinerlei Einschränkungen unterworfen war, erschien der Markt sowohl zeitgenössischen als auch späteren Beobachtern ein weit aggressiverer Wirtschaftsraum zu sein als die Messe. »Gewöhnlich sind Märkte moralisch verderbter als Messen«, bemerkte Humbert de Romans und entwickelte den Gegensatz zwischen beiden folgendermaßen:

Sie werden an Feiertagen abgehalten, und die Menschen versäumen so den Gottesdienst... Manchmal finden sie auch auf Friedhöfen oder anderen heiligen Stätten statt. Oft hörst du dort Männer folgendermaßen fluchen: ›Bei Gott, ich werde dir dafür nicht so viel geben‹... ›Bei Gott, so viel ist es nicht wert‹. Manchmal auch wird der Herr um die Marktgebühren betrogen, was Perfidie und Treulosigkeit ist..., es gibt Streitereien... Es wird getrunken.[14]

Um zu erklären, was Märkte moralisch bedenklicher als Messen machte, erzählte Humbert de Romans eine Geschichte. Sie handelt von einem Mann, der

> beim Betreten eines Klosters viele Teufel dort fand, auf dem Marktplatz jedoch nur einen einzigen, allein auf einer hohen Säule. Dies erfüllte ihn mit Verwunderung. Es wurde ihm jedoch erklärt, daß im Kloster alles darauf ausgerichtet ist, den Seelen zu Gott zu verhelfen, also werden viele Teufel gebraucht, um die Mönche vom rechten Weg abzubringen, auf dem Marktplatz indessen reicht ein einziger weiterer Teufel aus, weil jeder Mensch sich selbst ein Teufel ist.[15]

Was die Geschichte merkwürdig macht, ist die Tatsache, daß sich der Ausdruck »Jeder Mensch ist sich selbst ein Teufel« auf den Markt bezieht. Wir können nachvollziehen, daß der Handel einen Menschen zu einem Teufel anderen gegenüber machen kann, doch weshalb sich selbst? Natürlich liegt eine religiöse Interpretation nahe: Der Teufel der aggressiven Konkurrenz läßt den Menschen unempfindlich gegen das werden, was sein Bestes ist, sein Mitgefühl. Eine profanere Erklärung jedoch war ebensoweit verbreitet: Ungezügelter wirtschaftlicher Wettbewerb konnte sich als selbstzerstörerisch erweisen. Durch die Zerstörung etablierter Institutionen wie der Messen konnte der *homo oeconomicus*, der sich Gewinn erhoffte, das Seelenheil verlieren. Es war alles eine Frage der Zeit.

2. ÖKONOMISCHE ZEIT

Gilde und Körperschaft

Die mittelalterliche Gilde oder Zunft nahm ihren Anfang als Institution, die gegen wirtschaftliche Selbstzerstörung Schutz bieten sollte. Eine Handwerksgilde faßte alle Handwerker eines Erwerbszweiges in einem einzigen Körper zusammen, in dem Pflichten, Beförderungen und Gewinne in einem Kontrakt festgelegt wurden, der die gesamte Laufbahn des Handwerkers bestimmte. Jede Gilde war auch eine Gemeinschaft, die Vorsorge für die Wohlfahrt sowohl der Handwerker als auch ihrer Witwen und Waisen traf. López beschreibt die städtische Gilde als »eine Föderation autonomer Werkstätten, deren Besitzer (die Meister) alle Entscheidungen trafen und die Voraussetzungen für die Beförderung der unteren Ränge (reisende Handwerksburschen oder angestellte Helfer und Lehrlinge) festlegten. Innere Konflikte wurden gewöhnlich aufgrund eines gemeinsamen Interesses am Wohlergehen des Handwerks gering gehalten«.[16] Bei den Franzosen hießen die Handwerksgilden *corps de métiers*. Das *Livre des Métiers*, das im Jahr 1268 kompiliert wurde, »zählt etwa hundert organisierte Handwerke in Paris auf, die in sieben Gruppen unterteilt wurden: Lebensmittel, Schmuck und schöne Künste, Metalle, Textilien und Kleidung, Pelze und Bauarbeiten«.[17] Obwohl die Gilden im Prinzip unabhängige Körperschaften waren, legten die Minister des Königs ihre Kompetenzen faktisch durch königliche Freibriefe fest. Im besten Fall kam den Meistern eine beratende Funktion zu.

Viele der Freibriefe für die Métiers von Paris enthielten ausgefeilte Regeln, wie die Konkurrenten in einem wirtschaftlichen Bereich sich verhalten sollten; zum Beispiel legten die Freibriefe fest, daß es einem Metzger verboten war, die Waren eines anderen herabzusetzen, oder wie zwei Kleiderverkäufer ihre Waren auszurufen hatten, wenn sie zur gleichen Zeit eine potentielle Gruppe von Käufern auf der Straße anlocken wollten. Folgenreicher war, daß die frühen Gilden ihre Waren zu standardisieren suchten, um das Handwerk effektiv kontrollieren zu können. Die Freibriefe spezifizierten die Materialmenge, die für ein bestimmtes Produkt verwandt werden mußte, sein Gewicht und – am wichtigsten – seinen Preis. Bis zum Jahr 1300 zum Beispiel hatten die Pariser Gilden einen »Standardlaib« Brot definiert. Das hieß, daß das Gewicht und die beim Backen des Brotes verwandten Getreidesorten seinen Preis bestimmten und nicht die Kräfte des Marktes.

Die Gilden waren sich der zerstörerischen ökonomischen Auswirkungen ungezügelter Konkurrenz zutiefst bewußt. Sie versuchten deshalb nicht nur, die Preise festzusetzen, sondern auch die

Quantität der Waren, die ein Betrieb herstellte, zu kontrollieren, damit der Wettbewerb sich auf die Qualität der Handwerksarbeit konzentrierte. In diesem Sinne »verbot die Gilde normalerweise Überstunden nach Einbruch der Dunkelheit und beschränkte die Anzahl der Mitarbeiter, die ein Meister einstellen durfte«.[18] Die Gilden versuchten überdies, durch Festlegung der Verkaufspreise als auch der Menge der angebotenen Waren die Messen in den Griff zu bekommen. Dennoch stärkte die Wettbewerbskontrolle die Gilden nicht.

Zum einen hatten viele Gilden widerstreitende Interessen. In Städten, wo die Bäcker und Fleischer stark waren, schreibt der Wirtschaftshistoriker Gerald Hodgett, »waren die Versuche, die Preise niedrig zu halten, weniger effektiv als in Städten, in denen Kaufmannsgilden den Preis für Lebensmittel möglichst gering halten wollten«; die Kaufleute hatten ein stärkeres Interesse an niedrigen Lebensmittelpreisen, weil das für sie niedrigere Löhne bedeutete und damit billigere Handelswaren.[19] Und obwohl sie in ihren formalen Regeln immer strenger wurden, waren die Gilden in der Praxis den Veränderungen und Verschiebungen nicht gewachsen, die das wirtschaftliche Wachstum im Lauf der Zeit mit sich brachte.

Händler, die mit Ausländern zu tun hatten und ihre Waren aus weiter Ferne bezogen, begannen sich gegen die Enge der Innung zu wehren und machten auf eigene Faust Geschäfte. Hatten einige aus der Gilde es geschafft, die Regeln zu umgehen, brachen auch andere Innungsmitglieder aus. Im 12. Jahrhundert begann zudem die Standardisierung der Produkte zu versagen, da einzelne Handwerker sich angesichts des harten Wettbewerbs Marktnischen suchten; in Paris zum Beispiel wurde die Fleischzubereitung von Metzger zu Metzger verschieden. In einigen Geschäftszweigen war es noch möglich, dem destruktiven Druck des Marktes auszuweichen; nichtkompetitives Handeln kam besonders bei Luxusgütern wie Juwelen vor, bei dem Kreditvereinbarungen zwischen Käufer und Verkäufer ebenso wichtig waren wie die Ware selbst. Aber im allgemeinen wurde die Beachtung fester Regeln in den mittelalterlichen Gilden und Zünften immer mehr zu einer zeremoniellen Fassade, die mit der Praxis nur noch wenig zu tun hatte.

Als ihr Einfluß auf die Innungsmitglieder schwächer wurde, suchten die Gilden ihre Bedeutung als traditionelle Institutionen zu unterstreichen, indem sie ihre Rituale betonten und die Waren aus ruhmreicheren Tagen ausstellten. Bei einer Messe um die Mitte des 13. Jahrhunderts zum Beispiel zeigten Waffenschmiede altmodische schwere Rüstungen, die gar nicht dem entsprachen, was zu jenem Zeitpunkt überall in Europa verkauft wurde. Noch später bedeutete die Mitgliedschaft in einer Gilde nur noch, daß man in prächtiger Aufmachung bei Banketten in den großen Gildehäusern auftauchte. Die schweren Ketten und Siegel konnten aber nicht darüber hinwegtäuschen, daß die anderen Innungsmitglieder inzwischen zu Konkurrenten geworden waren.

Die Gilden waren Körperschaften, und als die Gilde schwächer wurde, setzte die Blüte anderer Körperschaften ein, die dem Wandel besser angepaßt waren. Die mittelalterliche Körperschaft an sich war die Universität. Das Wort »Universität« hatte im Mittelalter keine enge Verbindung zur Erziehung; vielmehr »bezeichnete es jede Körperschaft oder Gruppe mit einem unabhängigen juristischen Status«.[20] Eine Universität wurde mit dem Erhalt eines Freibriefs zur Körperschaft. Und ein Freibrief definierte die Rechte und Privilegien einer speziellen Gruppe; er war nicht eine Verfassung im heutigen Sinn, nicht einmal eine allgemeine Sozialcharta wie etwa die Magna Charta in England. Das Mittelalter, so ein Rechtshistoriker, begriff Freibriefe »nicht als Freiheitserklärung, sondern als Ausweis von Freiheiten«.[21] Eine Gruppe besaß kollektive Rechte, die niedergeschrieben sein mochten und, wichtiger noch, umgeschrieben werden konnten. Darin unterschied sich die Universität von dem ländlichen mittelalterlichen *feudum*, einem Vertrag, der, auch wenn er nicht schriftlich gefaßt war, Dauerhaftigkeit beanspruchte. Auch die Innungsregeln sollten den Handwerker sein Leben lang binden. Im Fall der Universitäten konnte indessen neu darüber verhandelt werden, was sie taten und wo sie es taten, je nachdem, wie die Umstände es verlangten – und faktisch geschah dies häufig; sie waren in der Zeit angesiedelte ökonomische Instrumente.

Der Feudalismus »gewährte den Volksmassen ein gewisses Maß an Sicherheit, woraus ein relativer Wohlstand erwuchs«.[22] Mochte die Universität auch unstabil erscheinen, das Recht, ihren Freibrief umzuschreiben und sich damit neu zu organisieren, verlieh ihr mehr Dauer. Der Historiker Ernst Kantorowicz führt die mittelalterliche Doktrin *rex qui nunquam moritur* an – der König, der niemals stirbt –, um die Permanenz des Königstums zu erläutern: Die Doktrin der »zwei Körper des Königs« ging davon aus, daß es einen ewigen König gab: das Königtum, das in den Körper des einzelnen Königs aus Fleisch und Blut eintritt und ihn wieder verläßt.[23] In gewisser Weise stellten die Rechte des Freibriefs eine Parallele zu dieser mittelalterlichen Doktrin der »zwei Leiber des Königs« dar. Die Universität fuhr in ihren Geschäften fort, unabhängig vom Tod der Individuen, die sie begründet hatten oder von einer Veränderung des Wesens der Geschäfte oder des Standorts.

Mittelalterliche Körperschaften, die sich tatsächlich der Erziehung widmeten, bestanden zunächst aus Lehrern, nicht aus Gebäuden. Eine Universität nahm ihren Anfang, wenn Meister in gemieteten Räumen oder Kirchen Schüler unterrichteten; die Ausbildungsuniversität hatte zunächst keinerlei eigenen Besitz. Gelehrte verließen Bologna, um im Jahr 1222 in Padua eine Universität zu gründen, ebenso hatten Gelehrte Oxford den Rücken gekehrt, um im Jahr 1209 Cambridge zu gründen. »Paradoxerweise war es dieses Fehlen von Besitz, das den Universitäten ihre größte Macht verlieh; denn dies bedeutete ihre absolute Bewegungsfreiheit.«[24] Die Autonomie einer Körperschaft befreite sie von der Hörigkeit an den Ort – und an die Vergangenheit.

In der Praxis verbanden die Freibriefe die Welten von Erziehung und Kommerz, denn wollte man den Inhalt von Freibriefen revidieren, brauchte man mit der Sprache vertraute Menschen. Diese Sprachkünste entwickelten sich in den Ausbildungskörperschaften. Im frühen 12. Jahrhundert lehrte Abaelard an der Pariser Universität Theologie, indem er Debatten mit seinen Studenten inszenierte; dieser Prozeß des intellektuellen Wettbewerbs (*disputatio*) unterschied sich stark von der alten Lehrmethode (*lectio*), die darin bestand, daß ein Lehrer Texte der Heiligen Schrift Satz für Satz laut vorlas und sie erklärte, während die Studenten die Vorlesung mitschrieben. Die Disputatio nahm sich eine Ausgangsthese vor, aus der sie verschiedene Deutungen erarbeitete, wie Thema und Variation in der Musik, immer wieder zwischen Lehrer und Schüler wechselnd. Obwohl die Disputatio großen Teilen der Kirchenhierarchie verhaßt war, da sie die Eindeutigkeit von Gottes Wort anzuzweifeln schien, besaß sie für die Studenten große Anziehungskraft. Dies hatte praktische Gründe, die nicht schwer auszumachen sind: Die Disputatio vermittelte eine Fertigkeit, die den Studenten später im gesellschaftlichen Wettbewerb nützlich sein würde.

Im Mittelalter entschied der Staat, ob, wann und wie eine bestimmte Körperschaft sich selbst umschreiben konnte. So wurden zum Beispiel in den 20er Jahren des 13. Jahrhunderts vier Pariser Adlige vom König überredet, sich an der Befestigung und Bebauung der nördlichen Kais der Seine gegenüber der Ile St. Louis zu beteiligen. Als Gegenleistung sagte der König den Adligen zu, daß er ihren Pächtern anderswo in der Stadt garantieren würde, sie aus bestehenden Verträgen zu befreien, damit sie in diese neuen Viertel ziehen konnten. Dies mag uns unbedeutend erscheinen, aber es war ein epochales Ereignis. Wirtschaftlicher Wandel war zu einem *Recht* geworden, das der Staat garantierte.

Die Macht, zeitliche Revisionen vorzunehmen, definierte also den zeitgenössischen Begriff der Körperschaft. Kann ein Freibrief revidiert werden, dann besitzt die durch ihn definierte Körperschaft eine *Struktur*, die ihre *Funktion* zu irgendeinem bestimmten Zeitpunkt übersteigt; strich zum Beispiel die Pariser Universität eine Fachrichtung aus ihrem Lehrplan oder zogen die Lehrer an einen anderen Ort, verlor sie nicht notwendigerweise ihre Existenz – in derselben Weise, in der ein heutiges Unternehmen mit dem Namen *Universal Glass Corporation* durchaus aufhören könnte, Glas herzustellen. Die Körperschaftsstruktur, die festgelegte Funktionen übersteigt, nutzt sich ändernde Marktbedingungen, neue Waren, Chancen und Zufälle aus. Eine Firma kann sich verändern und trotzdem weiterbestehen.

Die Ursprünge der Körperschaft legen uns eine weitere Bedeutung des Weberschen Begriffs der »Autonomie« nahe. Autonomie bedeutet die Fähigkeit zum Wandel; Autonomie erfordert das Recht auf Veränderung. Diese Formel, die aus heutiger Sicht so selbstverständlich erscheint, bedeutete eine Revolution in der Auffassung der Zeit.

Ökonomische Zeit und christliche Zeit

Im Jahr 1284 stellte König Philipp der Schöne fest, daß der Zinssatz in seinem Königreich manchmal bei 266 Prozent jährlich lag, meist jedoch bei 12 bis 33 Prozent. Solche Preise schienen aus der Zeit ein Gespött zu machen. Guillaume d'Auxerre erklärte in seiner 1210 bis 1220 geschriebenen *Summa Aurea*, der Wucherer »verkaufe Zeit«.[25] Der Dominikanermönch Etienne de Bourbon sagte ähnliches: »Die Wucherer verkaufen nur die Hoffnung auf Geld – das heißt: Zeit; sie verkaufen den Tag und die Nacht.«[26] Guillaume d'Auxerre berief sich gegen die Wucherei auf die Kraft des Mitleids und auf das Gemeinschaftsgefühl. »Jedes Geschöpf ist verpflichtet, sich selbst zum Geschenk zu machen«, sagte Guillaume; »die Sonne ist verpflichtet, sich selbst zum Geschenk zu machen, indem sie Licht spendet, die Erde ist verpflichtet, ein Geschenk aus allem zu machen, was sie hervorbringt.« Der Wucherer jedoch lähme die Kraft von Mann oder Frau, zu geben, beraube jeden seiner Mittel, zur Gemeinschaft beizutragen. Der Schuldner kann, erstickt durch seine Schulden, an der christlichen Geschichte nicht teilhaben.[27] Diese Aussage mag begreiflicher werden, wenn wir uns klarmachen, daß für viele Menschen des Mittelalters die Wiederkunft Christi unmittelbar bevorstand. In nur wenigen Jahren, Monaten vielleicht, würden diejenigen, die nicht an der christlichen Gemeinde teilhatten, am Tag des Jüngsten Gerichts verdammt werden.[28] Aber auch wenn man nicht auf das Millennium wartete oder sich direkt mit der Wucherei beschäftigte, war der tiefe Graben zwischen der christlichen Zeitempfindung und der ökonomischen Zeit nicht zu übersehen.

Die Körperschaft konnte die Vergangenheit mit einem Federstrich auslöschen. Darin lag, wie Jacques Le Goff bemerkt, ein sehr städtischer Zeitbegriff: »Der Bauer war einer meteorologischen Zeit unterworfen, dem Zyklus der Jahreszeiten«, während auf dem Markt »Minuten und Sekunden Vermögen schaffen und vernichten konnten« – zum Beispiel auf den Kais von Paris.[29] Diese urbane, ökonomische Zeit besaß noch eine andere Seite. Zeit wurde zur Ware, gemessen in Arbeitsstunden, für die feste Löhne gezahlt wurden. Im Paris des Humbert de Romans tauchte diese gemessene Zeit zum ersten Mal in den Verträgen der Gilden auf: Besonders in den Handwerksbetrieben begannen die Löhne sich nicht mehr am fertiggestellten Einzelstück zu orientieren, sondern an der geleisteten Arbeitszeit.[30] Dieser neue ökonomische Zeitbegriff besaß die Kraft zu definieren und zu zerstören, doch es fehlte ihm das narrative Element – er entfaltete keine Geschichte.

Im Gegensatz dazu erklärte der Theologe Hugo de St. Victor die christliche Geschichte zu »einem erzählenden Körper«.[31] Damit meinte er, daß alle wichtigen Wegweiser in der Lebensgeschichte eines Christen von der Lebensgeschichte Christi aufgestellt worden seien. Je näher man Christus komme, desto klarer werde die Bedeutung aller Ereignisse, die sonst sinnlos oder bloß zufällig erschienen. Die Überzeugung, die christliche Geschichte sei ein erzählender Körper, leitete sich von den Impulsen ab, die sich aus der Imitatio Christi ergaben: Sein Körper erzählte keine fremde Geschichte oder eine Geschichte vergangener Geschehnisse, sondern eine ewig gegenwärtige; wer sich Ihm näherte, verstand die Richtung, in die der Pfeil der Zeit wies.

Diese christliche Zeit kannte keine Vorstellung von individueller Autonomie, wie die Körperschaft sie definierte. Die Nachfolge Christi, nicht die persönliche Autonomie, sollte die Handlungen des Menschen beherrschen; die Imitatio sollte streng sein, weil nichts im Leben Christi aus Zufall geschah. Außerdem hatte die christliche Zeit wenig mit der Uhrzeit gemeinsam. Die Länge einer Beichte etwa stand in keiner Relation zu ihrem Wert; das alte Aufzählen der Sünden war im Hochmittelalter dem gewichen, was der moderne Philosoph Henri Bergson *durée*, die Dauer, nannte, ein »in der Zeit sein«, während der sich der Beichtende und der Beichtvater emotional verbinden. Ob das eine Sekunde oder eine Stunde dauert, spielt keine Rolle; das einzige, worauf es ankommt, ist, daß es geschieht.

Homo Oeconomicus

Nun fällt es uns leichter zu verstehen, weshalb Humbert de Romans sagte, der Mensch auf dem Markt sei »sich selbst ein Teufel«. Der *homo oeconomicus* lebte im Raum, nicht für den Ort. Die Körperschaft, die um diese Zeit aufblühte, behandelte die Zeit wie den Raum. Sie stellte ein Gebilde mit flexibler Form dar; sie überdauerte, weil sie wandlungsfähig war. Ihre festen Elemente waren die Zeiteinheiten, mit denen sie umging; Arbeit umgerechnet in Tages- oder Stundenlöhne. Weder ihre Autonomie noch ihre Arbeitszeiteinheiten stimmten mit der narrativen Zeit des christlichen Glaubens überein. Als Händler, der seine Konkurrenten in den Ruin trieb, als Wucherer, als Spieler mit dem Leben anderer Menschen, mochte der *homo oeconomicus* deren Teufel sein; er war jedoch sich selbst ein Teufel, weil er sich selbst zu zerstören vermochte. Wovon er sich Wohlstand versprach, konnte ihm am Tag des Jüngsten Gerichts zum Verhängnis werden. Die ökonomische Zeit arbeitete gegen den Glauben.

Diese zerstörerischen Mächte des Frühkapitalismus fehlen in der Darstellung der Ursprünge des *homo oeconomicus*, die der Wirtschaftshistoriker Albert Hirschmann in seinem Buch *Leidenschaften und Interessen* ausbreitet. Für ihn war die ökonomische Tätigkeit dieser Ära ein eher ruhiges Geschäft – im Gegensatz zum »Streben nach Ehre und Ruhm..., die vom ritterlichen Ethos des Mittelalters gefeiert wurden«.[32] Auch wenn er von einer etwas späteren Epoche spricht, mag er an den mittelalterlichen Schriftsteller William von Conches gedacht haben, der eine Eigenschaft pries, die dem cholerischen Temperament des Ritters, des Kreuzfahrers oder auch dem millenaristischen Gläubigen fehlte. Diese Eigenschaft ist *modestia*, die William von Conches definiert als »die Tugend, die Benehmen, Bewegungen und all unsere Handlungen oberhalb des Ungenügens, doch unterhalb des Exzesses hält«.[33] Ludwig der Heilige selbst »hielt die goldene Mitte ein und huldigte ihr in allen Dingen: in der Kleidung, beim Essen, beim Gottesdienst, im Krieg. Für ihn war der ideale Mann der *prudhomme*, der integre Mann, der sich vom tapferen Ritter unterschied, weil er Weisheit und *Maß* mit

Tapferkeit verband«.[34] Der *homo oeconomicus* war jedoch seiner Natur nach kein vorsichtiger Mann, er neigte zum Risiko. Das Gewicht des ökonomischen Individualismus liegt so schwer auf der modernen Gesellschaft, daß wir uns Altruismus oder Mitleid als Notwendigkeiten der Lebensführung nicht mehr vorstellen können. Die mittelalterlichen Menschen konnten es aufgrund ihres Glaubens. Es war unvorsichtig, in der Tat reine Torheit, den Zustand der eigenen Seele zu vernachlässigen. Den Platz in der christlichen Gemeinschaft zu verlieren, hieß, das unwürdige Leben eines wilden Tieres zu führen. Mit gutem Grund betrachteten die Menschen den ökonomischen Individualismus als eine spirituelle Versuchung. Was sollte dann die Gemeinschaft noch zusammenhalten? Die Schwierigkeiten der Auflösung dieser Spannungen zwischen Raum und Ort, die sich das erste Mal im Paris des Hochmittelalters zeigten, lassen sich vielleicht an drei Gemälden nachweisen, die an verschiedenen Orten gegen Ende des Mittelalters entstanden sind.

3. DER TOD DES IKARUS

Das erste Gemälde erzählt eine Geschichte aus der Antike. Im Jahr 1564 schuf Pieter Brueghel der Ältere sein größtes Gemälde, das in kaum sichtbarem Detail eine dunkle Geschichte erzählt. *Der Zug zum Kalvarienberg* wimmelt von Figuren, die eine Hügellandschaft unter einem dunkelblauen, von Wolken bedeckten Himmel erfüllen. Das Gemälde ist in drei Zonen unterteilt: im Vordergrund eine kleine Gruppe von Trauernden auf einer Hügelkuppe; im Mittelteil eine Menge von mehreren hundert Menschen, die sich über ein Feld zu einem Hügel hin fortbewegen; im Hintergrund der wolkige Himmel, der am Horizont in die Hügel übergeht.

Bei den Trauernden im Vordergrund handelt es sich um die Familie und die Jünger Jesu; Maria ist der Mittelpunkt dieser Gruppe, die Augen geschlossen, der Kopf gesenkt, der Körper zusammengesunken. Brueghel malte diese Gestalten mit großer Klarheit und Genauigkeit – eine Präzision, die im schroffen Gegensatz zu dem obskuren Geschehen im Mittelteil des Bildes steht. Dort sehen wir einen Zug von Menschen, der nur durch Farbtupfer angedeutet ist –

DER TOD DES IKARUS

visuelle Ordnung wird allein durch die rote Linie hergestellt, die die Uniformen der in dem Zug verteilten Reiter bezeichnet. In der Mitte dieses Zuges und genau im Zentrum der Leinwand befindet sich ein Mann in grauer Kleidung, der bei der Durchquerung eines Baches gestürzt ist; er hat etwas fallengelassen, das sich kaum ausmachen läßt, da dieser Gegenstand in fast demselben Hellgelb gehalten ist wie der nackte Erdboden. Es ist ein Kreuz.

Brueghel begrub Christus in der Menge, die über diesen grauen und gelben Fleck in blinder Bewegung entlang der roten Linie hinwegzutrampeln scheint. Die Miniaturisierung des christlichen Dramas reduzierte die Tragödie auf ein unbedeutendes visuelles Detail. Auf die Weise zeigte Brueghel eindringlich die Trennung zwischen dem Heiligen und dem Profanen. Mit den Worten eines heutigen Brueghelbiographen: »Je weniger wir von Christus sehen, …desto mehr Raum entsteht für die Darstellung der Gleichgültigkeit des gewöhnlichen Menschen…«[35] In dieser Wiedergabe der

Pieter Brueghel der Ältere, *Der Zug zum Kalvarienberg*, 1564. Kunsthistorisches Museum, Wien. Foto: Marburg/ Art Resource, N. Y.

alten christlichen Geschichte ist die menschliche Landschaft Brachland, trostlos und kalt. Doch in der Schilderung dieser Szene beschwor Brueghel ein traditionelles christliches Thema: das Bedürfnis, auf Leiden zu reagieren. Das genau herausgearbeitete Tableau im Vordergrund zeigt uns Menschen, die das tun, vereinigt durch die Leiden Christi. Sie stehen jedoch in einer Wüste.

Piero della Francescas *Geißelung*, gemalt zwischen 1458 und 1466 für eine Kapelle im Herzogspalast von Urbino, schafft ein christliches Ortsgefühl im explizit urbanen Kontext. Auf diesem kleinen Gemälde (58 x 81cm) schildert Piero eine Szene, die auf komplexe Weise zweigeteilt ist. Die eine Seite des Gemäldes gibt den Blick in einen offenen Raum frei, in dem Christus an eine Säule gefesselt dasteht; ein Folterknecht geißelt ihn, während zwei andere dabeistehen, eine weitere sitzende Figur im Hintergrund beobachtet die Geißelung. Bei der anderen Hälfte des Gemäldes scheint es sich um eine mit der ersten nicht verbundene Szene zu handeln. Sie findet auf einem städtischen Platz statt. Hier stehen drei Gestalten, zwei ältere Männer und zwischen ihnen ein Junge, vor einer Gebäudegruppe. Die einzige unmittelbare Verbindung zwischen den beiden Gemäldehälften besteht in durchgehenden weißen Linien, die auf den Boden gezeichnet sind und in dem Innenraum als ausgelegte Fliesen erscheinen; draußen setzen sie sich als Straßenpflaster fort.

Dank der Forschungsarbeit heutiger Kunsthistoriker wissen wir, daß zu Pieros Zeit die beiden Bildhälften als ein Bild gesehen wurden, obwohl die Verbindung der Bildhälften von den Historikern unterschiedlich gedeutet wird. Nach Ansicht von Marilyn Lavin lautet die Erklärung, daß zwei ältere Männer in der Stadt ihren Sohn verloren hatten, der eine durch die Pest, der andere durch Tuberkulose. Diese Ereignisse »brachten die Väter zusammen und führten zu dem Auftrag für Pieros Gemälde«; der junge Mann zwischen ihnen »personifiziert den ›geliebten Sohn‹«.[36] Der zeitgenössische Betrachter sah somit eine Verbindung zwischen dem leidenden Menschensohn Jesus innerhalb und dem geteilten Verlust eines Sohnes außerhalb des Gebäudes.

Auch rein visuell sind die beiden Teile miteinander verbunden. Piero war ein Theoretiker der Perspektive, die Geißelung in den inneren Räumen des Gebäudes und die drei Männer vor dem Haus passen in dieselbe Perspektive. Die beiden Teile der *Geißelung* fügen sich ineinander, als handelte es sich um eine einzige Architektur, die Piero frontal abbildete. Der moderne Maler Philip Guston schreibt über diese rätselhafte Szene, daß »das Gemälde fast in der Mitte geteilt ist, und doch wirken beide Hälften aufeinander, weisen sich ab und ziehen sich an, absorbieren und vergrößern einander«.[37] Steht der Betrachter wie Piero davor, so empfindet er die komplexe Einheit des Ortes, die Gustons Worte evozieren, aber diese visuellen Werte sind von der religiösen Geschichte, die sie erzählen, nicht zu trennen. Indem Piero sich dem Thema des Trostes für die beiden trauernden Väter widmete – durch das Leiden Christi wird ihr Schmerz reflektiert, verwandelt und erlöst –, schuf er einen kohärenten städtischen Ort. Diese Szene vermittelt die Imitatio Christi in einer städtischen Landschaft.

Brueghels *Landschaft mit dem Sturz des Ikarus*, sechs Jahre vor dem *Zug zum Kalvarienberg* gemalt, schildert eine heidnische Geschichte, die eine dritte Möglichkeit nahelegt. Wiederum bezieht sich das Bild auf das in einem Detail dargestellte Leiden. Brueghel zeigt weder den jungen Mann, wie er mit seinen Schwingen aus Wachs und Federn zur Sonne emporfliegt, noch den Moment, in dem das Wachs schmilzt und Ikarus abstürzt. Der Maler zeigt lediglich zwei Beine, die inmitten einer ruhigen Szene am Meer ins Wasser klatschen, der Tod nur eine kleine Einzelheit in der Landschaft. Selbst die Farben verbergen das Ereignis; Brueghel malt das Fleisch der Beine in einem blauweißen Ton, der sich mit dem Blaugrün des Meeres mischt. Im Gegensatz dazu gestaltet er einen sein Feld pflügenden Bauern auffällig, malt ihn und einen Schäfer, der seine Schafe hütet, sowie einen Fischer, der seine Leine auswirft, in kräftigen Farben. Statt auf die Beine im Wasser lenkt der Maler das Auge des Betrachters auf ein Schiff, das entlang der Küste auf eine holländische Stadt in weiter Ferne zusegelt.

Ein Sprichwort aus dieser Zeit lautete: »Kein Pflug hält für einen sterbenden Mann inne.«[38] Die Menschen in Brueghels Landschaft schenken dem merkwürdigen und schrecklichen Tod auf See keinerlei Beachtung. Damit, so sagte der Dichter W. H. Auden, malte Brueghel wiederum ein Bild der Gleichgültigkeit, des fehlen-

Piero della Francesca, *Geißelung*, 1444. *Galleria Nazionale delle Marche, Palazzo Ducale, Urbino. Scala/Art Resource, N. Y.*

den Mitgefühls. Eine Passage des Gedichts, *Musée des Beaux-Arts*, das Auden über das Gemälde schrieb, lautet:

In Brueghels Ikarus etwa: wie alles sich abwendet
Ganz gemächlich von dem Unglück; der Pflüger mag
Das Klatschen gehört haben, den verlorenen Schrei,
Doch für ihn war es ein unbedeutendes Scheitern…[39]

Dennoch ist das Bild eine der lieblichsten Landschaften, die Brueghel je gemalt hat; es strahlt Frieden aus. So schön ist die ländliche Szene, daß unsere Augen von der Geschichte abgelenkt werden; wir interessieren uns mehr für die Farben als für den Tod; die Schönheit des Gemäldes ist repressiv. Das trostlose Brachland aus Brueghels *Zug zum Kalvarienberg* ist verschwunden, die Einheit von Ort und Leiden, wie sie Pieros *Geißelung* kennzeichnet, fehlt. Der Sinn für den Ort ist zu einem Zweck in sich selbst geworden; der Garten ist wiederhergestellt.

DER TOD DES IKARUS 265

Dieses dritte Bild schlägt eine Lösung der Spannungen vor, die sich aus der Bindung an den Ort ergab, wie die mittelalterliche Welt sie hervorbrachte. Natürlich nicht im programmatischen Sinne; *Landschaft mit dem Sturz des Ikarus* wirft uns in die Gegensätze von Schönheit und Grauen, die zeitlos sind. Es ist nicht mehr und nicht weniger als das Abbild eines Ortes, an dem merkwürdige Ereignisse und fremde Anwesenheiten schlicht geleugnet werden. Diese Leugnung wurde immer verlockender, als die christlichen Gemeinden in einer immer fremderen Welt zu überleben suchten.

Pieter Brueghel, *Landschaft mit dem Sturz des Ikarus*, 1558 (?). *Musées Royaux des Beaux-Arts, Brüssel.* Giraudon/Art Resource, N. Y.

SIEBTES KAPITEL
BERÜHRUNGSANGST

*Das jüdische Ghetto
im Venedig der Renaissance*

Die Handlung von Shakespeares *Kaufmann von Venedig* (1596/97) dreht sich um einen Umstand, der uns, sobald wir darüber nachdenken, merkwürdig vorkommt. Der reiche jüdische Geldverleiher von Venedig, Shylock, hat Bassanio für die Zeit von drei Monaten 3.000 Dukaten geliehen, und Bassanios Freund Antonio hat sich verbürgt, das Darlehen an Shylock zurückzuzahlen. Sollte Antonio nicht zahlungsfähig sein, will Shylock – der den adligen Christen Antonio und alles, wofür er steht, haßt – ein Pfund von Antonios Fleisch als Pfand einfordern. Wie es in Theaterstücken nun einmal ist, wendet sich das Glück gegen Antonio; die Schiffe, die sein ganzes Vermögen tragen, zerschellen in einem Sturm. Die Merkwürdigkeit besteht nun darin, daß Antonio und die christlichen Autoritäten, die in dem Stück auftauchen, sich tatsächlich verpflichtet fühlen, einem Juden gegenüber Wort zu halten.

Außerhalb des Theaters behandelte das Publikum Shakespeares Juden wie halbmenschliche Tiere, denen nur wenig gesetzliche Achtung zukam. Wenige Jahre vor der Abfassung des *Kaufmanns von Venedig* war dem prominentesten Juden Englands der gesetzliche Schutz verweigert worden. Dem Arzt Elisabeths I., Dr. Lopez, wurde vorgeworfen, sich mit anderen verschworen zu haben, die Königin zu vergiften. Obwohl Elisabeth selbst darauf bestand, daß er vor ein ordentliches Gericht gestellt werden sollte, reichte es der Öffentlichkeit zum Beweis seiner Schuld völlig aus, daß er Jude war – Dr. Lopez wurde gelyncht. In seinem Stück verstärkt Shakespeare diese Vorurteile, indem er den jüdischen Geldverleiher zu einem Kannibalen macht.

Man könnte also erwarten, daß der Doge von Venedig einschreitet, ein mächtiger *deus ex machina*, und den Kannibalen ins Gefängnis wirft oder wenigstens den Vertrag für unmoralisch und damit für nichtig erklärt. Aber als eine der Nebengestalten im *Kaufmann von Venedig* vorbringt, er sei sicher, der Doge werde

Jacopo dei
Barberis
Holzschnitt des
venezianischen
Ghettos, 1500.

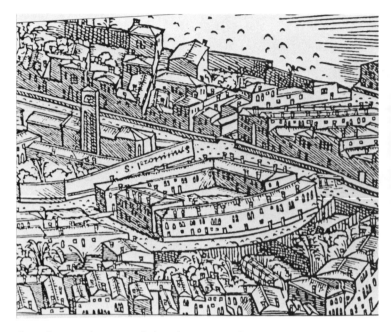

die Schwierigkeiten auf ebendiese Weise lösen, antwortet Antonio: »Der Doge kann des Rechtes Lauf nicht hemmen.«[1] Die Macht, die Shylock über Antonio besitzt, ist das Vertragsrecht; haben beide Parteien einmal »aus freien Stücken eingewilligt«, spielt nichts anderes mehr eine Rolle. Der Doge erkennt dies bei einem Treffen mit Shylock an, denn alles, was er tun kann, ist, an Shylock zu appellieren, Gnade vor Recht ergehen zu lassen. Der aber verweigert sich im sicheren Bewußtsein seines Rechtes auch der höchsten Autorität der Stadt. Portia, die Frau, die schließlich diesen Gordischen Knoten durchschlagen wird, erklärt, »...daß das Gesetz Venedigs Euch nicht anfechten kann«.[2]

Die Handlung des *Kaufmanns von Venedig* scheint die Macht der ökonomischen Kräfte darzustellen, die zum ersten Mal in der mittelalterlichen Universität und anderen Körperschaften zum Tragen gekommen waren. Die Geldrechte Shylocks regieren, der Staat kann nichts gegen sie ausrichten. Das Stück bringt die neue Bedeutung der ökonomischen Kräfte in der absoluten Verbindlichkeit des frei geschlossenen Vertrages auf die Bühne.

Überdies stellt die ökonomische Macht des Juden einen Angriff auf die christliche Gemeinde von Shakespeares Venedig dar. Großzügig hat Antonio sich bereitgefunden, seinem Freund Bassanio zu helfen. Anders als Shylock fragt Antonio nicht nach einer Gegenleistung; er empfindet Mitgefühl für Bassanios Notlage. Die Venezianer Shakespeares sind englische Gentlemen, die Geschäfte treiben. Diese Traumvenezianer erscheinen in vielen Verkleidungen auch in anderen Stücken Shakespeares, im *Sommernachtstraum* zum Beispiel, wo christliches Mitgefühl am Ende alles regelt. Venedig hatte indessen für Shakespeare und seine Zeitgenossen eine besondere Bedeutung.

Zweifellos war Venedig die internationalste Stadt der Renaissance. Aufgrund seiner Handelsbeziehungen war es das Tor zwischen Europa und dem Osten sowie zwischen Europa und Afrika. Engländer und Kontinentaleuropäer hofften, Seestreitkräfte wie die mächtige venezianische Flotte aufbauen und damit in diesen internationalen Handel einbrechen zu können. Obwohl der Glanz Venedigs im späten 16. Jahrhundert, als Shakespeare den *Kaufmann von Venedig* schrieb, in Wirklichkeit schon zu verblassen begann, war sein Bild in Europa das einer goldenen und luxuriösen Hafenstadt. Dieses Venedigbild konnte Shakespeare Büchern wie dem des in London lebenden Italieners John Florio, *A World of Words*, entnehmen oder in der Musik Alfonso Ferraboscos erahnen; wenig später sollte Shakespeares Publikum auch die Einflüsse des großen venezianischen Architekten Palladio auf die Architektur von Inigo Jones kennenlernen.

Die venezianische Gesellschaft erschien als eine Stadt von Fremden, voll von ankommenden und abreisenden Ausländern. Das Venedig in der Vorstellung der Elisabethaner war ein Ort enormer Reichtümer, die im Umgang mit diesen Heiden und Ungläubigen erworben worden waren, ein Wohlstand, der aus dem Kontakt mit dem Anderen, dem Fremden, entstanden war. Anders als das antike Rom jedoch war Venedig keine Territorialmacht; die in Venedig ein- und ausgehenden Fremden waren nicht Bürger eines gemeinsamen Imperiums oder Nationalstaates. Ausländer, die in der Stadt lebten – Deutsche, Griechen, Türken, Dalmatiner ebenso wie Juden –, waren von der offiziellen Bürgerschaft ausgeschlossen und lebten dort als permanente Immigranten. Der Vertrag war der

Schlüssel, der die Türen zum Reichtum in dieser Stadt der Fremden öffnete. Wie Antonio erklärt:

Denn die Bequemlichkeit, die Fremde finden
Hier in Venedig, wenn man sie versagt,
Setzt die Gerechtigkeit des Staats herab,
Weil der Gewinn und Handel dieser Stadt
Beruht auf allen Völkern.[3]

Im wirklichen Venedig hätten große Teile der Handlung gar nicht geschehen können. An einer Stelle lädt Antonio Shylock zum Abendessen ein. Im Stück lehnt der Jude ab; im wirklichen Venedig hätte er keine Wahl gehabt, denn ein jüdischer Geldverleiher lebte im Ghetto, das die Venezianer im Verlauf des 16. Jahrhunderts gebaut hatten. Er durfte das am Rand der Stadt gelegene Ghetto erst im Morgengrauen verlassen, machte sich dann auf seinen Weg in den Finanzbezirk rund um die hölzerne Zugbrücke des Rialto nahe dem Stadtzentrum und mußte bei Einbruch der Dunkelheit in das überfüllte Ghetto zurückkehren. Nachts wurden die Tore abgesperrt, die nach außen blickenden Fensterläden verschlossen; draußen patrouillierte Polizei. Die mittelalterliche Wendung *Stadtluft macht frei* hinterließ gewiß einen bitteren Geschmack auf der Zunge eines Juden, denn das Recht, in der Stadt Geschäfte zu machen, brachte keine weiterreichende Freiheit mit sich. Der Jude, der gleichberechtigt Verträge abschloß, lebte als Mensch abgetrennt von den anderen.

In jenem wirklichen Venedig lag der Wunsch nach christlicher Gemeinschaft irgendwo zwischen Traum und Angst. Die Unreinheiten der Differenz plagten die Venezianer: Albaner, Türken und Griechen, selbst westliche Christen wie die Deutschen, alle wurden sie in bewachten Gebäuden oder Gebäudekomplexen isoliert. Differenz verfolgte die Venezianer wie ein böser Traum und übte doch eine verführerische Kraft aus.

Als sie die Juden im Ghetto einschlossen, behaupteten und glaubten die Venezianer, sie hätten einen Krankheitsherd isoliert, der die christliche Gemeinde anzustecken drohe, denn sie identifizierten besonders die Juden mit verderblichen körperlichen Lastern. Die

Christen hatten Angst, Juden zu berühren: Jüdische Körper waren angeblich Träger von Geschlechtskrankheiten und von anderen geheimnisvolleren verderblichen Kräften. Der jüdische Körper war unrein. Ein winziges Detail des Geschäftsrituals erhellt diesen Widerwillen gegen jede Berührung: Während unter Christen ein Vertrag mit einem Kuß oder einem Händeschütteln besiegelt wurde, geschah das bei Verträgen mit Juden durch eine Verbeugung, damit die Körper der Vertragsparteien sich nicht berühren mußten. Der Vertrag, den Shylock mit Antonio schließt, die Bezahlung in Fleisch, drückte metaphorisch die Furcht aus, ein Jude könne den Körper eines Christen beflecken, indem er die Macht seines Geldes einsetzte.

Im Mittelalter machte die Imitatio Christi die Menschen mitfühlender, sie waren sich des Körpers, besonders des leidenden Körpers, stärker bewußt. Die Angst, Juden zu berühren, stellte die Grenze dieser Vorstellung von einem gemeinsamen Körper dar; jenseits der Grenze lag eine Bedrohung – eine Bedrohung, die sich verdoppelte, weil die Unreinheit des fremden Körpers mit Sinnlichkeit verbunden wurde, mit der Verlockung des Orients: eines von christlichen Zwängen befreiten Körpers. Die Berührung des Juden befleckte und verführte zugleich. Der isolierte Raum des Ghettos stellte einen Kompromiß dar zwischen dem ökonomischen Interesse an den Juden und den Aversionen gegen sie, zwischen praktischer Notwendigkeit und physischer Furcht.

Das Ghetto entstand in einem für Venedig bedeutenden Moment. Die Führer der Stadt hatten nur wenige Jahre zuvor einen großen Handelsvorteil verloren und eine vernichtende militärische Niederlage erlitten. Sie gaben dem moralischen Zustand der Stadt die Schuld daran – die Moral war durch den Wohlstand erschüttert worden, der ihnen jetzt entglitt; aus dieser moralischen Kampagne, die Stadt zu reformieren, entstand der Plan für das Ghetto. Durch die Isolation derer, die anders waren, dadurch, daß man sie nicht länger berühren und sehen mußte, so hofften die Stadtväter, würden Friede und Anstand in die Stadt zurückkehren. Dies war die venezianische Version von Brueghels idyllischer Traumlandschaft im *Sturz des Ikarus*.

Heute ist uns die Vorstellung geläufig, daß Juden in Europa

immer in Ghettoräumen isoliert gelebt haben. Und in der Tat hatte das christliche Europa seit dem Laterankonzil von 1179 versucht, die Juden daran zu hindern, unter Christen zu leben. In allen europäischen Städten, die Kolonien von Juden beherbergten, etwa London, Frankfurt und Rom, waren sie gezwungen, isoliert zu leben. Rom ist ein typisches Beispiel für das Problem der Durchsetzung des Edikts des Laterankonzils. Was heute das Ghetto heißt, gab es in Rom seit dem frühen Mittelalter; einige Straßen im jüdischen Viertel des Mittelalters waren mit Toren versehen, doch das städtische Gewebe war zu unordentlich, als daß die Juden völlig abgetrennt werden konnten. In Venedig ermöglichte der Charakter der Stadtanlage schließlich die Durchsetzung der vom Laterankonzil vorgeschriebenen Regel, denn Venedig war eine auf Wasser gebaute Stadt, und die Kanäle teilten sie in viele Inseln auf. Beim Bau des jüdischen Ghettos machten sich die Stadtväter die trennende Wirkung des Wassers zunutze. Das Ghetto war eine Inselgruppe, um die herum die Kanäle zu Burggräben wurden.

Wenn die venezianischen Juden auch darunter litten, daß die Venezianer dem ökonomischen Mosaik die Regeln der christlichen Gemeinde aufzuzwingen versuchten, so litten sie doch nicht als passive Opfer. Die Entstehung des jüdischen Ghettos erzählt die Geschichte eines Volkes, das isoliert wurde, dann aber neue Formen des Gemeinschaftslebens gerade aus dieser Isolation heraus entwickelte; tatsächlich erreichten die Juden in den Ghettos im Venedig der Renaissance ein gewisses Maß an Selbstbestimmung. Außerdem schützte die Stadt einen Juden oder Türken zur Fastenzeit und anderen Perioden religiösen Eifers vor dem christlichen Mob, solange sich die Nicht-Christen in dem für Außenseiter reservierten Raum aufhielten.

Die Isolation verstärkte das Anderssein der Juden im täglichen Leben, das nicht-christliche Leben wurde für die herrschenden Mächte jenseits der Ghettomauern immer rätselhafter. Für die Juden selbst erhöhte das Ghetto den Preis des Kontakts mit der Außenwelt: Sie schienen ihr eigenes Jüdischsein aufs Spiel zu setzen, wenn sie sich aus dem Ghetto herauswagten. Über dreitausend Jahre lang hatten die Juden in kleinen Gruppen zwischen ihren Unterdrückern überlebt – ein Volk, das sich unabhängig davon, wo es lebte, in seinem Glauben erhielt. Nun begann die Glaubensgemeinschaft der venezianischen Juden stärker davon abzuhängen, daß sie einen Ort besaßen, an dem sie jüdisch sein konnten. Gemeinschaft und Unterdrückung: die venezianischen Christen suchten eine Gemeinschaft zu schaffen, indem sie aus Furcht vor der Berührung mit fremden, verführerischen Körpern diejenigen isolierten, die anders waren. Die jüdische Identität verfing sich in dieser Geographie der Unterdrückung.

1. VENEDIG ALS MAGNET

Henri Pirenne hat Max Weber einmal kritisiert, weil dieser den mittelalterlichen Städten als Handelsplätzen zuwenig Bedeutung beimaß. Pirenne betonte dagegen die Offenheit dieser Städte, die Vielfalt und die Mischung, die der Fernhandel in ihr Leben brachte. Pirennes großes Beispiel der Stadt als Magnet hätte Venedig sein können. Der Gewürzhandel machte Venedig reich. Aber er hatte auch seinen Preis: er zog Juden und andere Ausländer in die Stadt.

Das erste Gewürz, dessen Handel Venedig kontrollierte, war Salz, das elementarste Mittel zur Lebensmittelkonservierung. Im frühen Mittelalter wurde das venezianische Salz in den Sümpfen an der Küste getrocknet und dann vor Ort verkauft; dazu war es nötig, das Land zu beherrschen. Reicher wurden die Venezianer durch den Handel mit Gewürzen wie Safran, der wie Gold und Textilien von weither kam. Der unmittelbare örtliche Markt für Safran war klein, der europaweite dagegen immens. Diese Art von Handel hing stärker von der Beherrschung der Seewege ab, nicht von Landbesitz, denn Safran, Kreuzkümmel und Wacholder wurden in Indien und anderen Ländern des Ostens angebaut. Venedig diente, so der Begriff William McNeills, als das »Scharnier Europas«, indem es diese Gewürze in den Westen brachte.[4]

Bereits im Jahr 1000 hatte Venedig sich als die herrschende Seemacht im Adriatischen Meer, Ausgangspunkt der Route nach Jerusalem, etabliert; damit wurde Venedig auch zur Durchgangsstation für die europäischen Kreuzzüge ins Heilige Land. Nach dem Dritten Kreuzzug hatte die Stadt Handelsrechte im Osten erworben und nutzte sie für den Gewürzimport: Pfeffer, der zum Teil aus Indien kam, zum Teil von der Ostküste Afrikas und über den ägyptischen Hafen Alexandria; Safran und Muskat aus Indien, Zimt aus Ceylon. Die Kreuzfahrer brachten die Erinnerung an den Geschmack dieser Gewürze aus dem Osten mit zurück, ihr Siegeszug veränderte die europäische Ernährung. Der Gewürzhandel spielte eine so große Rolle in der Wirtschaft Venedigs, daß spezielle Ämter wie das für Safran eingerichtet wurden, um ihn zu regulieren. Im Jahr 1277 sandte Venedigs Rivale Genua Warentransporte nach Brügge und in andere Häfen Nordeuropas; die Venezianer jedoch kontrollierten viele dieser Waren als europäischer Einfuhrhafen.

Venedig organisierte seinen Handel durch Partnerschaften zwischen einzelnen Händlerfamilien und dem venezianischen Staat. »Die Partnerschaften besaßen nicht die Dauerhaftigkeit heutiger Firmen und sie hatten nur begrenzte Ziele«, bemerkt der moderne Historiker Frederick Lane, »sie hielten nur so lange, wie eine Reise dauerte oder bis die Ladung verkauft war.«[5] Diese Geschäfte wurden von einer kleinen Zahl bedeutender Familien kontrolliert; die Familie Grimani konzentrierte zwanzig Prozent des Profits des Jahres 1277 auf sich, etwa 40.000 Dukaten.[6] Der Schiffsbau für die Handelsfahrten war der wichtigste Wirtschaftszweig Venedigs.

Gewürze und andere Waren wurden auf besonderen Handelsgaleeren befördert, die in Küstennähe von zweihundert Mann gerudert wurden und nur auf hoher See die Segel setzten. Länger und breiter als Kriegsgaleeren, fuhren diese Schiffe in *muda* genannten Konvois. Die Schiffe gehörten der Stadt, die sie an Händler wie die Grimani vermieteten, die ihrerseits Frachtraum in den großen Schiffsbäuchen an kleinere Gewürzhändler vermieteten. Der Galeerenkonvoi verließ Venedig manchmal auch, um Fracht an der Südküste des Mittelmeers aufzunehmen, doch die Kosten und die Bauweise der riesigen Galeeren machte sie erst auf längeren Reisen durch den Bosporus ins Schwarze Meer profitabel. An den östlichen Ufern des Schwarzen Meers nahm der Konvoi Gewürze auf, die auf dem Landweg aus Indien und Ceylon gekommen waren. Dann kehrte die Schiffsflottille zurück – eine fette Beute für jeden Feind. Vor dem Anwachsen der türkischen Macht im 14. Jahrhun-

Das Zollhaus
von Venedig.

dert stellten Piraten die Hauptgefahr für die zurückkehrenden Frachtschiffe dar; in späteren Jahren mußten sich die Schiffe mit ihrer kostbaren Fracht den Rückweg durch die türkischen Angreifer freischießen. Insofern bezog sich Shakespeares Drama auf eine wirkliche Bedrohung.

Überstand ein Schiff die Seereise, segelte es die Adria hinauf, passierte die Sandbänke am Rand der venezianischen Lagune und gelangte in die Stadt. Das flache Wasser der Lagune und die Sandbänke waren die wirksamsten Schutzwälle Venedigs gegen Angriffe von See, da sie das Einlaufen einer Flotte sehr schwierig machten. Die Kathedrale auf der Piazza von San Marco diente als Orientierungspunkt für die hereinkommenden Schiffe; näherte sich ein Konvoi, so fuhren ihm Zollschiffe entgegen, und Zollbeamte kamen auf das Schiff. Für Schiffe von der Größe dieser Handelsgaleeren war es schwierig, die Hauptwasserstraße von Venedig, den Canale Grande, zu befahren. Die Fracht wurde auf kleinere Schiffe verladen und zu den Landungsbrücken am Canale Grande und seinen Nebenkanälen gebracht.

Sobald die Schiffe im Hafen anlegten, kamen Scharen von Zollbeamten an Bord, die die Waren berechneten und besteuerten. Überwachung war der Lebensnerv des venezianischen Hafens, und die Form der Stadt ließ viele Arten der Überwachung zu. Die engen Zugänge zur Lagune, die vorgeschobene Lage des Zollhauses, die übersichtliche Mündung des Canale Grande gestattete der Regierung sowohl die visuelle als auch die gesetzliche Überwachung. Auch die Gewürzschiffe, die durch das Mittelmeer segelten, um die Waren in Europa zu verteilen, wurden überwacht und besteuert. Die größeren fuhren durch die Straße von Gibraltar, um nach Portugal, Frankreich, England und in die nördlichen Länder zu segeln.

Die Mittelsmänner dieses Systems waren die Händler, Finanziers und Bankiers, die sich um die Rialtobrücke scharten, welche anderthalb Kilometer oberhalb des großen Platzes von San Marco den Canale Grande überspannte. Hier läßt Shakespeare Shylock seinen Geschäften nachgehen: »Der Bankier saß hinter einer Bank unter dem Portikus einer Kirche am Rialto, sein großes Auftragsbuch vor sich ausgebreitet. Der Einzahler instruierte den Bankier mündlich, einen Geldtransfer auf das Konto dessen, der bezahlt werden sollte, vorzunehmen.«[7] Die Finanzmittel des Bankiers bestanden aus Säcken mit Gold- oder Silbermünzen; schriftliche Zahlungszertifikate oder gedrucktes Geld waren weniger üblich, da die Händler von Orten kamen, die gegenüber dem Wert eines in fremder Sprache gedruckten Stücks Papier höchst mißtrauisch gewesen wären. Die Gebäude um den Rialto waren voll von Tresorräumen, in denen der Bankier sein Gold und seine Juwelen aufbewahrte. Notwendigerweise war der Rialto täglich erfüllt von Klatsch und Gerede, da die Mittelsmänner ihre Geschäfte ohne große Informationen darüber, was in Übersee geschah, abschlossen.

»His word is his bond«: Wie spätere Geschäftsleute in der City von London verließen sich die Makler am Rialto auf mündliche Abmachungen. Daß man dem Wort des anderen vertraute, beruhte nicht zuletzt auf dem verbreiteten Einsatz nicht versteuerten oder nicht registrierten Kapitals. Die Makler suchten ihr Geld vor den Augen des Staates zu verbergen. Das gelang ihnen, indem sie so wenig wie möglich zu Papier brachten, und so konnten sie manchmal auch die strengen Reglementierungen umgehen, die das Ein- und Auslaufen der Schiffe kontrollierten. Illegale Geschäfte also, doch nicht ehrenrührig. Das alles wurde in kleinen Ritualen abgewickelt,

Jüdischer
Geldverleiher.
Aus G. Grevembroch, *Customs
of the Venetians;
Museo Civico
Correr, Venedig.*

die sich um die Rialtobrücke herum abspielten: den Ritualen des
Kaffeetrinkens, der Gruppe der professionellen Zeugen, die sich in
der Nähe der Brücke herumtrieben und deren Kapital in Zuverlässigkeit und Verschwiegenheit bestand. Obwohl der Doge willens
war, Antonio zu helfen, bestand dessen Problem mit Shylock doch
darin, ihm »sein Wort« gegeben zu haben.

Die Geschicke des Gewürzhandels spiegelten die Kräfte wider, die
ins Spiel kamen, als die Venezianer mit der Einrichtung des Ghet-

tos begannen. Im Jahr 1501 erfuhren die Venezianer, daß die Portugiesen eine Seeroute nach Indien eröffnet hatten. Sie waren um die Südspitze Afrikas gesegelt – eine Route, die Venedig fortan als Umschlagsort von Gewürzen nach Nord- und Westeuropa überflüssig machte. In den Worten des Zeitgenossen Girolamo Priuli war dies »die denkbar schlimmste Neuigkeit für die Republik Venedig, ausgenommen nur den Verlust unserer Freiheit«.[8] Diese sicherere, wenn auch längere Route zwischen Osten und Westen wurde zu einem Zeitpunkt entdeckt, als den Venezianern klar wurde, daß die Türken sie in ihrem eigenen Meer, der Adria, einschließen konnten. Nun begann ein Jahrzehnt des Desasters.

Das gesamte 15. Jahrhundert hindurch hatten die Venezianer versucht, sich gegen die Unwägbarkeiten des internationalen Handels abzusichern, indem sie ein Festlandimperium in Norditalien schufen; traditionellerweise war die Stadt Mestre in der venezianischen Lagune die Hauptverbindung der Venezianer zum Festland, *terra firma*, gewesen. Die Venezianer hatten Städte wie Verona, Vicenza und Padua erobert. Jetzt, im Frühling 1509, sollten sie alle diese Orte in einem Zeitraum von wenigen Wochen verlieren. Die Franzosen und andere Mächte schlossen sich gegen sie zusammen und besiegten die Venezianer in Agnadello, nahe Lodi, am 14. Mai 1509. Drei Wochen später konnte Venedig den Lärm fremder Armeen aus fünf Kilometer Entfernung hören. Auf See gefährdet, von Ungläubigen bedroht, beschränkt auf ihre Inselstadt: das Ergebnis dieser Schicksalsschläge war eine Stadt mit dem Gefühl des »plötzlichen Verlustes ihres Gleichgewichts, unsicher in der Einschätzung ihrer eigenen Energien«, wie der Historiker Alberto Tenenti sich ausdrückt.[9]

Zu diesem Zeitpunkt begannen die Juden, nach Venedig zu fliehen. Ein Ergebnis der Kriege der Liga von Cambrai 1509 war, daß etwa fünfhundert Juden aus Padua und Mestre flohen. Der Magnet Venedig schien ihnen Sicherheit zu bieten. Die Juden waren nach 1300 aus Deutschland nach Norditalien gekommen, als schwere Pogrome in Deutschland Wellen von Flüchtlingen nach Padua und Verona spülten. Eine kleine Anzahl war nach Venedig selbst gezogen. Aschkenasim lebten schon seit 1090 dort. Als die sephardischen Juden 1492 aus Spanien vertrieben wurden, kamen auch einige von ihnen nach Venedig. Diese Juden des Mittelalters waren zumeist arm: Hausierer und Gebrauchtwarenhändler. Der einzige freie Beruf, der ihnen offenstand, war der des Arztes; in Venedig arbeiteten nur wenige dieser Juden als Geldverleiher, die Bankgeschäfte der Stadt lagen hauptsächlich in den Händen von Venezianern und ausländischen Christen. Viele der nach dem Unglück von Agnadello nach Venedig geflohenen Juden waren jedoch anderswo durch den Geldverleih reich geworden, sie brachten ihre Diamanten, ihr Gold und Silber mit. Zudem floh auch eine kleine, aber herausragende Gruppe von jüdischen Ärzten. Diese jüdischen Geldverleiher und Ärzte besaßen einen hohen Status, und da ihre Lebensweise sie mit der christlichen Gemeinde stärker in Berührung brachte, wurden sie zu einem auffallenden, deutlich sichtbaren Segment der Bevölkerung.

2. DIE MAUERN DES GHETTOS

Verderbte Körper

In den sieben Jahren von der Katastrophe von Agnadello bis zur Entstehung des ersten jüdischen Ghettos ging der Haß auf die Juden mit einer Kampagne zur moralischen Reform Venedigs einher, als hätten die Niederlagen der Stadt ihren Ursprung in sittlicher Verkommenheit. Die Angriffe gegen die Juden wurden unter anderem von Bruder Lovato von Padua geführt. Seine flammenden Predigten brachte die Venezianer im Jahr 1511 dazu, die Häuser der Juden am Campo San Paolo niederzubrennen; zwei Jahre zuvor hatte er dazu geraten, das gesamte Geld der Geldverleiher einzuziehen und »ihnen nichts zum Leben übrigzulassen«.[10] »Zur selben Zeit«, schreibt der Historiker Felix Gilbert, »wurde die Ansicht, moralische Verderbtheit sei der entscheidende Grund für den Verfall der venezianischen Macht, nicht nur von privaten Bürgern zum Ausdruck gebracht, sondern war eine auch von offizieller Seite vertretene und anerkannte These«.[11]

Die Sinnlichkeit war ein zentrales Element im Venedigbild Europas und auch im venezianischen Selbstverständnis. Die Fassaden der großen Paläste entlang des Canale Grande waren reich verziert, das Licht spiegelte die Farben ihrer Ornamente im leise bewegten Wasser; die Gebäude hatten unterschiedliche Fassaden, waren in der Größe jedoch etwa gleich, so daß sie eine ungebrochene Wand reichverzierter Farbe bildeten. Der Kanal selbst war voller Gondeln, die in der Renaissance oft in lebhaftem Rot, Gelb oder Blau, nicht in dem später obligatorischen Schwarz gestrichen und mit von Gold- und Silberfäden durchwirkten Teppichen und Fahnen behängt waren.

Christliche Einschränkungen der Sinnesfreuden waren in den Tagen venezianischen Überflusses stark gelockert worden. Es gab eine florierende homosexuelle Subkultur, die das »Cross-dressing« liebte. Junge Männer lagerten nackt in Gondeln, angetan nur mit Frauenschmuck. Auch trug der Gewürzhandel zu dem Bild von Venedig als einer sinnlichen Stadt bei, da Safran und Gelbwurzel als Aphrodisiaka galten. Vor allem aber blühte die Prostitution in der Hafenstadt.

Die Arbeit der Prostituierten verbreitete eine neue und schreckliche Krankheit, die Syphilis, die 1494 zum ersten Mal in Italien auftauchte. Fast vom ersten Moment ihres Erscheinens forderte die Syphilis viele Menschenleben, unter Männern und Frauen. Sie hatte keinen Namen, wurde nicht diagnostiziert, es gab kein Gegenmittel – bekannt war nur, daß die Krankheit sexuell übertragen wurde, doch die genaue Natur der Übertragung blieb mysteriös. Wie die Historikerin Anna Foa feststellt, waren sich die Europäer etwa ab 1530 sicher, daß das Auftauchen der Syphilis etwas mit der Eroberung der Neuen Welt zu tun hatte und legten das Aufkommen der Krankheit den Indios zur Last. Die Reisen des Columbus wurden als der auslösende Faktor betrachtet.[12] Eine Generation zuvor jedoch lautete die vorherrschende Erklärung, die Juden hätten die Syphilis über Europa verbreitet, als sie im Jahre 1494 aus Spanien vertrieben wurden.

Die Körper der Juden, so glaubte man, bargen aufgrund ihrer religiösen Praktiken unzählige Krankheitskeime. Sigismondo de' Contida Foligno brachte die Syphilis mit dem Judentum in Verbindung, indem er die Anfälligkeit der Juden für Lepra zum Ausgangspunkt seiner Argumentation machte. Irgendwann vor 1512 behauptete er: »... die Juden, da sie sich des Schweinefleischs enthalten, fallen leichter der Lepra zum Opfer als andere Völker«. Dann folgerte er: »Die Heilige Schrift läßt keinen Zweifel daran, daß Lepra ein Zeichen für eine noch scheußlichere Inkontinenz ist: tatsächlich zeigte sie sich zuerst an den Genitalien«; also »kam diese Krankheit [Syphilis] von den *Marrani*«, den aus Spanien vertriebenen Juden.[13] Das Verschmelzen von Syphilis und Lepra war für die erste Generation der Opfer von einer Bedeutung, die aus heutiger Sicht kaum mehr zu verstehen ist. Da man annahm, Lepra werde durch die Berührung der Wunden eines Leprakranken übertragen, glaubte man nun, daß man sich die Syphilis nicht nur dadurch zuziehen konnte, daß man mit einer Prostituierten schlief: man fürchtete, sich auch zu infizieren, wenn man den Körper eines Juden berührte.

Am 13. März 1512 erließ der Senat von Venedig auf Geheiß des Giovanni Sanuto eine Verfügung, um »den Zorn unseres Herrn zu besänftigen«. »Unmäßiger und exzessiver Aufwand« wurde verboten. Dieser Erlaß definierte die moralische Reform im Sinne einer neuen Körperdisziplin. Die Verfügung von 1512 suchte der offenen Zurschaustellung von Sinnlichkeit ein Ende zu machen: Das Tragen von Schmuck wurde sowohl für Männer als auch für Frauen reglementiert; »durchsichtige Stoffe wurden verboten, und Spitzen durften nicht getragen werden. Männern war Kleidung verboten, die ihre körperliche Attraktivität betonte. Die Hemden sollten den gesamten Oberkörper bedecken und am Hals eng abschließen«.[14]

Fünfzehn Jahre bevor die Venezianer ihre Gesetze gegen die Sinnlichkeit in Kraft setzten, hatte der Mönch Girolamo Savonarola in Florenz eine ähnliche Kampagne gegen die »Eitelkeiten« geführt, nachdem im Jahr 1494 auch diese Stadt von einer fremden Macht besiegt worden war. Wie später in Venedig wurden in Florenz »die schmachvolle Niederlage und der unerklärliche Rückschlag notwendigerweise als Zeichen für das Mißfallen Gottes aufgefaßt«.[15] Wie Sanuto hatte auch Savonarola einen strengeren Kodex des Sexualverhaltens gefordert, das Verbot von Schmuck, Parfüm und seidenen Kleidern, um das Glück der Stadt wiederherzustellen. Savonarolas Angriff auf den sinnlichen Körper war jedoch als eine Rückbesinnung auf die angeblich strengen Tugenden der frühen florentinischen Republik gemeint; der venezianische Abscheu gegen den sinnlichen Körper ließ sich in diesen Begriffen nicht fassen. Hier handelte es sich um eine Stadt, deren Geschicke zu sehr vom Genuß abhingen. Zudem waren viele der kranken Körper in Venedig die Körper von Heiden und Ungläubigen, die ohnedies nie einen Platz in der christlichen Gemeinde beansprucht hätten.

Der venezianische Angriff auf die Juden verband sich mit diesem Ekel vor der körperlichen Sinnlichkeit. Die Syphilis war der direkte Anlaß für die Angriffe, doch die Art und Weise, wie die Juden ihr Geld verdienten, trug ebenfalls zu der Entwicklung bei. Die Juden verdienten Geld durch Wucher, und Wucher stand in direkter Verbindung mit körperlichem Laster.

Der seit dem 12. Jahrhundert in Venedig praktizierte Wucher bestand darin, Geld zu einem Zinssatz von fünfzehn bis zwanzig Prozent zu verleihen, was unter dem Zins im spätmittelalterlichen Paris lag. Wucher unterschied sich von einem ehrenhaften Darlehen, das einen niedrigeren und auch variablen Zinssatz vorsah. Bei einem ehrenhaften Darlehen trieb überdies der Verleiher die Sicherheit, die für das Darlehen angeboten worden war, nicht ein, wenn dies den Borgenden ruinierte. Statt dessen wurden wie beim modernen Bankrott die Bedingungen zwischen Kreditgeber und Schuldner neu ausgehandelt.

Wucher erschien dem mittelalterlichen Christen als ein »Diebstahl von Zeit«. Und ein noch älterer antiker Vorwurf wurde gegen den Wucher vorgebracht: seine Verbindung mit der Sexualität. In der *Politik* verdammt Aristoteles den Wucher als einen »Gewinn aus dem Geld selbst«[16] – als könne das Geld sich wie ein Tier vermehren. »Im 13. und 14. Jahrhundert«, schreibt der Soziologe Benjamin Nelson, bezog die Definition von Wucher »ihre Form aus der Analogie mit der Prostituierten im Bordell«.[17] Ein Zeitgenosse Shakespeares erklärt in *The Seven Deadly Sins of London*: »Der Wucherer lebt von der Wollust des Geldes und treibt Unzucht mit seinen eigenen Taschen.«[18] Die Juden, die Geld verliehen, waren, so nahm man an, alle in Wucher verstrickt und damit wie Prostituierte. Ein weiterer christlicher Kritiker der Juden schrieb, der Wucherer »steckt sein Geld in den widernatürlichen Akt der Vermehrung«.[19] Außerdem ließ sich die sündige Praxis des Geldverleihs unter Juden nicht durch die Beichte läutern. In Venedig verband sich dieses wirtschaftliche Stereotyp nun mit dem amtlichen Versuch, die Körper der Venezianer zu reinigen und damit die Geschicke des Stadtstaates wiederherzustellen.

Die nach Venedig geflohenen Ärzte provozierten die Christen in der Stadt auf eine noch direktere Weise. Die Berührung ist eine Körpererfahrung, die in der christlichen Kultur tief verwurzelt ist. »Das Bild der Berührung von Adam und Eva ... über die Verführung Bathsebas oder die heilende Berührung Christi bei Maria Magdalena«, stellt der Historiker Sander Gilman fest, »spukt in allen biblischen Darstellungen von Sexualität herum.«[20] Für den Heiligen Thomas war der Tastsinn die niedrigste aller Körperempfindungen.[21] Erschien die Berührung von Juden auch wie eine physische, sexuelle Ansteckung, weil Juden der öffentlichen Vorstellung nach mit der Verbreitung der Syphilis verbunden wurden, zog man doch jüdische Ärzte zu Rat, um die Krankheit zu behandeln. Dadurch war die Rassenzugehörigkeit des Arztes für die öffentliche Meinung bald nicht mehr von dem Makel der Krankheit selbst zu trennen. Im Jahr 1520 wütete Paracelsus gegen Juden, die die »[Syphilitiker] behandeln, sie salben, waschen und alle Arten pietätloser Betrügereien ausführen«. Auch er brachte sie aufgrund ihrer angeblichen Unreinheit mit der Lepra in Verbindung: »Die Juden waren stärker anfällig [für Lepra] als andere Leute..., weil sie weder Laken noch eigene Bäder besaßen. Diese Menschen waren so nachlässig in Fragen der Sauberkeit und der Schicklichkeit im Leben, daß ihre Gesetzgeber gezwungen waren, ein Gesetz zu erlassen, das ihnen vorschrieb, sich überhaupt die Hände zu waschen.«[22] Es war also gefährlich, sich von einem jüdischen Arzt behandeln zu lassen, einem Mann, der ständig mit Geschlechtskranken in Kontakt kam und der sich die Hände nur dann wusch, wenn es ihm befohlen wurde.

Das Studium religiöser Vorurteile ist keine Übung in Rationalität. Der Wunsch nach Reinheit, schreibt die Anthropologin Mary Douglas, bringt die Ängste einer Gesellschaft zum Ausdruck; besonders kann der Selbsthaß, den eine Gruppe empfinden mag,

»wandern« und sich an eine Gruppe heften, die das Unreine repräsentiert.[23] Eine solche Projektion ergab sich im Venedig des Agnadello. Die Venezianer glaubten sich durch moralischen Verfall bedroht und übertrugen ihren Selbsthaß auf die Juden.

Diese Übertragung wies auch einen Klassencharakter auf – nach der Klassendefinition des damaligen Venedig. Die Stadt war in drei Gruppen unterteilt: in Aristokraten (*nobili*), reiche Bürger (*cittadini*) und gemeines Volk (*populani*). Der Krieg gegen die Sinnlichkeit richtete sich gegen die Nobili, die etwa fünf Prozent der Bevölkerung ausmachten, und die Söhne und Töchter wohlhabender Cittadini, die im Jahr 1500 noch einmal fünf Prozent von einer Gesamtbevölkerung von etwa 120.000 ausmachten. Die Verachtung des Luxus und das Ressentiment gegen den Adel waren nicht voneinander zu trennen: die Laster der müßigen Oberklasse hatte Gottes Zorn auf die fleißige Stadt herabbeschworen. Die Juden zählten zu dieser Zeit in Venedig höchstens 1.500 bis 2.000 Menschen. Damit konzentrierte sich die Säuberung auf kleine Gruppen der Oberschicht und ein kleines Element der Unterschicht. Denn obwohl die jüdischen Wucherer und Ärzte wirtschaftliche und praktische Bedeutung hatten, standen sie gesellschaftlich unter den christlichen Populani. Wie oft bei Verfolgungen, wurden Minoritäten symbolisch bedeutender gemacht, als es ihrer tatsächlichen Zahl entsprach.

Diese symbolische Überbetonung führte am Karfreitag, dem 6. April des Jahres 1515, zu einer Explosion. Die Fastenzeit war gewöhnlich eine Zeit, in der die Juden sich wenig sehen ließen. An jenem Karfreitag, der wegen der Niederlage Venedigs doppelt schmerzlich war, wagten sich einige Juden in die Stadt. Einem Venezianer schien es, daß »sie seit gestern überall sind, und das ist fürchterlich; und niemand sagt etwas, weil [die Juden] wegen des Krieges gebraucht werden und sich benehmen können, wie es ihnen paßt«.[24] Sofort wurden Rufe laut, man möge das Eigentum der Juden konfiszieren, um einen neuen Feldzug zu finanzieren, oder die Juden aus der Stadt jagen. Aber die Juden konnten nicht so leicht vertrieben werden – dagegen stand das wirtschaftliche Eigeninteresse der Stadt. In den Worten eines führenden Bürgers: »Die Juden sind für eine Stadt noch wichtiger als die Bankiers – und für

Ein jüdischer Arzt in der Ausstattung zur Behandlung von Pestopfern. Die Aufmachung schützt ihn vor Pestdämpfen, schützt die anderen Menschen vor seinem Atem, betont aber zugleich seine vermeintlich unmenschlichen Eigenschaften. Aus Grevembroch, *Customs of the Venetians;* Museo Civico Correr, Venedig.

diese Stadt besonders.«[25] Selbst die armen Juden wurden in der Stadt gebraucht, so zum Beispiel jene, die mit Gebrauchtwaren handelten. (Im Jahr 1515 lizenzierte die Regierung offiziell neun dieser jüdischen Läden.) Alle Juden zahlten hohe Steuern.

Angesichts der praktischen Notwendigkeiten suchte Venedig eine räumliche Lösung für den Umgang mit diesen unreinen, aber notwendigen jüdischen Körpern. Die Stadt entschied sich, den Worten des Historikers Brian Pullan zufolge, für »Segregation, nicht Vertreibung der jüdischen Gemeinde«.[26] Die Reinheit der Masse sollte durch die Isolierung der Minderheit gesichert werden. Eines der großen Themen der modernen urbanen Gesellschaft trat zum ersten Mal in Erscheinung. Die »Stadt« stand nun für eine rechtliche, wirtschaftliche und soziale Einheit, die zu groß geworden war und zu verschiedenartig, um alle Bewohner als Stadtgemeinde binden zu können. Die »Gemeinde« als emotionaler religiöser Verband erforderte jetzt die Unterteilung der Stadt.

Die Venezianer reagierten auf diese polarisierende Sehnsucht nach Gemeinschaft, indem sie sich ihre Geographie des Wassers zunutze machten.

Das städtische Kondom

Die Juden waren nicht die erste Gruppe von Außenseitern, die die Venezianer vorbeugend in einem Raum ansiedelten: Griechen, Türken und andere ethnische Gruppen wohnten ebenfalls von der einheimischen Bevölkerung getrennt. Die am wenigsten kontroversen Außenseiter waren die Deutschen. Die Verbindung zwischen Deutschland und Venedig war Shakespeare offenbar geläufig, er läßt Shylock an einer Stelle des *Kaufmanns von Venedig* hervorbrechen: »Ein Diamant fort, kostet mich zweitausend Dukaten zu Frankfurt.«[27]

Zu Shakespeares Zeit hatte der Handel mit Deutschland für Venedig eine große Bedeutung erlangt. Die Deutschen kamen nach Venedig, sowohl um zu verkaufen als auch um zu kaufen. Im Jahr 1314 beschlossen die Venezianer sicherzustellen, daß die Deutschen ihre Steuern bezahlten. Dies geschah, indem sie alle in ein Haus ziehen ließen; hier sollten die Deutschen sich selbst und ihre Ware anmelden, hier sollten sie leben und arbeiten. Das Haus hieß *Fondaco dei Tedeschi* – die »Fabrik der Deutschen«. Als Gebäude stellte der Fondaco das Modell für spätere, repressivere Raumformen der Absonderung dar.

In dieser frühen Form diente der Fondaco zugleich als Emp-

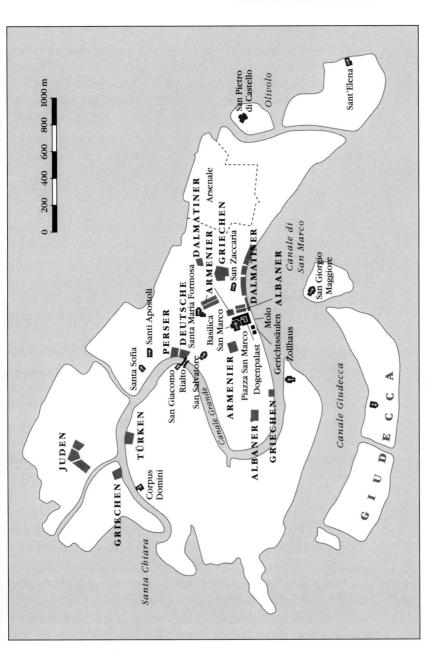

Die Ansiedlung von Ausländern in Venedig, um 1600.

fangsraum für vornehme Fremde. Im Prinzip sollte nach Einbruch der Dunkelheit niemand der dort Wohnenden das Haus verlassen; in Wirklichkeit aber war die Nacht die geschäftigste Zeit für die Deutschen: Sie schmuggelten im Schutz der Dunkelheit Waren hinein und hinaus, um keinen Zoll zahlen zu müssen. Im Jahr 1479 ergriff die Regierung Schritte, um sicherzustellen, daß dieser Ort der Absonderung ein Haus der Isolation würde; es wurde beschlossen, bei Einbruch der Dunkelheit die Fensterläden zu schließen und die Türen des Fondaco abzusperren – von außen.

Auch im Inneren wurde das Gebäude zu einem repressiven Raum, da die Venezianer die Deutschen unablässig beobachteten. »Alles wurde für sie arrangiert«, schreibt der Historiker Hugh Honour. »Alle Diener und höheren Funktionäre wurden vom Staat ernannt. Die Händler durften ihre Geschäfte nur mit geborenen Venezianern und nur mittels der ihnen zugewiesenen Makler abschließen, die einen hohen Prozentsatz von jeder Transaktion einbehielten.«[28] Der heute noch existierende deutsche Fondaco wurde im Jahr 1505 erbaut. Er ist ein riesiges Gebäude und zeugte vom Reichtum der Deutschen. Zugleich verfeinerte und intensivierte seine Form die Prinzipien der Konzentration und Isolation, die schon die Anlage des älteren Fondaco bestimmt hatten. Der neue Fondaco dei Tedeschi, den Venedig heute als Postamt nutzt, ist ein um einen zentralen Innenhof gebautes gedrungenes, einförmiges Gebäude. Offene Galerien laufen auf jedem Stockwerk um den Hof. Hier patrouillierten die Venezianer, die ihre nordischen »Gäste« auf diese Weise Tag und Nacht überwachen konnten.

Diese Deutschen waren natürlich Christen. Ihre Überwachung geschah zuerst aus rein ökonomischen Gründen. In den Jahrzehnten nach der Katastrophe der Niederlage gegen die Liga von Cambrai jedoch nahmen die Venezianer als gute Katholiken zum ersten Mal Notiz von der großen Reformationswelle, die über Deutschland und andere Ländern des Nordens hinwegging. Somit begann sich die städtische Kontrolle über die deutschen Kaufleute von einer rein kommerziellen Grundlage zu einer kulturellen hin zu verlagern. An diesem Punkt kamen Körperbilder ins Spiel. Die Autoritäten wollten der »Ansteckung« der Reformation Einhalt gebieten, da sie ihre Häresien als Formen der Selbstsucht und Dis-

Die Gegend um den Rialto in Venedig; das große quadratische Gebäude war in der Renaissance der Fondaco dei Tedeschi.

ziplinlosigkeit empfanden, die, ohne Priester, zu Sünden wie Faulheit und Luxus führten. In der katholischen Vorstellung rückten die reformierten Deutschen den Juden näher.[29] Bis zum Jahr 1531 konnten sich einige wenige Deutsche, normalerweise die reichsten, aus dem Fondaco freikaufen. 1531 befahl die Stadt allen Deutschen, ein für allemal zusammen im Fondaco zu leben, und fügte den Wachen des Hauses Spione hinzu, um Anzeichen von Ketzerei aufzuspüren.

Infolge der Segregation zusammengepfercht und isoliert, begannen die Ausländer ein einigendes Band zwischen sich zu spüren. Sie verhandelten geschlossen mit den Italienern, obwohl es faktisch in dem Gebäude scharfe Trennlinien zwischen Protestanten und Katholiken gab. Der Raum der Repression erzeugte ein Gemeinschaftsgefühl. Dies war die Zukunft, welche die Juden erwartete.

Im Jahr 1515 begannen die Venezianer die Möglichkeit zu erwägen, das Ghetto Nuovo als einen Ort für die Abtrennung der Juden zu nutzen. *Ghetto* bedeutete ursprünglich »Gießerei« (von *gettare*, »gießen«) – das Ghetto Vecchio und das Ghetto Nuovo dienten vorher als die Gießereibezirke von Venedig, weit entfernt vom Stadtzentrum; 1500 waren die Manufakturen ins Arsenal abgewandert.

Das Ghetto Nuovo war ein rhombenförmiges Stück Land, auf allen Seiten von Wasser umgeben; die Gebäude bildeten überall an seinen Rändern eine Mauer und ließen in der Mitte einen offenen Platz entstehen. Nur zwei Brücken verbanden es mit dem Rest der Stadt. Schloß man diese Brücken, war das Ghetto Nuovo abgeriegelt.

Zur Zeit der Umwandlung des Ghetto Nuovo »kannte man noch nicht die heute nahezu alle Wege, Plätze und Höfe nivellierende Pflasterung mit rechteckigen Blöcken aus dem vulkanischen Trachyt. Zahlreiche Wege und Höfe waren noch unbefestigt... Oft waren nur Teile von Plätzen, die bestimmten Gebäuden zugeordnet waren, gepflastert«.[30] Während des Jahrhunderts vor Einrichtung des Ghetto Nuovo begann die Stadt, die Ufer der Kanäle zu befestigen. Diese Mauern förderten den Fluß des Wassers und verhinderten die Verlandung der Kanäle. Sie erlaubten es auch, gepflasterte Gehwege entlang der Kanäle anzulegen, eine *fondamente* genannte Formation von Wasser und Land. Der Cannaregio-Bezirk wurde auf diese Weise ausgebaut, und in seiner Nähe lagen sowohl das Ghetto Nuovo als auch das Ghetto Vecchio.

Die beiden Ghettos, der Industrie überlassen und nur dünn besiedelt, wurden bei diesem Umbau ausgespart; sie blieben sowohl physische als auch ökonomische Inseln innerhalb der Stadt. Die wenigen Brücken, die diese inneren Inseln mit äußeren Landmassen verbanden, liefen in eine alte venezianische Torform aus, den *sottoportegho*. Der Sottoportegho war ein Durchgang unter einem Gebäude, niedrig und feucht, weil er auf derselben Höhe lag wie die Pfeiler und Fundamente, welche die darüberliegenden Gebäude stützten. Am Ende der *sottoporti* waren verschlossene Türen. Dies war eine Szenerie, die mit reichen Knaben, die, nur in Schmuck gekleidet, über den Ca D'Oro auf dem Canale Grande glitten, nichts mehr zu tun hatte.

Der Vorschlag, das Ghetto Nuovo zu nutzen, kam im Jahr 1515 von Zaccaria Dolfin. Sein Plan für die Segregation der Juden wollte

> ... sie alle zum Leben in das Ghetto Nuovo schicken, das wie eine Burg ist, Zugbrücken bauen und das Ghetto mit einer Mauer umschließen; sie sollten nur ein einziges Tor haben, das sie dort einschlösse, und sie würden dort bleiben, zwei Boote des Zehnerrats sollten hinüberfahren und dort über Nacht bleiben, auf ihre Kosten, zu ihrer größeren Sicherheit.[31]

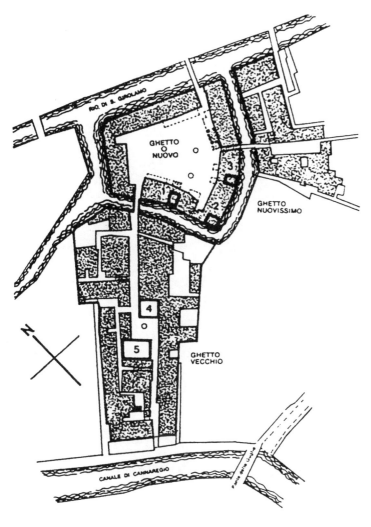

Plan der venezianischen Ghettos:

1 Italienischer Tempel
2 Kantonesischer Tempel
3 Deutscher Tempel
4 Levantinischer Tempel
5 Spanischer oder Pnentina Tempel

Dieser Vorschlag enthält einen entscheidenden Unterschied zu der Konzeption der Absonderung, wie sie beim Fondaco dei Tedeschi vorlag: Im jüdischen Ghetto sollte es keine *interne* Überwachung geben. Externe Überwachung sollte durch die Boote gegeben sein, die die ganze Nacht hindurch um das Ghetto kreisen sollten. Drinnen eingesperrt sollten die Juden sich selbst überlassen bleiben, ein verlassenes Volk.

Eingang zum Ghetto Nuovo in Venedig. *Graziano Arici.*

Dolfins Vorschlag wurde von 1516 an in die Tat umgesetzt. Juden aus allen Bezirken der Stadt wurden in das Ghetto Nuovo gebracht, besonders jedoch aus der Giudecca, wo Juden sich seit 1090 gesammelt hatten. Dennoch waren nicht alle Juden betroffen. Als die sephardischen Juden 1492 aus Spanien vertrieben worden waren, kam eine Gruppe nach Venedig, um als kleine Kolonie nahe einem Begräbnisplatz für hingerichtete Verbrecher zu leben. Sie blieben dort. Auch die levantinischen Juden der Adriaküste und aus dem Nahen Osten wurden in anderen Teilen der Stadt gelas-

Das Ghetto
Nuovo in
Venedig.
Graziano Arici.

sen. Und zur Geschichte des Ghettos gehört auch, daß viele venezianische Juden, als sie vor der Notwendigkeit standen, im Ghetto zu leben, statt dessen die Stadt verließen.

Etwa siebenhundert Juden, zumeist Aschkenasim, wurden 1516 als erste in das Ghetto geschickt. Ursprünglich bestand das Ghetto nur aus zwanzig Häusern. Diese gehörten Christen, weil Juden, wie überall, auch in Venedig das Recht vorenthalten wurde, Land oder Häuser zu besitzen; sie konnten sie nur von Jahr zu Jahr mieten. Als weitere Häuser renoviert wurden, stiegen die Mieten. Brian Pullan schreibt, daß die Miete »der engen Häuser im Ghetto dreimal so hoch war wie für eine vergleichbar enge Unterkunft in der christlichen Stadt«.[32] Die Gebäude wurden allmählich bis auf sechs oder sieben Stockwerke erhöht. Sie begannen sich zu neigen, weil die in den Untergrund gerammten Pfeiler das Gewicht nur noch schwer trugen.

Die Zugbrücken wurden am Morgen heruntergelassen, und einige Juden schwärmten in die Stadt aus, zumeist in die Gegend um den Rialto, wo sie sich in der bunten Menge verloren. Christen kamen ins Ghetto, um Geld zu leihen oder Lebensmittel zu verkaufen und Geschäfte zu treiben. Bei Einbruch der Dunkelheit mußten alle Juden zurück ins Ghetto, und die Christen mußten es verlassen haben; die Zugbrücken wurden hochgezogen. Außerdem wurden jeden Abend die nach außen gehenden Fenster geschlossen. Alle Balkone waren entfernt worden, so daß die Gebäude zur Kanalseite schließlich aussahen wie die Mauern einer Burg.

Dies war der erste Schritt zur Segregation der Juden. Der zweite bestand in der Erweiterung des jüdischen Viertels um das Ghetto Vecchio, den alten Gießereibezirk. Dies geschah 1541. Mit den Finanzen Venedigs war es inzwischen weiter bergab gegangen. Die Zölle übertrafen nun die jedes anderen Hafens, und dadurch ging der Stadt viel Handel verloren. Die lange Dämmerung der Republik Venedig, seit der Entdeckung des Seewegs in den Fernen Osten befürchtet, hatte begonnen. Zwischen 1520 und 1530 beschlossen die venezianischen Behörden, die Zölle zu senken. Eine Folge war, daß die levantinischen Juden, zumeist aus dem heutigen Rumänien und aus Syrien stammend, sich länger in der Stadt aufhielten. Sie waren etwas mehr als reisende Straßenhändler und etwas weniger als bürgerliche Geschäftsleute, sie handelten mit allem, was ihnen in die Hände fiel. Sanuto faßte die Haltung seiner Mitbürger gegenüber solchen jüdischen Händlern knapp zusammen: »Unsere Landsleute haben nie gewollt, daß Juden einen Laden haben und Handel in dieser Stadt treiben, sie sollten kaufen, verkaufen und wieder fortgehen.«[33] Aber jetzt gingen diese Juden nicht mehr fort; sie wollten bleiben, und sie waren bereit, dafür einen Preis zu bezahlen.

Um sie unterzubringen, wurde das alte Ghetto in einen jüdischen Raum verwandelt, seine äußeren Wände versiegelt, seine Balkone entfernt. Anders als das erste besaß dieses zweite Ghetto einen kleinen offenen Platz und viele kleine Straßen, die aber ungepflastert waren. Die Pfähle, auf denen die Häuser ruhten, waren so nachlässig in den Untergrund getrieben, daß die Gebäude des Alten Ghettos schon kurz nach der Fertigstellung zu sinken begannen. Ein Jahrhundert später, im Jahr 1633, wurde ein drittes Ghetto eröffnet, das Ghetto Nuovissimo. Es handelte sich um ein kleineres Stück Land mit etwas besseren Wohnmöglichkeiten, das nun ebenfalls nach außen abgeriegelt und mit einer Art Burggraben umgeben wurde. Im dritten Ghetto war die Bevölkerungsdichte etwa dreimal so hoch wie im christlichen Venedig. Aufgrund dieser Lebensbedingungen fand die Pest im Ghetto den besten Nährboden. Auch ihre Ärzte vermochten den Juden nicht zu helfen, denn medizinisches Wissen konnte nichts gegen die Lebensbedingungen im Ghetto ausrichten. Als die Pest im Ghetto zuschlug, wurden die Tore des Ghettos nicht nur für die Nacht, sondern auch für einen Großteil des Tages zugesperrt.

Nachdem sie einmal in die Ghettos von Venedig eingezogen waren, unterblieb jeder Versuch, die Juden in ihrer Lebensweise zu verändern. Es gab kein Bedürfnis, sie für die Stadt zu gewinnen. Darin verkörperte das Ghetto von Venedig ein anderes Ethos der Isolation als jenes, das Papst Paul VI. im Rom der Renaissance verfolgte. Im römischen Ghetto, das 1555 gebaut wurde, sollten die Juden in Christen verwandelt werden. Paul VI. hatte vor, alle Juden an einem Ort zusammenzusperren, damit christliche Priester sie systematisch bekehren konnten, Haus für Haus, indem sie die Juden zwangen, dem Wort Christi zu lauschen. Was das betraf, war das römische Ghetto indessen ein völliger Fehlschlag, nur etwa zwanzig von viertausend Einwohnern ließen sich jährlich bekehren.

Das römische Ghetto wich auch darin vom venezianischen ab, daß es einen äußerst sichtbaren Platz in der Mitte der Stadt einnahm. Es stieß an ein Handelszentrum, das zuvor von bedeutenden Kaufmannsfamilien kontrolliert worden war, die Handel mit der jüdischen Gemeinde trieben. Indem er diesen Raum nun der Bekehrung widmete, suchte der Papst auch, die Macht dieser alten christlichen Handelsklasse zu schwächen. Man muß aber im Auge behalten, daß Rom zu dieser Zeit trotz des Papsttums sehr viel isolierter als Venedig war; es beherbergte weit weniger Fremde, und die Ausländer, die an den päpstlichen Hof kamen, waren Kleriker, Gesandte und Diplomaten. Venedig war in ganz anderer Weise eine internationale Stadt, voll von zweifelhaften Ausländern.

Eine moralisierende Macht, die sich ihrer selbst sicher ist, wird vermeintliche Unmoral aufdecken und sie zu beseitigen suchen, wie es das römische Papsttum tat. Eine zutiefst verunsicherte Gesellschaft, wie Venedig es zu diesem Zeitpunkt war, muß indessen fürchten, nicht resistent genug zu sein. Ansteckung und Verführung sind nicht zu trennen. Die venezianischen Moralisten nach

Agnadello fürchteten, daß eine Stadt von vielen tausend durch den Kontakt mit einigen hundert gefährdet sei; die Moralisten sprachen von den Juden mit ihren Geldbeuteln und den nackt auf dem Kanal dahingleitenden Jünglingen in einem Atemzug, von Wucher, als wäre er der Prostitution verschwistert. Die venezianische Rhetorik, in der Berührung zu etwas Tödlichem wurde, weist einige der moralischen Untertöne auf, die die heutige AIDS-Rhetorik charakterisieren. Auch in ihr scheinen Verführung und Infektion untrennbar. Dementsprechend stellte das Ghetto so etwas wie ein städtisches Kondom dar.

Der Diskurs über Wucher verband Huren und Juden. Was die Furcht vor Berührung der Juden für die Juden selbst bedeutete, wird jedoch an den Unterschieden dieser zwei Gruppen verachteter Körper in Venedig offenbar.

Juden und Kurtisanen

Am 31. Oktober 1510 veranstaltete der Herzog von Valentino im Vatikan eine berüchtigte Orgie, an der Papst Alexander VI. teilnahm:

Am Abend wurde in der Wohnung des Herzogs von Valentino im Apostolischen Palast ein Essen gegeben, fünfzig respektable Prostituierte, Kurtisanen genannt, nahmen daran teil. Nach dem Abendessen tanzten sie mit den Dienern und anderen Anwesenden, zunächst in ihren Kleidern und dann nackt. Später wurden Kandelaber mit brennenden Kerzen von den Tischen genommen und auf den Boden gestellt, und Kastanien wurden um sie herum verstreut. Die Prostituierten krabbelten nackt auf Händen und Knien zwischen den Kandelabern herum und lasen die Kastanien auf. Der Papst, der Herzog und seine Schwester Donna Lucrezia waren alle anwesend und sahen zu. Schließlich wurden seidene Wamse, Schuhe, Hüte und weitere Kleidungsstücke als Preise für die Männer ausgesetzt, die mit den meisten Prostituierten kopulierten. Nach Aussagen derer, die zugegen waren, fand diese Vorführung im öffentlichen Saal statt (das heißt in der Sala Regia, die für offizielle Konsistorien genutzt wurde).[34]

Die Anwesenheit des Papstes bei einer so lasziven Affäre mag den heutigen Leser überraschen, aber das Papsttum war eine weltliche Gesellschaft, besetzt mit hohen Beamten, die keine kirchlichen Weihen hatten. Was bedeutete es für eine Kurtisane, in dieser Welt eine »respektable Prostituierte« zu sein?

Eine venezianische
Kurtisane.
Aus *Grevembroch,
Customs of the
Venetians; Museo
Civico Correr,
Venedig.*

Das Wort »Kurtisane« kam in den späten 1400er Jahren als weibliche Form von »courtier«, Höfling, in Gebrauch – im italienischen Wortgebrauch waren sie *cortigiane*, die den *cortigiani* Lust anboten, den Männern – Adligen, Soldaten, Verwaltungsbeamten und bloßen Herumlungerern –, die die Höfe der Renaissance bevölkerten. Der Hof war eine politische Szene, seine Diners, Empfänge und Ratsversammlungen waren ernste Angelegenheiten. Die Kurtisane bot den Männern Abwechslung von dieser offiziellen Welt.

Mädchen, die in die Prostitution einstiegen, taten dies im Alter von etwa vierzehn Jahren. Aretino berichtet von einem jungen Mädchen, das über sich sagte: »Ich lernte in einem Monat alles, was man über Prostitution lernen kann: wie Leidenschaft erregt wird, was Männer anzieht, wie man sie verführt und wie man einen Liebhaber loswird. Wie zu weinen, wenn ich lachen wollte, und wie zu lachen, wenn mir zum Weinen war. Und wie ich meine Jungfernschaft wieder und wieder verkaufen konnte.«[35] Eine Kurtisane zu werden, dauerte länger. Es bedeutete, sich eine Gruppe von hochrangigen Klienten zu schaffen, den Klatsch der Stadt und des Hofes zu beherrschen, mit dem man sie unterhalten konnte, die Anschaffung eines Hauses und den Kauf von Kleidern, die ihnen gefielen.

Anders als im Geishasystem Japans, in dem die sozialen Künste in strengen Ritualen kodifiziert von Generation zu Generation weitergegeben wurden, mußte eine Prostituierte, die in der Renaissance Kurtisane werden wollte, sich sozusagen selbst erschaffen. Damit hatte sie ein ähnliches Problem wie der männliche Höfling, der solcher Verhaltensleitfäden wie im *Buch des Hofmannes* von Castiglione bedurfte, das den Mann lehrte, wie man sich in kosmopolitischer Umgebung verhielt. Viele Bücher behaupteten, die Kurtisane ähnlich anzuleiten, aber ihre wahre Erziehung lag darin, durch Beobachtung Frauen der Oberschicht nachzuahmen, sich wie sie zu kleiden, wie sie zu sprechen und wie sie zu schreiben.

Indem sie lernte, wie man »akzeptiert« wurde, stellte die Kurtisane ein besonderes Problem dar: War sie in ihrer Verkleidung erfolgreich, konnte sie überall hingehen. Ihre Bedrohlichkeit bestand nicht so sehr darin, daß sie sich unter die tugendhaften Frauen mischen, als vielmehr darin, daß sie sie ersetzen konnte – sie sah aus wie sie, war gebildet wie sie, redete wie sie und war doch zugleich die sinnliche Gespielin ihrer Männer. Dies war der Grund dafür, daß die Kurtisane als besondere Bedrohung gesehen wurde, eine sinnliche Frau, die sich von den ehrbaren Frauen kaum zu unterscheiden schien. In einer im Jahr 1543 erlassenen Proklamation erklärte die venezianische Regierung, daß Prostituierte »in den Straßen und Kirchen und an anderen Orten erscheinen, so stark mit Schmuck behängt und gut gekleidet, daß sie oft mit adligen Damen und Bürgerinnen verwechselt werden, weil es in ihrer

Kleidung keinen Unterschied zu den obengenannten Frauen gibt. Dies geschieht nicht nur Fremden, sondern auch venezianischen Bürgern, die das Gute nicht mehr vom Bösen zu unterscheiden vermögen...«[36]

Zur Zeit Shakespeares hatte Venedig schon seit Jahrhunderten eine große Zahl von Prostituierten beherbergt, die vom Geschäft mit den Seeleuten und durchreisenden Händlern lebten. Tatsächlich bedeuteten die Summen, die dabei den Besitzer wechselten, daß die venezianische »Sexindustrie« während der Renaissance allmählich zu »einer legitimen Profitquelle für adlige Unternehmer aus guter Familie«[37] wurde. Da Venedig eine Hafenstadt war, waren Macht und Sex anders als in Rom miteinander verbunden. Bei einem moralisch gesonnenen Papst konnten Kurtisanen sofort und wirkungsvoll vom Hof verbannt werden. Da große Teile der Bevölkerung von Venedig ständig kamen und gingen, fremde Männer fern von ihren ehelichen Betten weilten, tolerierte die Hafenstadt die Prostituierten als Teil ihrer Wirtschaft, gerade so, wie sie die Juden tolerierte, die Geld verliehen.

Also versuchte die Stadt, die Prostituierten genauso zu behandeln, wie sie andere fremde Körper behandelte: indem sie sie absonderte. Außerdem wurde eine Verbindung zwischen Prostituierten und Juden hergestellt, indem man beide Gruppen zwang, gelbe Kleider oder ein gelbes Abzeichen zu tragen. Das Tragen besonderer Kleidung allein hob die beiden Gruppen noch nicht heraus, weil alle in der Stadt irgendeine Tracht trugen, die Stand oder Beruf bezeichnete; doch nur Prostituierte und Juden trugen diese besondere Farbe. Im Jahr 1397 mußten die Juden in Venedig zum ersten Mal ein gelbes Abzeichen tragen; den Prostituierten und Zuhältern wurde 1416 befohlen, einen gelben Schal zu tragen. Jüdische Frauen verließen selten das Ghetto mit Schmuck oder prächtigen Kleidern, und somit erkannte man sie in der Stadt, weil sie sowohl einfach gekleidet waren als auch etwas Gelbes trugen. Die Autoritäten wollten die Prostituierten in derselben Weise kennzeichnen. Ein Erlaß des Jahres 1543 definierte jene Merkmale der Erscheinung einer tugendhaften Frau, die eine Prostituierte nicht übernehmen durfte: »Es wird also bekanntgegeben, daß keine Prostituierte Gold, Silber oder Seide tragen oder an ihrem Körper haben darf, sie darf auch keine Ketten, Perlen, Ringe mit oder ohne Stein tragen, weder an den Ohren noch an den Händen.«[38] Der Teil des Dekrets, der Ohrringe untersagte, ist wichtiger, als es zunächst scheinen mag. »Nur eine Gruppe von Frauen, die man regelmäßig auf den Straßen norditalienischer Städte traf, schmückte ihre Ohren mit Ringen«, schreibt Diane Owen Hughes, »die Jüdinnen.«[39] In der Zeit, bevor Juden in Ghettos verwiesen wurden, stellte der Ohrring eine Möglichkeit dar, sich auf der Straße als jüdische Frau zu erkennen zu geben. Einige Städte behandelten Jüdinnen rechtlich wie Huren, andere Städte machten das Tragen von Ohrringen zur Pflicht, denn »obwohl es ein weniger offensichtlich degradierendes Zeichen war, mochte der Ohrring gleichwohl Vorstellungen sexueller Unreinheit enthüllen... Ohrringe führten in Versuchung«.[40] Sie kennzeichneten einen verführerischen Körper. Durch das Verbot des Ohrrings entschieden sich die Venezianer, den sexuellen Körper zu unterdrücken, zahlten dafür aber den Preis, daß sie nicht mehr unterscheiden konnten, wer die unreinen Frauen auf ihren Straßen waren.

Um die Prostituierten räumlich einzugrenzen, hatten die Venezianer zunächst daran gedacht, eine Art staatlich geführter Bordelle einzurichten, und sie hatten sogar zwei Häuser für diesen Zweck erworben. Doch die Prostituierten fanden es lukrativer, privat mit Zuhältern zu arbeiten, die überall in der Stadt Klienten auftrieben und Räume anboten oder anonyme Bordelle schufen, die nicht der staatlichen Überwachung unterlagen; diese illegalen Orte für verbotenen Sex konnten den vom Staat vorgeschriebenen Steuern ausweichen, die genau für jede einzelne sexuelle Transaktion berechnet wurden. Aus dem Plan für staatlich geführte Bordelle wurde nichts, der Wunsch jedoch, die Prostituierten auf bestimmte Räume zu beschränken, blieb bestehen. Es wurde ein Gesetz erlassen, das es den Prostituierten verbot, sich entlang des Canale Grande niederzulassen, eine Gegend der Stadt, die sie sich dank ihrer hohen Einkünfte leisten konnten; dies führte aber nur dazu, daß sie ihr Geld nutzten, um sich in anderen respektablen Gegenden einzunisten. Auch die Kleiderordnung bewirkte nichts. Erlasse untersagten Prostituierten, für ihre Kleidung weiße Seide zu verwenden, die unverheirateten jungen Damen und bestimmten Nonnen vorbehalten war, oder auch ihre Hand mit dem Ring verheirateter Frauen zu schmücken. Doch genau wie die Kurtisanen ihre gesellschaftlichen Grenzen überschritten, waren diese Körper nicht zu reglementieren. Die Kurtisanen bekämpften jeden Versuch der Isolation oder der Kennzeichnung, da sie ihnen nur schaden konnten. Ihr Ziel war es, die gesellschaftlichen Grenzen mit jedem verfügbaren Mittel zu überschreiten. Die Juden ihrerseits sahen sich einer komplizierteren Realität gegenüber.

3. EIN SCHILD, NICHT EIN SCHWERT

Qadosh

Dolfins Schlußworte zu seinem ersten Vorschlag, das Ghetto zu einem jüdischen Ort zu machen, lauteten: »... zwei Boote des Zehnerrats sollten dann hinüberfahren und dort über Nacht bleiben, auf ihre Kosten, zu ihrer größeren Sicherheit«.[41] Diese Worte weisen darauf hin, das die Juden zumindest ein Interesse daran hatten, sich auf diese Form der Isolation einzulassen. Im Austausch gegen die Isolation gewannen sie körperliche Sicherheit innerhalb der Ghettomauern. Die Polizeiboote schützten sie, wenn Menschenmassen grölend zu den Ghettos zogen, Vorfälle, die sich jährlich in der Fastenzeit wiederholten, wenn die christliche Bevölkerung an den alten Mythos erinnert wurde, daß die Juden die Schuld am Tode Christi trügen. Die Stadt erklärte sich bereit, gegen gewalttätige Venezianer vorzugehen, solange die Fremden in ihren Vierteln blieben. Auch die Geographie war eine Garantie für die Juden. Der isolierte Raum schützte sie zum Beispiel im Jahr 1534, als die Juden zur Fastenzeit das Ziel einer Welle von Übergriffen wurden; die Brücken wurden hochgezogen, die Fenster geschlossen, und die Rotten christlicher Eiferer kamen nicht an sie heran.

Während der Staat der Kurtisane nichts im Austausch gegen den gelben Schal zu bieten hatte, bot er den Juden für den Eintritt in das Ghetto zusätzlich etwas an, das noch schwerer wog als Sicherheit. Innerhalb des Ghettos erlaubte die Stadt den Juden, Synagogen zu errichten. Während der längsten Zeit der jüdischen Geschichte hatten sich die Gläubigen in Privathäusern getroffen, etwa so wie die frühen Christen. Die Juden konnten die Synagogen niemals wirklich ihr eigen nennen, weil Grundbesitz ihnen verwehrt war. Das venezianische Ghetto bot den Juden die Möglichkeit, die Synagogen unter dem Schutz eines christlichen Stadtstaates zu verbindenden Institutionen innerhalb einer geschlossenen Gemeinde zu machen. Im Ghetto konnten die unterschiedlichen Glaubensrichtungen der Sepharden und der Aschkenasim nun ihre Synagogen erbauen. Im Mittelalter glichen diese Synagogen in zweierlei Hinsicht stärker islamischen Moscheen als christlichen Kirchen. »In den meisten Synagogen und Moscheen waren seit etwa dem späten 8. Jahrhundert Personendarstellungen verboten...«[42] Und außerdem trennte die Synagoge, wie die Moschee, männliche und weibliche Körper. In der Synagoge von Scuola Grande Tedesca zum Beispiel saßen die Frauen auf einer oval das gesamte erste Stockwerk umlaufenden Galerie, eine Anordnung, die sie visuell der Aktivität der Männer im Erdgeschoß sehr nahe brachte. Dieser religiöse Raum wurde für die Frau auch zum Raum der gesellschaftlich gestatteten Sinnlichkeit. Thomas Coryat, der Venedig zur Zeit Shakespeares besuchte, schilderte die Szene auf der Galerie folgendermaßen:

> Ich sah viele jüdische Frauen, von denen einige so schön waren, wie ich es nie zuvor gesehen habe, so überwältigend in ihren Gewändern, mit Goldketten, und kostbaren Ringen, daß einige unserer englischen Gräfinnen sie schwerlich übertreffen, sie haben wunderbare lange Schleppen wie Prinzessinnen, die von Dienerinnen getragen werden.[43]

Eine solche Zurschaustellung von Reichtum wäre außerhalb des Ghettos eine starke Provokation gewesen, die alle christlichen Vorurteile über jüdische Geldgier auf den Plan gerufen hätte. Besonders im Venedig der Renaissance wäre dies ein Affront gewesen, da soviel behördliche Energie daran gewandt wurde, sinnliche Zurschaustellung, ob unter ethnischen Minderheiten oder bei den Kurtisanen, zu unterdrücken. Hier jedoch, im geschützten Raum des Ghettos, konnte eine Klasse verachteter Frauen sich ihrer Freude an der äußeren Erscheinung hingeben.

Qadosh ist im Hebräischen ein grundlegendes Wort. Wie Kenneth Stow feststellt, bedeutet Qadosh »im wörtlichen Sinne ge-

Das Innere der Scuola Grande Tedesca in Venedig. *Graziano Arici.*

trennt oder separiert. Dies ist der ursprüngliche, biblische Sinn.« Auf eine Weise zeigt dies, daß die jüdische Tradition selten auf die Bekehrung anderer Völker zum Judaismus abzielte. Zugleich kann das Wort aber auch Heiligkeit bedeuten. Die Verbindung mit Göttlichkeit findet sich im dritten Buch Moses: »Ihr werdet *Qedoshim* sein, denn Ich, der Herr, euer Gott, bin *Qadosh*.«[44]Die Bedeutungen von Qadosh können auch so etwas wie die kirchenlateinischen Bedeutungen von *sanctus* und *sacer* kombinieren, »heilig« und »verflucht«. Die größte Bedeutung, die die Existenz von Synagogen im venezianischen Ghetto für die Juden hatte, bestand vielleicht darin, daß aus einem verfluchten Raum ein heiliger Ort wurde.[45]

Für die venezianischen Juden bedeutete dies ein komplexeres religiöses Leben, als sie es zuvor als über die Stadt versprengte Kleingruppen gekannt hatten. Die Stränge des Renaissance-Judentums waren aus ganz unterschiedlichem sozialen Material geflochten; aschkenasische Juden und sephardische Juden hatten unterschiedliche kulturelle Hintergründe. Das Hebräische war die gemeinsame formelle Sprache, doch im täglichen Leben sprachen die Sephardim Ladino, eine Sprache, die Spanisch und etwas Arabisch mit Hebräisch vermischte. Im Ghetto waren Juden verschiedener Herkunft in denselben engen, begrenzten Raum eingepfercht; diese Tatsache verstärkte die einzige Gemeinsamkeit, die sie hatten, die des »Jüdisch-Seins«.

Die Schaffung dieser Identität durch den Raum zeigte sich ganz konkret, im großen wie im kleinen. Die verschiedenen jüdischen Gruppen kooperierten, um ihre Interessen zu schützen, und entwickelten Formen der kollektiven Repräsentation, um als »Juden« zur Außenwelt zu sprechen. Im venezianischen Ghetto wie auch wenig später im römischen Ghetto bildeten die Juden Bruderschaften, die sich in den Synagogen trafen, sich aber um rein weltliche Angelegenheiten des Ghettos kümmerten. Eine neue Ghettokultur entstand.

Traditionell fanden die jüdischen Gebete und das religiöse Studium im späten Mittelalter am Vormittag statt. Das Aufkommen von Kaffee, der in der Stadt bald überall zu bekommen war, wurde von den Juden begrüßt; Kaffee bot einen Weg, ihre räumliche Abtrennung auf besondere Weise auszunutzen. Sie tranken ihn als Stimulus, um nachts aufbleiben zu können, wenn sie ohnedies im Ghetto eingekerkert waren; dies waren nun die gewöhnlichen Stunden für Gebet und Studium.[46]

Die Trennung schützte, die Trennung schloß die unterdrückte Gemeinde eng zusammen, und die Trennung führte auch zu einer neuen Innerlichkeit. Ein Historiker schreibt: »Der Jude, dessen Arbeit ihn den Tag oder die Woche über unter die Ungläubigen führte, hatte das Gefühl, seine natürliche Umgebung zu verlassen und eine fremde Welt zu betreten.«[47] Gegen Ende des 16. Jahrhunderts begannen die Rabbiner das Tanzen von jüdischen Frauen mit christlichen Männern zu verbieten; die Furcht vor freiwilligen Konversionen zum Christentum nahm fast obsessive Ausmaße an, obwohl die Zahl der Übertritte sehr gering blieb. Das Anwachsen ghettoisierter Gemeinden fiel jedoch mit einer gewissen Erschöpfung jüdischen Denkens zusammen. Die Beziehung ihrer Religion zu der sie umgebenden Welt war kein Thema mehr. Alte mittelalterliche Vorstellungen von der absoluten Trennung des Judentums von allen anderen »Nationen« wurden im Zeitalter des Ghettos wiederbelebt, wogegen die Frührenaissance eine Zeit der Erforschung theologischer Überschneidungen von Judaismus und Christentum gewesen war. Der Christ wurde einfach zum fremden Anderen. Der moderne Gelehrte Jakob Katz schrieb dazu: »Diese Indifferenz des Judaismus gegenüber dem Christentum ist um so erstaunlicher, als sich mit der Reformation tiefgreifende Veränderungen im westlichen Christentum vollzogen hatten, die die Gelegenheit zur Überprüfung des Verhältnisses zu einem so verwandelten Christentum geboten hätte.«[48]

Das ist ein harsches Urteil und sicher nicht ganz richtig. Berechtigter wäre es zu sagen, daß die räumliche Isolation nun zu einem Teil des Problems der Definition dessen, was es hieß, »jüdisch zu sein«, wurde. Die Geographie der Identität beschäftigte einen der berühmtesten Juden der Renaissance. Leon (Judah Aryeh) Modena, der von 1571 bis 1648 lebte, war Schriftsteller, Dichter, Rabbiner, Musiker, ein führender Politiker, Gelehrter im Lateinischen, Griechischen, Französischen und Englischen und – überraschenderweise – dem Glücksspiel verfallen. Seine Autobiographie *Das Leben des Judah* ist ein Wortspiel, denn das Glücksspiel galt als die Sünde des Judah. Außerhalb der Stadt geboren, kam Modena 1590 neunzehnjährig nach Venedig. Drei Jahre später, nun verheiratet, entschied er sich, Rabbiner zu werden. Es kostete ihn fast zwanzig Jahre, dieses Ziel zu erreichen. Während dieser zwanzig Jahre verlief sein Leben ungeordnet; er schrieb viel, reiste von Ort zu Ort, fühlte sich jedoch nirgendwo wohl. Buchstäblich der Wandernde Jude, kam Modena erst zur Ruhe, als er die abgeschlossene Welt des venezianischen Ghettos betrat. Im Jahre 1609 wurde er schließlich in Venedig zum Rabbiner geweiht. Nun lebte er ganz für die Gemeinde, ging dreimal täglich in die Synagoge, »um den Gottesdienst zu leiten, Gebete für die Kranken und die Toten zu sprechen und um jeden Sabbatmorgen zu predigen ...«[49]

Im frühen 17. Jahrhundert begannen einige christliche Denker, sich intensiver mit dem Judentum zu befassen – nicht nur in Italien, sondern auch in Nordeuropa. Martin Luthers Antisemitismus wurde durch Calvins größere Offenheit aufgewogen. In England beschäftigte sich der tolerante Gelehrte Lord Herbert von Cherbury mit der Verwandtschaft von jüdischen und christlichen Glaubensvorstellungen. Leon Modena war seinerseits ein Beispiel dafür, daß gebildete Juden am kulturellen Leben der christlichen Stadt teilnehmen konnten, ohne ihren Glauben aufzugeben.[50]

Dank seiner intellektuellen Fähigkeiten und seines unablässigen Schreibens waren Modenas Predigten international berühmt geworden, und er begann Christen in das Ghetto zu ziehen, die ihn sprechen hören wollten. Die außergewöhnliche Persönlichkeit Modenas stellte eine Art Probe dafür dar, wieweit ein befähigter Mann die Isolation des Ghettos aufbrechen konnte. Nach 1620 stieg sein Ruhm ständig und erreichte im Jahr 1628 einen Gipfelpunkt, als er die jüdische Musikakademie (*L'accademia degl'Impediti*) übernahm und jüdische Choralmusik sowie Psalme in der sephardischen Synagoge aufführen ließ. »Der christliche Adel von Venedig strömte zu diesem ungewöhnlichen Ereignis«, schreibt sein jüngster Biograph, »und die Autoritäten mußten einschreiten, um die Massen zu kontrollieren.«[51] In jedem Fall erinnern jene venezianischen Christen, die das Ghetto besuchten, stark an die heutigen europäischen Touristen, die in New York nach Harlem ziehen; der Besuch ist eine Form des Voyeurismus, eine Reise zu einer verbotenen Kultur. Und Christen, die, wie der Geistliche Paolo Scarpi, Juden wie Modena wirklich ernsthaft zuhörten, zahlten dafür einen hohen Preis; für Scarpi bedeutete es, daß ihm ein Bistum vorenthalten wurde, weil er, so lautete die Anklage, »mit Juden verkehrt« hatte.

Während der Jahre seines Ruhmes schätzte Modena den Schutz

des Ghettos, billigte die Konzentration der jüdischen Aktivitäten innerhalb seiner Mauern und glaubte, die den Juden auferlegte Repression durch seine Bemühungen lindern zu können. Er war nicht der einzige, der dies hoffte. Im ökonomischen Bereich kämpfte Daniel Roderiga, ein führender Finanzier, gegen die Restriktionen, die die Juden auf das venezianische Ghetto beschränkten. Roderiga behauptete, der Verfall Venedigs könne nur aufgehalten werden, wenn jüdischen Händlern mehr Freiheit zugestanden würde. Im Jahr 1589 suchte er eine Charta jüdischer Rechte zu etablieren, deren erste Forderung es war, daß es jüdischen Kaufleuten und ihren Familien erlaubt sein sollte, überall im venezianischen Staat zu wohnen. Die zweite Forderung war die auf das uneingeschränkte Recht, in Venedig Synagogen zu bauen. Die Behörden lehnten die erste Forderung rundweg ab und reagierten auf die zweite mit bürokratischen Ausflüchten.

Roderigas Charta der ökonomischen Rechte von 1589 schaffte es immerhin, andere Bestimmungen durchzusetzen, die Shylocks Rechte wenigstens zum Teil zum Leben erweckten. Der wichtigste Punkt der Charta bestand in der Etablierung des Rechts auf freien Handel für alle nicht-türkischen Venezianer und die städtische Garantie, daß Verträge für fast alle Venezianer uneingeschränkte Gültigkeit hatten. In den Worten des heutigen Historikers Benjamin Ravid hieß das: »Das Recht, sich im Überseehandel mit der Levante auf derselben Basis wie die gebürtigen Venezianer betätigen zu können, war ein beispielloses Zugeständnis in der Handelsgeschichte Venedigs.«[52] Dies war Shylocks Anspruch an Venedig: fremd und doch gleich zu sein. Aber es war ein wirtschaftliches, nicht ein kulturelles Zugeständnis.

Die Karrieren berühmter Männer wie Modena oder Roderiga vermitteln einen irreführenden Eindruck von den gewöhnlichen kulturellen Beziehungen zwischen Ghetto und Außenwelt. Selbst Leon Modena, der, wie die moderne Historikerin Natalie Davis betont, »sich auf fast jeder Seite seines Buches von Shylock unterscheidet: ein Jude, der sein Geld im Glücksspiel hemmungslos verschwendete, der nach Rache für die jüdischen Mörder seines Sohnes schrie, der sich in christlicher Bewunderung sonnte«, empfand das Ghetto gegen Ende seines Lebens als immer schwerere Last.[53]

Das Gewicht des Ortes

Im Jahr 1637, nach der Veröffentlichung seines *magnum opus* über jüdische Riten, erfuhr Modena die Grenzen seines Wertes in den Augen der Christen. 1637 wurde er vor die venezianische Inquisition geschleppt, und nur seine persönlichen Beziehungen zum Großinquisitor retteten ihn und sein Buch, das von geringeren kirchlichen Würdenträgern auch weiterhin angegriffen wurde. Modenas Werk über das jüdische Ritual stellte eine Bedrohung dar, weil es die jüdische Religion und Gemeindekultur, die zuvor auf das Schattenreich christlicher Phantasie beschränkt gewesen war, allen zugänglich machte. Die Angriffe auf sein großes Buch waren der Gipfel einer Reihe von Ereignissen, die ihm am Ende seines Lebens die schreckliche Wahrheit vor Augen führte, die in Brueghels *Ikarus* enthüllt wird. Die Kultur der christlichen Gemeinde, das Mitgefühl und der seelische Adel, die Antonio und Bassanio in Shakespeares Drama verkörpern, war nicht zu trennen von der Gleichgültigkeit gegen jene, die anders waren.

Diese dunkle Erkenntnis drängte sich Modena auf, als von 1629 bis 1631 die Pest in Venedig wütete. Trotz aller jüdischen Appelle blieb das Gesetz des Ghettos bestehen: Die Juden durften nicht einmal zeitweise an einen hygienischeren Ort ziehen, und so litten die Modena Anbefohlenen besonders stark unter den verheerenden Auswirkungen der Seuche. Und fünf Jahre später ging es nicht einmal mehr um die Gleichgültigkeit gegenüber jüdischem Leiden, sondern um die Entschlossenheit des venezianischen Mobs, die Juden umzubringen – auch dies eine Folge der Ausgrenzung seines Volkes.

Gegen 1635 waren die Juden im Ghetto, von wenigen Kontakten der Elite abgesehen, zu Rätseln für ihre christlichen Zeitgenossen geworden, die sie nicht mehr alltäglich in ihrer Mitte sahen. Das Ghetto förderte phantastische Gerüchte darüber, was die Juden trieben und wie sie lebten; ungehindert wucherten Gerüchte. Den jüdischen Körper selbst sah man seit der frühesten Zeit als einen verborgenen, geheimnisvollen Körper an. Die Beschneidung war ursprünglich von den Christen aufgegeben worden, um alle Körper gleichermaßen für die Bekehrung empfänglich zu machen, wie wir im vierten Kapitel gesehen haben. In der Renaissance machten Gerüchte aus der Beschneidung eine geheime Praxis der Selbstverstümmelung, sie wurde mit anderen angeblichen sadistischen Praktiken in Verbindung gebracht, die die Juden vor Nichteingeweihten geheim hielten. Die Beschneidung wurde »mit Kastration assoziiert, Jude wurde man durch Entmannung, durch Verweiblichung«.[54] Daraus schlossen spätmittelalterliche Schriftsteller wie Thomas de Cantimpre, daß jüdische Männer menstruierten, eine »wissenschaftliche Tatsache«, die Francesco da Piacenza in einem 1630 erschienenen Katalog »Jüdischer Krankheiten« bestätigte. Der Raum des Ghettos bestärkte solche Ansichten über den jüdischen Körper: Hinter den geschlossenen Fenstern des Ghettos, hinter seinen hochgezogenen Brücken, so glaubte man, blühten Laster und Götzenanbetung.

Die Phantasien, die um das Verborgene wucherten, schlugen im März 1636 in Gewalt um. Eine Gruppe von Juden hatte Diebesgut ins Ghetto geschafft und dort versteckt. Die verbreitete Vorstellung, alle Juden seien in Diebstähle und Hehlereien verstrickt, wurde im Lauf von zwei oder drei Tagen zur unerschütterlichen Überzeugung in den Köpfen der venezianischen Masse. Immer wildere Vergehen wurden den Juden im Ghetto zugeschrieben: Christenkinder seien dort eingekerkert, dort würden Beschneidungsorgien gefeiert. Modena schilderte die Durchsuchungsaktion der Polizei: »Zu Purim wurde das Ghettogelände abgeriegelt, damit sie in großer Eile Haus um Haus durchsuchen konnten.«[55] Modena wütete dagegen, sagte: »Wenn ein Individuum ein Verbrechen begangen hat, dann rasen sie [die Christen] gegen die ganze Gemeinde«; Grundlage der Beschuldigungen sei der Glaube, daß sich »jedes nur erdenkliche Verbrechen im Ghetto verberge«.[56] Als die Gerüchte in den folgenden Tagen immer weiter um sich griffen, kam es zu einem der schlimmsten Pogrome, die die Juden in Europa je erlitten hatten. Der christliche Mob drang ins Ghetto ein, verbrannte oder stahl heilige Bücher und Gegenstände in den Synagogen und steckte Gebäude in Brand. Da sie an einem einzigen Ort konzentriert waren, konnten die Juden wie zum Schlachten zusammengepferchtes Vieh angegriffen werden.

In den Nachwehen des Pogroms von 1636 begann Modena, der wandernde Jude, der Kosmopolit par excellence, das Leben zu bereuen, in dem er sich eingerichtet hatte. Sein Schwiegersohn Jakob, zu dem er ein sehr enges Verhältnis hatte, war im Zuge der Verfolgungen von 1636 nach Ferrara verbannt worden. 1643 bat Leon Modena, mittlerweile alt und krank, die Behörden um Jakobs Rückkehr. Noch immer im Bann des Hasses, der die große Verfolgung ausgelöst hatte, lehnten sie ab. Gegen Ende seines Lebens bricht aus Modenas Lebenserinnerungen ein schreckliches Eingeständnis der Hilflosigkeit hervor: »Wer gibt mir gelehrte Worte von Klage, Jammer und Weh, damit ich davon sprechen und schreiben kann, um wieviel schlechter mein Schicksal gewesen ist als das einer jeden anderen Person? Ich werde leiden und weiter erdulden, was mich am Tag meiner Geburt unglücklich gemacht und sich ohne Unterlaß siebenundsechzig Jahre fortgesetzt hat.«[57]

In dieser Klage hören wir mehr als das Echo der Tragödie eines Mannes. Eine auf Unterdrückung beruhende Gruppenidentität bleibt ein Instrument in den Händen des Unterdrückers. Die Geographie der Identität bedeutet, daß der Außenseiter immer als unwirklicher Mensch in der Landschaft erscheint – wie Ikarus, der unbemerkt und unbeweint in den Tod stürzt. Und doch hatten Juden in dieser Landschaft der Unterdrückung Wurzeln geschlagen; sie war Teil ihrer selbst geworden. Es ist kein Vorwurf gegen sie, wenn man feststellt, daß sie den Unterdrücker internalisierten, indem sie aus dem Raum der Unterdrückung eine Gemeinde machten. Dieses kommunale Leben erwies sich jedoch bestenfalls als Schild und nicht als Schwert.

4. DIE WUNDERBARE LEICHTIGKEIT DER FREIHEIT

Der Kaufmann von Venedig steht in scharfem Kontrast zu Christopher Marlowes Stück *Der Jude von Malta* (1633). Marlowe macht Barabas, den Malteser Juden, zu einer Witzfigur, die aufgrund ihrer Habgier schlicht verachtenswert ist. Shylock ist ein komplexerer Mensch, denn seine Habgier mischt sich mit gerech-

DIE WUNDERBARE LEICHTIGKEIT DER FREIHEIT   313

tem Zorn. Der vielleicht großartigste Monolog im *Kaufmann von Venedig* ist der Shylocks über die universale Würde des menschlichen Körpers. Sie lautet:

Hat nicht ein Jude Augen? Hat nicht ein Jude Hände, Gliedmaßen, Werkzeuge, Sinne, Neigungen, Leidenschaften? Mit derselben Speise genährt, mit denselben Waffen verletzt, denselben Krankheiten unterworfen, mit denselben Mitteln geheilt, gewärmt und gekältet von eben dem Winter und Sommer als ein Christ? Wenn ihr uns stecht, bluten wir nicht? Wenn ihr uns kitzelt, lachen wir nicht? Wenn ihr uns vergiftet, sterben wir nicht? Und wenn ihr uns beleidigt, sollen wir uns nicht rächen? Sind wir euch in allen Dingen ähnlich, so wollen wir's euch auch darin gleichtun!58

Diese Würde war von den Christen, die sich dazu herabließen, Shylocks Geld zu nehmen, geleugnet worden. Der Monolog ist jedoch nicht einfach Folge der dichterischen Bemühung, allen Gestalten, auch den Schurken, Vielschichtigkeit zu verleihen; dafür ist er zu konsequent.

Shylocks Anklage gegen die Christen taucht in der Handlung des *Kaufmanns von Venedig* auf eine unerwartete Weise wieder auf. Bis zum Vierten Akt hat Shakespeare eine große dramatische Spannung zwischen der Ehre der christlichen Herren und den vertraglichen Rechten Shylocks aufgebaut. Die Christen flehen Shylock an, der Herzog hält eine bewegende Rede, Shylock jedoch ist unerbittlich. Alles scheint verloren. Aber plötzlich im Vierten Akt verschenkt Shakespeare diese sorgfältig aufgebaute Spannung.

Portia tritt verkleidet als Jurist und Vermittler auf. Sie versichert, Shylocks Anspruch sei gerechtfertigt. Er müsse indessen den Bedingungen des Vertrages absolut Folge leisten – ein Pfund Fleisch dürfe er nehmen, doch nicht einen Tropfen Blut, das im Vertrag nicht erwähnt sei, nur ein Pfund Fleisch, nicht eine Unze mehr oder weniger. Da Shylock unmöglich ein so wissenschaftlicher Kannibale sein kann, ist das Spiel entschieden. Wie ein angestochener Ballon sinkt Shylock in sich zusammen. Die Art und Weise, wie Portia den Gordischen Knoten des Vertrages durchschlägt, ist indessen kaum eine moralische Auflösung des Geschehens; ihre juristischen Finten weichen den größeren Streitfragen aus, und viele Kritiker fanden dieses Dénouement etwas lahm. Den Teufel kann man, so scheint es, nur mit seinen eigenen Waffen schlagen.

Das Ende des Dramas unterstreicht eine Zwiespältigkeit, die das

Stück als Ganzes kennzeichnet: Ist *Der Kaufmann von Venedig* eher eine Komödie oder eine Tragödie? Die Charaktere der Christen, so tugendhaft sie sein mögen, sind leichtgewichtiger als Shylock; sie passen in den Rahmen einer Komödie, und *Der Kaufmann von Venedig* wird oft als Komödie inszeniert. Die Trivialisierung des Dénouements bereitet uns auf die vielfältigen komischen Intrigen vor, die im Fünften Akt aufgelöst werden. Die Christen triumphieren, Portia befreit Antonio, und *Der Kaufmann von Venedig* wird zur Sittenkomödie.

Es ist aber etwas Merkwürdiges geschehen. Schon vor der Auflösung erfahren wir davon in der Nebenhandlung, die sich um Shylocks Tochter Jessica dreht. Von dem Moment an, da sie sich in einen Christen verliebt, flieht sie ihren Vater, ihr Zuhause und ihren Glauben. Beim Verlassen der Welt ihres Vaters legt sie erstaunlich wenig Trauer an den Tag – auch nicht, als sie ihn bestiehlt, als sie Juwelen aus Frankfurt nimmt, um ihre Flitterwochen zu bezahlen. Wenn man es so nüchtern wiedergibt, scheint sie eine verwerfliche Kreatur zu sein, das Stück zeichnet sie jedoch durchweg als bezaubernd. Für diese Tochter, die in keinem Ghetto lebt, gleicht »Jüdisch-Sein« ein wenig dem Tragen von Kleidern, die man abwirft, wenn man verliebt ist. Die Handlung führt die Folgenlosigkeit von Erfahrung noch in einer weiteren Nebenhandlung vor, die ebenfalls ein Spiel mit der Liebe einbezieht: Im Schlußakt werden die männlichen Liebenden des Stücks von den Frauen, die sie lieben, in eine Art von erotischem Handel hineinmanipuliert. Weder körperlicher Schmerz noch körperliches Begehren spielen eine Rolle; nur der Handel. Wer hat hier triumphiert?

Der Kaufmann von Venedig kann ohne Überanstrengung des Textes als Vorahnung gelesen werden. Shakespeare stellt eine Welt auf die Bühne, in der die adlige Oberschicht entweder ineffektiv oder unbedeutend geworden ist. In ihrer Freiheit empfinden die jungen Adelsleute die Kultur nicht als Bürde – anders als die Körper im Ghetto, auf denen die Kultur schwer lastet. Es ist eine Freiheit, die sich über das lästige Gewicht und die Verpflichtungen des Lebens hinwegsetzt: am Ende des Stückes sind wir in der modernen Welt angekommen.

TEIL DREI
ARTERIEN UND VENEN

ACHTES KAPITEL
SICH BEWEGENDE KÖRPER

Harveys Revolution

1. KREISLAUF UND ATMUNG

Mehr als zweitausend Jahre lang akzeptierte die Medizin die antiken Prinzipien der Körperwärme, die das Athen des Perikles beherrscht hatten. Durch das Gewicht einer langen Tradition sanktioniert, schien diese Theorie zu erklären, daß die Unterschiede zwischen Mann und Frau ebenso wie die zwischen Mensch und Tier auf die angeborenen Unterschiede der Körperwärme zurückgingen. Mit dem Erscheinen von William Harveys *De motu cordis* im Jahre 1628 begann sich diese Gewißheit zu verlieren. Durch seine Entdeckung des Blutkreislaufes löste er eine wissenschaftliche Revolution der Auffassung vom Körper aus: seiner Struktur, seines Gesundheitszustandes und seiner Beziehung zur Seele. Ein neues Leitbild des Körpers nahm Gestalt an.

Die neuen Auffassungen vom Körper fielen mit der Geburt des modernen Kapitalismus zusammen und waren Geburtshelfer der großen sozialen Transformation, die wir Individualismus nennen. Das moderne Individuum ist, vor allem anderen, ein mobiler Mensch. Adam Smiths *Der Wohlstand der of Nationen* ermaß zum ersten Mal, wohin Harveys Entdeckungen führen würden, denn Adam Smith stellte sich den freien Markt von Arbeit und Waren so vor, als wäre er frei zirkulierendes Blut im Körper – mit ähnlich lebensspendenden Konsequenzen. Bei der Beobachtung des hektischen Geschäftsverhaltens seiner Zeitgenossen erkannte Smith ein Muster. Der Umlauf von Waren und Geld erwies sich als profitabler als festgelegter und stabiler Besitz. Eigentum diente als Vorspiel zum Tausch, zumindest für jene, die ihr Los verbessern wollten. Wollten die Menschen allerdings von den Vorteilen des Wirtschaftskreislaufes profitieren, mußten sie sich, glaubte Smith, aus alten Verpflichtungen lösen. Dieser mobile ökonomische Agent würde außerdem spezialisierte, individualisierte Fertigkeiten zu erlernen haben, um auf dem Arbeitsmarkt etwas Besonderes anbieten zu können. Losgelöst würde sich der spezialisierte *homo oeconomicus* in der Gesellschaft frei bewegen können, würde die Chancen, die der Markt bot, nutzen können – doch alles zu einem Preis. Freie Bewegung vermindert die sinnliche Wahrnehmung, die Erregung durch Orte oder die Menschen an jenen Orten. Jede starke körperliche Bindung an die Umgebung droht, das Individuum dort festzuhalten. Dies war die Vorahnung, die am Ende des *Kaufmanns von Venedig* zum Ausdruck kam: Willst du dich frei bewegen, dann darfst du nicht allzuviel fühlen. Heute, da das Bedürfnis nach freier Bewegung über die sinnlichen Ansprüche des Raums, durch den der Körper sich bewegt, triumphiert hat, leidet das moderne mobile Individuum unter einer Art taktiler Krise: Die Bewegung hat dazu beigetragen, den Körper zu desensibilisieren. Dieses allgemeine Prinzip sehen wir nun in Städten verwirklicht, die den Bedürfnissen des Verkehrs und der schnellen Individualbewegung überlassen worden sind, Städten voller neutraler Räume, Städten, die der Herrschaft des Kreislaufes erlegen sind.

Harveys Revolution trug dazu bei, die Erwartungen zu verändern, die die Menschen an die städtische Umgebung knüpften. Seine Erkenntnisse über den Blutkreislauf und den Atem führten zu neuen Vorstellungen von öffentlicher Gesundheit, und im 18. Jahrhundert wandten aufgeklärte Planer diese Ideen auf die Stadt an. Die Planer suchten die Stadt zu einem Ort zu machen, an dem Menschen sich frei bewegen und frei atmen konnten, eine Stadt fließender Arterien und Venen, durch die Menschen wie gesunde Blutkörperchen strömten. Die medizinische Revolution setzte unter dem Einfluß dieser Sozialingenieure Gesundheit an die Stelle der Moral. Gesundheit war jetzt der Maßstab des Glücks, und sie definierte sich durch Bewegung und Zirkulation.

Harveys Entdeckung des Blutkreislaufes, verbunden mit den neuen kapitalistischen Grundsätzen einer individualistischen Gesellschaft, warf eine alte Frage der westlichen Zivilisation neu auf: Wie sollte der Körper, der nun ruhelos und allein war, in der Gesellschaft, besonders in der Stadt, eine Heimat finden? Zirkulation als medizinischer und ökonomischer Wert schuf eine Ethik der Indifferenz. Der wandernde christliche Körper, aus dem Paradies vertrieben, besaß wenigstens Gottes Versprechen, daß er sich seiner Umgebung und anderer entwurzelter Menschen bewußter würde. Auf diese Weise erzählt Harveys Zeitgenosse John Milton die Geschichte des Sündenfalls in *Paradise Lost*. Der säkulare Körper in endloser Bewegung läuft Gefahr, diese Geschichte nicht zu erfahren und statt dessen seine Bindungen zu anderen Menschen und zu den Orten, durch die er sich bewegt, zu verlieren.

Dieses Kapitel verfolgt den Weg von Harveys Entdeckungen über den Blutkreislauf im Körper zur Stadtplanung des 18. Jahrhunderts und untersucht, was die Zirkulation für Individuen und Gruppen in der Stadt der Aufklärung bedeutete. Das nächste Kapitel konzentriert sich auf den Konflikt zwischen der Bindung an den Ort und dem Prinzip der Zirkulation im revolutionären Paris. Aus diesem Konflikt heraus entstanden dort im 19. Jahrhundert urbane Räume, die für Individuen und nicht für Menschenmengen bestimmt waren. Das vorletzte Kapitel verfolgt diese Entwicklung und ihre psychologischen Konsequenzen, wie sie sich im Edwardischen London des Romans *Howards End* von E. M. Forster niederschlagen. Das Schlußkapitel konzentriert sich auf das moderne New York, heute eine multikulturelle Stadt voller entwurzelter Menschen aus der ganzen Welt. Das Wort »entwurzelt« legt einen unglücklichen Zustand nahe, doch ich möchte diese Geschichte nicht negativ enden lassen. *Fleisch und Stein* schließt mit der Frage, ob in einer multikulturellen Stadt nicht doch die Möglichkeit besteht – gegen alle historischen Erwartungen –, daß die rassischen, ethnischen, geschlechtlichen Unterschiede zwischen den Menschen zu Berührungspunkten werden könnten statt zu Gründen des Rückzugs. Können wir dem Schicksal der venezianischen Christen und Juden entgehen? Kann urbane Vielfalt die Kräfte des Individualismus zügeln?

Diese Fragen beginnen im Fleisch.

Blut pulsiert

Harvey machte eine Entdeckung, die rückblickend ganz simpel zu sein scheint: das Herz pumpt Blut durch die Arterien des Körpers und empfängt Blut aus den Venen. Diese Entdeckung stellte die antike Idee, das Blut fließe aufgrund seiner Wärme durch den Kör-

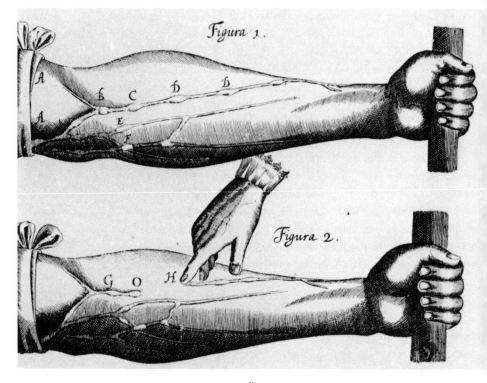

Harveys Darstellung des Blutsystems des Armes. Aus *De motu cordis,* 1628.

per, in Frage, ebenso die Überzeugung, daß unterschiedliche Körper unterschiedliche Grade von »angeborener Wärme (*calor innatus*)« enthielten – , daß zum Beispiel männliche Körper wärmer seien als weibliche Körper. Harvey glaubte, der Kreislauf erwärme das Blut, wogegen die antike Theorie annahm, die Wärme des Blutes selbst lasse es zirkulieren. Harvey entdeckte, daß der Blutkreislauf mechanisch begründet war: »Durch den kraftvollen Herzschlag«, erklärte er, »wird das Blut bewegt, vollendet, aktiviert und vor Verletzung und Verfall geschützt.«[1] Er schilderte den Körper als eine große Maschine, eine Lebenspumpe.

Harvey begann 1614 bis 1615 mit dem Studium der Herzklappen, wandte sich dann den Unterschieden in der Funktion von Venen und Arterien zu. Seine Studenten in den Jahren nach 1620 entnahmen frischen Leichen die Herzen und stellten fest, daß sich der Herzmuskel weiterhin zusammenzog und entspannte, auch wenn das Herz ohne Blutzufuhr war. Einer seiner Studenten entdeckte, daß das Blut der Vögel tatsächlich wärmer war als das der Menschen – aufgrund des schnelleren Schlags des Vogelherzens. Die Beobachtung der Zirkulationsmechanik überzeugte diese Wissenschaftler mehr und mehr, daß überall im tierischen Leben dieselben Bewegungsprinzipien am Werk waren.

Bis ins 18. Jahrhundert hinein wurde unter christlichen Ärzten heftig debattiert, wo im menschlichen Körper die Seele angesiedelt sei, ob die Seele über das Hirn oder das Herz mit dem Körper in Kontakt trete, oder ob Hirn und Herz »Doppelorgane« seien, die beides enthielten, sowohl körperliche Materie als auch spirituelle Essenz. Während Harvey in seinen Schriften an der mittelalterlichen Auffassung festhielt, das Herz sei das Organ des Mitleidens, wußte er zum Zeitpunkt der Veröffentlichung seiner Funde bereits, daß es auch eine Maschine war. Er bestand darauf, daß wissenschaftliche Erkenntnis auf eigene Beobachtung und Experimente gestützt werden müsse, die Ableitung aus abstrakten Prinzipien ließ er nicht gelten. Einige von Harveys Gegnern, Descartes zum Beispiel, waren bereit zu glauben, daß der Körper eine Maschine war, ebenso wie die Gottheit selbst mit Hilfe einer Art himmlischer Mechanik operieren mochte. Gott war das Prinzip der Maschine. Die Frage: »Hat die rationale (immaterielle) Seele physiologische Funktionen?« bejahte Descartes.[2] Harveys wissenschaftliche Erkenntnis führte zu einer negativen Antwort. Er glaubte an die Existenz der Seele, aber seiner Ansicht nach erklärte Gottes Anwesenheit in der Welt nicht, wie das Herz das Blut bewegte.

Harveys Arbeiten brachten andere Forscher dazu, weitere Körpersysteme zu untersuchen. Der englische Arzt Thomas Willis (1621 – 1675) wandte sich der Fragestellung zu, ob das Nervensystem des Körpers in irgendeiner Weise durch mechanische Zirkulation funktionierte. Obwohl er keine sichtbare Bewegung der »Nervenenergie« in den Nervenbahnen feststellen konnte, die der des Blutes entsprochen hätte, untersuchte Willis das Hirngewebe. Wie Harveys Schüler fand er bei dem Vergleich des Gehirns von Menschen und Tieren heraus, daß es »wenig oder gar keinen Unterschied [gab ...], was die Ausformung und Ähnlichkeit der Teile anbelangt, nur die Größe ausgenommen..., woraus wir schließen, daß die Seele, die Mensch und Tier gemeinsam ist, rein körperlicher Natur ist und [darin besteht,] diese Organe unmittelbar zu benutzen«.³ Willis' Nachfolger in der Neurologie des späten 17. und 18. Jahrhunderts entdeckten durch Experimente an lebenden Fröschen, daß überall in einem lebenden Körper die Ganglien der Nervenfasern gleichermaßen auf taktile Reizung ansprachen; durch Experimente an frischen Menschenleichen fanden die Ärzte heraus, daß die Ganglien im menschlichen Körper auch weiterhin reagierten, ganz wie die Nervenfasern der Frösche, selbst nachdem die Seele den Körper mutmaßlich verlassen hatte, um zu ihrem Schöpfer zurückzukehren. In den Begriffen des Nervensystems brauchte der Körper zur sinnlichen Wahrnehmung die »Seele« nicht. Da alle Nervenganglien auf dieselbe Weise zu funktionieren schienen, mochte die Seele überall herumschweben, existierte aber sicher nicht an einem bestimmten Ort. Empirische Beobachtung konnte die Seele im Körper nicht lokalisieren.⁴

So schuf die mechanische Bewegung im Körper – sei es nervliche oder die des Blutes – ein säkulareres Verständnis des Körpers, das sich von der antiken Vorstellung, die Seele (*anima*) sei die Quelle der Lebensenergie, verabschiedete.

Dieser Bruch führte dazu, daß das hierarchische Körperbild, das mittelalterliche Denker wie Johannes von Salisbury entworfen hatten, in Frage gestellt wurde. Lange vor der Entdeckung, daß nervliche Erregung elektrischer Natur ist, war den Ärzten des 18. Jahrhunderts klargeworden, daß das Nervensystem mehr als eine einfache Verlängerung des Gehirns war. Der Physiologe Albrecht von Haller argumentierte in seinen *Demonstrationen der Physiologie* von 1757 daß das Nervensystem mit unwillkürlichen Empfindungen arbeitete, die das Gehirn teilweise umgingen und nicht bewußt zu steuern waren. Nerven übermittelten Schmerzempfindungen zum Beispiel vom Fuß zum Handgelenk, wenn eine Person sich den Zeh stieß, so daß diese beiden Glieder gemeinsam zuckten. Wie das Blut schien auch der Schmerz durch den Körper zu zirkulieren. Die Ärzte stürzten sich in regelrechte Orgien grausamer Tierversuche, um zu zeigen, daß das Nervengewebe »unabhängig vom bewußten Geist oder dem höheren Seelenvermögen« Leben besaß. Die Historikerin Barbara Stafford schreibt: »Noch schlagen-

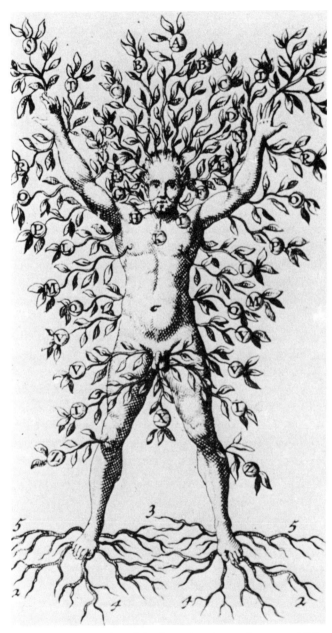

Die Blutgefäße als Zweige, die aus dem menschlichen Körper herauswachsen.
Aus Cases *Compendium anatomicum*, 1696.

de Herzen wurden herausgerissen, Innereien hervorgezerrt, Luftröhren aufgeschlitzt, um die Schreie angstvoller und leidender Tiere zu ersticken, die zuckten und sich wanden.«[5]

Auch das Herz wurde von dem Thron gestoßen, den Henri de Mondeville ihm noch zugewiesen hatte. Obwohl Harvey bestätigte, daß das Herz »der Anfangspunkt des Lebens« sei, glaubte er doch, daß »das Blut das Leben selbst ist«.[6] Das Herz war nur eine Zirkulationsmaschine. Die Theorie des Kreislaufs betonte somit die Selbständigkeit einzelner Körperteile.

Statt auf die Rätsel von Körper und Seele konzentrierte sich diese neue Wissenschaft auf die Gesundheit im Sinne der Körpermechanik. Galen hatte Gesundheit definiert als das Gleichgewicht von Körperwärme und -flüssigkeiten; die neue Medizin definierte sie als freien Fluß und freie Bewegung von Blut und Nervenenergien. Der freie Fluß des Blutes schien das gesunde Wachstum der einzelnen Gewebeteile und Organe zu befördern. In ähnlicher Weise glaubten auch diejenigen, die neurologische Experimente durchführten, die frei fließende Nervenenergie befördere das Wachstum individueller Gewebeteile und Organe. Und es war dieses Paradigma von Fluß, Gesundheit und Individualität innerhalb des Körpers, das letztlich auch die Beziehung zwischen Körper und Gesellschaft verwandelte. Wie ein Medizinhistoriker bemerkt hat, »wurde Gesundheit in einer zunehmend säkularen Gesellschaft nun als Aufgabe des Individuums gesehen, nicht als Gottesgabe«.[7] Die Stadt des 18. Jahrhunderts trug dazu bei, dieses Paradigma in ein Bild des gesunden Körpers in einer gesunden Gesellschaft zu übersetzen.

Die Stadt atmet

Die Verbindungen zwischen der Stadt und der neuen Körperwissenschaft nahmen ihren Anfang, als die Nachfolger von Harvey und Willis deren Entdeckungen auf die Haut anwandten. Wir verdanken Ernst Platner, einem Arzt des 18. Jahrhunderts, die erste klare Analogie zwischen dem Kreislauf im Körper und der Umwelterfahrung des Körpers. Luft, sagte Platner, sei wie Blut: Sie müsse durch den Körper zirkulieren, und die Haut sei die Membran, die dem Körper gestatte, Luft ein- und auszuatmen. Schmutz schien Platner nach den Worten des Historikers Alain Corbin der Hauptfeind der Haut zu sein, er behauptete, daß die Poren verstopfender Schmutz die Exkrementalsäfte zurückhalte und die Gärung und das Verfaulen von Stoffen begünstige.[8] Die Erkenntnis der lebenswichtigen Rolle der Haut gab dem Wort »unrein« eine neue, säkulare Bedeutung. Unreinheit bedeutete nun schmutzige Haut, nicht eine befleckte Seele. Haut wurde unrein aufgrund der sozialen Erfahrung von Menschen, nicht infolge moralischen Versagens.

Auf dem Land, unter Bauern, erschien dreckverkrustete Haut ganz natürlich und galt nicht als ungesund. Urin und Kot des Menschen halfen, die Erde zu düngen; auch auf dem Körper schienen sie einen nährenden Belag zu bilden, besonders bei Kindern. Deshalb waren die Leute vom Lande überzeugt, daß »man sich nicht zu häufig waschen sollte…, weil die Kruste getrockneten Urins und getrockneten Kotes zum Körper gehörte und schützende Wirkung besaß, besonders bei [Wickel-] Kindern…«[9]

Die sorgfältige Reinigung des Körpers von Exkrementen wurde eine speziell urbane Praxis der Mittelklasse. Um 1750 begannen die Angehörigen der Mittelklasse, wegwerfbares Papier zu benutzen, um sich nach dem Stuhlgang abzuwischen; Nachttöpfe wurden nun täglich geleert. Die Angst vor dem Umgang mit Exkrementen war eine städtische Angst, geboren aus den neuen medizinischen Überzeugungen über Unreinheiten, die die Haut am Atmen hinderten. Zudem lebten die Propagandisten dieses medizinischen Wissens in der Stadt. »Bauern und Ärzte waren buchstäblich nicht in der Lage, über diese Fragen des Körpers… miteinander zu kommunizieren«, schreibt die Historikerin Dorinda Outram; die Bauern kannten Männer der Wissenschaft lediglich in Gestalt von Barbieren, die zugleich als Chirurgen der Dörfer dienten. Von diesen Barbier-Ärzten kam im Jahr 1789 in Frankreich nur einer auf tausend Menschen, bei diplomierten Ärzten sogar nur einer auf zehntausend, und die lebten zumeist in den Städten.[10]

Die Überzeugung von der Wichtigkeit, die Haut »atmen« zu lassen, trug dazu bei, die Kleidung der Menschen zu verändern, eine Veränderung, die sich bereits um 1730 zeigte. Frauen trugen leichtere Kleider; sie begannen leichte Stoffe wie Kaliko und Baumwolle zu verwenden. Kleider wurden so geschnitten, daß sie den menschlichen Körper loser umspielten. Obwohl die Männer die Perücke beibehielten, die im Verlauf des 18. Jahrhunderts sogar noch elaborierter wurde, kleideten auch sie sich leichter und schnürten ihre Körper weniger ein. Der frei atmende Körper war gesünder, weil seine Ausdünstungen besser entweichen konnten.

Außerdem mußten sich die Menschen, damit die Haut atmen konnte, häufiger waschen, als sie es zuvor getan hatten. Das tägliche Bad der Römer war im Mittelalter verschwunden; das Baden wurde von einigen mittelalterlichen Ärzten sogar für gefährlich gehalten, weil es die Temperatur des Körpers gründlich aus dem Gleichgewicht brachte. Nun mußten die Menschen, die sich leicht kleideten und häufig badeten, auch nicht mehr mit schweren Duftwässern den Schweißgeruch überdecken. Denn die Parfums der Frauen und die Gesichtswasser der Männer wurden im 16. und 17. Jahrhundert mit Ölen angemischt, die oft Hautausschläge verursachten, so daß Männer und Frauen ihren süß duftenden Körper mit fleckiger Haut bezahlten.

Der Wunsch, gesunde Atmung und Zirkulation in die Praxis umzusetzen, verwandelte das Aussehen von Städten ebenso wie das körperliche Verhalten in ihnen. Nach 1740 begannen die europäischen Städte, den Schmutz von den Straßen zu räumen, mit Urin und Kot gefüllte Gruben und Senken trockenzulegen, den Unrat in Kanalisationssysteme unterhalb der Straße zu verbannen. Auch die Straßenoberfläche verwandelte sich in diesem Prozeß. Die mittelalterliche Straßenbefestigung bestand im allgemeinen aus abgerundetem Kopfsteinpflaster – zwischen den Steinen setzten sich Exkremente von Mensch und Tier fest. In der Mitte des 18. Jahrhunderts begannen die Engländer, London neu zu pflastern, und sie verwandten dabei flache, viereckige kleine Steinplatten aus Granit, die fast fugenlos aneinanderpaßten; in Paris wurden diese Steine zum ersten Mal um 1780 in den Straßen um das neue Odéon-Theater verlegt. Die Straßen konnten so besser gereinigt werden; darunter ersetzten städtische »Venen« die Jauchegruben. Die Pariser Abwasserrohre trugen das schmutzige Wasser und die Exkremente zu neuen Abwasserkanälen.

DIE STADT ATMET 329

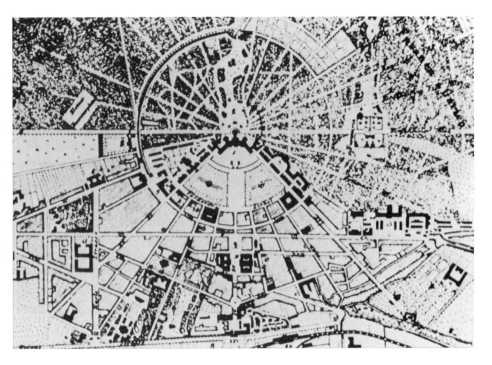

Diese Veränderungen lassen sich mit einer Serie von städtischen Gesundheitsgesetzen in Paris nachzeichnen. Im Jahr 1750 verpflichtete die Stadt Paris die Menschen, Mist und Müll vor ihren Häusern wegzufegen; im selben Jahr begann die Stadt damit, die wichtigsten Bürgersteige und Brücken mit Wasser abzuspülen; 1764 unternahm sie Schritte, überlaufende oder verstopfte Rinnsteine überall in der Stadt zu reinigen; 1780 verbot sie den Parisern, den Inhalt ihrer Nachttöpfe auf die Straße zu entleeren. Innerhalb der Häuser verwendeten die Pariser Architekten nun glatten Putz an den Wänden, damit sie leichter sauber zu halten waren.

Aufgeklärte Planer wollten, daß die Stadt schon ihrem Grundriß nach wie ein gesunder Körper funktionieren sollte, frei fließend und von sauberer Haut umhüllt. Seit den Anfängen der Barockzeit hatten die Stadtplaner Städte im Sinn gehabt, die eine wirksame Zirkulation von Menschen auf den Hauptstraßen erlaubten. Bei der Erneuerung von Rom etwa verband Papst Sixtus V. die wichtigsten christlichen Heiligtümer der Stadt mit einer Reihe von großen, ge-

Karlsruhe im 18. Jahrhundert. Ein früher Plan für eine Stadt des Kreislaufs.

raden Straßen, auf denen die Pilger sich bewegen konnten. Das medizinische Bild der lebensspendenden Zirkulation verlieh der barocken Betonung von Bewegung neue Bedeutung. Statt Straßen zum Zweck der zeremoniellen Bewegung auf einen Gegenstand zu zu planen, wie es die Architekten des Barock getan hatten, machten die Stadtplaner der Aufklärung die Bewegung zu einem Zweck an sich. Der barocke Planer betonte das Fortschreiten auf ein monumentales Ziel hin, der Planer der Aufklärung betonte den Weg selbst. Die Straße war ein in diesem aufgeklärten Verständnis wichtiger urbaner Raum, ob sie nun durch ein Wohngebiet oder durch das zeremonielle Stadtzentrum lief.

Stadtplaner wandten also die Begriffe »Arterien« und »Venen« im 18. Jahrhundert auf Straßen an, um Verkehrssysteme nach dem Modell des Blutkreislaufes im Körper anzulegen. Französische Urbanisten wie Christian Patte verwandten die Bildersprache von Arterien und Venen, um das Prinzip der Einbahnstraßen zu rechtfertigen. Sowohl auf deutschen als auf französischen Stadtplänen, die sich am Blutkreislauf orientierten, bildete das Fürstenschloß das Herz des Plans, die Straßen allerdings führten um dieses städtische Herz herum und waren statt dessen miteinander durch Nebenstraßen verbunden. War das auch schlechte Anatomie, so richtete die Planung sich doch nach der Mechanik des Blutes: Man glaubte, der Kollektivkörper erleide wie der Individualkörper eine Krise, einen Schlaganfall, wenn eine Arterie verstopft war. Der Kreislauf war unterbrochen, sobald die Bewegung in der Stadt irgendwo stockte. Wie ein Historiker schreibt: »Harveys Entdekkung und sein Modell des Blutkreislaufs schufen die Erfordernis, daß Luft, Wasser und [Abfall-] Produkte ebenfalls in einem Zustand der Bewegung gehalten werden mußten« – ein Zustand der Bewegung in der menschlichen Siedlung, die sorgfältige Planung nötig machte; planloses Wachstum würde das verstopfte, verschlossene, ungesunde städtische Chaos der Vergangenheit nur noch verschlimmern.[11]

An der Planung von Washington, D. C., kurz nach der amerikanischen Revolution kann man ablesen, wie diese Kreislaufprinzipien in die Praxis umgesetzt wurden. Aufgrund des Zusammenspiels vielfältiger Machtinteressen in der jungen Republik mußten die

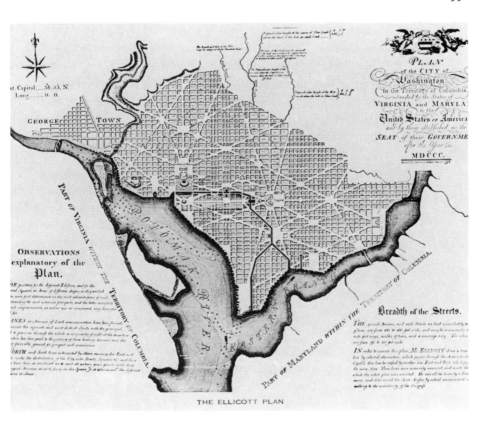

Washington, D. C.: L'Enfants Plan, wie Andrew Ellicott ihn 1792 zeichnete.

Erbauer Washingtons einen fast tropischen Sumpf in eine Landeshauptstadt verwandeln, statt die Macht in einer etablierten Stadt anzusiedeln oder an einem freundlicheren, offeneren Ort 150 Kilometer weiter nördlich. Der Plan für Washington und seine teilweise Verwirklichung in dem Washington, das wir heute kennen, ist eine Umsetzung des aufklärerischen Glaubens an die Möglichkeit, durch hochorganisierte, umfassende Stadtplanung eine gesunde Umwelt zu schaffen. Diese Stadtplanung offenbart sowohl eine bestimmte soziale als auch politische Vision, enthalten in dem Bild einer »gesunden« Stadt, in der die Menschen frei atmen können.

Die Planer von Washington suchten am Ort ihrer neuen Hauptstadt eine Art Widerspiegelung der antiken Tugenden der Römischen Republik zu schaffen. Sie bedienten sich der Prinzipien römischer Stadtplanung und gaben Teilen des Geländes sogar römische

Namen. Der amerikanische »Tiber« war zum Beispiel ein mückenverseuchter Flußarm, der durch das Sumpfland verlief; die Hügel von Rom allerdings konnten nur in der Vorstellung beschworen werden. Die drei politischen Gestalten, die für die Planung verantwortlich waren – Thomas Jefferson, George Washington und Pierre Charles L'Enfant – schienen sich allerdings eher an weniger entfernte Vorbilder zu halten. Sie dachten offenbar an die Sichtachsen von Versailles, Karlsruhe und Potsdam; diese Städte enthielten prächtige offene Räume, die durch den Strich einer Monarchenfeder geschaffen worden waren. »Es war höchste Ironie«, bemerkt ein Historiker, »daß die Stadtpläne, die ursprünglich ersonnen worden waren, um den Ruhm despotischer Könige und Kaiser zu mehren, auf das nationale Symbol eines Landes angewandt wurden, dessen philosophische Basis so tief in demokratischer Gleichheit wurzelte.«[12]

Aber das Ergebnis sah aufgrund des amerikanischen Dialogs mit dem antiken Rom doch etwas anders aus. Thomas Jefferson hatte gegen Ende der 80er Jahre des 18. Jahrhunderts einen Straßenplan für die amerikanische Hauptstadt vor Augen, der den ländlichen Gebietsunterteilungen entsprach, die er auf den gesamten Kontinent übertragen wollte; die Aufteilung von Stadt und Land leitete sich in seiner Vorstellung von dem streng geometrischen römischen Gitternetz ab. Wie die antike römische Stadt hätte Jefferson in Washington – so weit wir seine Absichten kennen – die Regierungsgebäude genau in die Mitte der Stadt gesetzt. Pierre Charles L'Enfant war nicht dieser Meinung; er hatte eine andere römische Lektion gelernt.

Mit einer Reihe junger idealistischer Franzosen hatte sich der Ingenieur L'Enfant im Revolutionskrieg der amerikanischen Seite angeschlossen. Er kämpfte in Valley Forge und blieb nach dem Sieg in Amerika. In einem kurzen Brief an Präsident Washington, wahrscheinlich aus dem Jahr 1791, kritisierte L'Enfant den Gitterplan als »ermüdend und schwächlich..., einer kalten Vorstellungskraft [entsprungen], der ein Gefühl des wirklich Großartigen und des wahrhaft Schönen fehlt«.[13] Statt dessen schlug er einen demokratischeren Raum vor. Seine »Karte der gepunkteten Linien« (*Map of Dotted Lines*) von 1791, die später von Andrew Ellicott ausgeführt wurde, zeigt eine Stadt mit verschiedenen Verkehrsknotenpunkten und Zentren, verbunden durch ein komplexes System strahlenförmig angeordneter Straßen, die die rechtwinkligen Unterteilungen des Gitters durchschneiden. Zum Beispiel ließ L'Enfant zwei Hauptstraßen, die Virginia Avenue und die Maryland Avenue, einander in einer großen Kreuzung schneiden, die nicht mit den Sitzen nationaler Macht, die in der Nähe lagen, in Verbindung stand: dem Weißen Haus und dem Kapitol, wo der Kongreß tagte. Nicht alle Knotenpunkte der Stadt waren Knotenpunkte der Macht.

Außerdem wollte L'Enfant das Soziale mit dem Politischen mischen, wie es im frühen republikanischen Forum Roms der Fall gewesen war. Der Kongreß, schrieb L'Enfant in seinem so gut wie perfekten Englisch 1791 an den Präsidenten Washington, sollte Teil eines »Platzes für den Aufenthalt aller sein, entlang jeder seiner Seiten mögen Theater gebaut werden, Versammlungsräume, Accademien [sic] und alle Arten von Häusern, die die Gelehrten anziehen und den Müßigen Ablenkung bieten können«.[14] L'Enfants Konzept der Hauptstadt war zutiefst republikanisch: ein Ort, an dem die Macht von der Vielfalt des städtischen Getriebes aufgesogen wird. Jefferson erkannte diese politische Metaphorik sofort. Der Plan fand seinen Beifall, und von da an ließ er den jungen Franzosen gewähren.

L'Enfants republikanischer Plan einer Hauptstadt mit vielen Zentren und gemischten Geschäfts- und Wohnvierteln war auch, was den Gedanken der Zirkulation anging, eher der Aufklärung verpflichtet als dem Barock. Das sumpfige Gelände und das drückende Sommerklima von Washington zwangen L'Enfant, über die Schaffung städtischer »Lungen« nachzudenken. Zu diesem Zweck schöpfte er aus der Erfahrung seines Heimatlandes, besonders bezog er sich auf die Place Louis XV im Zentrum von Paris. Die Place Louis XV war die grüne Lunge der europäischen Hauptstadt, sie lag am Ende der Tuilerien und grenzte an die Seine.

Der Bezug auf die Lunge war für die Stadtplaner der Aufklärung ebenso wichtig wie der auf das Herz. Nichts war im Paris des 18. Jahrhunderts auffälliger als die weite Place Louis XV: obwohl genau im Zentrum von Paris gelegen, war sie als großer, frei wachsender Garten angelegt. L'Enfants Zeitgenossen wußten wenig über

Ansicht der
Place Louis XV
in Paris.
J.-B. Leprince
zugeschriebenes
Gemälde,
um 1750.

Photosynthese, aber sie konnten deren Resultate beim Atmen spüren. Die Place Louis XV wurde sich selbst überlassen und wuchs zu einem städtischen Dschungel heran, in dem die Menschen herumwanderten, um frische Luft zu schöpfen. So kam es, daß der zentral gelegene Garten dem städtischen Straßenleben weit entrückt zu sein schien. »Die Place Louis XV wurde ... empfunden, als lägen sie außerhalb von Paris.«[15]

Ebenso wichtig war, daß diese zentrale Lunge gegen die herkömmlichen Machtvorstellungen verstieß, welche die königlichen Gärten außerhalb der Stadt bestimmten, wie im Versailles Ludwigs XIV. oder im Sanssouci Friedrichs des Großen. Die in der Mitte des 17. Jahrhunderts angelegten Gärten von Versailles ordneten Baumreihen, Wege und Brunnen zu endlosen Perspektiven, die sich in fernen Fluchtpunkten verloren: Der König befehligte die Natur. Eine andere Art von offenem Raum erschien mit der einflußreichen englischen Landschaftsarchitektur des frühen 18. Jahrhunderts, »der grenzenlose Garten«, der, in den Worten von Robert Harbison, keinen »ersichtlichen Anfang oder Abschluß besaß..., die Grenzen waren auf allen Seiten verwischt«.[16] Die englischen Gärten bemächtigten sich der Vorstellungskraft durch unregelmäßige Räu-

DIE STADT ATMET 335

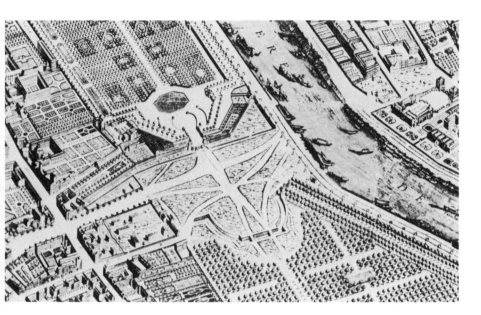

me voller Überraschungen, während das Auge wanderte und der Körper sich bewegte – ein Ort üppigen und freien Wachstums. Die Generation von L'Enfant suchte indessen der urbanen Lunge eine klarere visuelle Form zu verleihen. In Paris ersannen die Behörden 1765 verschiedene Möglichkeiten, den Garten der Place Louis XV der städtischen Bevölkerung sowohl zu Fuß als auch per Kutsche besser zugänglich zu machen. Diese Straßen und Fußwege stellten einen deutlichen Bruch mit der älteren Anlage der Stadt dar; Kommerz war in ihnen nicht gestattet. Wenn man durch die städtische Lunge spazierte oder fuhr, sollte das eine gesellige Erfahrung bleiben. Merkwürdigerweise paßte sich L'Enfants Plan für Washington der Natur in der Stadt nicht so leicht an wie der Pariser Park. Die große Promenade (Mall), wie Ellicott sie in Übereinstimmung mit L'Enfants Plan zeichnete, behielt einige der linearen Formelemente von Versailles bei. Dies gilt vor allem für die Achse, die sie zwischen dem Potomac River und dem Haus des Präsidenten zieht, sowie für die Achse zwischen dem Potomac und dem Kapitol. L'Enfant betonte jedoch, daß sich die Bürger auf dieser großen Promenade bewegen und versammeln sollten. Die Mall sollte keine Perspektiven bieten, die George Washington einen

Lageplan der Place Louis XV in Paris, aus dem Bretezplan, genannt »Turgot«, 1734-1739.

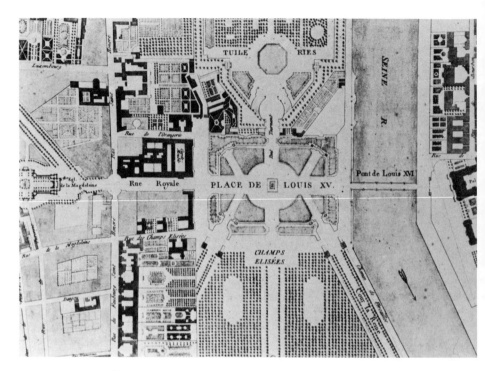

Place Louis XV in Paris. Übersichtsplan, der die vorgeschlagene neue Brücke zeigt. Stich von Perrier nach Le Sage.

Überblick über seine »Besitzungen« erlaubten, so wie Ludwig XIV. den Park von Versailles überschaut hatte, scheinbar in eine unendliche Weite, die ganz sein war. L'Enfant erklärte dem ersten Präsidenten, daß er sowohl »eine große Vielfalt erfreulicher Sitzplätze und Aussichten zu bieten« wünsche, als auch »alle Stadtteile verbinden« wolle.[17] Allen Bürgern frei zur Verfügung stehende offene Räume würden diesen beiden Zielen gerecht werden.

Der Bürger, der sich viel im Freien aufhielt, sagte Jefferson, atmete auch frei: Er meinte mit dieser Metapher allerdings das Leben auf dem Land, das er liebte; L'Enfant wandte es auf die Stadt an.[18] Die medizinischen Ursprünge der Metapher legten nahe, daß dank des Blutkreislaufes die einzelnen Körperglieder das Leben gleichermaßen genossen, noch das geringste Organ besaß dieselbe Lebenskraft wie Herz oder Gehirn. Die städtischen Lungen hatten mit dem kommerziellen Leben der Stadt nichts zu tun, das Leitbild des Kreislaufs im Körper aber wurde auch zu einem Teil der wirtschaftlichen Argumentation.

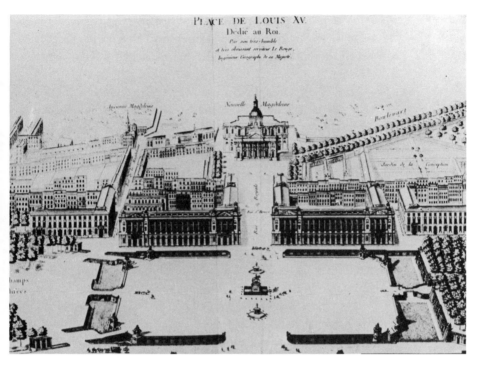

Place Louis XV in Paris. Stich von G. L. Le Rouge, um 1791.

2. DAS MOBILE INDIVIDUUM

Smiths Stecknadelfabrik

In seinem Buch *The Great Transformation* von 1957 versuchte der Historiker Karl Polanyi jener Verwandlung der europäischen Gesellschaft nachzugehen, die seiner Meinung nach eintrat, als das gesamte soziale Leben nach dem Modell des Marktes gestaltet wurde. Natürlich leugnete Polanyi die Wichtigkeit des Marktes im Europa des Mittelalters oder der Renaissance nicht, doch meinte er, daß im 17. und 18. Jahrhundert ein grundsätzlicher Wandel eintrat. Das Prinzip: »Ich kann nur gewinnen, wenn ich dich verletze«, breitete sich seiner Meinung nach in kulturellen und sozialen Beziehungen ebenso aus wie in der Wirtschaft und verdrängte allmählich den christlichen Glauben an die Barmherzigkeit und die Impulse des

Altruismus. In gewissem Sinne liest sich *The Great Transformation* so, als hätte Shylock am Ende triumphiert, als wäre das gesellschaftliche Leben überall auf den Kampf um das Pfund Fleisch reduziert worden.[19]

Tatsächlich waren die Autoren des 18. Jahrhunderts, die die Vorteile des freien Marktes predigten, äußerst empfindlich, was das Thema der menschlichen Habgier anging. Um sich gegen diesen Vorwurf zu verteidigen, griffen sie auf die neue Wissenschaft vom Körper und seiner räumlichen Umgebung zurück. Die Verfechter des freien Marktes im 18. Jahrhundert verglichen den Fluß von Arbeit und Kapital in der Gesellschaft unmittelbar mit dem Kreislauf von Blut und Nervenenergie im Körper. Adam Smiths Kollegen sprachen von wirtschaftlicher Gesundheit in denselben Begriffen, die die Ärzte für die körperliche Gesundheit verwandten, benutzten Bilder wie »der Kreislauf des Warenflusses«, »die Erholung des Kapitals« und »die Stimulierung der Arbeitskraft« durch den Markt. Ihnen schien es, als ernähre der Wirtschaftskreislauf alle Mitglieder der Gesellschaft so, wie der freie Fluß des Blutes allen Körperteilen Nahrung zuführte.

Einiges davon war natürlich von Eigeninteresse diktierter Unsinn. Kein Käufer, der sich plötzlich dem doppelten Preis für Brot oder Kohle gegenübersah, nahm ihn als »stimulierend« hin. Aber der Ökonom Adam Smith fügte den Gemeinplätzen über den freien Markt eine Einsicht hinzu, die seine Zeitgenossen nicht mit gleicher Deutlichkeit erfaßt hatten und die die ökonomisch-biologische Sprache davor bewahrte, zum bloßen Deckmantel der Habgier zu verkommen. Smith suchte zu zeigen, daß der *homo oeconomicus* zunehmend individueller handelte – angetrieben, so Smith, durch die vom Markt angeregte Arbeitsteilung.

Smith demonstrierte dies mit strenger Eleganz gleich zu Beginn seines *Wohlstands der Nationen*. Er zieht das Beispiel von zehn Arbeitern in einer Stecknadelfabrik heran. Sollte jeder Mann alle Handlungen ausführen, die für die Herstellung einer Nadel nötig sind, so könnte jeder vielleicht zwanzig Nadeln pro Tag herstellen, zweihundert insgesamt; durch Arbeitsteilung aber können die Männer 48.000 Nadeln herstellen.[20] Was wird sie dazu veranlassen, ihre Arbeit auf diese Weise zu teilen? Der Markt für ihre Produkte bringt sie dazu: »Ist der Markt sehr klein, kann sich niemand ermutigt fühlen, sich ausschließlich einer Beschäftigung zu widmen, da er das, was er über den eigenen Bedarf hinaus herstellt, also den Überschuß seines Arbeitsertrages, nicht gegen die überschüssigen Erzeugnisse anderer, die er benötigt, eintauschen kann«, erklärt Smith.[21] Ist der Markt groß und aktiv, wird das Individuum ermutigt, Überschuß zu produzieren. Die Arbeitsteilung erwächst also aus »einer natürlichen Neigung des Menschen, zu handeln und Dinge gegeneinander auszutauschen«.[22] Je stärker die Zirkulation, desto spezialisierter wird die Arbeit der Menschen, desto stärker werden sie zu individuell Handelnden.

Smiths Stecknadelfabrik war ein bezeichnendes Beispiel. Vor allem suchte Smith die allgemeinsten Prinzipien der politischen Ökonomie aus der banalsten Arbeit, der Nadelherstellung, zu entwickeln. In der antiken Welt erschien, wie wir gesehen haben, die gewöhnliche menschliche Arbeit als tierisch und barbarisch, ohne Würde. Die Würde der Arbeit des mittelalterlichen Mönchs lag in ihrer geistigen Disziplin und ihrer Mildtätigkeit. Smith gab der Arbeit eine neue Würde, indem er sie an die zunehmende Spezialisierung band. Die Fertigkeiten des Arbeiters versetzten ihn in die Lage, auf dem Markt als selbständig Handelnder aufzutreten. *Qualifikation* verlieh der Arbeit Würde, und der freie Markt förderte die Entwicklung von Qualifikation. Darin glich Smiths Ökonomie Diderots großer *Encyclopédie* aus der Mitte des 18. Jahrhunderts. Die *Encyclopédie* zeigte in schönen, detaillierten Stichen und genauen Beschreibungen die Fertigkeiten, die erforderlich waren, um einen Stuhl zu flechten oder eine Ente zu braten; die Handwerker oder Diener, die diese Fertigkeiten besaßen, erschienen in Diderots Buch als wertvollere Mitglieder der Gesellschaft als der Herr, der nur benutzte oder konsumierte.

Smiths Stecknadelfabrik war ein urbaner Ort. Der *Wohlstand der Nationen* stellte auch die Beziehungen zwischen der Stadt und dem Land in einer für die Zeit ungewöhnlichen Weise dar. Seit der Zeit mittelalterlicher Denker wie Humbert de Romans neigten Schriftsteller dazu, den Wohlstand der Städte so hinzustellen, als ginge er auf Kosten des Landes. Adam Smith behauptete statt dessen, daß die Entwicklung der Städte die Wirtschaft auf dem Land stimuliere, indem sie eine hohe Nachfrage nach landwirtschaftlichen Gütern schaffe. Seiner Meinung nach waren die Landwirte gut beraten, sich wie die Arbeiter in der Stecknadelfabrik zu verhalten. Das heißt, sie sollten sich auf marktgängige Getreidesorten spezialisieren, statt in Selbstversorgung nur für sich zu arbeiten.[23] Die Vorzüge der Zirkulation, meinte Smith, banden Stadt und Land aneinander, indem sie in beiden Bereichen spezialisierte Arbeit schufen.

Dieser Blick auf Stadt und Land offenbarte, was an Smiths Denken am hoffnungsvollsten war und sich am stärksten der Aufklärung annäherte: sein Sinn für das ökonomische Individuum als sozialem Wesen, nicht als einem Menschen, der abseits stand und nur an das eigene Interesse dachte. Jedes Individuum in der arbeitsteiligen Wirtschaft brauchte nach Smiths Vorstellung all die anderen, um seine Arbeit verrichten zu können.

Wenn Adam Smith modernen Kritikern wie Polanyi als ein Apologet des rücksichtslosen Kapitalismus erscheint, so hielten ihn seine Zeitgenossen für einen nicht nur wissenschaftlichen sondern auch humanen Denker. Er fand im Kreislauf von Arbeit und Kapital eine Qualität, die noch der banalsten Arbeit Würde verlieh und Unabhängigkeit und wechselseitige Abhängigkeit miteinander versöhnte.

Dies also war eine zeitgenössische Antwort auf die Frage, wie die Art von Städten, die L'Enfant, Patte und Emmanuel Laugier entwarfen, funktionieren könnten. Als die Stadtplaner des 18. Jahrhunderts ihre Entwürfe nach den Prinzipien des Kreislaufes zeichneten, machte Smith die wirtschaftlichen Aktivitäten, die zu diesen Städten paßten, sowohl verständlich als auch glaubwürdig. Emotional versprach dies wiederum ein größeres Maß an individueller Freiheit.

Goethe flieht nach Süden

Die dem nicht ortsgebundenen Individuum verheißene Freiheit taucht in einem der bemerkenswertesten Dokumente des 18. Jahrhunderts auf. Es wurde kurz vor der Französischen Revolution veröffentlicht. Dies ist die *Italienische Reise* Goethes, die seine Flucht aus einem idyllischen kleinen deutschen Fürstenhof in die verwahrlosten Städte Italiens festhält, eine Flucht, die den Körper des Dichters, so meinte er selbst, wiederbelebte.

Goethe hatte mehr als zehn Jahre am Hof von Weimar dem Herzog Karl August gedient – als schnell aufrückender Staatsbeamter, der es bis zum Leiter der Finanzkammer brachte. Da die Plackerei, Karl Augusts Finanzen zu ordnen, kein Ende nahm und Jahr um Jahr weiterging, hatte Goethe immer weniger geschrieben; sein außergewöhnliches Jugendwerk – die Gedichte, der Roman *Die Leiden des jungen Werthers*, das Theaterstück *Götz von Berlichingen* – drohten, zu bloßer Erinnerung zu verblassen, sein Stern sank. Schließlich floh er gen Süden.

Goethes *Italienische Reise* beschreibt italienische Städte voller Ruinen, überall zerbrochener und geplünderter Stein. Schmutz und Exkremente rannen durch die Straßen, doch der Dichter auf der Flucht wanderte in freudiger Ehrfurcht durch diese Zerstörung. Aus Rom schrieb er am 10. November 1786: »Mir wenigstens ist es, als wenn ich die Dinge dieser Welt nie so richtig geschätzt hätte als hier.«[24] Goethe stellte fest, daß das Zirkulieren unter Massen von Fremden ihm ein sinnliches Vergnügen bereitete. In Venedig, eingetaucht in die Menschenmenge auf San Marco, schreibt er: »Die Einsamkeit, nach der ich so sehnsuchtsvoll geseufzt, kann ich nun recht genießen.«[25] Eine der schönsten Passagen in der *Italienischen Reise*, geschrieben in Neapel am 17. März 1787, bringt den inneren Frieden zum Ausdruck, der den Dichter inmitten einer lärmenden, ungeordneten Menschenmasse erfaßte:

Zwischen einer so unzählbaren und rastlos bewegten Menge durchzugehen, ist gar merkwürdig und heilsam. Wie alles durcheinander strömt, und doch jeder Einzelne Weg und Ziel findet. In so großer Gesellschaft und Bewegung fühl' ich mich erst recht still und einsam; je mehr die Straßen toben, desto ruhiger werd' ich.[26]

Warum sollte er sich als Individuum inmitten der Masse so zufrieden fühlen? Am 10. November schreibt Goethe: »Wer sich mit Ernst hier umsieht und Augen hat, zu sehen, muß solid werden, er muß einen Begriff von Solidität fassen, der ihm nie so lebendig ward.«[27] Der scheinbar ungeschickte Ausdruck »*solid* werden« entsteht merkwürdigerweise aus Goethes Reaktion auf das »Toben der Straßen«; die Zirkulation in einer Menge führte dazu, daß

Goethe sich als Individuum gefestigt fühlte.[28] In Rom mahnt er sich selbst: »Und so laßt mich aufraffen, wie es kommen will; die Ordnung wird sich geben.«[29]

Der Vergleich zwischen Adam Smiths *Der Wohlstand der Nationen*, das 1776 erschien, und Goethes ein Jahrzehnt später publizierter *Italienischer Reise* mag merkwürdig erscheinen, und doch lassen sich die beiden Werke sinnvoll aufeinander beziehen; in beiden spielt die Bewegung eine besondere Rolle, sie individualisiert, spezifiziert und artikuliert Erfahrung. Die Ergebnisse dieses Prozesses begannen sich in Goethes Lyrik zu dieser Zeit ebenso wie in der *Italienischen Reise* zu zeigen.

Die Reise des Dichters war einzigartig, und doch durchzog der Glaube, daß Bewegung, Reisen, Erkundung die eigene Sensibilität erhöhe, die Reiselust des gesamten 18. Jahrhunderts. Natürlich versprachen bestimmte Reiseformen dem Europäer auch weiterhin den bloßen Reiz, sich bisher unbekannte Genüsse anzueignen. Goethes Reise hatte mit dieser Art von Tourismus nichts zu tun; er ging nicht nach Italien, um das Unbekannte oder das Primitive zu suchen, vielmehr spürte er den Drang, sich selbst in die Fremde zu versetzen. Seine Reise war den herkömmlichen Wanderjahren näher, die in dieselbe Ära fallen: die Jahre, in denen junge Männer in der Welt herumreisten, um Eindrücke und Erfahrungen zu sammeln, bevor sie heirateten und sich niederließen. In der Kultur der Aufklärung reisten die Menschen, suchten die Bewegung um der körperlichen Anreize und der geistigen Klarheit willen. Diese Hoffnungen leiteten sich von der Wissenschaft ab, reichten in die Gestaltung der Umwelt, die Reform der Wirtschaft und sogar in die Ausbildung poetischer Sensibilität hinein.

Dennoch zeigt Goethes *Italienische Reise* auch die Grenzen dieser Aufklärungsmentalität. Selten schildert er die italienischen Menschenmengen, durch die er sich bewegt, mit derselben Ausführlichkeit, mit der er sich selbst beschreibt. Angesichts der städtischen Masse neigte auch Adam Smith dazu, sie in unterschiedliche Charaktere und Kategorien einzuteilen, statt sie als ein menschliches Ganzes zu beschreiben. In der öffentlichen Diskussion über die Volksgesundheit erschien die städtische Masse als eine Brutstätte der Krankheit, die durch die Zerstreuung der Menschen auf die ganze Stadt ausgemerzt werden mußte. Es ist bekannt, daß Jefferson den urbanen Mob fürchtete. L'Enfants Einstellung war zwiespältig; er hoffte, daß seine Planung »Klumpenbildung« von Menschenmengen in den Straßen Washingtons verhindern würde. Die für die Place Louis XV in Paris vorgeschlagenen Umbauten sollten die Straßen zu Pfaden für Individuen machen, die sie zu Fuß oder zu Pferd allein passierten, nicht in Postkutschen oder anderen größeren Fahrzeugen.

Die Unfähigkeit, die städtische Masse einzuschätzen oder sie als Ganzes hinzunehmen, hat damit zu tun, welche Menschen diese Masse ausmachten; es waren zumeist die Armen. Diese jedoch erfuhren die Bewegung in der Stadt in Formen, die mit solchen Vorurteilen nichts zu tun hatten. Ihre Erfahrung kristallisierte sich in der Bedeutung von Markt- und Preisbewegungen. Für sie war eine Schwankung von Pennies oder Sous im Brotpreis eine Frage des Überlebens. Die Menschenmassen der Stadt wünschten sich weniger Marktbewegung, stärkere Regulierung durch die Regierung, Stabilität und Sicherheit. Körperliche Bewegung in der Stadt vergrößerte nur ihren Hunger. Am deutlichsten wurde die durch Bewegung verursachte Unsicherheit in der erregbarsten aller europäischen Hauptstädte: in Paris am Vorabend der großen Revolution.

3. DIE MASSE BEWEGT SICH

Bei der Thronbesteigung Ludwigs XVI., so ermittelte der Historiker Léon Cahen, gab es etwa 10.000 Kleriker in Paris, 5.000 Adlige, eine Bürgerschicht von Handwerkern, wohlhabenden Kaufleuten, Ärzten und Juristen von etwa 40.000; der Rest der 600.000 oder mehr Einwohner der Stadt lebte am Rande der Armut.[30] Rückblickend scheint eine Ober- und Mittelschicht von etwa 50.000 in einer Stadt von 600.000 Einwohnern klein zu sein; historisch gesehen war sie jedoch groß, proportional größer als zur Zeit Ludwigs XIV., als der König von Versailles aus die Geschicke des Landes lenkte. Tatsächlich waren im Laufe dieser Zeit die Einkünfte des Königs aus dem Reich immer geringer geworden, während Paris im 18. Jahrhundert eine Blütezeit erlebte. Die königliche Finanzlage wurde nach den französischen Abenteuern in Nordamerika in der Jahrhundertmitte bedenklich, nach der französischen Investition in die Amerikanische Revolution katastrophal. Das Versailles Ludwigs XIV. trocknete auch deshalb aus, weil der Klerus und der Adel ebenso wie die kommerzielle Bourgeoisie neuen Reichtum in Paris schufen: durch den Verkauf von Land, Investitionen in neue Unternehmen und andere Formen der Marktwirtschaft.

Paris war nicht einfach ein Ort, an dem neuer Wohlstand geschaffen wurde, sondern zugleich eine Stadt des Prunks und der Verschwendung. Seine steinernen Wahrzeichen waren die riesigen neuen Häuser, die im Faubourg Saint-Honoré gebaut wurden. George Rudé, der sich auf die Belege des Chronisten von Paris im 18. Jahrhundert, Sebastien Mercier, beruft, schätzt, daß 10.000 Häuser, ein Drittel von Paris, in der letzten Dekade des Ancien Régime errichtet wurden. Mercier selbst gestattet uns erstaunliche Einblicke in die Süße des neuen Pariser Lebens. Er zeigt eine Gesellschaft mit immer mehr Muße, die lange Nachmittage damit zubrachte, Tee zu trinken, zu lesen und Früchte aus Gewächshäusern zu verspeisen. Ihre Wohnungen waren so gut geheizt, daß die Menschen in ihnen einfache, gesunde Kleidung tragen konnten. Abend um Abend wurde in Theatern verbracht, die mit der Kutsche auf gut gepflasterten Straßen leicht zu erreichen waren.

Dieses süße Leben erforderte immer mehr Handwerker, Dienstpersonal, Angestellte und Bauarbeiter; es erforderte nicht, daß sie gut bezahlt wurden, und sie wurden nicht gut bezahlt. In Dienstleistungsindustrien wie dem Kleiderhandel hätten nach den Regeln des freien Marktes die Löhne steigen müssen, da die Nachfrage nach Luxusgütern stieg; statt dessen fielen die Reallöhne von 1712 bis 1789, weil die zur Verfügung stehende Arbeitskraft sogar noch schneller anwuchs als die Nachfrage und für sinkende Löhne in einem expandierenden Wirtschaftszweig sorgte. Im allgemeinen führte der freie Umlauf von Waren und Dienstleistungen dazu, daß Paris im Laufe des Jahrhunderts immer wohlhabender wurde. Dieser Wohlstand aber ging an den Massen vorbei.

Ungleichheit wurde zur sichtbaren Provokation, wenn die Menschen durch die Stadt gingen. Es ist eine soziologische Binsenwahrheit, daß das Gefühl der Armut abnimmt, wenn Menschen nur unter ihresgleichen leben. Ein Blick auf den Plan des Paris der Mitte des 18. Jahrhunderts könnte den modernen Betrachter dazu verleiten, zwei falsche Schlüsse zu ziehen. Einer bestünde darin, das wirre Durcheinander der Straßen bedeute, daß die Pariser nur in lokalen kleinen Bezirken lebten; der andere darin, daß die Stadt aus klar definierten reichen und armen *quartiers* bestand. Am Vorabend der Französischen Revolution durchquerte ein Spaziergänger bei seinem Gang durch die Stadt in der Tat reine Arbeiterviertel wie das Faubourg Saint-Antoine am Ostrand der Stadt; schlenderte er aber durch Straßen wie die Rue de Varenne auf der linken Flußseite, die sich mit neuen Privatpalästen (*hôtels particuliers*) gefüllt hatten, sah er armselige Mietshäuser zwischen den Palästen, notdürftige Hütten am Rand von Gärten. In ihnen hauste die Masse der Diener und Handwerker, die die Herrenhäuser unterhielten. Ähnlich verkommene Gebäude umgaben den königlichen Louvre. In den Fugen des Reichtums nisteten Elend und Armut.

Der vielleicht auffallendste Ort, an dem sich arm und reich mischten, war das Palais Royal neben dem Louvre. Ursprünglich von der Familie d'Orléans gebaut, ist das Palais ein großes rechteckiges Gebäude, das einen Park umschließt. Offene Kolonnaden säumten es im Erdgeschoß, und eine lange hölzerne Galerie, die *galerie du bois*, teilte den Park in zwei Hälften. Statt ihn als privaten Garten vor der Öffentlichkeit zu schließen, gaben die Herzöge von Orléans dieses Terrain für kommerzielle Zwecke frei. Es wurde der Times Square im Paris des Ancien Régime; das Palais Royal beherbergte Cafés, Bordelle und Spielkasinos, Läden, die mit gebrauchten Kleidern handelten, Leihhäuser und zwielichtige Börsenmakler. Ein junger Mann, der gerade sein Wochengehalt am Spieltisch oder seine Gesundheit in den Armen eines geschlechtskranken Freudenmädchens verloren hatte, mußte nur den Blick über die hölzerne Galerie auf den Westflügel des Palais Royal richten, um im ersten Stockwerk vielleicht den Anblick des Herzogs von Orléans zu erhaschen, der an einem der hohen Fenster stand und das profitable Treiben betrachtete.

Statt isoliert unter sich zu bleiben, bewegten sich viele Arme in der physischen Nähe unzugänglichen Reichtums. Die mittelalterlichen Märkte der Stadt waren, wie wir gesehen haben, vom Handel zwischen Städten abhängig gewesen. Die Geschäftsstraße wurde zum zentralen Umschlagsplatz, der Waren von außerhalb der Stadt aufnahm und sie wieder nach draußen schickte. Im Jahr 1776, als Smith seine ökonomische Theorie veröffentlichte, sahen die Märkte der Stadt nicht mehr wie die der Vergangenheit aus. Aber sie glichen auch nicht den von Smith beschriebenen. Die Stadt trieb nun als Teil der Nation Handel; die Häfen von Bordeaux oder Le Havre lagen am geographischen Rand des Landes. Der ökonomische Umschlagplatz Paris verdankte seine Bedeutung vor allem der Tatsache, daß die Stadt das Zentrum der Regierungsmacht war. Die Wirtschaft von Paris hing zunehmend von Dienstleistungen für die städtische Bürokratie ab. Wenn die Ungleichheit in der Stadt unerträglich wurde, wandten sich die Menschen deshalb an die Regierung. In ihr, nicht in den Marktkräften von Arbeit und Kapital, sahen sie die Autorität, die Stabilität wiederherstellen konnte. Bei diesen Forderungen der Massen ging es meist um den Brotpreis.

In Paris verdienten ungelernte Arbeiter etwa 30 Sous am Tag, gelernte Arbeiter von 50 Sous aufwärts. Die Hälfte dieses Einkommens wurde für Brot ausgegeben, das Grundnahrungsmittel, das acht oder neun Sous pro Vierpfundlaib kostete; eine Arbeiterfamilie verzehrte zwei bis drei Laibe pro Tag. Ein weiteres Fünftel des Lohns wurde für Gemüse, ein paar Stücke Fleisch und Fett sowie für Wein aufgewandt. Nachdem der größte Teil des Geldes für die Ernährung ausgegeben war, wurde der Rest bis auf den letzten Centime auf Kleidung, Brennmaterial, Kerzen und andere Notwendigkeiten verteilt. Stieg der Brotpreis, »wie es allzu oft vorkam, plötzlich auf 12 oder 15 (oder sogar bis zu 20) Sous«, bemerkte George Rudé, »dann stand die Mehrzahl der Lohnarbeiter vor einer plötzlichen Katastrophe«.[31]

Vor und nach der Revolution lösten Lebensmittelpreise viel häufiger Unruhen aus als die Höhe des Lohns. Im Mehlkrieg von 1775 zum Beispiel ging es den hungernden Menschen von Paris darum, daß der Mehlpreis nicht über den Markt reguliert wurde, sondern ihrer Zahlungsfähigkeit angepaßt blieb. Der Historiker Charles Tilly berichtet von einem Vorfall, bei dem arme Pariser das Lager eines Getreidehändlers plünderten: »[Die Armen], zumeist Frauen

Galeries du Palais Royal,
L. L. Boilly, 1809.
Musée de la Ville de Paris, Musée Carnavalet, Paris.
Giraudon/Art Resource, N.Y.

und Kinder, achteten darauf, andere Ware als Brot unangetastet zu lassen, und zumindest einige von ihnen bestanden darauf, für ihr Brot einen Preis von zwei Sous pro Pfund zu bezahlen, etwa drei Fünftel des aktuellen Marktpreises.«[32]

Da der Markt für das Volk großenteils unkontrollierbar war, richtete sich seine Aufmerksamkeit, besonders im Fall des Brotpreises, auf den Staat. Im Prinzip legte der Staat den Brotpreis fest; in der Praxis wurde diese Festlegung dann von den Marktmechanismen revidiert oder ganz ignoriert. Erhob sich das Volk wegen der Lebensmittelpreise, war sein Adressat einzig und allein die Regierung – und es maß den Erfolg seiner Handlungen am Steigen oder Fallen des Preises. Sehen wir uns ein bedeutsames Beispiel näher an.

Der große Brotaufstand vom Oktober 1789 begann in Paris am Morgen des 5. Oktober an zwei Orten, im östlichen Arbeiterbezirk Saint-Antoine und an den Lebensmittelständen in der Stadtmitte. Der Aufruhr nahm seinen Anfang, als Frauen sich weigerten, den an diesem Tag geltenden Brotpreis zu bezahlen, einen erhöhten Preis von 16 Sous, weil das Getreideangebot in dem Jahr knapp war. Diese Frauen aber mußten sorgfältig rechnen, der Preis überstieg ihre Möglichkeiten, und sie revoltierten. Im Viertel Saint-Antoine zwangen die Frauen den Küster der Kirche Sainte-Marguerite, die Kirchenglocke unaufhörlich zu läuten, das Alarmsignal für einen Notfall, das das Volk auf die Straße rief. Die Neuigkeit vom Brotaufstand lief von Mund zu Mund, die Unruhe sprang von Saint-Antoine auf die Nachbarviertel über. Die Menge bewegte sich zum Rathaus, dem Hôtel de Ville. Eine mit Spießen und Knüppeln bewaffnete Menge von etwa 6.000 Menschen stürmte das Rathaus – aber da war niemand, der ihre Forderungen anhören konnte. Allein der König und seine Verwalter, so sagte man ihnen, konnten darauf reagieren, weil die Stadt bankrott war. Am Nachmittag zog eine Menge von etwa 10.000 Menschen durch das Stadtzentrum, die Arterie der Rue de Vaugirard hinunter auf Versailles zu. »Der bedeutsame Marsch der Frauen auf Versailles«, schreibt die Historikerin Joan Landes, entstand aus »einer langen Tradition weiblicher Beteiligung an Volksprotesten, besonders im Falle von Versorgungskrisen«.[33] Sie kamen bei Einbruch der Dunkelheit in Versailles an und machten sich zuerst zur Versammlungshalle auf, wo ihr Anführer Maillard »lange aus dem neuen populären Pamphlet ›Quand aurons-nous du pain?‹ zitierte, in dem nicht die Bäcker, sondern die Behörden für den Brotmangel verantwortlich gemacht wurden«.[34]

Im Morgengrauen stieß die Menschenmenge, die die Nacht im Freien verbracht hatte, mit der Wache des Versailler Palastes zusammen. Zwei der Soldaten wurden im Handgemenge getötet, man schlug ihnen die Köpfe ab und spießte sie auf Bajonette. Aber die Tore des Palastes hielten stand; zugleich schwoll die Menge an, da immer mehr Menschen aus Paris in den königlichen Vorort strömten. Schließlich erschienen am frühen Nachmittag des 6. Oktober der König und die Königin auf einem Balkon und wurden mit dem Aufschrei »Nach Paris!« begrüßt. Am Abend desselben Tages eskortierte der Mob, nun auf etwa 60.000 angewachsen, die fügsamen Monarchen im Triumph zurück in die Stadt. Am 7. Oktober zeigte man dem König verrottete und verlauste Fässer Mehl, die dann von dem immer noch aktiven Mob in die Seine geworfen wurden.

Der Aufruhr des 5. Oktober zog zwei Folgen nach sich; die Behörden verstärkten ihre militärische Macht in der Stadt, um künftige Unruhen unterdrücken zu können, und der Brotpreis wurde auf 12 Sous festgelegt. Zudem garantierte die Regierung der Stadt Weizenvorräte aus ihren eigenen Kornspeichern, die Weizen von guter Qualität enthielten. Daraufhin senkte sich ein zerbrechlicher Friede auf die Stadt. Marie-Antoinette schrieb Mercy d'Argenteau, dem österreichischen Botschafter:

> Ich rede mit den Leuten; mit Wachleuten und Marktfrauen, die alle ihre Hände nach mir ausstrecken und denen ich meine reiche. In der Stadt wurde ich sehr gut empfangen. Heute morgen bat das Volk uns, zu bleiben. Ich sagte ihm, daß es, was den König und mich beträfe, von ihm abhinge, ob wir blieben, wollen wir doch nichts lieber, als daß all der Haß ein Ende finde.[35]

In diesem Augenblick trog die Königin der Eindruck ihrer plötzlichen Beliebtheit nicht. Ein populäres Marktlied der damaligen Zeit drückte aus, daß die Frauen meinten, ihren Forderungen sei entsprochen worden. Über den König hieß es da: »Wir lieben ihn mit einer Liebe ohnegleichen, da er nun in unsere Hauptstadt gekommen ist.«[36]

So bewegte sich die urbane Menge auf eine andere Bestimmung zu, als Adam Smith es sich vorgestellt hatte. Die Historikerin Lynn Hunt schätzt Ereignisse wie diesen Brotaufstand als Demonstration des Wesens paternalistischer Beziehungen zwischen dem Monarchen und seinen »Kindern« ein, eine Beziehung, geprägt von Vertrauen, Stabilität und Verläßlichkeit.[37] Harveys Paradigma stellte die verschiedenen Körperteile als gleichberechtigt dar, abhängig waren sie alle nur vom Blutkreislauf. Adam Smiths Vision des Marktes stellte ebenfalls alle Akteure des Marktgeschehens als gleichbedeutend dar, durch die Arbeitsteilung wurde das Individuum in seiner Rolle klarer definiert. Aber die Masse, die sich in diesem Brotaufstand vereinigte, war mehr als eine Versammlung von Individuen, die untereinander Waren tauschten. So, wie sie gruppenökonomische Bedürfnisse hatte, konnte auch ihre Identität nicht mit der Identität von Individuen verglichen werden. Das Wort »Bewegung« nahm eine kollektive Bedeutung an – eine Bedeutung, die im Feuer und Blutvergießen der Revolution auf die Probe gestellt werden sollte.

NEUNTES KAPITEL
DER FREIGESETZTE KÖRPER
Boullées Paris

Auf der Höhe der Französischen Revolution erklärte die radikalste Zeitung in Paris, es könne keine wirkliche Revolution geben, wenn die Menschen sie nicht in ihren Körpern fühlten. »Etwas, was dem Volk zu sagen wir nicht müde werden dürfen«, behauptet die Zeitung, »ist, daß Freiheit, Vernunft, Wahrheit... keine Götter sind..., sie sind Teile unserer selbst.«[1] Aber als die Französische Revolution die Körper auf den Straßen von Paris zum Leben zu erwecken suchte, geschah etwas völlig Unerwartetes. Oft wurden die Bürgermassen apathisch. Teilweise stumpften die Spektakel der Gewalt ihre Sinne ab; teilweise blieben sie den revolutionären Räumen gegenüber, die in der Stadt geschaffen worden waren, gleichgültig. In einer Zeit des Aufruhrs, in der wir es am wenigsten erwarten sollten, hielten die bewegten Massen häufig inne, wurden still und zerstreuten sich.

Diese Augenblicke der Massenpassivität interessierten Gustave Le Bon, den einflußreichsten Schriftsteller, der in der Moderne über Massen gearbeitet hat, nicht. Le Bon war sicher, daß die Bewegung auf den Straßen von Paris die revolutionären Empfindungen in das Leben der Masse hineintrug. Er glaubte, daß der Große Brotaufstand sich als Massenverhalten in den folgenden vier Jahren fortsetzte.

Wir verdanken Le Bon die Begriffe der Massenpsychologie und des Massenverhaltens, die sich von Individualpsychologie und -verhalten unterscheiden. Diese Unterscheidung beruht auf der Vorstellung eines erregbaren und aktiven Kollektivkörpers. Le Bon glaubte, daß Menschen in einer solchen Masse Dinge taten, die ihnen, auf sich allein gestellt, unmöglich gewesen wären. Die bloße Wirkung der Zahl, sagte er, führte dazu, daß die Menschen sich in einem Gefühl der Größe wiegten; jede Person verfällt »durch die Tatsachen der Menge ein[em] Gefühl von unüberwindlicher Macht ..., welches ihr gestattet, Trieben zu frönen, die sie für sich allein notwendig gezügelt hätte«.[2] Als einzelner mochte der Mensch ein gebildetes Individuum sein, »in der Masse ist er ein Triebwesen, also ein Barbar.³«

Wenn, so Le Bon, diese Verwandlung bei jeder sich bewegenden, dicht gedrängten Menschengruppe vorkam, markierte die Französische Revolution eine Wasserscheide in der Geschichte; denn die Revolution legitimierte die Gewalt der Masse als ein politisches Ziel an sich. Über die Führer der Französischen Revolution sagte Le Bon:

> Einzeln genommen waren die Männer des Konvents aufgeklärte Bürger mit friedlichen Gewohnheiten. Zur Masse vereinigt zauderten sie nicht, unter dem Einfluß einiger Führer die offenbar unschuldigsten Menschen aufs Schafott zu schicken...⁴

Le Bons Ansichten über die Masse übten auf Freud große Anziehungskraft aus. Er selbst bezog sich später in seinen Schriften über die »Urhorde« und andere Massen stark auf sie. Noch überzeugender wirkten Le Bons Schriften auf moderne Leser, denn sie scheinen zu erklären, weshalb sonst anständige und humane Individuen aktiv an gewalttätigen Verbrechen teilnehmen konnten – wie in den Banden der Nazis oder der Faschisten.

Das zweite Gesicht der Pariser Masse nahm eine andere Art moderner Erfahrung vorweg. Moderne Formen von individueller Passivität und Unempfindlichkeit im städtischen Raum tauchten zuerst, in kollektiver Weise, in den Straßen des revolutionären Paris auf. Die Brotaufstände signalisierten ein Verlangen nach kollektivem Massenleben, das die Revolution nicht erfüllte.

1. FREIHEIT IN KÖRPER UND RAUM

Der Historiker François Furet hat an einer Stelle bemerkt, daß die Revolution »durch einen Akt der Imagination Ganzheit für eine in Scherben zerbrochene Gesellschaft wiederherzustellen suchte«.⁵ Die Revolution mußte erfinden, was ein »Bürger« war. Diese phantasievolle Erfindung eines neuen Menschen war jedoch ein schwieriger Akt; der »Bürger« mußte wie jedermann aussehen – und das in einer Gesellschaft, die soziale Unterschiede tief in die Formen eingeätzt hatte, wie die Menschen sich kleideten, wie sie gestikulier-

FREIHEIT IN KÖRPER UND RAUM 355

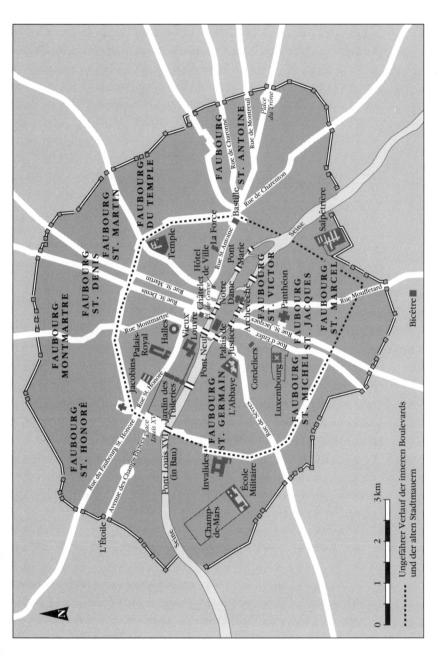

Plan des revolutionären Paris, um 1794.

ten, wie sie rochen und wie sie sich bewegten. Außerdem mußte der »Bürger« die das Bild betrachtenden Menschen überzeugen, daß sie sich selbst sahen – aber als Neugeborene. Das Bedürfnis, eine universale Figur zu erfinden, hat ein Historiker gesagt, mußte zu einer männlichen Gestalt führen, da die Frau noch immer als irrational galt. Die Revolutionäre suchten nach einem »neutralen... Subjekt; einem, das fähig war, ...individuelle Leidenschaften und Interessen der Herrschaft der Vernunft zu unterwerfen. Nur männliche Körper erfüllten die Idealanforderungen dieser kontrollierten Form der Subjektivität«.[6] Selbst eine für diese Zeit so flammende Feministin wie Olympe de Gouges sah ein, daß die emotionale Physiologie der Frauen sie eher der von Gefühlen bestimmten paternalistischen Ordnung der Vergangenheit geneigt sein ließ als der neuen Zukunftsmaschinerie.[7] Die Revolution setzte solch Vorurteile um – so unterdrückte sie 1792 die organisierten Aktivitäten von Frauen, die, wie schon beim Brotaufstand von 1789, geholfen hatten, die Gesellschaft zu revolutionieren.

Dennoch fühlten sich die Menschen unter all diesen Emblemen der Revolution, den Büsten des Herkules, Cicero, Ajax und Cato, die in der Revolutionslandschaft herumstanden, am stärksten zu dem Bild einer Idealbürgerin mit Namen »Marianne« hingezogen. Mariannes Bild tauchte überall auf – in Zeitungen, auf Münzen, in Form öffentlicher Denkmäler, die die Büsten von Königen, Päpsten und Adligen ersetzen sollten. Ihr Bild schlug die Vorstellungskraft in ihren Bann, weil sie der Bewegung, dem Fluß und der Veränderung innerhalb des menschlichen Körpers eine neue *kollektive* Bedeutung verlieh: die fließende und befreiende Bewegung nährte nun eine neue Art von Leben.

Mariannes Brüste

Die Revolution modellierte Mariannes Gesicht als das einer jungen griechischen Göttin, mit gerader Nase, hohen Brauen und wohlgeformtem Kinn; ihr Körper neigte zu der matronenhaften Form einer jungen Mutter. Manchmal erschien Marianne in antike fließende Roben gehüllt, unter denen sich Brüste und Schenkel abzeichneten; manchmal kleidete die Revolution sie in zeitgenössische Gewänder, entblößte jedoch die Brüste. So bildete der Revolutionsmaler Clement die Göttin im Jahr 1792 ab, Mariannes Brüste fest und voll, die Brustwarzen aufgerichtet. Der Titel seiner Darstellung lautete: »Das republikanische Frankreich, den Busen allen Franzosen bietend«. Ob in langen Roben oder mit entblößtem Körper, Marianne erinnerte nicht im Geringsten an eine sich selbst entblößende laszive Frau – sicher auch deshalb, weil die Brüste in der späten Aufklärung mindestens ebensosehr als tugendhafte wie als erogene Zone des Körpers gesehen wurden.

Die entblößte Brust offenbarte die nährende Kraft von Frauen, wenn sie stillen. In Clements Bild sollten Mariannes volle Brüste alle Franzosen nähren, ein Bild der revolutionären Speisung, das durch ein merkwürdiges Schmuckstück unterstrichen wird: am Ende eines Bandes, das um ihren Hals liegt und zwischen die Brüste fällt, hängt eine Wasserwaage – ein Sinnbild der Gleichheit. Sie soll bedeuten, daß das gesamte französische Volk gleichermaßen Zugang zu ihrer nährenden Kraft hat. Clements Gemälde zeigt den grundlegendsten Reiz, den das Symbol der Marianne ausstrahlte: gleiche Fürsorge für alle.

Die Verehrung einer mütterlichen Figur erinnert an den Kult und die Anbetung der Jungfrau Maria; verschiedene Historiker haben auf die Ähnlichkeit zwischen dem revolutionären und dem religiösen Namen hingewiesen. Aber auch wenn Marianne von den populären Gefühlen der Marienverehrung profitierte, so bedeutete das Stillen für die Betrachter doch etwas historisch Spezifisches.

Zur Zeit der Revolution war das Stillen von Säuglingen für die Frauen eine vielschichtigere Erfahrung geworden. Bis ins 18. Jahrhundert gaben die meisten halbwegs wohlhabenden Frauen ihre Kleinkinder in die Obhut von Ammen, von denen viele nicht besonders verantwortungsvoll waren. Zuvor hatten die Menschen im Ancien Régime Säuglinge und Kleinkinder häufig vernachlässigt; selbst in wohlhabenden Häusern waren die Kinder in Lumpen gekleidet und aßen Abfälle vom Tisch der Diener. Diese Vernachlässigung der jungen Menschen war nicht absichtliche Grausamkeit, sondern spiegelte die harte biologische Wirklichkeit eines Zeitalters wider, in dem die Kindersterblichkeit sehr hoch war; eine liebevolle Mutter hätte wahrscheinlich unablässig getrauert.

Eine bewaffnete weibliche *sans-culotte* in Paris. Anonyme Radierung, handkoloriert, um 1792.

Allmählich und in ungleichmäßigen Schüben jedoch begann sich das zu ändern. Die Familie wurde kinderorientierter. Änderungen im öffentlichen Gesundheitswesen bedeuteten in den 30er Jahren des 18. Jahrhunderts, daß die Kindersterblichkeit besonders in den Städten zurückging. Und in den 1730er Jahren drückten Mütter vor allem aus den mittleren Gesellschaftsschichten ihre neue liebevolle

Marianne,
Radierung eines
Gemäldes von
Clement (1792).
*Musée Carnavalet,
Paris,
Photo Edimedia.*

Beziehung zu ihren kleinen Kindern dadurch aus, daß sie sie selbst stillten. Rousseaus *Emile* von 1762 trug dazu bei, dieses mütterliche Ideal durch Sophie, die zentrale moralische Figur seiner Geschichte, zu definieren. Sophies überfließende Brüste waren, so Rousseau, Beweis ihrer Tugend. Dennoch war auch Rousseau weit davon entfernt, die Frauen als gleichberechtigt hinzustellen – sie seien noch immer von den Männern abhängiger als die Männer von ihnen, schrieb er.[8] Die mütterliche Revolution beschränkte Frauen auf den häuslichen Bereich, wie Mary Wollstonecraft und andere Bewunderer Rousseaus bald feststellten. Frei, ihre Kinder zu lieben, fehlte Sophie doch die Freiheit des Bürgers. »Die Tugendrepublik«, bemerkte der Kritiker Peter Brooks, »stellte sich die Frauen nicht im öffentlichen Bereich vor; weibliche Tugend war häuslich, privat, anspruchslos.«[9] Und Mariannes Aufgabe bestand nicht darin, Sophie zu befreien.

Als Mariannes lebensspendende Tugenden zu einer politischen Ikone wurden, schien ihr Körper sich Erwachsenen ebenso wie Kindern zu öffnen – ein mütterlicher Körper, der Männern zugänglich war. Im Prinzip diente ihr Körper als politische Metapher, die die breite Vielfalt der Gesellschaft ungleicher Menschen in ihrem Bild vereinte. Dennoch benutzte die Revolution sie in Wahrheit als metonymisches Werkzeug: In der Betrachtung ihres Bildes sah die Revolution, wie in einem magischen Spiegel, eine sich verändernde Reflexion ihrer selbst und nicht ein einzelnes Bild.

Mariannes großzügiger, überfließender und fruchtbarer weiblicher Körper diente zunächst zur Abgrenzung der tugendhaften Gegenwart gegenüber den Übeln des Ancien Régime. Ihr Bild war ein Kontrast zu den lasterhaften, angeblich sexuell unersättlichen Körpern der Feinde der Revolution. Noch in den 80er Jahren des 18. Jahrhunderts wählte sich die volkstümliche Pornographie die Gattin Ludwigs XVI. zum Sujet von Skandalgeschichten, unterstellte Marie-Antoinette lesbisches Begehren und Liebschaften mit ihren Hofdamen. Populäre Knittelverse griffen ihre fehlende Mutterliebe an. Während der Revolution wurden diese Angriffe schärfer. Kurz vor ihrem Todesurteil gingen Gerüchte durch Paris, Marie-Antoinette und eine ihrer Hofdamen hätten den achtjährigen Sohn der Königin mit ins Bett genommen und dem jungen Prinzen das Masturbieren beigebracht, während die Frauen einander liebten. In der Mitte des 18. Jahrhunderts veröffentlichten Ärzte wie Tissot ausführliche Darstellungen der mutmaßlichen negativen Auswirkungen von Masturbation auf den Körper – zum Beispiel Verlust des Augenlichts und Knochenschwäche.[10] Um verbotener Lust willen opferte – so lauteten die Beschuldigungen –

Marie-Antoinette, ihre Liebhaberin und ihr Sohn auf einem Stich aus der Ausgabe von Marquis de Sades *La Philosophie dans le boudoir* von 1795.

Marie-Antoinette die Gesundheit ihres Sohnes. Auf revolutionären Stichen erschien Marie-Antoinette als flachbrüstige Frau – im Gegensatz zu Marianne, deren Brüste vor Milch strotzten. Der Unterschied in der Gestaltung der Brüste unterstrich die volkstümlichen Beschuldigungen, daß die lustversessene Königin unreif und infantil sei, eine verwöhnte Halbwüchsige. Marianne erschien dagegen als Erwachsene, die Lust schenkte, ohne andere zu verletzen.

Eine weitere Facette Mariannes tröstete die Trauernden der Revolution. In dieser Gestalt blieb sie sprachlos. Ihre Zuwendung war stille, unbedingte Liebe. Sie ersetzte einen König, dessen väterliche Fürsorge für seine Untertanen Befehl und Gehorsam voraussetzte. Der Revolutionsstaat, der Bürger nach Übersee in den Tod schickte und sie zu Hause zum Tode verurteilte, benötigte sie in dieser milden Form, damit sie den Staat als Mutter repräsentierte. Als die Franzosen in ausländische Kriege verwickelt waren, während sie sich zu Hause noch gegenseitig bekämpften, stieg die Zahl der verwaisten und verlassenen Kleinkinder in der Nation rapide an. Bislang hatten sich Konvente um solche Kinder gekümmert, doch die Revolution hatte die Konvente geschlossen. Mariannes Bild symbolisierte die Garantie des Revolutionsstaates, daß er sich aus patriotischer Pflicht um diese Kinder kümmern würde. Kinder, die noch gestillt werden mußten, wurden, wie der Historiker Olwen Hufton bemerkte, neu getauft »unter dem allgemeinen Titel ›*enfants de la patrie*‹ und als wertvolle menschliche Reserve potentieller Soldaten und Mütter betrachtet«.[11] Im Gegenzug verlieh die Revolution Ammen den Titel *citoyennes précieuses* (»wertvolle Bürgerinnen«).

Revolutionen sind normalerweise keine amüsanten Ereignisse, aber die Figur Mariannes gestattete einen gewissen gallischen Witz. Ein bemerkenswerter anonymer Stich zeigt Marianne, mit Engelsflügeln ausgestattet, wie sie über die Rue du Panthéon fliegt; mit einer Hand hält sie eine Trompete an die Lippen, mit der anderen eine Trompete an den After, schmetternde Rufe zur Freiheit zugleich blasend und furzend.[12] (Könnte man sich George Washington derart engagiert vorstellen?) Dieser Humor mag Bürgern in ihrer Hilflosigkeit willkommen gewesen sein. Sie waren sich keineswegs sicher, wie »Brüderlichkeit« auszusehen hatte.

Mehr als alles andere verwies die milchspendende Brust Mariannes darauf, daß Brüderlichkeit eine sinnliche Körpererfahrung und keine Abstraktion sei. Ein zeitgenössisches Flugblatt erklärte:

»Die Brust gibt keine Milch, bevor sie nicht die Lippen eines durstigen Säuglings spürt; in derselben Weise können die Hüter der Nation nichts geben ohne den Kuß des Volkes; erst dann schenkt die unverderbliche Milch der Revolution dem Volk das Leben.«[13] Der Akt des Stillens wurde im revolutionären Flugblatt zu einem Bild der *gegenseitigen* Erregung – zwischen Mutter und Kind, der Regierung und dem Volk, den Bürgern untereinander. Und das Bild der »unverderblichen Milch« verlieh dem Ideal der Brüderlichkeit einen familiären Gefühlswert, der stärker war als die Assoziationen rationaler gegenseitiger Interessen, welche zum Beispiel die Physiokraten im Sinn hatten, die die ersten Revolutionsmonate bestenfalls als eine Gelegenheit betrachteten, die Funktion des freien Marktes zu stärken.

All diesen Überlegungen liegt das Bild eines Körpers zugrunde, der voll ist von innerer, überschießender Flüssigkeit. In dieser kollektiven Vorstellung eines neuen Bürgertums hat Milch das Blut der älteren Harveyschen Vorstellung ersetzt, das Stillen die Atmung – doch freie Bewegung und Zirkulation bleiben die Lebensprinzipien. Und genau wie das Harveysche Individuum brauchte Marianne Räume, in denen sie sich bewegen konnte. Hier lag eines der großen Dramen der Französischen Revolution: Konnte die Revolution Marianne auch bildlich darstellen, so gelang es ihr doch nicht, ihr einen Ort zu verschaffen. Die Revolution suchte nach Räumen, in denen Bürger ihre Freiheit zum Ausdruck bringen konnten, Räume in der Stadt, die Mariannes Tugenden der Freiheit, Gleichheit und Brüderlichkeit zum Leben erwecken würden. Aber die räumlich entworfene Freiheit geriet mit der körperlichen Freiheit in Konflikt.

Das Volumen der Freiheit

Reines Volumen bestimmte die revolutionäre Vorstellung von Freiheit im Raum, Volumen ohne Hindernisse, ohne Grenzen, ein Raum, in dem, um mit Jean Starobinski zu sprechen, alles »transparent«, nichts verborgen war.[14] Die Revolutionäre setzten ihre Vorstellung vom freien Raum 1791 in die Praxis um, als der Stadtrat von Paris anfing, auf der Place Louis XV Bäume zu fällen und die

Gärten zu pflastern. Ein offenes, leeres Volumen sollte entstehen. Alle konkurrierenden Entwürfe der Neugestaltung ließen das Stadtzentrum frei von Bepflanzung und anderen Hindernissen, ein riesiger, freier, gepflasterter Platz. Waillys Entwurf der umgestalteten Place Louis XV im Stadtzentrum von Paris – sie wurde in Place de la Révolution (heute Place de la Concorde) umbenannt und auf ihr stand die Guillotine – sah vor, daß er auf allen vier Seiten gleichförmig von Gebäuden eingefaßt wurde, eine enorme leere Fläche. Ein weiterer Entwurf, von Bernard Poyet, wollte die kleinen Läden auf den Seinebrücken beseitigen, die den Zugang zu dem Platz behinderten.[15] An anderer Stelle in der Stadt, wie auf dem Marsfeld, suchten revolutionäre Planer offene Volumen zu schaffen, die von allem befreit waren, was Bewegung und Sicht behinderte.

Diese leeren Volumen sollten Mariannes Körper ein Zuhause geben. Bei bürgerlichen Festen wurde sie zu einer monumentalen Figur im Freien, nicht verborgen in Kirchenschiffen wie die Statuen der Jungfrau Maria; die Rituale, die um Mariannenstatuen herum vollzogen werden sollten, sprachen von Offenheit und Transparenz, von der Brüderlichkeit derer, die nichts zu verbergen hatten. Überdies vollendete das Volumen der Freiheit den Glauben der Aufklärung an die Bewegung; offener Raum war der logische nächste Schritt nach breiten, unverstopften Straßen und städtischen Plätzen, die als frei atmende Lungen konzipiert waren.

Aber so logisch die abstrakte Verbindung zwischen einem lebensspendenden, sich bewegenden Körper und dem leeren Raum auch sein mochte, so eigentümlich war die konkretere Vorstellung einer ein Kind stillenden Frau inmitten von Leere, von keinen weiteren Lebenszeichen umgeben. Diese Eigentümlichkeit begannen die Pariser während der Revolution in den Straßen der Stadt tatsächlich wahrzunehmen.

Nicht nur Idealismus, auch Macht erklärt die Volumen der Freiheit, denn sie waren Räume, die ein Höchstmaß an polizeilicher Überwachung erlaubten. Vor allem aber suchte die revolutionäre Vision, wie François Furet es sieht, eine neue menschliche Ordnung in der Leere zu artikulieren. Niemand exemplifizierte den Glauben an die befreiende Kraft des offenen Raumes stärker als der Architekt Etienne-Louis Boullée, der 1728 in Paris geboren

DAS VOLUMEN DER FREIHEIT 365

wurde und dort bis zu seinem Tod im Jahre 1799 lebte. Persönlich bescheiden, zufrieden mit den ihm vom Ancien Régime zuerkannten Ehren (1780 wurde er zum Akademiemitglied ernannt), reformfreundlich, doch kein blutrünstiger Revolutionär, war Boullée der Inbegriff des zivilisierten, aufgeklärten Mannes. Boullées Arbeit blieb zum Großteil Papier, eine Architektur, die eng mit seinen Arbeiten als Kritiker und Denker zusammenhing. Er verband den Körper ebenso ausdrücklich mit dem Raum wie Vitruv, und seine Projekte griffen auf klassische römische Bauten wie das Pantheon zurück.

Aber obwohl er die Antike so gut kannte, war Boullée ein Mann seiner Zeit und wahrhaft ein Revolutionär des Raumes. Auf merkwürdige Weise zollten die Furien der Macht ihm für diese Vision Tribut: Am 8. April des Jahres 1794 wurde er beinahe verhaftet, bedroht von widersprüchlichen Anklagen, die für die Schreckensherrschaft typisch waren. In einem über ganz Paris verteilten Steckbrief wurde er beschuldigt, einer der »Wahnsinnigen der Architektur« zu sein, der »Künstler haßt« und ein sozialer Parasit sei, der aber zugleich »verführerische Vorschläge« mache.[16] Seine verführerischen Vorschläge bestanden insbesondere in großen Volumen, umschlossen von strengen Wänden und Fenstern – Räume, die für ihn Embleme der Freiheit waren.

Boullées berühmtestes vorrevolutionäres Projekt war ein Denkmal, das Isaac Newton gewidmet sein sollte, ein Riesengebäude in Kugelform; sein Inneres sollte wie ein modernes Planetarium als Abbild des Himmels dienen. Damit wollte er, schrieb Boullée, die majestätische Leere der Natur evozieren, die Newton, wie er meinte, entdeckt hatte. Boullées Planetarium sah ein neuartiges Beleuchtungssystem vor: »Das Licht in diesem Monument, das dem einer klaren Nacht gleichen soll, geht von den Planeten und Sternen aus, die das Himmelsgewölbe zieren.« Um diesen Effekt zu erreichen, schlug er vor, in der Kuppel Bohrlöcher anzubringen. »Diese Gestirne entstehen durch kleine Öffnungen, die man in die Außenschale der Wölbung trichterförmig einführt und die dann auf der Innenseite ihre richtige, ihnen entsprechende Form annehmen. Das durch diese Öffnungen in das dunkle Innere eindringende Tageslicht läßt die Gestirne in der Wölbung strahlend aufleuchten.«[17] Der

Etienne-Louis Boullée, Newtons Zenotaph, Innenansicht bei Nacht, 1784.

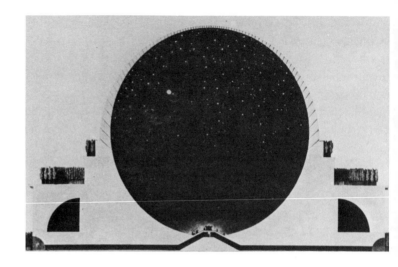

Betrachter betritt das Gebäude über eine Treppe unterhalb der Kugel, ersteigt dann Stufen, um in die Kuppel einzutreten; nachdem er die Gestirne betrachtet hat, geht er wieder eine Treppe hinab und verläßt das Gebäude auf der anderen Seite. »Wohin man auch immer blickt«, schrieb er, »man sieht nur eine fortlaufende Oberfläche – ohne Anfang, ohne Ende, ...und je mehr man sich in ihr bewegt, desto größer erscheint sie.«[18]

Hadrians Pantheon, das der französische Architekt sich für sein Planetarium zum Vorbild nahm, zwang den Betrachter geradezu zur genauen Orientierung. Den Blick in den künstlichen Himmel gerichtet, hatte der Betracher in Boullées Planetarium keine Empfindung für seinen Platz auf der Erde. Es gibt keine Bauelemente, an denen der Körper sich orientieren kann; zudem sind in Boullées Aufrissen für Newtons Monument die Menschen in der Riesenhaftigkeit der Kugel nahezu unsichtbar: der Innenraum ist sechsunddreißigmal höher als die winzigen Figuren unten am Boden. Wie unter dem Himmel draußen soll der unendliche Raum drinnen zu einer Erfahrung werden.

Im Jahr 1793 entwarf Boullée sein vielleicht radikalstes Projekt, einen »Tempel der Natur und der Vernunft«. Auch dieses Projekt blieb Papier. Wieder bediente er sich der Kugel. Die untere Halbkugel sollte ausgehoben werden, dies war die Hälfte der »Natur«.

Etienne-Louis
Boullée,
Tempel der Natur
und Vernunft,
um 1793.

Ihr entsprach die obere Hälfte, eine architektonische Kuppel, die vollständig glatt und ungebrochen war: die Hälfte der »Vernunft«. Die Menschen, die diesen Tempel aufsuchten, sollten in einem Säulengang in der Mitte herumgehen, genau auf der Höhe, wo Erde und Architektur, Natur und Vernunft, aufeinandertrafen. Blickte man hinauf in die Kuppel der Vernunft, sah man nur eine glatte, eintönige Oberfläche ohne jede Besonderheit. Blickte man nach unten, sah man in einen felsigen Erdkrater. Es war unmöglich, von der Kolonnade in diese Natur hinunterzuklettern, kein Anbeter in diesem Heiligtum der Natur hätte die Erde berühren wollen: Boullée zeichnete den felsigen Krater nämlich mit einem abgrundartigen Spalt in der Mitte, der sich ins Dunkel hinab verlor. Dort, auf der Erde, gab es keinen Halt für Mann oder Frau. Menschen hatten keinen Platz in diesem erschreckenden Tempel, der ganz der Einheit abstrakter Konzepte geweiht war.

In seinen Schriften zur Stadtplanung argumentierte Boullée, daß Straßen dieselben Raumeigenschaften besitzen sollten wie sein Planetarium und Tempel; sie sollten weder Anfang noch Ende haben. »Wenn man eine Avenue so weit führt, daß ihr Ende nicht zu sehen ist«, sagte er, »vermitteln die Gesetze der Optik und die perspektivischen Effekte den Eindruck von Unermeßlichkeit.«[19] Reines Volumen: ein Raum, frei von gewundenen Straßen und irrationalen

Ansammlungen von Gebäuden, die über die Jahrhunderte entstanden waren, ein Raum, der frei war von den Spuren der Vergangenheit. Wie Boullée erklärte: »Der Architekt sollte die Theorie der Volumina studieren und analysieren, zugleich ihre Eigenschaften zu verstehen suchen, die Mächte, die sie über unsere Sinne haben, und ihre Ähnlichkeiten mit dem menschlichen Organismus.«[20]

Der Historiker Anthony Vidler nennt solche Entwürfe »unheimliche Architektur«, womit er die Gefühle der Erhabenheit und zugleich des persönlichen Unbehagens, der Verstörung, meint, die solche Bauten hervorrufen. Der Begriff stammt aus Hegels Schriften über Architektur, und das deutsche Wort *unheimlich* bedeutet auch »nicht häuslich«.[21] Deshalb sind die Monumente für Newton oder für die Vernunft und Natur so völlig ungeeignet als Behausung für Marianne, deren Platz das Heim ist und die eine tröstliche Einheit zwischen Familie und Staat symbolisiert. Gegen die Sehnsucht nach Bindung, nach Mütterlichkeit-Brüderlichkeit, die Marianne verkörperte, kam hier ein weiterer revolutionärer Impuls zum Ausdruck: der Wunsch, neu zu beginnen, die Vergangenheit zu leugnen und das Heim zu verlassen. Die Vision der Brüderlichkeit in menschlichen Beziehungen drückte sich darin aus, daß Fleisch anderes Fleisch berührte; die Vision der Freiheit in Raum und Zeit drückte sich als leeres Volumen aus.

Vielleicht muß der Traum von der freien Verbindung mit anderen Menschen immer mit dem Traum eines unbelasteten Neubeginns in Konflikt geraten. Die Französische Revolution zeigte indessen, daß aus dem Konflikt solcher Freiheitsprinzipien noch etwas anderes entstand, etwas Unerwarteteres. Statt des Alptraums einer Masse unkontrollierbarer Körper in einem Raum ohne Grenzen, den Le Bon gefürchtet hatte, erwies die Revolution, daß Bürgermengen in großen offenen Volumen, wo die wichtigsten öffentlichen Revolutionsereignisse stattfanden, zunehmend passiver wurden. Der Raum der Freiheit befriedete den revolutionären Körper.

2. TOTER RAUM

»Die Französische Revolution ging durch die Krämpfe der Zerstörung einer Zivilisation, bevor sie eine neue schuf.«[22] Dieser Akt der Zerstörung hat sein berüchtigstes Symbol in der Vernichtung des menschlichen Körpers durch die Guillotine. Das finstere Geschäft des Tötens von Menschen mit der Guillotine machte einen Teil dessen aus, was die Kunsthistorikerin Linda Nochlin »revolutionäre Zergliederung« nennt. Es bedeutete, daß Gestalten der Vergangenheit auf eine bestimmte Art getötet, die Feinde der Revolution buchstäblich zergliedert werden mußten, um ihren Tod zu einer Lektion zu machen. Statt aber jene Art von Blutdurst zu wecken, die Le Bon schilderte, betäubte der Raum, in dem diese Lektion erteilt wurde, die Massen, die zu Zeugen der Hinrichtungen wurden.

Die Guillotine ist eine einfache Maschine. Sie besteht aus einer großen, schweren Klinge, die sich zwischen zwei Nuten eines hölzernen Rahmens auf- und abwärts bewegt; der Scharfrichter zieht die Klinge mit einem über eine Winde laufenden Seil etwa zwei Meter hoch. Wenn er das Seil losläßt, fällt die Klinge herab und durchtrennt den Hals des Opfers, das bäuchlings auf einem Brett am Fuß der Klinge gefesselt daliegt. Obwohl die Guillotine als »nationale Rasierklinge« (*rasoir national*) bekannt wurde, tötete sie ebenso mittels der Wucht des Schlages, der das Genick brach, wie durch die Schärfe der Klinge.

Dr. Joseph-Ignace Guillotin, der 1738 geboren wurde und bis 1814 lebte, hat die Guillotine nicht wirklich erfunden. Maschinen, die den Kopf durch den Fall einer schweren Klinge vom Körper trennten, gab es schon in der Renaissance. »The Maiden«, 1564 in Schottland gebaut, war ein solcher Apparat. Lukas Cranachs *Das Martyrium des Heiligen Matthäus* zeigt die Enthauptung des Heiligen mittels eines Gerätes, das der »nationalen Rasierklinge« sehr ähnlich ist. Das Ancien Régime bediente sich selten der Enthauptungsgeräte, da sie zu schnell töteten; sie beraubten die öffentliche Hinrichtung der für die Bestrafung erforderlichen Rituale. Das Publikum versammelte sich in allen Städten des Ancien Régime in großer Zahl, um Zeuge von Spektakeln des Schmerzes zu werden; tatsächlich nahmen öffentliche Hinrichtungen oft einen festlichen Charakter an, boten sie doch freie Tage außerhalb des Kirchenkalenders. Madame de Sévigné schilderte einen Ausflug von Versailles nach Paris, um zuzusehen, wie drei Verbrecher ausgeweidet und dann gehängt wurden; der Ausflug war eine willkommene Atempause von ihren Verpflichtungen am Hof.

Wie römische Kreuzigungen suchten auch die christlichen Exekutionen die Macht des Staates, Schmerz zuzufügen, zu dramatisieren. Tötungsmaschinen wie das Rad oder die Streckbank zögerten den Tod so lange wie möglich hinaus, damit das Publikum sehen konnte, wie die Muskeln des Opfers rissen, und damit es seine Schreie vernahm. Anders als bei Kreuzigungen suchten die christlichen Behörden durch die Verlängerung des Schmerzes das Opfer dazu zu bringen, das enorme Ausmaß seiner Sünden zu gestehen, bevor es wenig mehr war als ein Stück Fleisch; die Folter besaß einen religiösen und in gewisser Weise barmherzigen Zweck, da sie dem Verbrecher im Ritus des Beichtens eine letzte Gelegenheit bot, den Abgründen der Hölle zu entgehen.

Dr. Guillotin wollte mit diesen Gedankengängen nichts zu tun haben. Er wies darauf hin, daß die meisten Verbrecher nach nur ein oder zwei Umdrehungen des Rades bewußtlos oder vor Schmerz wahnsinnig wurden, so daß sie nicht in der Lage waren, noch zu bereuen. Zudem war er der Ansicht, daß selbst der niedrigste Verbrecher gewisse natürliche Körperrechte besaß, die das Gesetz nicht verletzen durfte. Auf der Grundlage der großen Aufklärungsschrift über Gefängnisse, Beccarias *Von Verbrechen und Strafen*, argumentierte Dr. Guillotin, daß der Staat den größtmöglichen Respekt vor dem Körper zeigen müsse, wenn er das Todesurteil vollzieht. Er muß ihm einen schnellen Tod bereiten, ohne sinnlose Schmerzen. Indem er das tut, erweist sich der Staat als dem gemeinen Mörder überlegen.

Guillotins Ziele waren also humanitär. Zudem glaubte er, den Tod von den Irrationalismen der christlichen Rituale wie der Beichte der Sünden befreit zu haben. Dr. Guillotin brachte seinen Vorschlag eines aufgeklärten ritualfreien Todes schon zu Beginn der Revolution, im Dezember 1789, vor, doch die Nationalversamm-

TOTER RAUM 371

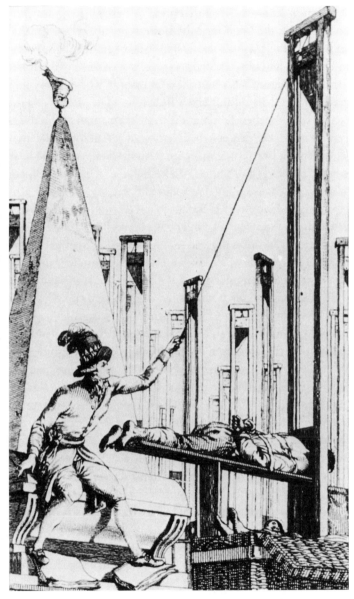

Robespierre richtet den Scharfrichter hin, nachdem der alle Franzosen guillotiniert hat.
Anonyme Radierung, um 1793.

lung gestattete den Gebrauch der Maschine erst im März 1792. Einen Monat später starb ein Verbrecher unter der Guillotine, und am 21. August 1792 kam die Maschine zum ersten Mal in einem politischen Fall zum Einsatz: Sie enthauptete den Royalisten Collenot d'Augrement. Da die Guillotine die Bestrafung von religiösem Ritual befreien wollte, meinten ihre ersten Anhänger, sie solle auf neutralem Boden außerhalb der Stadt eingesetzt werden. Ein Stich aus dem Jahr 1792 zeigt dieses »neutrale« Ereignis an einem anonymen Ort in einem Wald; die Bildunterschrift betont: »Die Maschine wird von Schranken umgeben sein, um die Menschen daran zu hindern, näherzutreten.«[23] Bei den ersten Einsätzen der Guillotine suchten die Behörden die Bestrafung unsichtbar zu machen. Als sie jedoch in die Stadt zurückgeholt wurde, stellte sich die von Dr. Guillotin gefürchtete Zurschaustellung des Todes mit Nachdruck wieder ein.

Die lange Prozession vom Gefängnis zum Exekutionsplatz setzte die verurteilte Person dem Blick der ganzen Stadt aus. Die Prozession bewegte sich normalerweise langsam vom Stadtgefängnis durch eine Hauptstraße. Sie dauerte etwa zwei Stunden, und die Menschen standen zehn oder zwölf Reihen tief an der Straße. Eine solche Parade verurteilter Gefangener war ein traditionelles Element der Hinrichtungen im Ancien Régime; die Zuschauer nahmen an der Prozession teil, wie sie auch an früheren Exekutionen oder religiösen Prozessionen durch die Stadt teilgenommen hatten. Die die Straße säumenden Menschen beschimpften oder ermutigten die Menschen auf den Karren, die ihnen antworteten. Wenn die Karren sich nur zentimeterweise voranquälten, mochte der Verurteilte seinerseits eine Rede an die Massen richten. Die Einstellung des Publikums entlang des Wegs konnte sich ändern, eine feindselige Haltung in eine freundliche umschlagen, oftmals änderten auch die Menschen, die der Karre des Verurteilten folgten, ihre Meinung. Die Prozession zur Guillotine exemplifiziert in der Revolution am ehesten jenes lebhafte und spontane Leben der Masse, das die Franzosen »carnavalesque« nennen.

Am Hinrichtungsort angekommen, hörte dieses aktive Massenleben plötzlich auf. Die traditionelle Form der ritualisierten Bestrafung endete am Fuß der Guillotine. Nun betrat der verurteilte Körper einen von Hindernissen befreiten Raum, ein leeres Volumen.

Dr. Guillotins Maschine stand zuerst auf der Place de Grève, einem mittelgroßen Platz auf dem rechten Ufer, der etwa zwei- bis dreitausend Neugierige aufzunehmen vermochte. Im August 1792, bald nachdem die politischen Exekutionen ihren Anfang genommen hatten, versetzten die Behörden der Stadt die Guillotine auf einen weiten offenen Platz, der zentraler lag und politische Bedeutung hatte: auf die Place du Carousel. Umrahmt von den äußeren Flügeln des Louvre, faßte dieser Ort zwischen 12.000 und 20.000 Menschen. Für die Exekution Ludwigs XVI. selbst wurde die Guillotine wiederum auf einen noch größeren Platz am anderen Ende der Tuilerien, genau im Stadtzentrum, versetzt. Dieser Platz, die alte Place Louis XV, wurde in Place de la Révolution umbenannt. Die Guillotine zog also in größere städtische Volumen um, je tiefer sie sich in das Herz des alten Staates hineinfraß.

Keiner dieser drei öffentlichen Räume der Guillotine besaß die Hanglage der antiken Pnyx, um die Sicht durch ansteigende Terrassen zu verbessern. Die Hinrichtungsplattform war auf keinem der drei städtischen Plätze hoch genug, um den Massen einen klaren Blick zu bieten – wer weiter als dreißig Meter entfernt stand, konnte kaum noch etwas erkennen. Die Höhe reichte gerade für die Place de Grève aus, nicht aber für die beiden größeren Plätze. Bei politischen Exekutionen besetzten zudem Soldaten den Raum unmittelbar um das Schafott herum; bei den bedeutendsten Hinrichtungen schützten fünftausend Mann die Guillotine. Auf diese Weise unterbanden die größeren, offenen Räume sowohl die körperliche Nähe als auch den Sichtkontakt zwischen dem Verurteilten und der Menge.

Die Maschine selbst machte auch den Akt des Sterbens nicht länger zu einem sichtbaren Ereignis. Die Klinge der Guillotine fuhr so rasch herab, daß man in einem Augenblick einen lebenden Menschen unter der Klinge liegen sah, im nächsten einen leblosen Körper. Nur der Strahl von Blut aus dem Hals des Opfers trat dazwischen, doch auch das war ein bloßer Moment, dann sickerte das Blut nur noch langsam, wurde zu einem Rinnsal. Madame Rolands Körper sah in dem Augenblick, als die Klinge gefallen war, so aus:

Als die Klinge ihren Kopf abgeschnitten hatte, schossen zwei riesige Blutströme aus dem verstümmelten Rumpf, ein selten geschautes Bild: normalerweise war der fallende Kopf blaß, und das Blut, von der Empfindung des gräßlichen Augenblicks ins Herz zurückgetrieben, kam eher schwach heraus, tröpfchenweise.[24]

Weil sich die Technologie des Todes verändert hatte, spielten die Darsteller im Schauspiel des Todes nicht mehr die Rolle wie bei früheren Hinrichtungen. »In den Zeitungsberichten… wird die Person des Verurteilten und die des Henkers mit keinem Wort erwähnt: Der Akzent hat sich von den Beteiligten auf die Maschine verlagert.«[25] Der Folterer-Scharfrichter im Ancien Régime war wie ein Zeremonienmeister gewesen, der der Menge neue Kunststücke vorführte und ihren Forderungen nach einem heißen Eisen oder einer weiteren Drehung des Rades nachkam. Jetzt hatte der Scharfrichter nurmehr eine kleine, physisch unbedeutende Handlung zu vollziehen: das Loslassen des Seils, das die Klinge festhielt. Nur wenige Exekutionen in der Revolution wiesen dem Henker und der zuschauenden Menge aktivere Rollen zu. Héberts Hinrichtung war ein solcher Fall. Das Volk forderte, daß die Klinge herabgelassen werde, gerade so weit über den Hals des Verräters, daß das Blut des vor ihm Hingerichteten auf seinen Nacken tropfte; während er in panischer Angst aufschrie, schwenkte die dichtgedrängte Menge auf der Place du Carousel die Hüte und skandierte: »Lang lebe die Republik!« Solche Tode, an denen Scharfrichter und Publikum aktiv Anteil nahmen, wurden als ungehöriger Verstoß gegen die revolutionäre Disziplin angesehen und selten wiederholt.

Kaum jemals wurde dem Opfer gestattet, eine Rede an die Menge zu richten, bevor es auf die Bank unter der Klinge gebunden wurde; die neuen Autoritäten der Revolution lebten in der Angst vor genau solchen dramatischen Szenen edlen Sterbens, wie sie in Charles Dickens *Tale of Two Cities* und zahllosen royalistischen Pamphleten beschworen wurden, edlen letzten Worten, die die Masse gegen die neuen Machthaber aufhetzen konnten. Tatsächlich hatten die Autoritäten weniger zu befürchten, als sie glaubten, weil schon das bloße Raumvolumen die Neutralität der Hinrichtung sicherstellte. Wenn ein Opfer noch etwas herausschrie, sah die Masse der Bürger vielleicht eine Geste, die einzigen, die ihn hören konnten, waren die Wachen. An die Guillotine gefesselt, mit dem Gesicht nach unten, den Nacken rasiert, damit die Klinge sauber durch die Haut fahren konnte, bewegte sich das Opfer nicht, sah den Tod nicht kommen und fühlte keinen Schmerz; Guillotins »humaner Tod« schuf in diesem kritischen Augenblick passive

Die Exekution
Ludwigs XVI. am
21. Januar 1793.
Zeitgenössischer
Stich
*Musée Carnavalet,
Paris.
Photo Edimedia.*

Körper. Ebenso wie der Scharfrichter nichts weiter tat, als den Druck seiner Hand etwas zu lockern, um zu töten, mußte der Verurteilte einfach nur stilliegen, um zu sterben.

Ludwig XVI. wurde am 21. Januar 1793 auf der Place de la Révolution guillotiniert. Lange Zeit zuvor, 1662, hatte Bischof Bossuet vor dem Großvater des jetzigen Königs eine Predigt gehalten, in der er erklärte: »Selbst wenn Ihr [der König] sterbt, Eure Autorität stirbt niemals... Der Mensch stirbt, das ist wahr, doch der König, so sagen wir, stirbt niemals.«[26] Nun suchten die neuen Herrscher, das Gegenteil zu beweisen, indem sie den König töteten. Sein Tod verbürgte ihre Souveränität. Trotz der immens komplexen Begleitumstände dieses fatalen Schritts sind bestimmte Tatsachen des Königsmordes klar. Einmal glich die Prozession zur Guillotine, auch wenn der König in einem Exekutionskarren gefahren wurde, in keiner Weise den karnevalesken Ereignissen, die sich vor anderen Exekutionen abspielten. Der Karren bewegte sich unter starker militärischer Bedeckung durch die Stadt. Die Menge am Rande der Straßen sah der letzten Fahrt Ludwigs XVI. in gespenstischem Schweigen zu. Revolutionäre Interpreten wollten dieses Schweigen als Zeichen des Respekts vor dem Übergang der Macht auf das Volk deuten; royalistische Interpreten hielten es für das erste Anzeichen öffentlicher Reue. Die Historikerin Lynn

Hunt glaubt, daß die Menge beides empfand: »Als die Revolutionäre sich von den Verankerungen patriarchalischer Autoritätskonzeptionen lösten, mußten sie mit einer Reihe von zwiespältigen, hoch aufgeladenen Gefühlen rechnen: auf der einen Seite stand die Erregung einer neuen Ära, auf der anderen ein dunkles Vorgefühl in bezug auf die Zukunft.«[27] Und da war noch ein drittes Element. Einen König auf seinem Weg in den Tod zu beobachten, ohne eigene Reaktionen zu zeigen, bedeutete, jegliches Verantwortungsgefühl zu vermeiden; man war anwesend, konnte aber nicht verantwortlich gemacht werden.

Um die Tatsache deutlich zu machen, daß Louis Capet nicht länger König der Franzosen war, wurde dieselbe Guillotine wie bei früheren Exekutionen eingesetzt, nicht einmal die Klinge war gesäubert worden. Mechanische Wiederholung macht gleich. Louis Capet würde sterben wie jeder andere. Trotzdem waren diejenigen, die den König zum Tode verurteilt hatten, nicht so naiv zu glauben, dieses mechanische Symbol werde ausreichen, die Menge ruhig zu halten. Viele der Organisatoren der Exekution fürchteten, daß das abgeschlagene Königshaupt zu sprechen beginnen könne, daß der König vielleicht wirklich niemals stürbe. Auf rationaler Ebene fürchteten sie, er könne auf dem Blutgerüst zu bewegend sprechen, bevor er starb. Somit versuchten sie die Umstände seines Sterbens so vollständig wie möglich zu neutralisieren. Eine tiefe Soldatenphalanx umgab das Schafott, die Gesichter blickten nach innen auf das Gerüst, nicht hinaus auf die Menge; wenigstens 15.000 Soldaten waren in dieser Weise aufgestellt. Die Soldaten dienten der Isolierung; diese mehr als dreißig Meter tiefe Anordnung machte es der Masse unmöglich, irgend etwas, was Ludwig XVI. sagte, zu hören oder sein Gesicht genau zu sehen. »Alle zeitgenössischen Stiche machen deutlich, daß die Menge in der Tat große Schwierigkeiten gehabt hätte, überhaupt etwas von der Exekution zu sehen.«[28]

Das Fehlen jeder Zeremonie, das ansonsten so seltsam erscheint, geht auf dasselbe Bedürfnis nach Neutralität zurück. Nicht einer der Königsmörder erschien auf dem Blutgerüst oder sprach zur Menge; nicht einer leitete das Geschehen als Zeremonienmeister. Wie den meisten anderen politischen Gefangenen wurde auch dem König nicht gestattet, sich des Gerüsts als einer Bühne zu bedienen. Was immer seine letzten Worte gewesen sein mögen, nur die ihn umgebenden Wachen am Fuße des Gerüsts vermochten sie zu hören. Der Scharfrichter Sanson vollzog die letzte Geste und zeigte der Menge den Kopf von Louis Capet, doch der dichte, abschirmende Kordon der Soldaten sorgte dafür, daß nur wenige Menschen ihn sehen konnten. So suchten sich die Verantwortlichen für den Tod des Königs dadurch zu schützen, daß sie den Eindruck erweckten, nur passiv beteiligt zu sein, als Teil einer Maschinerie.

Augenzeugenberichte der Gewalt während der Revolution, bemerkt Dorinda Outram, »betonen häufig die Apathie der Menge«. In der Schreckensherrschaft gab es »die blutrünstige Exekutionsmasse« nicht, während »Schilderungen von passiven Massen eher der Wahrheit entsprechen«.[29] Der Tod als Nicht-Ereignis, der Tod, der einen passiven Körper trifft, ein Tod in der Leere: dies sind die physischen und räumlichen Assoziationen, die die Tötung des Königs und Tausender anderer begleiteten.

Die Arbeitsweise der Guillotine wird jedem einleuchten, der je mit staatlicher Bürokratie zu tun hatte. Neutralität erlaubt Macht ohne Verantwortung. Das leere Volumen war der passende Raum für die verantwortungsfreie Machtausübung. Im gleichen Maße, wie die Menge unter den gemischten Gefühlen litt, die Lynn Hunt schildert, dienten die von Boullée und seinen Kollegen entworfenen Räume dem Zweck, den Menschen die Verantwortung abzunehmen. Das große Volumen neutralisierte. Die Menge wurde zum kollektiven Voyeur.

Die Revolution war jedoch nicht einfach eine weitere Machtmaschine; sie wollte einen neuen Bürger schaffen. Das Dilemma jener, die von der revolutionären Leidenschaft gepackt waren, bestand in der Frage, wie ein leeres Volumen mit menschlichen Werten zu füllen war. Durch die Schaffung neuer revolutionärer Rituale und Feste versuchten die Organisatoren der Revolution, diese Leere in der Stadt zu füllen.

3. FESTLICHE KÖRPER

In den frühen Revolutionsjahren fanden auf den Straßen von Paris ständig Volksdemonstrationen statt. In »Maskeraden« zum Beispiel verkleideten sich Gruppen von Menschen als Priester oder Aristokraten, verwandten dazu gestohlene Kleider, ritten auf Eseln herum, um sich über ihre früheren Herrscher lustig zu machen. Die Straße war die öffentliche Bühne der »Sansculottes«, der Armen, der unverfälschten revolutionären Körper. Als die Revolution fortschritt, wurden die Maskeraden den neuen Machthabern zu bedrohlich; das Regime suchte die Straße zu disziplinieren. Die Sansculotten verlangten darüber hinaus mehr von einer Revolte als nur Spiegelungen ihrer selbst; sie, die in der Vergangenheit nur Leiden und Entbehrungen gekannt hatten, wollten wissen, was ein Revolutionär war, wenn die Revolution gesiegt hatte.

Also versuchten aufeinanderfolgende Revolutionsregimes formale Feste zu schaffen, die angemessene Kleidung, Gestik und Verhaltensweisen einer Masse von Bürgern choreographierten und so abstrakte Ideen durch den menschlichen Körper ausdrückten. Aber die französischen Feiern der Bürgerschaft liefen in dieselbe Falle wie die Hinrichtungen durch die Guillotine; die Rituale endeten oft damit, daß sie die Körper der Bürger befriedeten und neutralisierten.

Der verbannte Widerstand

Im zweiten Jahr der Revolution begannen die Organisatoren revolutionärer Festlichkeiten, systematisch nach offenen Plätzen für diese Anlässe zu suchen. Die Historikerin Mona Ozouf erklärt diesen Impuls aus dem im Jahre 1790 aufkommenden Gefühl, die Stadt brauche eine »Emanzipation vom religiösen Einfluß«.[30] Während die Revolution von ihrem zweiten Jahr an auf die Maschinerie der etablierten Religion zielte, nahmen sich Künstler wie David und Quatremère de Quincy des bürgerlichen Rituals an. Viele ältere religiöse Rituale überlebten jedoch in neuen Verkleidungen und unter neuen Namen; zum Beispiel ersetzte das Straßentheater, in dem ein Vertreter des Volkes die Rolle des auferstandenen Christus übernahm und Mitglieder der neuen Regierungselite die Apostel waren, Szenarien der Passionsspiele.

Zwei riesige Massenspektakel auf dem Höhepunkt der Revolution im Frühjahr 1792 zeigen, wie diese Schauspiele sich der Geographie von Paris bedienten. Das Fest von Châteauvieux fand am 15. April 1792 statt; das Fest des Simonneau, als Gegenstück gedacht, am 3. Juni 1792. Das Fest von Châteauvieux »sollte die Schweizer von Châteauvieux ehren, die im August 1790 meuterten und vor den Galeeren gerettet wurden«, schreibt Mona Ozouf; es war »eine Rehabilitation der Aufständischen, wenn auch keine Verherrlichung des Aufstands«, wogegen das Fest des Simonneau »gedacht war, den Bürgermeister von Etampes zu ehren, der in einem Volksaufstand umkam, als er das Nahrungsmittelgesetz aufrechterhielt: diesmal eine Verherrlichung des Opfers eines Aufstands«.[31] Châteauvieux wurde von dem Revolutionskünstler Jacques-Louis David inszeniert, Simonneau von dem Architekten und Schriftsteller Quatremère de Quincy.

Davids Fest begann um zehn Uhr vormittags in demselben Viertel, in dem der große Brotaufstand von 1790 seinen Ausgang genommen hatte: Saint-Antoine. Die gewählte Route verlief von dem Arbeiterbezirk am Ostrand der Stadt westwärts durch Paris hindurch zum Ziel der Prozession, dem weiten offenen Raum des Marsfeldes. Wie bei religiösen Festen legte David »Stationen« oder symbolische Ruhepunkte fest: Der erste Halt war die Bastille, wo die Menge eine der Freiheit gewidmete Statue aufstellte; die zweite Station war das Hôtel de Ville, wo führende Politiker wie Danton und Robespierre sich dem Volk anschlossen; die dritte Station war die Place de la Révolution im Stadtzentrum. Hier verband der Bühnenbildner der Statue Ludwigs XV., die den Platz beherrschte, die Augen und setzte ihm eine rote phrygische Mütze auf. Dies symbolisierte, daß königliche Gerechtigkeit unparteilich sein sollte und daß der König das neue Kleidungsstück des französischen Bürgers trug. Die Menge von 20.000 bis 30.000 Menschen erreichte schließlich bei Einbruch der Dunkelheit das Marsfeld – zwölf Stunden, nachdem sie sich in Bewegung gesetzt hatte.

Antireligiöser
Umzug während
der Revolution.
Aquarell von
Béricourt,
um 1790.

Um die Bürger zur Beteiligung zu ermutigen, bediente sich David eines inspirierten Symbols: »Bemerkenswert war, daß die Ordner der Demonstration poetischerweise anstelle von Bajonetten Weizengarben trugen«.[32] Der Korn-Symbolismus kehrte den Symbolismus der Brotaufstände um: Hier war das Korn zeremoniell anwesend, ein Symbol der Fülle an Stelle von Kargheit. Die unbedrohlichen, lebensspendenden Weizengarben ermutigten die Menschen entlang der Strecke, zu glauben, es gebe keine disziplinäre Schranke zwischen ihnen und der Staatsmacht. Die Zeitung *Révolutions de Paris* beobachtete, daß »die Kette der Prozession oftmals brach..., aber Zuschauer bald die Lücken füllten: alle wollten bei dem Fest dabeisein...«[33]

Die Menge bewegte sich freundlich, doch ohne viel Verständnis für das, was sie tat; diese wandernde Masse konnte nur wenige der Kostüme und zeremoniellen Wagen sehen, die David geschaffen hatte. Die Verwirrung in den Straßen hatte David vorhergesehen und versuchte sie an dem Ort des Höhepunkts des Fests, auf dem Marsfeld, auszugleichen. Auf dem sechzehn Morgen großen offenen Feld ordnete er die Menschen zu Blöcken in einem Halbkreis an, 6.000 oder 7.000 in einem Block. Eine aus wenigen einfachen Handlungen bestehende Zeremonie sollte den Tag abschließen. Ein Politiker entzündete ein Freudenfeuer auf dem Altar des Va-

Das Fest von Châteauvieux am 15. April 1792. Zeitgenössischer Stich von Berthault.

terlandes. Das Feuer sollte die Befleckung der Ehre des Landes durch die Galeeren tilgen. Die Menge sang eine Hymne an die Freiheit, die der Musiker Gossec und der Dichter M.- J. Chenier für dieses Ereignis geschaffen hatten. Einer zeitgenössischen Zeitung, den *Annales Patriotiques*, zufolge, tanzten die Menschen dann um den Altar, um »patriotisches Glück, vollkommene Gleichheit und Brüderlichkeit« zu feiern.[34]

Das Szenario ließ sich nicht wie geplant verwirklichen. Unter freiem Himmel auf dem Marsfeld trugen Text und Melodie des revolutionären Liedes nicht weit. David wollte, daß die Menschen blockweise um den Altar tanzten, doch nur diejenigen, die nahe genug standen, hörten den Tanzbefehl und wußten, was sie zu tun hatten. Die Teilnehmer waren verwirrt. »Ich kann nicht sagen, daß das Tanzen auf dem Marsfeld mich zu einem besseren Bürger gemacht hat«, erklärte einer. »Wir waren verwirrt«, sagte ein anderer, »also machten wir uns bald auf den Weg in eine Taverne.«[35] Gewiß bestätigte die Friedfertigkeit der Demonstration die Volkssolidarität. Aber David und die anderen revolutionären Denker hatten eigentlich anderes beabsichtigt. Sie wollten die Masse auf ein Ziel ausrichten, wohl wissend, daß spontane Volksausbrüche die revolutionäre Ordnung ebenso wie das Ancien Régime bedrohen konnten.

Viele Elemente der Vergangenheit tauchten bei solchen Zeremonien in neuer Form auf: die Fahrt der Verurteilten zur Guillotine, die Stationen bei den Prozessionen an den Feiertagen der Heiligen und ähnliches. Die Straße war ohnedies ein ungeeigneter Ort, um das Volk auf ein einheitliches Ziel einzuschwören. Sie war zu bunt, zu vielfältig, ihre wirtschaftlichen Zwecke waren nicht zu beseitigen, die verfallenden Häuser nicht durch die Parade einer neuen Ordnung unsichtbar zu machen. In einem freien Raum indessen schien ein Neuanfang möglich; bei den in der Leere weiter Plätze durchgeführten Zeremonien trat, so die Historikerin Joan Scott, nichts Störendes zwischen die körperliche Geste und ihren politischen Bezug, nichts zwischen Zeichen und Symbol.[36]

Dennoch schien gerade der Verzicht auf die Straße den Körper passiv zu machen. Ein Junge, der ein ähnliches Fest auf dem Marsfeld miterlebt hatte, umriß Davids Problem einfach und klar:

> Er habe viele Leute oben auf dem Altar des Vaterlandes gesehen; die Worte ›König‹ und ›Nationalversammlung‹ gehört, jedoch nicht verstanden, was über sie gesagt wurde..., am Abend habe er gehört, die rote Fahne werde eintreffen, er habe sich nach einem Fluchtweg umgesehen; er habe dann bemerkt, daß sie auf dem Altar des Vaterlandes sagten, gute Bürger müßten dableiben...[37]

Nichts stand David im Wege: das große Fest fand seine Vollendung im Freien, in unverbautem Raum, in einem reinen Volumen. Aber dieses Dénouement wurde von Konfusion und Apathie beherrscht.

Quatremère de Quincy plante sein Fest des Simonneau als eine Demonstration legaler Macht und Stabilität, die die Menschen auf diszipliniertes Verhalten einschwören sollte. Statt Weizengarben gab Quatremère de Quincy seinen Ordnern Gewehre mit Bajonetten. Wie David war ihm die Masse alles andere als gleichgültig. Der ganze Sinn der Inszenierung bestand darin, das Volk von Paris zu beeindrucken. Die Organisatoren wollten die Menschen spüren lassen, daß ein neues Regime an die Macht gekommen war, daß die Türen des Staates sich der Anarchie verschlossen hatten. Quatremère de Quincy wählte dasselbe Szenario, das auch David verwandt hatte: Das Fest folgte der gleichen Route, es begann in den östlichen Vierteln der Stadt, dann kamen die Stationen an der Bastille, am Hôtel de Ville, an der Place de la Révolution, und schließ-

Das Fest des Simonneau am 3. Juni 1792. Zeitgenössischer Stich von Berthault.

lich der Höhepunkt auf dem Marsfeld mit einem einfachen Ritual, das die Teilnehmenden zusammenschweißen sollte: die Menge setzte der Büste Simonneaus einen Lorbeerkranz auf. Die Natur kam zu Hilfe, dramatische Blitzschläge beleuchteten die Menge, als sie der Statue huldigte, die Artillerie fügte dem Donner Salutschüsse hinzu. Aber auch dieses Fest war kein Erfolg. Die teilnehmenden Menschen liefen fast sofort auseinander, da sie nicht wußten, was sie tun oder sagen sollten. Quatremère de Quincy hatte sich vorgestellt, das Volumen des offenen Raumes selbst werde den Sinn für die Majestät des Gesetzes wecken. Die Menschen indessen hatten die Darstellung von Einheit und Stärke auf dem Feld mit Gleichgültigkeit verfolgt.

Diese Feste sagten etwas Verstörendes über die Freiheit aus. Freiheit, die jeden Widerstand überwinden, Hindernisse beseitigen und einen unbelasteten Neuanfang durchsetzen will – Freiheit begriffen als reiner, transparenter Raum –, stumpft den Körper ab. Sie ist ein Betäubungsmittel. Freiheit, die den Körper erregt, akzeptiert Unreinheit, Schwierigkeit und Widerstand als notwendige Teile ihrer Erfahrung. Die Feste der Französischen Revolution kennzeichnen einen Punkt in der westlichen Zivilisation, an dem diese körperliche Erfahrung der Freiheit im Namen einer Mechanik der Bewegung verdrängt wurde – der Fähigkeit, sich überall hinzubewegen, sich ohne Hindernis zu bewegen, frei zu zirkulieren, eine Freiheit, die im leeren Volumen am größten ist. Diese Bewegungsmechanik hat einen Großteil der modernen Erfahrung durchdrungen – sie lehnt soziale, örtliche oder persönliche Widerstände mit ihren unvermeidlichen Frustrationen als lästig und unberechtigt ab. Bequemlichkeit, Komfort, »Verbraucherfreundlichkeit« auch in menschlichen Beziehungen erscheinen unter diesem Umständen als Garantien individueller Handlungsfreiheit. Widerstand ist jedoch eine grundlegende und notwendige Erfahrung für den menschlichen Körper: durch das Empfinden von Widerstand wird der Körper angeregt, von der Welt, in der er lebt, Notiz zu nehmen. Dies ist die säkulare Version der Lehre der Vertreibung aus dem Garten Eden: Der Körper erwacht zum Leben, wenn er sich mit Schwierigkeiten auseinandersetzt.

Soziale Berührung

Als die moderne Gesellschaft begann, ungehinderte Bewegung mit Freiheit gleichzusetzen, stand sie vor dem Dilemma, was aus den Sehnsüchten werden sollte, die Mariannes Körper repräsentierte; es waren dies die brüderlichen Sehnsüchte nach Verbindung mit anderen Menschen, nach einer sozialen und nicht bloß sexuellen Berührung. Hogarths Stich *Beer Street* hatte vierzig Jahre vor Mariannes Auftauchen eine imaginäre Stadt gezeigt, in der Menschen eine ungezwungene Vertrautheit zeigen. Als freie Räume der Revolution den Körper ruhigzustellen begannen, wurde solche Geselligkeit zu einem Ideal, dem die Menschen korrekte, aber abstrakte Anerkennung zollten, so wie man auf dem Weg zur Arbeit an öffentlichen Denkmälern vorbeigeht.

Marianne selbst erschien bei einem am 10. August 1793 veranstalteten Fest als ein solches Denkmal. Hauptereignis der »Feier der Einheit und Unteilbarkeit der Republik« war eine riesige, nackte Frauenskulptur, aus deren Brüsten sich Wasserstrahlen in zwei Becken ergossen. Die Frau saß auf einem Podium, ihr Haar auf ägytische Art in Zöpfen um den Kopf gelegt. Als »Fontäne der Erneuerung« tituliert, ließ diese revolutionäre Göttin weiß gefärb-

Die Fontäne der Erneuerung beim Fest der Einheit und Unteilbarkeit der Republik am 10. August 1793.

tes Wasser aus ihren Brüsten strömen. Es wurde von feiernden Revolutionsführern mit Pokalen aus dem Becken geschöpft und getrunken, was Ernährung durch die »unverderbliche Milch« der Revolution symbolisieren sollte.

Zu Beginn der Feier hielt der Präsident des Konvents »eine Rede, die darlegte, daß die Natur alle Menschen frei und gleich geschaffen habe«. Die Fontäne trug die Inschrift ›*Nous sommes tous ses enfants*‹ (Wir sind alle ihre Kinder).[38] Aber zu diesem Zeitpunkt waren die politischen Führer die einzigen, die ihre unverderbliche Milch trinken durften. Die Organisatoren des Festes rechtfertigten diesen ungleichen Zugang zu Mariannes Brüsten mit dem Argument, das Spektakel müsse einfach und für alle sichtbar gehalten werden. Die überlieferten bildlichen Darstellungen zeigen nur einige wenige Menschen, die diesem Vorgang überhaupt Aufmerksamkeit schenken. Eine zeitgenössische Zeichnung Monnets zeigt Menschen, die in großer Verwirrung auf dem Marsfeld herumstehen – ganz wie bei den Festen von Châteauvieux und des Simonneau.[39]

Die Historikerin Marie-Hélène Huet schreibt dazu: »Aus dem Volk einen Zuschauer zu machen..., bedeutet, eine Entfremdung aufrechtzuerhalten, die die wahre Form von Macht ist.«[40] Wie um diese Wahrheit zu betonen, diente der Kontakt mit Mariannes Körper während dieses Festes als Vorspiel zu einer weiteren »Station« des Tages; die Menge bewegte sich von Marianne zu einer Statue des Herkules – eines Herkules mit enorm muskulösem Oberkörper, in der rechten Hand ein Schwert –, um vor ihm der Revolution die Treue zu schwören. Als Reaktion auf seinen Körper sollte das Volk sich in Form einer militärischen Phalanx aufstellen. Das Drehbuch verlangte also eine Bewegung vom Weiblichen zum Männlichen, vom Häuslichen zum Militärischen, von der Geselligkeit zum Gehorsam.

Als die Revolution sich verhärtete, nahm Herkules, der männliche Kämpfer par excellence, Mariannes Platz ein. Der moderne Historiker Maurice Agulhon hat die Darstellungen, in denen Marianne als eine immer passivere Freiheitsgöttin präsentiert wurde, genauer betrachtet. Während der Jahre von 1790 bis 1794 wurden ihre Gesichtszüge weicher, ihr Körper verlor die Muskeln, ihre Posen wurden ruhiger und passiver: von einer zur Schlacht schreitenden Kriegerin zu einer sitzenden Frau. Diese Veränderungen in der symbolischen Darstellung der Marianne entsprachen der Erfahrung der Frauen im Verlauf der Revolution: Sie waren zu Beginn der Revolution die treibende Kraft gewesen, hatten ihre eigenen politischen Clubs und Massenbewegungen organisiert. Aber nun, als die Revolution 1793 zur Schreckensherrschaft wurde, begannen die männlichen Gruppen, sie zu unterdrücken. Historikerinnen wie Mary Jacobus und Lynn Hunt haben aus dem Vergleich der

SOZIALE BERÜHRUNG 387

Räume, die Marianne und Herkules bei diesem Fest einnahmen, denn auch geschlossen, daß »die Verdrängung der ›Freiheit‹ oder der ›Marianne‹ durch diese entschieden maskuline Figur volkstümlicher Stärke... teilweise eine Reaktion auf die Bedrohung durch die wachsende politische Teilnahme von Frauen war«.[41]
Aber Marianne war nicht so leicht zu verdrängen: Als lebendes Symbol repräsentierte sie die Sehnsucht, zu berühren und berührt zu werden. Ein anderer Begriff für dieses Verlangen ist »Vertrauen«. Als moderne Spiegelung eines älteren religiösen Symbols, der Jungfrau Maria, verkörperte Marianne das Mitleiden, die Tröstung derer, die litten. In der Art von revolutionärem Raum jedoch, wie Boullée ihn sich vorstellte und wie David ihn verwirklichte, wurde Marianne unzugänglich. Weder konnte sie berühren, noch konnte sie berührt werden.

Eine seltsame und bewegende Widerspiegelung dieser Themen stammt von einem der Festchoreographen, dem Maler Jacques-Louis David. Lynn Hunt weist darauf hin, daß »die Helden der Französischen Revolution tote Märtyrer, nicht lebende Führer waren«.[42] Wie konnte die Revolution deren Leiden ehren? David versuchte dies in berühmten Porträts zweier revolutionärer Märtyrer zu tun, eines von Jean-Paul Marat, der am 13. Juli 1793 beim Bad ermordet wurde, das andere von dem dreizehnjährigen Joseph Bara, der im selben Jahr im Kampf gegen Konterrevolutionäre ums Leben gekommen war. In beiden Porträts nimmt der leere Raum eine tragische Valenz an.
Diese tragische Dimension ist heute nur noch schwer nachzuvollziehen, da der Maler die Szene von Marats Tod radikal veränderte. Marat litt an einer schmerzhaften Hautkrankheit, die nur kühles Wasser linderte. So verbrachte er einen Großteil seines Arbeitstages in einer Wanne, empfing Besucher oder schrieb auf einem über der Wanne liegenden Brett. Da er ein wohlhabender Mann war, hatte er sein Badezimmer zu einer bequemen Kammer ausgebaut und diese mit weißer Tapete, auf die antike Säulen gemalt waren, ausgestattet. An der Wand hinter der Wanne hing eine große Landkarte. Einige zeitgenössische Maler, die Marats Tod darzustellen suchten, gaben den Raum, in dem Charlotte Corday den Revolutionsjournalisten

Jacques-Louis
David,
*Der Tod des
Marat*, 1793.
*Musées Royaux
des Beaux-Arts,
Brüssel.*

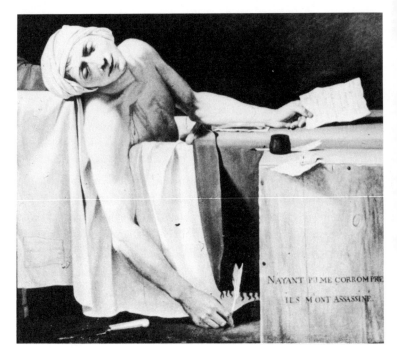

erstach, im Detail wieder. Andere dekorierten den Körper des sterbenden Marat mit Symbolen der Tugend: Auf einem dieser Stiche zum Beispiel trägt Marat in seiner Badewanne einen Lorbeerkranz; auf einem anderen badet er in eine Toga gehüllt.

David verzichtet auf den Lorbeerkranz, die Toga, die Dekoration. Er füllt die obere Hälfte seines Gemäldes mit einem neutralen Hintergrund in Grün-Braun-Tönen. In der unteren Hälfte stellt er den sterbenden Marat in seiner Badewanne dar, in der einen Hand, die auf dem Schreibbrett liegt, den Brief von Charlotte Corday, die sich Zutritt zu seiner Kammer verschafft hat; die andere Hand fällt über die Seite der Wanne, einen Stift haltend. Marats Körper ist entblößt, aber auch hier hat David die Oberfläche geglättet; da ist kein Furunkel und kein Schorf auf der weißen, unbehaarten, weichen Haut, nur Blutspuren aus der kleinen Stichwunde in Marats Brust geben ihr Farbe. Vor der Badewanne steht ein Schreibpult mit Tintenfaß und Papier. David gibt diese Gegenstände als ein eigenes kleines Stilleben wider, »in Chardins Manier«, wie eine Historike-

Jacques-Louis David, *Der Tod des Bara*, 1794. *Louvre, Paris.*

rin bemerkte.⁴³ Stille und Leere kennzeichnen die Szene des Attentats. Ein halbes Jahrhundert später beschwor Baudelaire diese Leere: »In der kalten Luft dieses Raumes, auf diesen kalten Wänden, um diese kalte und sargartige Badewanne herum« wird dem Betrachter Marats Heldentum bewußt.⁴⁴ Doch wie auch anderen erschien Baudelaire das Gemälde unpersönlich. Von einer heroischen Geschichte erfüllt, erkennt es Marats menschlichen Schmerz nicht an. In diesem neutralen und leeren Raum fehlt das Mitgefühl.

Das Porträt Joseph Baras evoziert das Martyrium in einem ähnlich leeren Raum, aber dieses Bild ist voller Mitleid. David hinterließ die Leinwand unvollendet, und seine Intentionen machten das Bild vielleicht unvollendbar. Der Junge, der in der Vendée getötet wurde, als er versuchte, einen revolutionären Vorposten zu verteidigen, ist nackt, und der tote Körper hebt sich von demselben neutralen Hintergrund ab, der sich auch in *Marat* findet. Hier herrscht eine noch extremere Leere, weil es kein Dekor gibt, welches auf die Geschichte des Jungen hinweist. In diesem öden Zustand belassen, konzentriert das Bild alle Aufmerksamkeit auf den Körper selbst. Tod, Auslöschung, Leere – dies sind die Male, die die Revolution auf dem Körper hinterlassen hat.

Der Maler hat jedoch den jungen Joseph Bara zu einer sexuell zweideutigen Figur gemacht. Die Hüften des Jungen sind breit, seine Füße klein und zart. David dreht den Torso zum Betrachter hin, so daß die Genitalien frontal gezeigt werden; der Junge hat wenig Schamhaar, und sein Glied liegt zwischen den Schenkeln. Das Haar des jungen Bara fällt in Locken um seinen Hals wie die aufgelöste Frisur eines Mädchens. Mit dem Kunsthistoriker Warren Roberts zu behaupten, David habe eine androgyne Figur geschaffen, trifft es nicht ganz.[45] Auch ist dieses Porträt eines Märtyrers nicht eine »Wiederaufwertung des Weiblichen«. Dieser Revolutionsheld unterscheidet sich extrem von den virilen, heroischen jungen Männern, die David vor der Revolution in Bildern wie dem *Schwur der Horatier* gemalt hat. Der Tod hat Baras Körper geschlechtslos gemacht. Seine kindliche Unschuld, seine Selbstlosigkeit stellen ihn in den Umkreis all jener Hoffnungen, die in der Figur der Marianne konzentriert waren. Joseph Bara, der letzte Held der Revolution, ist zu Marianne zurückgekehrt; er ist ihr Kind und vielleicht ihre Rechtfertigung.

Der Tod des Bara steht in einem äußersten Gegensatz zu Pieros *Geißelung*. Piero schuf eine großartige Ikone des Ortes, des Mitleidens, die als urbane Szene zu lesen war. David schilderte Mitleid in einem leeren Raum. Mitleid in der Revolution konnte durch einen Körper vermittelt werden, nicht jedoch als Ort. Diese moralische Wasserscheide zwischen Fleisch und Stein ist zu einem der markanten Zeichen der Säkularisierung der Gesellschaft geworden.

ZEHNTES KAPITEL
STÄDTISCHER INDIVIDUALISMUS
Das London E. M. Forsters

1. DAS NEUE ROM

Ein amerikanischer Geschäftsmann, der am Vorabend des Ersten Weltkrieges durch London schlenderte, hätte durchaus zu der Überzeugung kommen können, daß die Rebellion der Vereinigten Staaten ein Fehler gewesen war. Das Edwardische London stellte seine imperiale Pracht in eindrucksvollen, kilometerlangen Häuserzeilen zur Schau; weitläufige Regierungsgebäude im Zentrum wurden flankiert von den dichtbebauten Vierteln der Bankiers und Händler im Osten und von den imposanten Villen von Mayfair, Knightsbridge und Hyde Park, die sich nach Westen ausdehnten und allmählich Bauten der Mittelklasse wichen, die immer noch beeindruckend genug waren, Block um Block mit Unmengen ornamentalen Stucks bedeckt. Gewiß besaßen auch amerikanische Städte wie Boston und New York wohlhabende Viertel – die Kette herrschaftlicher Häuser entlang der Fifth Avenue in New York, die neue Back Bay in Boston –, London jedoch stellte die Schätze eines Weltreiches zur Schau, das in dieser globalen Reichweite seit dem Römischen Imperium nicht mehr dagewesen war.

Henry James hatte das Edwardische London »das moderne Rom« genannt, und was Größe und Wohlstand anging, schien dieser Vergleich angemessen. Aber in der Hauptstadt des Empire war die repräsentative, zeremonielle Seite des Staates in einer Weise von Armut und sozialem Elend, die in der Stadt breiten Raum einnahmen, isoliert, wie das im antiken Rom oder auf den Wohlstandsinseln von New York und Boston nie der Fall war.

Ein französischer Politiker mochte die Stadt aus anderen Gründen beneiden. Machte die englische Küche es auch unvorstellbar, dauerhaft in London zu bleiben, wurde der Franzose, der sich auf einen Besuch einließ, doch von der politischen »Ordentlichkeit« der Stadt überrascht. Klassenneid schien bei den Engländern stärker ausgeprägt zu sein als die Neigung zum Klassenkampf, die

Oberschicht erwartete im täglichen Leben Ehrerbietung von den unteren Klassen, und sie wurde ihr auch gezollt. Viele Besucher vom Kontinent bemerkten die große Höflichkeit gegenüber Fremden und Ausländern, die unter der englischen Arbeiterklasse herrschte, eine Höflichkeit, die so gar nicht dem Stereotyp eines John Bull entsprach, der alles haßte, was aus dem Ausland kam. Der Pariser auf Besuch mochte London, das nie eine Revolution gekannt hatte, den Explosionen, die in Paris seit 1789 stattgefunden hatten, gegenüberstellen: 1830, 1848 und 1871. Der junge Georges Clemenceau zum Beispiel – der, wenn auch kulinarischer Märtyrer, die Straßen Londons in einem Zustand soziologischer Ehrfurcht durchwanderte – sah eine Verbindung zwischen der inneren Ordnung der Stadt und ihren imperialen Geschicken. Dieser unvorstellbar reiche Ort, dachte Clemenceau, hatte seine Armen mit der Beute der Eroberungen beschwichtigt.

Natürlich täuschen erste Eindrücke, was das Wohlergehen einer Stadt und ihrer Bewohner angeht. Aber vielleicht sind sie gerade deshalb so instruktiv. Man nehme den Vergleich zwischen London und Rom.

Das Rom Hadrians lag in der Mitte eines Imperiums, das die Kaiser und ihre Baumeister physisch und sozial mit einem gewaltigen Straßennetz zusammenhielten; die Geschicke von Hauptstadt und Provinzen hingen voneinander ab. Das Edwardische London hatte eine andere Beziehung zu dem Land, das es umgab. Als London und andere britische Städte im späten 19. Jahrhundert anwuchsen, entvölkerte sich das englische Land schnell: es wurde zum Opfer einer durch den internationalen Handel ausgelösten Krise. Die englischen Städte lebten zunehmend von Getreide, das in Amerika angebaut wurde, ihre Bewohner kleideten sich in australische Wolle und ägyptische und indische Baumwolle. Diese Verschiebung entwickelte sich rasch, innerhalb der Lebenszeit eines Erwachsenen unter Edwards Herrschaft. »Noch 1871 lebte mehr als die Hälfte der Bevölkerung in Dörfern oder Städten mit weniger als 20.000 Einwohnern«, stellte ein Beobachter fest; »nur etwas über ein Viertel wohnte in Städten, und als Stadt galt ein Ort, an dem 100.000 Menschen lebten«.[1] Als E. M. Forster vierzig Jahre später *Howards End* schrieb, seinen großen Roman, der Stadt und Land gegenüberstellte, lebten drei Viertel der englischen Bevölkerung in Städten, ein Viertel davon innerhalb des Londoner Großraums – unbebaute Felder und verelendete Dörfer hinter sich zurücklassend. Das Rom zu Hadrians Zeit, ebenfalls eine enorme Stadt mit etwa der gleichen Bevölkerungszahl wie das London Edwards VII., hatte 600 Jahre gebraucht, um auf diese Größe anzuwachsen.

Die große geographische Verschiebung der Moderne, die Landflucht, traf in der zweiten Hälfte des 19. Jahrhunderts alle westlichen Nationen. Im Jahr 1850 waren Frankreich, Deutschland und die Vereinigten Staaten wie auch England vorwiegend agrarische Gesellschaften; ein Jahrhundert später waren sie vorwiegend städtisch, in ihren Zentren hoch konzentriert. Berlin und New York wuchsen mit etwa derselben stürmischen Rate wie London, und beide Städte wuchsen auf Kosten des Landes, das unter den neuen Strukturen des internationalen Handels litt. Die hundert Jahre von 1848 bis 1945 werden mit gutem Grund das Zeitalter der »Städtischen Revolution« genannt.

Das Wachstum der Produktion und die Zunahme der freien Märkte, wie Adam Smith sie sich vorgestellt hatte, können allein einen so raschen demographischen Wandel nicht erklären. London war wie New York und Paris nicht in erster Linie eine Stadt großer herstellender Unternehmen – der Boden in ihnen war zu teuer. Auch waren diese Städte nicht Zentren des freien Marktes; sie waren die Orte, an

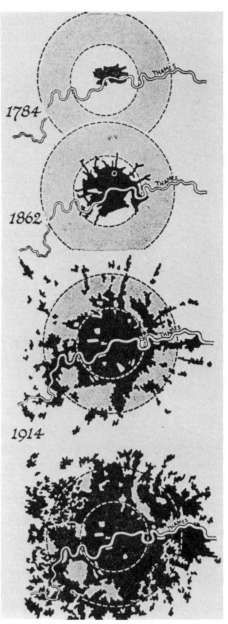

Das Wachstum Londons.
Die Besiedelung um
1784, 1862, 1914 und 1980.

denen die Regierung, große Banken und Konzerne die Märkte für Waren und Dienstleistungen national und international zu kontrollieren suchten. Überdies wuchsen diese Städte nicht allein deshalb, weil sie Opfer anzogen – Opfer ländlicher Katastrophen oder politischer und religiöser Verfolgung, auch wenn es diese Opfer zur Genüge gab. Viele ungebundene junge Menschen kamen auch freiwillig, Unternehmer ihres eigenen Lebens, die sich von Geld- und Arbeitsmangel nicht abschrecken ließen. Die »städtische Revolution« war, wie die meisten plötzlichen sozialen Veränderungen, ein überdeterminiertes Ereignis – und wurde von den Zeitgenossen als fast sinnloses Wachstum empfunden. London war einerseits ein Symbol des plötzlichen urbanen Wachstums in der ganzen westlichen Welt, andererseits schien die Stadt zu versprechen, daß dies nicht zu einer Katastrophe führen mußte.

Ein zweiter Unterschied zwischen dem imperialen Rom und dem imperialen London lag in der Tatsache, daß Rom als Modell für Städte überall im römischen Imperium diente; während der großen Phase der Urbanisierung am Ende des 19. Jahrhunderts wich Londons Entwicklung indessen deutlich von der anderer englischer Städte ab, besonders von Städten wie Manchester und Birmingham in Nord- und Mittelengland. Clemenceau glaubte, die englische Stadt sei auch deshalb ein Hort der Stabilität, weil die Menschen mit ihrem Arbeitsplatz in der Produktion zugleich ihren Rang in der Gesellschaft gefunden hätten. Diese Illusion wäre in den Industriestädten Mittelenglands mit ihren Manufakturen, Fabriken und Werften eher bestätigt worden als in London. Hier gab es eine gemischte Wirtschaft aus Transport und Schiffsverkehr, Schiffbau, Handwerk, Schwerindustrie, Finanzwesen, der Verwaltung des Empire – und einem umfangreichen Handel mit Luxusgütern. Raymond Williams schrieb deshalb, daß Londons »gesellschaftliche Zusammensetzung komplexer, rätselhafter war« als die der Städte im Norden.[2] In *Howards End* sagt Forster über London: »Geld war ausgegeben und wiederverdient, Ansehen gewonnen und wieder verspielt worden, und die Stadt selbst, Sinnbild für ihr Leben, stieg und fiel in beständigem Fluß.«[3]

Der illusorische Vergleich mit Rom könnte dem Besucher, beeindruckt von Londons Grandeur, den Gedanken nahegelegt haben, hier herrsche Ordnung, weil es eine starke Regierung gab. In Paris hatten die Behörden nach dem Aufstand der Commune im Jahr 1871 die Mittel für eine wirkungsvolle, zentrale Kontrolle der Stadt geschaffen. Auch in New York waren nach dem Zusammenbruch der *Boss Tweed Organisation* Reformen in Gang gesetzt worden, welche die Stadt einer rationaleren Kontrolle unterwerfen sollten.

Im Gegensatz zu New York oder Paris gab es aber in London keine zentrale Verwaltung. Bis 1888 hatte London »keine Stadtregierung außer einem *Metropolitan Board of Works*, Dutzenden kleiner Kirchengemeinden und Gemeinderäten«.[4] Auch als nach den Reformen von 1888 eine Zentralverwaltung eingeführt wurde, blieb sie vergleichsweise schwach. Und doch bedeutete das Fehlen einer zentralen politischen Autorität nicht das Fehlen zentraler Macht. Diese zentrale Macht lag in den Händen der Großgrundbesitzer, die weite Teile des Bodens in der Stadt privat kontrollierten.

Vom Bau der ersten Bloomsbury-Häuserblöcke im 18. Jahrhundert an wurden in London unentwegt Häuser und Geschäfte der Ärmsten abgerissen, um Wohnungen für die Mittelklasse oder die Reichen zu schaffen. Die Tatsache, daß Erbeigentümer weite Teile des Grundbesitzes in der Stadt kontrollierten, machte solche Großvorhaben ohne staatliche Eingriffe oder Beschränkungen möglich. Den adligen Landbesitzern stand es frei, zu bauen, wie sie wollten, und ihre städtischen »Erneuerungs«-Pläne führten zu einer noch stärkeren Konzentration der Armut in London, weil die vertriebenen Armen immer enger zusammengedrängt wurden. Eine *Royal Commission on the Housing of the Working Classes* stellte 1885 fest:

> Kolonien [baufällige Slums] werden abgerissen, sehr zum sanitären und sozialen Vorteil des Viertels, aber es gibt keine Ersatzwohnungen für die Armen... Die Folge ist, daß die obdachlose Bevölkerung sich in die benachbarten Straßen und Blöcke drängt, wenn die Abbrucharbeiten beginnen. Und wenn die neuen Häuser vollendet sind, wird wenig getan, um diesen vermehrten Druck aufzufangen.[5]

Im Laufe des 19. Jahrhunderts drängte die städtische Entwicklung die Armen in die Bezirke östlich der City, des Finanzzentrums von London, sowie in jene südlich der Themse und nördlich von Regent's Park. Wo es im Zentrum noch Armut gab, blieb sie in konzentrierten Blöcken, mehr oder minder verborgen vor den Blicken der Öffentlichkeit. Früher als Paris und gründlicher als New York schuf London eine Stadt, in der die Lebensräume der verschiedenen Klassen sich gegeneinander abschotteten.

Die Geschicke Londons spiegelten die großen Besitzunterschiede wider, die für England, Wales und Schottland insgesamt typisch waren. Im Jahr 1910 kontrollierten zehn Prozent der Familien in Großbritannien etwa neunzig Prozent des Nationalbesitzes; ein Prozent allein besaß siebzig Prozent. Die urbanisierte Gesellschaft behielt die vorindustrielle Trennung zwischen Arm und Reich bei, wenn auch mit neuen Vorzeichen; im Jahre 1806 gehörten fünfundachtzig Prozent des Nationalbesitzes den reichsten zehn Prozent, fünfundsechzig Prozent dem obersten einen Prozent. Im Laufe des Jahrhunderts wurden einige Landmagnaten ärmer, und Industrielle und Händler nahmen ihren Platz in der Oberschicht ein. Im Gegensatz dazu lebte gut die Hälfte der Bevölkerung von Einkommen, die insgesamt nicht mehr als drei Prozent des Nationalbesitzes ausmachten, und nur sehr wenige Londoner hatten die Möglichkeit zu sozialem Aufstieg.[6] So gesehen, hatte Clemenceau sich gründlich getäuscht: Die Beute der imperialen Eroberungen hatte die Masse der Bevölkerung nicht erreicht.

Angesichts dieser Fakten ist es nicht einfach zu verstehen, warum Besucher Londons von der Ordnung und dem Wohlstand der Stadt so beeindruckt waren. Obwohl es gewiß soziale Unruhe gab, waren doch auch viele Londoner der Meinung, daß es ihrer Gesellschaft gelungen war, die Vorteile des Kapitalismus zu nutzen, ohne sich den Risiken einer Revolution auszusetzen. Diese Stabilität konnte man wohl kaum mit einer spezifisch englischen Gleichgültigkeit dem Klassensystem gegenüber erklären. Obwohl »der Klassenkampf alles andere als ein englisches Privileg [ist]«, wie Alfred Kazin schrieb, waren die Engländer weitaus klassenbewußter als zum Beispiel Amerikaner oder Deutsche. Kazin zitiert dazu eine Bemerkung von George Orwell aus dem Jahre 1937: »Wohin du dich auch wendest, dieser Fluch des Klassenunterschiedes tritt dir wie eine steinerne Wand entgegen. Oder vielleicht ist es nicht so sehr eine steinerne Wand als vielmehr die Glasscheibe eines Aquariums.«[7]

Andere Kräfte schienen diese große Stadt der Ungleichheit von der offenen Revolution abzuhalten. Walter Benjamin nannte Paris aufgrund seiner kulturellen Bedeutung »die Hauptstadt des 19. Jahrhunderts«. London hätte diese Bezeichnung aufgrund seines exemplarischen Individualismus verdient. Das 19. Jahrhundert ist tatsächlich oft als das Zeitalter des Individualismus bezeichnet worden, ein Begriff, den Alexis de Tocqueville im zweiten Band von *Demokratie in Amerika* prägte. Die kämpferische Seite des Individualismus mag die Eigenständigkeit sein, Tocqueville jedoch sah auch seine melancholische Seite, die er als eine Art bürgerlicher Einsamkeit begriff. »Der Individualismus«, schreibt er, »ist ein überlegenes und friedfertiges Gefühl, das jeden Bürger drängt, sich von der Masse der Mitmenschen fernzuhalten und sich mit seiner Familie und seinen Freunden abzusondern; nachdem er sich eine kleine Gesellschaft für seinen Bedarf geschaffen hat, überläßt er die große Gesellschaft gern sich selbst.«[8]

Diese Art von Individualismus, so glaubte er, könnte eine bestimmte Gesellschaftsordnung mit sich bringen – die Koexistenz nach innen gerichteter Menschen, die einander aus gegenseitiger Gleichgültigkeit tolerieren. Solcher Individualismus besaß im urbanen Raum eine besondere Bedeutung. Die Stadtplanung im 19. Jahrhundert zielte darauf, eine Menge sich frei bewegender Individuen zu schaffen und zugleich die Bewegung organisierter Gruppen in der Stadt zu entmutigen. Individuelle Körper, die sich in der Stadt bewegten, wurden allmählich von ihrer Umgebung gelöst – und von den Menschen in diesem Raum. Während so der Raum durch die Bewegung entwertet wurde, verlor das Individuum das Gefühl, in einer Schicksalsgemeinschaft mit anderen zu leben.

Der Triumph des Tocquevilleschen Individualismus in London war dem Romanschriftsteller E. M. Forster sehr bewußt, als er im Jahre 1910 *Howards End* schrieb. Das berühmte Motto seines Buches lautet: »*Only connect...*«, etwa »Suche Bindung, Kontakt...« – eine Aufforderung, die sozial ebenso wie psychologisch gemeint ist. Forsters Roman schildert eine Stadt, deren gesellschaftlicher Zusammenhalt eben darin besteht, daß Menschen auf persönlicher Ebene keinen Kontakt zueinander haben; sie führen isolierte, von gegenseitiger Indifferenz gekennzeichnete Leben, die in der Gesellschaft ein Gleichgewicht des Unglücks schaffen.

Der Roman spiegelt die außerordentlich rasche Verwandlung Londons während der Städtischen Revolution wider; wie vielen anderen Beobachtern seiner Zeit, schien auch Forster *Geschwindigkeit* das zentrale Faktum des modernen Lebens zu sein. Symbol des rapiden Wandels ist für Forster das Auftauchen der Automobile. *Howards End* ist voller Tiraden gegen die neue Maschine. Die Tocquevillesche Tendenz wird deutlich, wenn Forster das Edwardische London als tote Stadt schildert, die gleichwohl von rasenden Veränderungen pulsiert. Ist London auch ein Ort von »Zorn und Telegrammen«, sagt er, so ist es zugleich voller Szenen »sinnlicher Stumpfheit«. Auf den Seiten seines Romans sucht Forster diese umfassende, verborgene Apathie zu evozieren, die für den umherschlendernden Touristen unsichtbar bleibt – eine Apathie, die das ganze tägliche Leben erfaßt und unter den Reichen ebenso vorherrscht wie unter den Massen der Armen. Die Kombination von Individualismus und Geschwindigkeit stumpft den modernen Körper ab; er findet keine Bindung mehr.

Howards End zieht all dies aus der ziemlich reißerischen Geschichte eines unehelichen Kindes, eines vereitelten Erbes und eines Mordes. Wie Virginia Woolf, die den Roman nicht besonders schätzte, in ihrem Kommentar schreibt, ist Forster in seinem Text mehr Sozialkritiker als Künstler. »Man tippt uns auf die Schulter«, beobachtet sie; »wir sollen dies bemerken und jenem Beachtung schenken«.[9] Tatsächlich hetzt *Howards End* den Leser oft in wenigen Absätzen durch verheerende Ereignisse, die menschliche Schicksale entscheidend verändern, damit der Autor bald dahin zurückkehren kann, in Muße ihre Bedeutung auszumalen. Die ideengeschichtlichen Anteile des Romans gehen in der Tat auf Kosten der künstlerischen Qualität, aber die Einsicht, mit der er endet, hat nichts von ihrer provokativen Kraft verloren: Das Individuum kann zum sinnlichen Leben nur zurückfinden, indem es Entwurzelung und Schwierigkeiten erfährt. Der Aufforderung »Only connect...« können nur Menschen nachkommen, die anerkennen, daß es reale Hindernisse für ihre individuelle, rasche, freie Bewegung gibt. Eine lebendige Kultur behandelt Widerstand als positive Erfahrung.

In diesem Kapitel werden wir uns die Entwicklungen in der modernen Gesellschaft genauer ansehen, die zu Forsters Anklage des urbanen Individualismus geführt haben – die Erfahrungen körperlicher Bewegung und körperlicher Passivität, auf denen er seine Geschichte aufbaut. Sein überraschendes Dénouement legt es nahe, neu über urbane Kultur nachzudenken.

2. MODERNE ARTERIEN UND VENEN

Die Stadtplanung des 19. Jahrhunderts ermöglichte die Bewegung einer größeren Anzahl von Individuen in der Stadt und behinderte die Bewegung geschlossener Gruppen von der Art, wie sie in der Französischen Revolution aufgetaucht waren. Die Stadtplaner des 19. Jahrhunderts bezogen sich auf ihre Vorgänger in der Aufklärung, die die Stadt als Arterien und Venen der Bewegung begriffen hatten, setzten dieses Bild aber auf neue Weise um. Der Urbanist der Aufklärung hatte sich Individuen vorgestellt, die davon angeregt wurden, sich in der Menschenmenge der Stadt zu bewegen; der Stadtplaner des 19. Jahrhunderts stellte sich Individuen vor, die durch Bewegung vor den Menschenmassen geschützt wurden. Drei große Bauvorhaben dieses Jahrhunderts kennzeichneten die Veränderung: der Bau von Regent's Park und Regent Street in London am Anfang des 19. Jahrhunderts, die Umgestaltung der Pariser Straßen in der Zeit von Baron Haussmann in der Mitte des Jahrhunderts und die Entstehung der Londoner U-Bahn am Ende des Jahrhunderts. Alle drei waren enorme Unternehmungen. Uns interessiert dabei nur, wie diese Projekte sich auf die Bewegung der Menschen in der Stadt auswirkten.

Regent's Park

In Paris wie in London hatten die Planer des 18. Jahrhunderts Parks angelegt. Gedacht waren sie als Lungen der Stadt; mit den städtischen Gärten des Mittelalters, die als Sanktuarien, als Orte der Stille dienten, hatten sie wenig zu tun. Das Konzept des 18. Jahrhunderts, der Park als städtische Lunge, machte die Bewachung seiner Pflanzen erforderlich. In Paris zäunten die Behörden den Königlichen Park in den Tuilerien Mitte der 50er Jahre des 18. Jahrhunderts ein, um die Pflanzen zu schützen, die der Stadt gesunde Luft verschafften. Die im 18. Jahrhundert in London begonnenen großen Parks wurden seit dem 19. Jahrhundert ebenfalls durch Zäune geschützt. Die Analogie zwischen Park und Lunge war, wie der moderne Stadtplaner Bruno Fortier bemerkt, einfach und direkt: die Menschen, die durch die Straßen-Arterien der Stadt gingen, sollten um diese eingeschlossenen Parks herum zirkulieren und ihre frische Luft einatmen – so wie das Blut von den Lungen aufgefrischt wird. Die Planer des 18. Jahrhunderts stützten sich auf die zeitgenössische medizinische Vorstellung, daß, in den Worten Fortiers, »nichts wirklich verdorben werden kann, das beweglich ist und eine Masse ausmacht«.[10] Das umfassendste Werk urbaner Planung in London, der Bau von Regent Street und Regent's Park im frühen 19. Jahrhundert, durchgeführt von dem späteren König George IV. in Zusammenarbeit mit dem Architekten John Nash, beruhte auf dem Prinzip des Parks als Lunge, angepaßt an eine Stadt höherer Geschwindigkeiten.

Regent's Park entstand aus dem alten Marylebone Park, und das Ausmaß seiner Bodenfläche ist enorm. Nash ließ das Land einebnen und sah vorwiegend reine Grasflächen vor. Die Bäume, die man heute im Park sieht, wie jene um Queen Mary's Rosengarten, sind später gepflanzt worden. Eine weite, ebene, offene Grasfläche könnte als perfekte Einladung für organisierte Gruppen verstanden werden, und in viktorianischer Zeit wurde diese Einladung auch manchmal angenommen. Aber Nash schuf zugleich eine Mauer des Verkehrs rund um den Park, und dieser Ring arbeitete großen Menschenansammlungen entgegen. Die Straße, die Regent's Park außerhalb des Zauns umgab, konnte ein hohes Verkehrsaufkommen aufnehmen; natürliche Hindernisse und im Weg stehende Gebäude wurden entfernt, um sicherzustellen, daß die Fahrzeuge sich auf dem Ring glatt und schnell bewegen konnten. Selbst ein Kanal, der durch Regent's Park verlief, wurde verlegt, um den Verkehr nicht zu stören. Dickens fand, daß der Ring an eine Rennstrecke erinnerte. Auch einige Straßen in der Innenstadt wurden ausgebaut, damit sich Kutschen und Fuhrwerke schnell fortbewegen konnten.

Nashs London wurde dadurch zu einer Stadt der Geschwindigkeit,

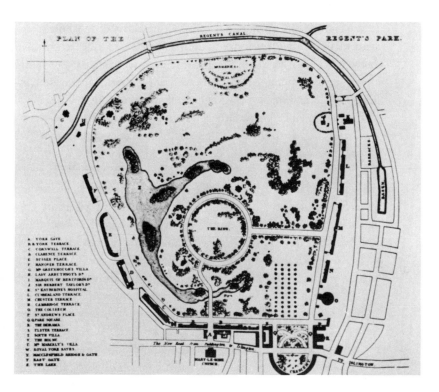

Lageplan für Nashs Planung von Regent's Park in London, 1812.

aber zu einem schwierigen Raum für das Individuum. Die städtischen Plätze, die im 18. Jahrhundert in London entstanden, täuschen das Auge über die Tatsache hinweg, daß London vor allem eine Stadt der Einzelhäuser ist. Die großen Häuser, die auf die Plätze wie Bloomsbury Square hinausblicken, wurden in Blöcken von fünfzehn oder zwanzig gebaut, um den Eindruck einer strengen Einheit zu vermitteln; die Londoner Baurichtlinien im 18. Jahrhundert, besonders ein 1774 verabschiedetes Gesetz, verboten Schilder oder andere individuelle Markierungen. In Bloomsbury standen die schlichten Häuserblöcke im Gegensatz zum üppigen Bewuchs des Platzes. Sie zogen auch eine scharfe Trennungslinie zwischen drinnen und draußen, privat und öffentlich.

War Regent's Park auch größer als diese frühen Plätze, gestaltete Nash die ihm über den Verkehrsfluß hinweg zugewandten Gebäude so wie die am Bloomsbury Square: er säumte Regent's Park mit Einzelhäusern. Diese Häuser verband er dann durch den großzügigen Gebrauch von Stuckelementen. Stuck ist das architektonische Medium der Illusionserzeugung. Er läßt er sich so formen, daß er den großen quadratischen Steinen der Renaissancepaläste ähnelt, und er läßt sich als klassische Säule gießen. An den Reihenhäusern (*terrace houses*) am Regent's Park lief Stuck über die Häuserfronten in einer Weise hinweg, die diese riesigen Blöcke zusammenband, die dekorativen Stuckbeschichtungen schufen eine Art Rhythmus von Block zu Block.

Und doch konnte dieses Material auch gesellschaftlich trennend wirken. Die Häuser, die Regent's Park umgaben, waren schon fast übertrieben prachtvoll. Durch ihre imponierende Gestaltung trugen sie dazu bei, die Trennungslinie zwischen dem Raum des Parks und seiner städtischen Umgebung zu verstärken. Die Armen, die zuvor teilweise im nördlichen Bereich des Parks gelebt hatten, wurden von Nashs Planung in die Bezirke von Chalk Farm und Camden Town abgedrängt. Die lange, fast ungebrochene Front vornehmer Häuser und der lebhafte Verkehrsstrom erschwerten den Zugang zum Park. Daraus folgte, daß Regent's Park in seinen Anfangsjahren ein weithin leerer Raum blieb. Der Plan verband schnelle Bewegung mit »Entdichtung« – ein nützlicher Begriff aus dem Planerjargon. Diese schnelle Bewegung war zudem individualisierter Transport mit Droschken und Kutschen.

Nashs Plan sah vor, daß der Verkehr in den Park nicht vorrangig aus der unmittelbaren Umgebung kommen würde – denn außer in den Häusern am Saum des Parks lebten hier keine Menschen, die sich Kutschen leisten konnten –, sondern aus dem Stadtzentrum. An seinem südlichen Ende öffnete sich Regent's Park auf einen breiten Boulevard, den ebenfalls Nash entwarf, die Regent Street. Dabei sah er sich einer Reihe von Hindernissen gegenüber, die sich nicht beseitigen ließen, zum Beispiel einer Kirche. Er löste das Problem, indem er den Boulevard um diese Hindernisse herumführte, ihn aber zugleich breit genug anlegte, um auch hier einen schnellen Verkehrsfluß zu ermöglichen. Auch diese Straße wurde von langen Blöcken einförmiger Gebäude gesäumt. In der Regent Street dienten sie einem neuen kommerziellen Zweck, denn Nash plante im Erdgeschoß durchgehenden Ladenraum – wogegen die Läden in älteren Londoner Häusern eher regellos aus einer ur-

Ulster Terrace, Regent's Park, London, erbaut 1824.

sprünglich häuslichen Bestimmung entstanden waren. Nash hatte das Prinzip der Londoner Einkaufspassagen, die glasgedeckten Basiliken glichen, in denen die Läden die Mittelachse bildeten, an die Straße verlegt.

Regent Street war ein epochales Ereignis in der Stadtgestaltung. Hier wurde ein starker Verkehrsstrom verbunden mit durchgehenden Ladenketten im Erdgeschoß. Diese Organisation der Straße hatte trennende Wirkung. Wie der Ring um den Park im Norden schloß sie die Straße gegen das hinter ihr liegende Viertel ab. Der Handel ging nicht in die Seitenstraßen über; der Kutschenverkehr konnte nicht weit in das alte Gewirr der Nebenstraßen eindringen, der Passantenstrom richtete sich nach der Hauptstraße aus, kaum jemand ging in die Seitenstraßen hinein. Die monofunktionale Straße schuf eine räumliche Trennung, die der Arbeitsteilung verwandt war. Die Läden der Straße dienten nur dem gehobenen Verkauf, die im Rücken der Straße liegenden Viertel boten Handwerkern und Zulieferern Platz, Funktionen, die die Verbindung zur Straße nicht erforderten.

Das Ensemble von Regent's Park und Regent Street verlieh der Bewegung eine neue soziale Bedeutung. Der Gebrauch von Verkehr zur Isolierung und Ausdünnung von Raum, wie in Regent's Park geschehen, arbeitete gegen die Ansammlung einer politisch geeinten Menschenmasse. Der Druck einer linearen Fußgängerbewegung auf Regent Street erschwerte – und erschwert noch – die Bildung einer Menge, um zum Beispiel einer Rede zuzuhören. Statt dessen begünstigten sowohl Straße als auch Park den Individualverkehr.

Gewiß war und ist Regent Street selbst alles andere als leblos. Und Nash hinterließ auch wenig Schriftliches, das darauf deuten könnte, daß er diese sozialen Konsequenzen beabsichtigte. Wie viele englische Stadtplaner verabscheute er die Art des Theoretisierens, die Boullée betrieb. Dennoch war die Massenbewegung auf einer monofunktionalen Straße der erste Schritt auf die Begünstigung des Individuums zu, das unter vielen Menschen seinen eigenen Interessen nachging.

Haussmanns drei Netze

Die Arbeit Nashs in London nahm zum Teil die Pläne vorweg, die Napoleon III. und sein wichtigster Stadtplaner, Baron Haussmann, eine Generation später in Paris verwirklichten. Die Revolutionen von 1848 und 1830 standen ihnen und vielen ihrer Mitarbeiter vor Augen, auch waren Erinnerungen an die Große Revolution zur Zeit ihrer Großväter noch sehr lebendig. Weit mehr als Nash fürchteten sie die Bewegung der Masse und suchten ganz bewußt den Individualverkehr zu begünstigen.

Der Plan für die Umgestaltung von Paris in den 1850ern und 1860ern ging auf Napoleon III. selbst zurück. Im Jahre 1853, »an dem Tag, als Haussmann den Amtseid als Seinepräfekt ablegte«, schreibt der Historiker David Pickney,

> drückte Napoleon ihm eine Karte in die Hand, auf der er in vier verschiedenen Farben die Straßen, die er zu bauen vorschlug, eingezeichnet hatte (dabei zeigten die Farben die relative Dringlichkeit, die er jedem Vorhaben beimaß, an). Diese Karte, alleiniges Werk Louis Napoleons, wurde der Basisplan für die Umgestaltung der Stadt in den folgenden zwei Jahrzehnten.[11]

Haussmann führte unter dieser Anleitung das größte urbane Sanierungsvorhaben der Moderne durch. Er räumte einen Großteil des mittelalterlichen und Renaissance-Stadtkerns aus und baute neue, gleichförmige, gerade Straßen, die ein hohes Verkehrsaufkommen erlaubten. Der Straßenplan verband das Stadtzentrum mit seinen Außenbezirken. Haussmann ließ den zentralen Markt von Paris umbauen, und benutzte dazu ein neues Baumaterial, Gußeisen – seinem Architekten Baltard zurufend: »Eisen! Eisen! Nur noch Eisen!«[12] Er schuf große Monumente wie die Opéra, gestaltete die Parks der Stadt neu und baute ein neues Untergrundnetz gigantischer Abwasserkanäle.

In seiner Straßenplanung wendete Haussmann römische Prinzipien der linearen Form neu an. Napoleon III. hatte seinem Präfekten wenig mehr als eine ordentliche Skizze an die Hand gegeben. Um die Straßen nun zu verwirklichen, ließ Haussmann große hölzerne Türme errichten, auf die seine Assistenten – die er »Stadtgeometer« nannte – stiegen und mit Kompaß und Lineal gerade Straßen bis an die alten Stadtmauern projizierten. Besonders im Norden und Nordwesten sahen sich die Stadtgeometer auf ihren Türmen Arbeiterwohnhäusern, Werkstätten und kleinen Fabriken gegenüber. Indem Haussmann seine Straßenschneisen durch diese Gebiete schlug, trennte und unterteilte er mit seinen Boulevards die Armenviertel.

Wie bei Nashs Ring um Regent's Park schuf der Verkehrsfluß nun eine Mauer sich bewegender Fahrzeuge, hinter der die Fragmente der ärmeren Bezirke lagen. Die Breite dieser Straßen war zudem im Sinne von Haussmanns Angst vor der Bewegung revoltierender Massen genau kalkuliert. Sie erlaubte es zwei Armeefuhrwerken, nebeneinander zu fahren; so konnte das Militär, falls nötig, in die Bezirke zu beiden Seiten des Boulevards hineinfeuern. Wie auch um Regent's Park herum bildeten die Straßenwände eine durchgehende Fassade mit Läden zu ebener Erde und Wohnungen darüber, die reichsten Bewohner der Straße, die ärmsten dem Himmel am nächsten. Haussmanns Bemühungen in den Elendsvierteln konzentrierten sich fast ausschließlich auf die Fassaden der Gebäude. »Bauherren mußten eine bestimmte Traufhöhe einhalten und vorgeschriebene Fassaden errichten, hinter diesen Fassaden jedoch war es ihnen freigestellt, enge Mietswohnungen zu bauen, was viele von ihnen taten.«[13]

Die urbane Landkarte, die Haussmann und seine Geometer entwarfen, teilte die Stadt in drei »Netze«. Das erste Netz befaßte sich mit dem Gewirr von Straßen, das einmal die mittelalterliche Stadt ausgemacht hatte; hier wollte Haussmann vor allem die Gassen an den Ufern der Seine begradigen, um die alte Stadt dem Kutschen- und Fuhrwerksverkehr zugänglich zu machen. Dem mußten viele Gebäude weichen. Das zweite Netz bestand aus Straßen, die die Innenstadt mit der Peripherie verbanden, über ihre *octroi* genannten Stadtmauern hinaus; als die Vororte durch die neuen Straßen an den Stadtkern gebunden waren, wurden sie auch der zentralen Verwaltung von Paris unterstellt. Das dritte Netz war amorpher, es bestand aus Verbindungsstraßen zwischen den Hauptstraßen, die aus der Stadt hinausführten, und verband Straßen des ersten und zweiten Netzes.

In Haussmanns Plan dienten die Straßen des ersten Netzes als urbane Arterien der Art, wie L'Enfant sie schon in Washington gebaut hatte. Die Beziehung zwischen der gebauten Form und dem sich bewegenden Körper spielte eine Rolle, Monumente, Kirchen und andere Gebäude dienten als Orientierungspunkte. Die Straße, die das Palais Royal nördlich des Louvre mit der neuen Oper verband, war eine solche Arterie des ersten Netzes, ebenso wie die Rue de Rivoli, die das Rathaus mit der Kirche Saint-Antoine verband.

Die Straßen des zweiten Netzes dienten als die Venen der Stadt. Die Bewegung auf ihnen ging meistens aus der Stadt hinaus, richtete sich auf Handel und leichte Industrie, da Haussmann kaum Interesse hatte, noch mehr Arme ins Zentrum zu locken. Hier spielten die Fassaden keine so gewichtige Rolle. Der Boulevard du Centre, den wir heute als Boulevard Sébastopol kennen, war eine solche urbane Vene, die sich von der Place du Châtelet zum nördlichen Stadttor von Saint-Dénis erstreckte. Diese große Straße beweist, wieviel soziale Kontrolle in der linearen Form lag. Fast dreißig Meter breit und anderthalb Kilometer lang, zerschnitt der Boulevard du Centre ein dichtbesiedeltes, verschachteltes Armenviertel in zwei Teile. Das alte Gassen- und Gebäudegewirr speiste nichts in diese Vene ein, noch verband es sich mit ihr, die Straßen schnitten den Boulevard oft in ungünstigen oder gar unpassierbaren Winkeln. Der Boulevard du Centre sollte diesen fragmentierten Räumen hinter seinen Fassaden auch gar nichts geben; er sollte vielmehr einen gut passierbaren Weg für Lieferungen nach Norden bieten. Haussmann plante ihn ursprünglich sogar als Einbahnstraße nach Norden. Die primäre Aufgabe einer solchen Straße des zweiten Netzes bestand darin, Fahrzeugen freie Fahrt zu gewähren.

Der Straßenplan des dritten Netzes bestand sowohl aus Arterien als auch aus Venen. Haussmanns nicht ausgeführte Planung für die Rue Caulaincourt ist bezeichnend für diesen Typus der Straße; hier standen die Planer dem Problem gegenüber, wie der Frachtverkehr beladener Fuhrwerke um den Friedhof von Montmartre im Norden der Stadt herumgeführt und der Verkehr zwischen den Venen des zweiten Netzes im Osten und im Westen miteinander verbunden werden konnte. Hier war Haussmann gezwungen, nicht die Lebenden, sondern die Toten zu stören, indem er einen Teil der Straße über den Friedhof legte. Das stürzte ihn, auf unnachahmlich französische Weise, in ausgedehnte Prozesse mit den Familien der Verstorbenen, die um den Preis der Luftraums über den Toten feilschten. Doch das Projekt der Rue Caulaincourt weckte auch ernsthaftere Opposition, weil es in dramatischer Weise zum Ausdruck brachte, wie sehr die neue Geographie der Mobilität alle Aspekte des Stadtlebens verletzte.

In seiner großen Studie der Pariser Kultur des 19. Jahrhunderts schilderte Walter Benjamin die glasbedachten Arkaden der Stadt mit großer Bewunderung . Alle Bewegungen, die der Stadt ihr pulsierendes Leben verliehen, konzentrierten sich in diesen kleinen Passagen mit ihren besonderen Läden, kleinen Cafés und wogenden Menschengruppen. Der Boulevard du Centre war Bühne einer ganz anderen Bewegung, eines trennenden Stoßes, einer gerichteten Bewegung, die zu rasch war, zu gehetzt, um solche Strudel des Lebens zuzulassen. Wie Regent Street war der Boulevard du Centre ein sehr lebendiger Raum. Fragmentierte der Boulevard einerseits die städtische Masse als politische Gruppe, so stieß er andererseits die Individuen in Wagen, Kutschen und zu Fuß in einen fast manischen Wirbel. Aber als Entwurf verhieß er nichts Gutes. Denn er enthielt zwei Elemente, welche die Bewegung gegenüber den Ansprüchen der Menschen begünstigte: Die Planung des Straßenverkehrs wurde losgelöst von der Planung der Baumasse entlang der Straße; nur noch die Fassade zählte. Die urbane Vene machte die Straße zu einem Weg, dem Stadtzentrum zu entfliehen, statt sich darin aufzuhalten.

Die Londoner Untergrundbahn

Die neue Londoner Untergrundbahn löste eine soziale Revolution aus. Urbanisten haben vor allem die Tatsache betont, daß Menschen nun schneller in die Stadt gelangten. Aber die Planer der U-Bahn hatten von Haussmanns Netzsystem gelernt; sie wollten die Menschen ebensosehr aus der Stadt hinausbringen wie sie hereinholen. Diese Bewegung nach draußen hatte Klassencharakter, und zwar einen, mit dem noch der entschiedenste *flaneur* in London einverstanden sein mußte.

Hausangestellte waren die größte Gruppe armer Arbeitender in Mayfair, Knightsbridge, Bayswater und anderen wohlhabenden Bezirken Londons am Ende des 19. Jahrhunderts, das gleiche galt für die wohlhabenden Stadtteile von Paris, Berlin und New York. Im Bunde mit den Hausangestellten stand eine Hilfsarmee von Dienstleistenden – Leute, die Haushaltsgeräte reparierten, Lieferanten von Hausrat, Kutscher und Pferdeknechte und dergleichen mehr. Das im Hause lebende Personal nahm noch an den intimsten Ereignissen des Familienlebens teil; während der Londoner Gesellschaftssaison, die sich jedes Jahr von Ende Mai bis August erstreckte, schwärmte eine dritte Armee von etwa 20.000 jungen Mädchen vom Lande in die Stadt, um jungen Damen bei der Herrichtung ihrer Frisuren und ihrer Kleidung beizustehen, wenn sie in der Gesellschaft ihr Debüt gaben. Das Edwardische London stellt die letzte Epoche in der europäischen Geschichte dar, in der Reich und Arm noch in solch häuslicher Intimität zusammenlebten; nach dem Ersten Weltkrieg sollten zunehmend Maschinen den Platz der Diener einnehmen.

Ein Großteil der in den reichen Häusern arbeitenden Hilfsarmee von Dienern lebte jedoch, wie auch die große Zahl von Buchhaltern und Angestellten, die in der Verwaltung des Empires und der Stadt arbeiteten, dichtgedrängt in den engen Winkeln des alten

DIE LONDONER UNTERGRUNDBAHN 411

Die Londoner
Untergrundbahn
aus *Universal
Illustrated*, 1867

London, unberührt von den Neubauprojekten der Großgrundbesitzer. Gegen Mitte des 19. Jahrhunderts sammelten sich viele dieser armen, aber in Lohn und Brot stehenden Bediensteten und Arbeiter auch in Teilen des East End und der South Bank, die zuvor nur von Asozialen oder temporären Mietern wie Seeleuten bewohnt gewesen waren.

Die Viertel armen Wohnens im Zentrum und die Behausungen im East End und auf der South Bank zeigten eine völlig andere Stadt als die Monumente imperialen Stucks. Hier, so konnte man meinen, war man schließlich wirklich in eine Stadt gekommen, die wie das alte Rom war – das Rom des Massenelends. Und doch baute London, im Gegensatz zu den Wohnblöcken, den *insulae* des alten Roms, und auch im Gegensatz zu den ausgedehnten Slums, die in anderen europäischen Städten entstanden waren, das Elend in kleinerem architektonischen Maßstab. »In England«, schreibt der Stadthistoriker Donald Olsen, »ist in aller Regel die Wohneinheit mit der Gebäudeeinheit identisch; auf dem Kontinent ist dagegen die Wohnung nur ein Teil des Gebäudes.«[14] In den wirklich erbärmlichen Teilen des East End allerdings lebten Familien oft in einem einzigen Raum eines kleinen Hauses. Die Untergrundbahn sollte dazu beitragen, solche Lebensbedingungen zu verbessern.

Der oberen Hälfte jener ärmeren fünfzig Prozent, die Zugang zu lediglich drei Prozent des Nationalreichtums hatten, ermöglichte das billige Massentransportmittel U-Bahn, Wohnraum außerhalb des Zentrums zu suchen. Das Wachstum genossenschaftlicher Baugesellschaften schuf die finanzielle Grundlage für die Verwirklichung des Traums vom eigenen Haus. In den 80er Jahren begann die urbane Flut, die nach London hineingeflossen war, sich umzukehren. Dank des öffentlichen Transports konnten Arbeiterfamilien, die das Geld zusammenbrachten, aus dem Stadtzentrum hinaus in eigene Häuser ziehen. Diese Reihenhäuser lagen südlich der Themse und im Norden des Zentrums in Bezirken wie Camden Town. Wie die Häuser der Privilegierten bestanden sie aus gleichförmigen Blöcken mit kleinen Gärten und einer Außentoilette. Forster und anderen Angehörigen der Mittelklasse seiner Zeit erschien die architektonische Qualität entsetzlich; die Häuser waren deprimierend, schlecht gebaut, feucht, die Außentoiletten stanken. Nach dem Standard der Arbeiterklasse jedoch bedeuteten diese Häuser eine enorme Verbesserung. Die Menschen schliefen und aßen auf verschiedenen Stockwerken; der Geruch von Urin und Kot durchzog nicht mehr das Innere des Hauses.

Die U-Bahn diente sowohl als Arterie als auch als Vene. Sie trug auch dazu bei, das Zentrum von London zu erschließen, besonders für den Massenkonsum in den neuen Warenhäusern, die in den 80ern und 90ern entstanden. Bis dahin war es möglich gewesen, im reichen Londoner West End zu leben, ohne mit der Armut des East End in Berührung zu kommen. Seit Beginn der 80er Jahre jedoch, so die Historikerin Judith Walkowitz, löste sich »die vorherrschende imaginäre Londoner Landschaft von ihren geographischen Grenzen und wurde zu einer Landschaft, deren Grenzen gefährlich durchlässig waren – sie wurden willkürlich überschritten«.[15] Bei den Leuten, die die Grenzen überschritten, handelte es sich in der Regel allerdings eher um solche, die zum Einkaufen kamen, als um Diebe.

Schuf das Arterien- und Venen-Netz des U-Bahn-Systems in London auch eine stärker gemischte Stadt, so war diese Mischung doch zeitlich klar begrenzt. Tagsüber floß der Menschenstrom unterirdisch in das Herz der Stadt; in der Nacht wurden diese un-

Golders Green, London. Werbung, etwa 1900. *Foto: Richard Tobias.*

terirdischen Kanäle zu Venen, die die Massen aus dem Zentrum herausbrachten, wenn die Menschen mit der U-Bahn nach Hause fuhren. Mit dem Massentransit nach dem Modell der U-Bahn hatte die zeitliche Landkarte des modernen Stadtzentrums Gestalt angenommen: tagsüber Dichte und Vielfalt, nachts Ausdünnung und Homogenität. Die Mischung am Tage stellte dabei keinen engen Kontakt zwischen den Klassen her. Die Menschen arbeiteten, kauften ein und fuhren dann nach Hause.

3. KOMFORT

In der Dichtung Baudelaires wird Geschwindigkeit als Erfahrung hektischer Bewegung geschildert, der Mensch der Stadt als ein Wesen am Rande der Hysterie. Tatsächlich nahm die Geschwindigkeit im 19. Jahrhundert aufgrund technischer Innovationen eine neue Qualität an.

Diese Erfindungen machten es dem Reisenden bequemer. Komfort ist ein Zustand, den wir mit Ruhe und Passivität assoziieren. Die Technologie des 19. Jahrhunderts machte Bewegung allmählich zu solch einer passiven Körpererfahrung. Je komfortabler man fortbewegt wurde, desto stärker zog man sich zurück, reiste allein und schweigend.

Komfort als sinnliche Erfahrung wird im allgemeinen eher herablassend behandelt. Aber als Bemühung, erschöpften Körpern Erholung und Ruhe zu geben, hat der Wunsch nach Bequemlichkeit einen ehrenvollen Ursprung. Während der ersten Jahrzehnte der Fabrik- und Industriearbeit im 19. Jahrhundert waren die Arbeiter gezwungen, lange Stunden ohne Pause zu arbeiten, manchmal den ganzen Tag hindurch. Später im Jahrhundert stellte sich heraus, daß die Produktivität dieser pausenlosen Arbeit abnahm, je weiter der Tag fortschritt. Analysen der Industrie selbst kamen zu dem Schluß, daß englische Arbeiter, die am Ende des Jahrhunderts in Zehn-Stunden-Schichten arbeiteten, deutschen und französischen Arbeitern, die zwölf- oder gar vierzehnstündige Schichten absolvieren mußten, in der Produktivität deutlich überlegen wa-

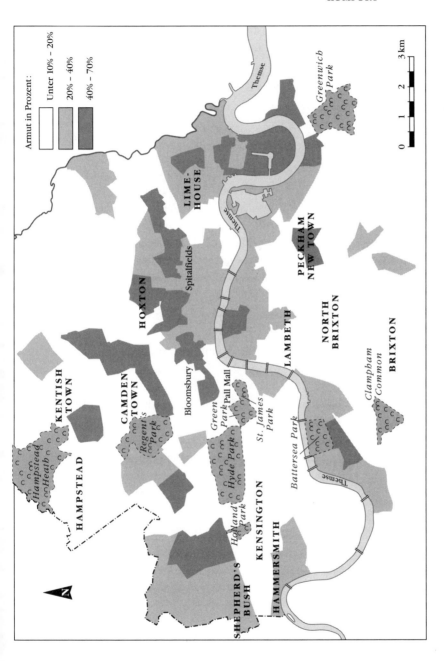

Armut in London, um 1890.

ren. Derselbe Unterschied in der Produktivität tauchte bei körperlicher Arbeit auf, wenn man Arbeiter, die sonntags frei hatten, mit jenen verglich, die auch am Sonntag arbeiten mußten. Die Arbeiter, die sich am Sonntag ausruhten, arbeiteten während der Woche härter.

Die Marktlogik legte kruden Kapitalisten wie Henry Clay Frick nahe, daß die »bessere Sorte Arbeiter« ein Mann war, der die ganze Zeit arbeiten wollte, ein Arbeiter, der bereit war, bis an die Grenze des physisch Möglichen zu gehen, um Geld zu verdienen. Aber in der Praxis sprach die Ermüdung eine andere wirtschaftliche Sprache. Im Jahre 1891 gelang es dem italienischen Physiologen Angelo Masso, das Verhältnis zwischen Erschöpfung und Produktivität wissenschaftlich zu erklären. In seinem Buch *La Fatica* wies er nach, daß Menschen Ermüdung empfinden, lange bevor sie an die Grenze ihres Leistungsvermögens kommen; das Gefühl der Ermüdung ist ein Schutzmechanismus, durch den der Körper seine eigenen Energien kontrolliert und ihn somit vor Verletzungen schützt, die »eine geringere Sensibilität« dem Organismus zufügen würde.[16] Das Einsetzen dieser Schutzempfindung der Ermüdung markiert den Augenblick, in dem die Produktivität drastisch zu sinken beginnt.

Das Streben nach Komfort im 19. Jahrhundert steht in diesem Kontext. Weniger anstrengendes Reisen und bequemere Möbel entwickelten sich zunächst als Versuche, dem von der Arbeit erschöpften Körper neue Kraft zu geben. Aus diesen Anfängen entwickelte sich der Komfort aber in eine andere Richtung, er wurde zum Synonym für *individuellen* Komfort. Die Bequemlichkeit setzte die Empfänglichkeit einer Person für äußere Reize herab und erlaubte es der ruhenden Person, sich von anderen Menschen zurückzuziehen.

Der Sessel und die Kutsche

Die Griechen des Altertums im Andron, das römische Ehepaar im Triclinium, lagen gesellig auf einer Liege oder standen zusammen. Diese gesellige Haltung des ruhenden Körpers bildete einen Gegensatz zu der »pathetischen« oder verwundbaren Sitzhaltung im antiken Theater. Im Mittelalter wurde das Sitzen in einer Position, die eher ein Hocken war, zu einer geselligen Haltung, wenn dies auch vom gesellschaftlichen Rang des Sitzenden abhing. Das verbreitetste Möbel zum Ausruhen war der niedrige Hocker ohne Rückenlehne oder niedrige Truhen; Stühle mit Lehne waren Personen von Rang vorbehalten. Im 17. Jahrhundert bestimmte eine ausgeklügelte Etikette, wie, wann und mit wem Menschen saßen, so zum Beispiel im Versailles Ludwigs XIV. Eine Gräfin hatte in Anwesenheit einer Prinzessin königlichen Geblüts zu stehen, durfte aber in Anwesenheit einer Prinzessin, die nicht königlichen Geblüts war, auf einem Hocker sitzen; eine Prinzessin, ob nun königlichen Geblüts oder nicht, durfte in jedem Fall in Sesseln mit Armlehnen sitzen – außer in Anwesenheit des Königs oder der Königin; dann stand eine Prinzessin nicht königlichen Geblüts auf, während eine Prinzessin königlichen Geblüts sitzen bleiben durfte – wenn auch nur auf einem Stuhl ohne Armlehnen. Das Stehen wurde zu einer unterwürfigen Haltung; jede Person, von Prinzessinnen bis zu den Dienern, stand in Anwesenheit gesellschaftlich Höhergestellter, die selbst den Komfort des Sitzens genossen.

In der Aufklärung wurden die Sessel bequemer und spiegelten eine allmähliche Abkehr von den höfischen Mustern von Versailles wider. Die Rückenlehne des Sessels wurde so wichtig wie der Sitz, die Lehne neigte sich, so daß der Sitzende sich in sie hineinlehnen konnte; die Armlehnen wurden niedriger, so daß der Sitzende sich freier bewegen konnte. Diese Veränderungen wurden um das Jahr 1725 deutlich; sie drückten sich auch in den Bezeichnungen der Sessel aus, die sich an die Natur anlehnten – wie etwa die *bergère*, der »Schäferstuhl«, auf dem wohl niemals ein wirklicher Schäfer saß. Der Möbelhersteller Roubo warb damit, daß eine Person in solchen Sesseln ihre Schultern anlehnen konnte, »während der Kopf völlig frei bleibt, um das Desarrangement der Frisur sowohl der Damen als auch der Herren zu vermeiden«.[17] Der Komfort des 18. Jahrhunderts schuf Bewegungsfreiheit selbst beim Sitzen, der Sitzende lehnte sich nach jeder beliebigen Seite und sprach mit allen Anwesenden. Diese Freiheit, sich beim Sitzen zu drehen und zu bewegen, kennzeichnete die einfachsten Stühle des 18. Jahrhunderts ebenso wie die teuersten; die schönen hölzernen »Windsor«-

Förmlicher Sessel, spätes 18. Jahrhundert.

Der bequeme Sessel, Mitte des 19. Jahrhunderts.

Stühle, die arme englische und amerikanische Häuser schmückten, stützten den Rücken ebenso wie die Bergère des Adligen, und öffneten sich weit, um freie Bewegung zu ermöglichen.

Die Stühle des 19. Jahrhunderts veränderten diese Erfahrung des geselligen Sitzens auf subtile, aber folgenreiche Weise; das ging vor allem auf neue Formen der Polsterung zurück. Um das Jahr 1830 hatten Stuhl- und Sesselmanufakturen begonnen, Sprungfedern unter den Sitzen und an den Rückenlehnen anzubringen; über die Federn legten die Hersteller schwere Polsterkissen. Für die Füllung verwandten sie entweder Pferdehaar oder Wollflocken, ein Nebenprodukt der neuen mechanischen Spinnmaschinen. Die Sessel, Divane und Sofas wurden auf diese Weise riesengroß. Der französische Polsterer Dervilliers begann 1838 mit der Herstellung solcher Sessel, die er *confortables* nannte. Er ließ ihnen verschiedene andere Modelle folgen, etwa den *confortable senateur* von 1863 und die *confortable gondole* von 1869, die einem Boot glich, in das der oder die Sitzende sich seitwärts fallen ließ. Bei all diesen Sesseln sank der Körper tief in die Polster und verlor viel an Bewegungsfreiheit. Mit dem Fortschreiten der Massenproduktion, besonders dem mechanischen Weben von Kissen, waren Sessel einem breiterem Kundenkreis erschwinglich. Der »bequeme Sessel« war der ganze Stolz im Heim eines Arbeiters oder Buchhalters, er diente als Rückzugsort von den Sorgen der Welt. Der Komfort dieser Sessel, glaubt der Historiker Sigfried Giedion, bedeutete »Entspannung in einer freien, ungezierten Haltung, die weder Sitzen noch Liegen genannt werden kann«.[18]

Ließ sich der Mensch des 19. Jahrhunderts zur Entspannung in den Sessel sinken, wurde sein Körper unbeweglich. Dieselbe Stillegung des Körpers war auch für den Schaukelstuhl des 19. Jahrhunderts kennzeichnend. In seiner Form des 18. Jahrhunderts kommt, wie beim Windsor-Schaukelstuhl, die beruhigende Bewegung direkt vom Stoß der Füße des Sitzenden; als Hersteller im 19. Jahrhundert diesen Stühlen Federn einbauten, hatte das kompliziertere mechanische Bewegungen zur Folge. Im Jahr 1853 wurde das erste amerikanische Patent für das angemeldet, was wir heute den Bürokippstuhl nennen. Sein Schaukeln mittels Federn und Spiralen bedeutete, daß »Entspannung« sich aus kleinen und oft »unbewußten Veränderungen der Sitzposition« ergab.[19] Das Zurücklehnen in einem von Federn unterstützten, kippenden Bürostuhl ist eine andere körperliche Erfahrung als das Zurücklehnen in einem hölzernen Schaukelstuhl; der Körper bewegt sich weniger; die Federn übernehmen die Aufgabe der Füße.

Die Verbindung von Komfort und passiver körperlicher Haltung trat auch bei dem privatesten aller Sitzakte in Erscheinung. Die Entwicklung der Toilette mit Wasserspülung in der Mitte des 19. Jahrhunderts setzte das Streben nach Hygiene des 18. Jahrhunderts fort. Doch die Klobecken aus Porzellan und die Holzsitze der viktorianischen Zeit überstiegen Nützlichkeitserwägungen bei weitem. Ihre Becken hatten erstaunliche Formen, ihr Porzellan war bemalt, die aufwendigeren dieser Toiletten waren als Möbelstücke gedacht; ihre Hersteller gingen davon aus, daß die Menschen sich ausruhen, wenn sie auf ihnen saßen, genauso, wie sie auf anderen

Sesseln saßen. Einige waren mit Zeitungshaltern ausgestattet, andere mit Halterungen für Gläser und Teller; sogar der einfallsreiche »Schaukel-Crapper«, benannt nach seinem Erfinder, wurde auf seinen Weg in den viktorianischen Kommerz geschickt.

Die Entleerung des Darms wurde im 19. Jahrhundert zu einer Privatangelegenheit – ganz im Unterschied zu der Gewohnheit eines Jahrhunderts zuvor, als die Menschen sich, auf einer *chaise-percée*, unter der ein Nachtopf stand, sitzend, mit Freunden unterhielten. In dem Zimmer, das nun Badewanne, Waschbecken und Toilette enthielt, saß man still, sinnend, vielleicht lesend oder trinkend und ließ im wörtlichen Sinne fahren, völlig ungestört. Eben dieser Rückzug fand auch in den Ruhesesseln in zugänglicheren Teilen des Hauses statt. Dies waren Sessel, in denen ein von der Arbeit erschöpfter Mensch das Recht hatte, nicht gestört zu werden.

Auch das Sitzen während der Reise folgte dem Muster individualisierten Komforts. Dervilliers' Polstertechniken griffen auf die Gestaltung des Inneren von Kutschen über; die Federn unter den Kutschen fingen Stöße und Erschütterungen besser ab. Der Komfort der Kutsche machte die Erhöhung ihrer Geschwindigkeit für die Reisenden erträglich.

Dieser Wandel veränderte die sozialen Bedingungen des Reisens. Der europäische Eisenbahnwaggon des 19. Jahrhunderts plazierte sechs bis acht Passagiere in einem Abteil, wo sie einander gegenübersaßen, eine Sitzordnung, die von den großen pferdegezogenen Kutschen einer früheren Zeit abgeleitet war. Als diese Anordnung zum ersten Mal auftauchte, sagt der Historiker Wolfgang Schivelbusch, rief sie ein Gefühl der Verlegenheit hervor, da die Menschen einander in relativer Stille gegenübersaßen. Der Lärm der pferdegezogenen Kutschen war verschwunden.[20] Das vergleichsweise ruhige Rollen des Eisenbahnwaggons gestattete jedoch den Menschen, still zu lesen.

Der Eisenbahnwaggon, gefüllt mit dicht nebeneinandersitzenden Körpern, Menschen, die lasen oder still aus dem Fenster blickten, markierte einen großen sozialen Wandel im 19. Jahrhundert: Das Schweigen wurde zu einem Schutzwall individueller Privatheit. Auf den Straßen wie im Zugabteil begannen die Menschen es als ihr Recht zu betrachten, nicht von Fremden angesprochen zu werden, etwas, was nun zunehmend als Verletzung der Privatsphäre angesehen wurde. In Hogarths London oder Davids Paris hatte das Ansprechen eines Fremden nicht die geringste Konnotation einer Verletzung der Privatsphäre; in der Öffentlichkeit erwarteten die Menschen, daß man sie ansprach, so wie sie selbst andere ansprachen.

Der amerikanische Eisenbahnwaggon, wie er um 1840 entwickelt wurde, versetzte seine Passagiere in eine Position, die den Wunsch, in Ruhe gelassen zu werden, praktisch sicherstellte. Es gab keine Abteile, und die Passagiere saßen alle mit dem Blick nach vorne. Statt in ein Gesicht sah man auf den Hinterkopf eines Mitreisenden. Häufig legten die amerikanischen Züge, gemessen an Europa, riesige Distanzen zurück, und es überraschte Besucher aus der Alten Welt, daß man den amerikanischen Kontinent durchqueren konnte, ohne auch nur ein Wort an irgend jemanden richten zu müssen, obwohl es keine physischen Hindernisse zwischen den Menschen im Waggon gab. Vor dem Zeitalter des Massentransports, stellte der Soziologe Georg Simmel fest, waren Menschen selten gezwungen gewesen, lange schweigend zusammenzusitzen und nur vor sich hin zu starren. Diese »amerikanische« Sitzweise tauchte in Europa bald auch in Cafés und Pubs auf.

Das Café und der Pub

Europäische Cafés verdanken ihren Ursprung dem englischen *coffeehouse* des frühen 18. Jahrhunderts. Einige Kaffeehäuser begannen als bloße Anhängsel von Kutschenstationen, andere als selbständige Unternehmen. Die Versicherungsgesellschaft Lloyd's of London fing als Kaffeehaus an, und die Regeln der Geselligkeit, die in ihm herrschten, wurden zum Vorbild anderer Kaffeehäuser. Der Kauf eines Bechers Kaffee gab jeder Person das Recht, mit jedem anderen Anwesenden zu reden.[21]

Es war mehr als bloße Geschwätzigkeit, was Fremde dazu brachte, im Kaffeehaus miteinander zu sprechen. Man konnte auf die Weise wichtige Informationen über die Bedingungen im Lande oder in der Stadt und über geschäftliche Entwicklungen erhalten. Waren soziale Rangunterschiede im Aussehen und in der Sprech-

DAS CAFÉ UND DER PUB 423

Männerabteil eines amerikanischen Eisenbahnwaggons, 1847.

weise der Menschen auch offensichtlich, ignorierte man sie, solange man zusammen trank und sich unterhielt. Das Erscheinen der modernen Zeitung im späteren 19. Jahrhundert verstärkte den Impuls, miteinander zu reden, eher noch. Die Zeitungen hingen an Ständern aus und boten einen Reichtum an Diskussionsthemen – das geschriebene Wort erschien den Kaffeehausbesuchern keinesfalls verläßlicher als die Rede.

Das französische Café des Ancien Régime entlehnte seinen Namen vom englischen Kaffeehaus und hatte ähnliche Regeln: Fremde diskutierten miteinander, tauschten Klatsch aus und suchten Informationen. In den Jahren vor der Revolution entstanden politische Zirkel oft aus diesen Treffen im Café. Zunächst trafen sich auch unterschiedlich ausgerichtete Gruppen im selben Café – zum Beispiel in dem Café Procope auf dem linken Seineufer; bei Ausbruch der Revolution aber hatten alle konkurrierenden politischen Gruppen in Paris ihr eigenes Café. Während und nach der Revolution besaß das Palais Royal die größte Café-Dichte; hier begann im frühen 19.

Jahrhundert ein Experiment, das das Café in eine soziale Institution verwandeln sollte. Es bestand einfach darin, ein paar Tische außerhalb der hölzernen Galerie aufzustellen, die die Arkaden des Palais Royal vom Park trennte. Diese Tische waren von allen zu sehen, boten aber auch die beste Aussicht auf die Passanten; sie dienten der Schaulust, nicht der Verschwörung.

Der Bau der großen Pariser Boulevards durch Baron Haussmann, besonders der Straßen des Zweiten Netzes, ermutigten eine solche Nutzung des Raums vor den Cafés; die breiten Straßen boten dem Café viel mehr Raum, sich auszubreiten. Außer den Boulevards gab es zwei weitere Mittelpunkte des Cafélebens in Haussmanns Paris, einen bei der Opéra, wo das Grand Café, das Café de la Paix und das Café Anglais zu finden waren, das andere im Quartier Latin; dort waren das Voltaire, das Soleil d'Or und das François Premier die berühmtesten Cafés. Die Besucher der großen Cafés kamen im 19. Jahrhundert aus den mittleren und oberen Klassen, der Getränkepreis schreckte weniger wohlhabende Kunden ab. Zudem verhielten sich die Pariser in diesen riesigen Cafés wie die Amerikaner in ihren Zügen; wer ins Café ging, tat dies in der Erwartung, in Ruhe gelassen zu werden. Das Schweigen der Menschen in diesen großen Etablissements gefiel der Arbeiterklasse nicht, die der Geselligkeit der *cafés intimes* in den Nebenstraßen treu blieb.

Saß man an einem Tisch draußen vor einem großen Café, erwartete der Ober, daß man länger blieb; wer von Café zu Café ziehen wollte, stellte sich an die Bar. Die Bedienung an den Außentischen war weit langsamer als an der Bar. In den 70er Jahren zum Beispiel wurde es allgemein üblich, die ältesten Kellner zu den Tischen vor dem Café zu schicken, da die dort sitzenden Gäste deren Langsamkeit nicht als Nachteil empfanden. Sie saßen schweigend da, sahen die Menschen vorbeiziehen – als Individuen, jeder verloren in die eigenen Gedanken.

In London gab es zur Zeit Forsters einige große Cafés im französischen Stil nahe dem Piccadilly Circus, aber natürlich waren Pubs weit verbreiteter. Bei aller Gemütlichkeit hatten aber die Edwardischen Pubs in London einige der Gewohnheiten der kontinentalen Kaffeehäuser übernommen; an der Bar stehend, ließ man sich gerne auf Diskussionen ein, anderswo konnte man allein und schweigend sitzen. In Paris waren Cafés meistens ebenso eine Frage der Nachbarschaft wie die Pubs in London: »Im Boulevard-Café oder in dem an der Opéra und im Quartier Latin war der *habitué,* nicht der Tourist und auch nicht der Elegant, der eine Halbweltdame ausführte, das Rückgrat des Cafébetriebs.«[22] Natürlich bezog sich der Pub räumlich nicht so sehr auf die Straße, wie es das Café tat; er war eher eine Zufluchtsstätte, erfüllt von einem Geruchsgemisch aus Bier, Wurst, Schweiß und Urin. Aber auch der auf einer Caféterrasse die Zeit vertrödelnde Pariser war von der Straße abgeschnitten; er bewohnte ein Reich wie das des reisenden Amerikaners, der einen Kontinent schweigend durchquerte. Die Menschen auf der Straße erschienen nun als Szenerie, als ein Schauspiel. »Für einen Ausländer hat eine halbe Stunde, die er auf den Boulevards oder auf einem Gartenstuhl in den Tuilerien verbringt, die Wirkung einer überaus unterhaltsamen Theatervorstellung«, schrieb der Reisende Augustus Hare.[23]

Die Masse draußen, zum Spektakel geworden, hatte nichts mehr von der Bedrohlichkeit des revolutionären Mobs an sich – noch stellten die Menschen auf der Straße irgendwelche Ansprüche an einen Gast, der sein Bier oder seine »fine« genoß. Im Jahr 1808 verbrachten Polizeispione auf der Suche nach gefährlichen politischen Elementen in Paris einen Gutteil ihrer Zeit damit, Cafés zu infiltrieren; 1891 löste die Polizei das mit der Überwachung von Cafés betraute Büro auf. Ein öffentlicher Bereich aus sich bewegenden und zuschauenden Individuen war nicht länger – weder in Paris noch in London – eine politische Domäne.

Wie auch der Sessel bot das Café einen Raum der Bequemlichkeit, der das Passive mit dem Individuellen verband. Trotzdem war und blieb das Café äußerst urban und kultiviert. Man war und ist umgeben vom Leben, selbst wenn man Distanz hält. Der Raum der Bequemlichkeit nahm eine weitere Wendung nach innen, als die Stadtarchitektur allmählich mechanisch verschlossen wurde.

Geschlossener Raum

Die Planer des 18. Jahrhunderts wollten eine gesunde Stadt nach dem Modell des gesunden Körpers schaffen. Wie der Urbanist Reyner Banham festgestellt hat, war die Bautechnologie jener Zeit nur sehr begrenzt in der Lage, dieses Ziel zu verwirklichen. Die Häuser waren entweder zugig oder muffig, die Bewegung der Luft in ihnen unvernünftig, der Wärmeverlust, sofern es überhaupt eine Heizung gab, außerordentlich.[24] Im späten 19. Jahrhundert begann man sich diesen Lüftungsproblemen in Steinbauten zuzuwenden.

Die Einführung der Zentralheizung mag nicht wie ein großartiges Ereignis in der Geschichte der westlichen Zivilisation erscheinen, kaum mehr als die Erfindung des Polstersessels. Und doch schuf die Zentralheizung zusammen mit späteren Errungenschaften bei der Innenbeleuchtung, Klimaanlagen und der Müllabfuhr, Gebäude, die den Traum der Aufklärung von einer gesunden Umgebung erfüllten. Allerdings zahlten die Menschen dafür einen gesellschaftlichen Preis. Denn diese Erfindungen isolierten die Häuser von ihrer urbanen Umgebung.

Benjamin Franklin verdanken wir die Idee, einen Raum statt mit einem offenen Feuer mit zirkulierender heißer Luft zu heizen. Im Jahr 1742 schuf Franklin den ersten »Franklin-Ofen«. Der Erfinder der Dampfmaschine, James Watt, heizte seine eigenen Büroräume 1748 mit Dampf; große Gebäude wurden im frühen 19. Jahrhundert zum ersten Mal dampfgeheizt. Der Boiler, der den Dampf produzierte, konnte auch Wasser erhitzen, das über Rohre in die Wohnräume geleitet wurde. Man brauchte keine Diener mehr, die das warme Wasser brachten, nachdem sie es in der Küche erhitzt hatten. Im Jahr 1877 führte Birdsill Holly in New York die ersten Experimente durch, die darauf zielten, mehrere Gebäude mit Dampfheizung und heißem Wasser aus einem einzigen Boiler zu versorgen.

Diese Erfindungen brachten zwei Probleme mit sich: Die Häuser waren so schlecht isoliert, daß die heiße Luft nach draußen entwich; sie waren so schlecht belüftet, daß sie sich drinnen nicht bewegte. Das Ventilationsproblem wurde teilweise gelöst durch die

Entwicklung der Druckluft-Heizung in den 1860ern, aber das Problem der mangelnden Dämmung der Gebäude blieb bestehen. Als die Architekten anfingen, Gebäude abzudichten, konnten sie auch das Problem einer effizienteren Luftzirkulation in Angriff nehmen. Verbrauchte Luft wurde nach draußen abgesaugt. Die Entwicklung wirkungsvoller, flexibler Dämmstoffe kam spät, am Anfang des 20. Jahrhunderts; die Bemühungen des 19. Jahrhunderts konzentrierten sich auf wirkungsvolles Abdichten mit architektonischen Mitteln. Ein Weg, dies zu tun, war, neue Materialien wie durchgehende Glasscheiben zu benutzen, um Fensteröffnungen besser zu isolieren, eine Entwicklung, die zum ersten Mal in Warenhäusern der 1870er umgesetzt wurde; die andere war, Luftschächte die Aufgabe der Fenster übernehmen zu lassen. Das gigantische Royal Victorian Hospital, das 1903 in Belfast in Nordirland fertiggestellt wurde, setzte Schächte dieser Art ein.

Gebäude abzudichten setzte sich auch dank der Fortschritte in der Beleuchtung durch. Die Gaslampen der Gebäude aus dem 19. Jahrhundert leckten gewöhnlich, oft war dies gefährlich. Thomas Edisons Erfindung des elektrischen Lichts im Jahre 1882 wirkte sich deshalb auch auf die Architektur aus, zuerst in Großbritannien, dann, einige Jahre später, in Frankreich und Deutschland. Im Jahr 1882 begann das elektrische Licht auch bei der Straßenbeleuchtung die Gaslaternen zu ersetzen. Innenräume ließen sich nun besser nutzen. Auch fensterlose Räume waren mit gleichmäßigem elektrischen Licht erhellt. Die neue Technologie brach die alte Verbindung zwischen Tageslicht und Innenraum.

All diese Technologien ließen sich in schon existierende städtische Gebäude einbauen. Elektrische Leitungen konnten an die Stelle der älteren Gasleitungen treten; Heizungsrohre und Luftschächte ließen sich in Fußböden verlegen oder in Treppenhäusern installieren. Die größte Ursache körperlicher Unbequemlichkeit in großen Häusern, das Treppensteigen, führte zu einer weiteren Erfindung. Die Überwindung dieser körperlichen Anstrengung durch die Technologie des Aufzugs führte zur Geburt des Wolkenkratzers. Der Aufzug wurde das erste Mal 1846 in Häusern eingesetzt, zunächst von Menschenkraft angetrieben, von Männern, die an Gegengewichten zogen. Später übernahmen Dampfmaschinen diese Rolle; das Dakota Apartment House in New York und das Connaught Hotel in London benutzten eine Hydraulik, um den Aufzug zu bewegen. Die Zukunft des Lifts hing von seiner Sicherheit ab, und Elisha Graves Otis machte ihn 1857 zu einer sicheren Maschine, indem er automatische Bremsen erfand, die ihn zum Stillstand brachten, wenn der Strom ausfiel.

Für uns sind Aufzüge heute so selbstverständlich, daß wir nicht ohne weiteres die Veränderungen wahrnehmen, die sie in unserem Körper bewirkt haben; die gymnastische Anstrengung des Steigens ist weithin ersetzt worden durch das Stillstehen bei der Aufwärtsbewegung. Zudem gestattete der Aufzug die Entstehung von Gebäuden, die auf völlig neue Weise geschlossene Räume waren; in wenigen Sekunden kann man sich über die Straße, und alles, was dazugehört, erheben. In modernen Gebäuden, die ihre Aufzüge mit unterirdischen Parkgaragen verbinden, kann ein passiv bewegter Körper jeden physischen Kontakt mit der Außenwelt verlieren.

Auf all diesen Wegen führte die Geographie der Geschwindigkeit und die Suche nach Bequemlichkeit die Menschen in jene Isolation, die Tocqueville »Individualismus« taufte. Dennoch werden in einem Zeitalter, dessen architektonisches Wahrzeichen die Flughafenwartehalle ist, nur wenige Menschen durch die alten, stucküberladenen Straßen des Edwardischen London gehen und denken: »Wie langweilig!« Andererseits haben die Räume und die Technologie des Komforts in der modernen Stadt auch wirklich Erfreuliches hervorgebracht. Ein New Yorker könnte etwa an ein vielgeliebtes Gebäude denken, das innerhalb von fünfzehn Jahren nach der Abfassung von *Howards End* errichtet wurde: der Ritz Tower an der nordwestlichen Ecke der 57ten Straße und Park Avenue. Zentralgeheizt und mit einem Belüftungssystem versehen, einundvierzig Stockwerke hoch, war der Ritz Tower 1925, als er eröffnet wurde, der erste Wolkenkratzer, der ausschließlich aus Wohnungen bestand, und das erste Haus dieser Art in der westlichen Welt. Sein gestufter Aufbau, erzwungen von einem Baugesetz von 1916, bedeutete, daß es himmlische Terrassen hatte, der Blick war damals noch unbegrenzt und frei. »Es war der Inbegriff des Senkrechten…«, schreibt die Architekturhistorikerin Elizabeth Hawes,

»wie ein Teleskop verengte es sich, seine zurückgesetzten Stockwerke reckten sich in die Wolken .«[25]
Der Ritz Tower war ebenso effizient wie dramatisch; die innere Heiz- und Belüftungstechnik des Erbauers Emery Roth war makellos in Design und Ausführung, so daß die Bewohner eines Ritz Apartments nicht länger auf das Fenster angewiesen waren. Selbst heute noch, da der Ritz Tower von anderen Wolkenkratzern umgeben und Park Avenue in diesem Bereich ständig von Verkehr verstopft ist, herrscht im Inneren des Gebäudes eine große Ruhe, eine Art Frieden im Herzen der neurotischsten Stadt der Welt. Warum also Widerstand leisten? *Howards End* gibt eine der Antworten.

4. DER NUTZEN DER ENTWURZELUNG

Gegen die soziale Organisation von Geschwindigkeit, Komfort und Effizienz beschwört E. M. Forster die Tugend einer psychologischeren Art von Bewegung, eine, die Menschen daran hindert, sich sicher zu fühlen. Der Autor scheint auf den ersten Blick für diese Aufgabe nicht besonders geeignet; der Mann, der »Only connect...« einklagte, erklärte auch, in *Two Cheers for Democracy*: »Ich bin ganz gegen große Ideen und Anliegen, und müßte ich mich entscheiden, entweder mein Land oder meinen Freund zu verraten, so hätte ich hoffentlich genug Mumm, mein Land zu verraten.«[26] In *Howards End* reflektiert die Heldin: »Der Menschheit Gutes zu tun, das war nutzlos; was in dieser Hinsicht geschah, breitete sich nur über den riesigen Bereich hin wie ein dünner Schleier und überzog schließlich alles mit einem einzigen Grau«; statt dessen »einem einzelnen Gutes tun oder... ein paar einzelnen, das war das Äußerste, worauf sie zu hoffen wagte.«[27] Die Welt des Künstlers erscheint klein und partikular. Aber in diesem intimen Rahmen gibt es Herausforderungen, die das Konzept des Komforts in Frage stellen. Der Autor der Romans überzeugt uns, daß sie notwendig sind.

Howards End schildert die Geschicke dreier Familien, die sich in dem bescheidenen englischen Landhaus Howards End kreuzen.

Die Familie Wilcox lebt hauptsächlich für Geld und Prestige, bringt aber auch enorme Energie und Entschlossenheit auf; sie sind Teil der neuen urbanen Elite. Die Familie Schlegel besteht aus den zwei verwaisten, aber einigermaßen wohlhabenden Schwestern Margaret und Helen und deren jüngerem Bruder. Ihr Leben ist ganz auf die Kunst und auf persönliche Freundschaften auf hohem Niveau ausgerichtet. Hinzu kommen noch der gesellschaftlich weit unter ihnen stehende junge Buchhalter Leonard Bast und seine Frau.

Die Komposition einer Romanhandlung ist nicht Forsters Stärke. Deshalb lesen sich seine Geschichten oft wie abstrakte Kreuzworträtsel, in denen am Ende alles zusammenpaßt. Helen Schlegel hat eine kurze wirre Liebesaffäre mit dem jüngeren der beiden Wilcox-Söhne. Mrs. Wilcox stirbt; ihr Mann heiratet die ältere der Schlegel-Schwestern, Margaret; sowohl Helen als auch die anderen Wilcox-Kinder sind gegen die Heirat. Helen freundet sich mit dem Buchhalter Leonard Bast an und schläft mit ihm; es stellt sich heraus, daß Basts Frau die Geliebte des alten Mr. Wilcox während dessen erster Ehe war. Das Dénouement all dieser Geschichten trägt sich auf Howards End zu, als der ältere der beiden Wilcox-Söhne Leonard Bast tätlich angreift, der aufs Land gekommen ist, um seine geliebte Helen zu finden. Leonard stirbt; der Wilcox-Sohn wird des Totschlags angeklagt und wandert ins Gefängnis; das Unglück versöhnt den alten Wilcox mit seiner Frau; die unverheiratete Schwester und ihr Kind ziehen in Howards End ein.

Was den Roman rettet, sind die Entwurzelungen seiner handelnden Personen. Diese Geschichte der Entwurzelung beschreibt Forster in geradezu sezierender Prosa. Um sie besser zu verstehen, ist es hilfreich, *Howards End* als die Hälfte eines größeren Vorhabens zu sehen, denn der Roman steht in Verbindung mit einem anderen – *Maurice* –, den Forster 1910 unmittelbar nach der Veröffentlichung von *Howards End* zu schreiben begonnen hatte. Der zweite Roman erzählt die Geschichte einer homosexuellen Liebe zwischen einem Börsenmakler der oberen Mittelschicht und einem ungebildeten Wildhüter. Eine Geschichte, die die Grenzen von Sex und Klasse durchbricht, hätte nach den Standards von Forsters Zeit im Desaster enden müssen; statt dessen schließt *Maurice* mit dem vollkommenen Glück des ansonsten konventionellen und an seine

Klasse gebundenen Gentleman in den Armen eines Dieners. Forster sagte dazu: »Ein Happy End war absolut notwendig... Ich war entschlossen, daß wenigstens in der Fiktion zwei Männer sich ineinander verlieben sollten und ihre Liebe in dem Immer und Ewig, das die Fiktion gestattet, weiterging.«[28]
Howards End erzählt auch eine Geschichte von verbotenem Sex zwischen Menschen, die verschiedenen Klassen angehören. Das ist die Geschichte von Helens Liebesnacht mit Leonard Bast. *Howards End* endet nicht mit dem »für immer und ewig« der fiktiven Liebe, die *Maurice* beschließt. Statt dessen gibt es einen Mord: Die konformistischste und respektabelste Figur des Romans erschlägt Leonard Bast und verschwindet im Gefängnis. Auch ein Betrug wird aufgedeckt: Margaret Schlegel erfährt, daß ihr Mann sie belogen hat – sowohl was Sex als auch was Geld anbelangt. Und es gibt auch – zumindest für eine Gestalt – ein glückliches Ende: die unerschrockene, wegen ihrer Affäre gesellschaftlich geächtete Helen zieht mit ihrem unehelichen Sohn in das Landhaus Howards End. Alle anderen Gestalten in *Howards End* finden sich am Ende des Romans in einem Zustand existentieller Unsicherheit wieder. Die Bestätigung einer Identität, wie Maurice sie in seiner Homosexualität findet, fehlt ihnen. Aber der Verlust der Sicherheit hat eine bezeichnende Wirkung: Die Gestalten von *Howards End* sind gezwungen, sich mit der Welt auseinanderzusetzen und andere Menschen stärker wahrzunehmen. Forster sah die Entwurzelung etwa so, wie Milton sich in *Paradise Lost* die Vertreibung aus dem Garten Eden vorstellte. In Forsters Roman haben persönliche Entwurzelungen eine spezifisch soziale Dimension.

Forsters Leser mögen zunächst angenommen haben, die Schlegelschwestern zum Beispiel nur zu gut zu verstehen, denn sie schienen dem Bild der jungen ungebundenen Frau jener Zeit zu entsprechen. Die unabhängige, unverheiratete junge Frau erschien zum ersten Mal 1888 in den Seiten von *Macmillan's Magazine,* wo sie zugleich mit Bewunderung und Herablassung dargestellt wurde: sie sei nicht bereit, »in einer Position der Abhängigkeit und Unterwerfung« zu leben, sie wolle »die größtmögliche Menge an Vergnügen aus jedem Shilling« ziehen, sie suche »Glück und intellektuelles Vergnügen«, kümmere sich aber vergleichsweise wenig um soziale Fragen.²⁹ Dieser Prototyp der jungen Frau bezahlte ihre Freiheit mit dem Verlust von Sexualität und Mutterschaft. Aber im Verlauf von *Howards End* stellt sich heraus, daß diese Typisierung auf Margaret und Helen Schlegel nicht zutrifft. Margaret findet sexuelle Erfüllung mit dem alten Wilcox, obwohl sie innerlich weiterhin von ihm unabhängig bleibt. Helen verstößt noch radikaler gegen die geläufigen Vorstellungen, da sie zu einer unverheirateten, aber glücklichen Mutter wird. Dennoch verstehen die Schwestern selbst nicht ganz, was sie getan haben, und am Ende des Romans haben sie es aufgegeben, sich zu erklären oder einander zu analysieren.

Howards End ist ein ungewöhnlicher Roman, weil die Figuren beharrlich versuchen, in der sinnlichen Auseinandersetzung mit ihrer Umwelt – über Aussehen, Berührung, Geruch – zu verstehen, wer sie sind. Wie die des Geschlechts brechen allmählich auch die Stereotypen des Ortes auseinander. Als Margaret Schlegel zum Beispiel das erste Mal die niedrigen Räume von Howards End mit ihren Deckenbalken sieht, glaubt sie, Unschuld und Frieden gefunden zu haben: »Salon, Eßzimmer, Halle – hier waren einfach drei Räume, wo Kinder spielen und Freunde sich vor dem Regen unterstellen konnten.«³⁰ Dagegen stellt sie »das Phantom der Großmächtigkeit, wie London es begünstigt«, das »für immer gebannt [war], als sie von der Halle von Howards End in die Küche hinüberspazierte und das Regenwasser dahin und dorthin rinnen hörte, wo das Dach als Wasserscheide es teilte«.³¹ Am Ende des Romans funktionieren diese Stereotype nicht mehr.

Forster bereitet diese Veränderung vor, als er Henry Wilcox, schwer getroffen vom Unglück seines Sohnes, zu Margaret sagen läßt: »Ich weiß nicht, was ich tun soll ... Ich bin gebrochen – ich bin am Ende.« Der Roman könnte an dieser Stelle in sentimentales Pathos abkippen. Forster rettet ihn durch Margarets Reaktion: »Auch jetzt stieg keine Wärme in ihr auf... sie schloß den Leidenden nicht in die Arme... Er schleppte sich zu Margaret und bat sie, sie möge ihm helfen und alles tun, was in ihren Kräften stünde. Sie tat, was am einfachsten schien – sie brachte ihn nach Howards End, wo er sich erholen sollte.«³² Margarets Mann ist tief getroffen, für sie indessen ist das der Punkt, an dem ihr eigenes selbstän-

Rooksnest, das Vorbild für Howards End.

diges Leben beginnt. Wenn er wieder zu sich kommen will, muß er ohne die frommen Klischees leben, die seine Vergangenheit bestimmt haben – er muß ihre »ruinierte« Schwester akzeptieren, und er muß Margarets eigene Unabhängigkeit anerkennen. Dieser Ort wird ihn prüfen und verändern. Die vielleicht subtilste Aussage des Romans liegt in Margarets Mahnung an ihre Schwester, daß sie beide in Howards End »gegen die Gleichheit kämpfen müssen. Unterschiede – ewige Unterschiede, die Gott in eine einzige Familie gesetzt hat, damit es immer Farbe gibt; Kummer vielleicht, aber Farbe im täglichen Grau«.[33] Das Landhaus hat sich mit den Ungewißheiten und Herausforderungen eines intensiven Lebens gefüllt.

Die Gefühle, die man mit einem Ort verbindet, spielten für den Autor eine ebenso große Rolle wie für jede seiner Figuren. Forster gestaltete das Haus des Romans nach dem Vorbild des Hauses, in dem er selbst im Alter von vier bis vierzehn Jahren lebte, bis er mit seiner Mutter ausziehen mußte. Dennoch betrachtete er den erzwungenen Auszug aus dem Haus seiner Kindheit als Glücksfall für seine persönliche Entwicklung: »Hätte das Land mich damals willkommen geheißen, hätte die Tory-Seite meines Charakters sich entwickelt und meine Liberalismen wären verkümmert«; oder, wie er gegen Ende seines Lebens noch eindeutiger formulierte: »Die dort empfangenen Eindrücke... leuchten noch immer... und haben mir einen bestimmten Blick auf Gesellschaft und Geschichte vermittelt. Es ist ein Mittelklassenblick..., und er ist korrigiert worden durch den Kontakt mit jenen, die in diesem Sinne nie ein Zuhause hatten und auch keines wollen.«[34]

Die Entwurzelung wird also in diesem Roman zu etwas ganz anderem als bloßer Bewegung, der verabscheuten sinnlosen Bewegung, deren Inbegriff für Forster das Automobil war. Die Entwurzelung sollte Menschen aufrütteln, sollte sie dazu bringen, sich mehr umeinander und um ihre Umgebung zu kümmern. Somit taucht die Möglichkeit einer »guten« Art von Entwurzelung sogar in den Beschreibungen von London auf, zum Beispiel, als die Schlegelschwestern – wie der junge Autor auf dem Land – ihr Zuhause verlieren. Forster nimmt dazu in verallgemeinernder Form Stellung: »Der Londoner versteht seine Stadt meistens erst dann, wenn sie auch ihn von seinem Ankerplatz wegschwemmt, und so gingen Margaret die Augen erst auf, als der Mietvertrag für Wickham Place [ihre Wohnung] ablief.«[35]

Über sein eigenes Leben sagte Forster einmal zu seinem Freund Forrest Reid: »Ich habe versucht, all die Fragmente, mit denen ich geboren wurde, zu verbinden und zu gebrauchen.«[36] Die Gestalten in seinen Romanen versuchen dasselbe. Und doch fehlt den Orten, an denen Menschen in Forsters Roman zusammentreffen, die »*schlichte Einheit* der Dinge«, die der Philosoph Martin Heidegger sich in seinem Schwarzwaldhof vorstellte, ein Wohnen, das »...den verschiedenen Lebensaltern unter einem Dach das Gepräge ihres Ganges durch die Zeit vorgezeichnet [hat]«.[37] Howards End ist ein Ort, an dem Diskontinuität zu einem positiven Wert wird.

Alfred Kazin sagte über *Howards End*, daß »Forster hoffte, eine entsetzlich klassenstolze, klassenbewußte, klassenverbitterte Gesellschaft könnte doch noch zu einer tieferen, älteren ›Kameradschaft‹ finden«.[38] Sowohl in *Maurice* als auch in *Howards End* wollte Forster diese Hoffnung im Durchbrechen sexueller Barrieren und Klassengrenzen ausdrücken. In *Howards End* jedoch dachte er auch über eine mögliche moderne Bedeutung des Ortes nach. Sein idealer Ort ist nicht das Sanktuarium, die Zuflucht; es ist ein Ort, an dem Menschen lebendig werden, an dem sie die widerstreitenden Elemente in sich und anderen offenlegen, anerkennen und sich mit ihnen auseinandersetzen.

Was kann diese Gesellschaftskritik in der Form eines Romans für uns bedeuten, die wir in Städten des Widerstreits leben, in Städten voller Differenzen – mit unterschiedlichen Rassen, Ethnien, Sexualitäten, Klassen, Altersgruppen? Wäre es möglich, daß eine multikulturelle Gesellschaft Entwurzelung brauchte statt Sicherheit und Komfort?

SCHLUSS
GESELLSCHAFTLICHE KÖRPER
Das multikulturelle New York

1. DIFFERENZ UND INDIFFERENZ

Greenwich Village

Wie so viele andere hatte ich mir den Weg nach Greenwich Village hineingelesen, bevor ich dann vor zwanzig Jahren wirklich dort ankam. Ich lernte es auf den Seiten von Jane Jacobs *Tod und Leben großer amerikanischer Städte* kennen. Das Village erscheint in dem berühmten Buch als *das* prototypische urbane Zentrum, das Gruppen mischt und durch seine Vielfalt stimulierend wirkt. Anders als in Harlem oder in der South Bronx, meinte Jane Jacobs, lebten hier die Rassen konfliktlos zusammen, wie auch die weiße ethnische Mischung aus Italienern, Juden und Griechen. Das Village erschien ihr als moderne Agora im Herzen New Yorks.[1]

Der Ort, den ich vorfand, widerlegte sie nicht. Hatte das Village 1970 auch schon viele der Kinder dieser Immigranten an die Vororte verloren, war doch die Gemeinde noch immer vielfältig und tolerant. Teenager, die woanders warme Betten mit sauberen Laken hatten, schliefen unter freiem Himmel auf dem Washington Square, in den Schlaf gesungen von miteinander wetteifernden nächtlichen Folksängern, von Dieben unbehelligt und unbelästigt von der Nähe derjenigen, die sonst nirgends einen Platz zum Schlafen hatten. Die gepflegten Häuser und Straßen des Village trugen zu dem Eindruck bei, daß dieser Ort sich vom restlichen New York unterschied. Hier schien es noch einen Sinn für die Gemeinschaft auch unter Fremden zu geben, hier war man relativ sicher.

Das Village ist auch heute noch ein Raum der Unterschiede. Es gibt noch immer Konzentrationen von italienischen Familien, die entlang der MacDougal Street leben. Die schönen Häuser und Apartmentblocks der Gemeinde sind noch immer voll von älteren

Menschen, die sich ihre billige Wohnung bewahrt haben und nun unter Neuankömmlingen wohnen, die reicher und jünger sind. Seit den Tagen von Jane Jacobs hat sich eine große homosexuelle Gemeinde am westlichen Rand des Village gebildet, die manchmal von Touristen gestört wird, aber mit den unmittelbaren Nachbarn in relativer Harmonie zusammenlebt. Die Schriftsteller und Künstler, die in Greenwich bleiben, sind, wie ich, Menschen, die kamen, als die Mieten niedrig waren; wir sind alternde, bürgerliche Bohémiens, auf die diese bunte Atmosphäre wie ein Zauber wirkt.

Dennoch kann der bloße Augenschein oft täuschen, wenn es um die Vielfalt und Buntheit der Bevölkerung geht. Jane Jacobs schienen die Menschen im Village so eng zusammenzuleben, daß sie meinte, sie seien zu einer Einheit verschmolzen. In der MacDougal Street besteht jedoch die touristische Aktivität zumeist darin, einander anzuschauen; die Italiener bewohnen den Raum über den Läden und unterhalten sich mit ihren Nachbarn auf der anderen Straßenseite, als gäbe es niemanden unter ihnen. Latinos, Juden und Koreaner finden sich alle entlang der Second Avenue, aber die Straße hinunterzugehen kommt dem Gang durch ein ethnisches Palimpsest gleich, in dem jede Gruppe sich genau an ihr Territorium hält.

Differenz und Indifferenz koexistieren im Villageleben; die bloße Tatsache der Verschiedenartigkeit regt die Menschen nicht zur Interaktion an. Teilweise sicher auch, weil die sozialen Unterschiede im Village im Laufe der letzten zwei Jahrzehnte grausamer geworden sind, grausamer, als *Tod und Leben großer amerikanischer Städte* es sich hätte vorstellen können. Washington Square ist zu einer Art Drogen-Supermarkt geworden; die Kinderschaukeln auf dem Spielplatz im Norden dienen als Steh-Boutiquen für Heroin, die Bänke unter dem Standbild eines polnischen Patrioten als Auslageflächen für alle möglichen Pillen, während an allen vier Ecken des Platzes der Kokainhandel floriert. Es gibt keine jungen Menschen mehr, die auf dem Platz übernachten, und obwohl viele Dealer und ihre Vorposten vertraute Gestalten für die Mütter sind, die ihre Kinder beim Schaukeln beaufsichtigen, oder für die Studenten der nahen Universität, scheinen diese Kriminellen für die Polizei praktisch unsichtbar zu sein.

GREENWICH VILLAGE 441

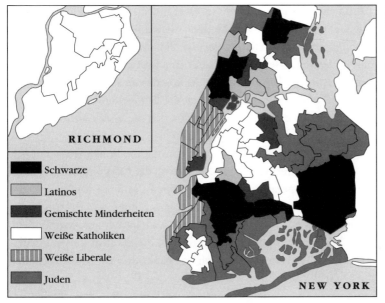

Ethnische
Zusammensetzung
von New Yorks
Wahlbezirken,
ca. 1980.

In seiner *Geschichte des Peloponnesischen Kriegs* versuchte Thukydides die gesellschaftliche Stärke der Stadt Athen zu ermessen, indem er die Grabrede des Perikles neben den Ausbruch der Pest einige Monate später hielt. Nichts dem moralischen Zusammenbruch, den Thukydides schilderte, Vergleichbares geschah, als die moderne Pest AIDS in den Straßen des Village auftauchte. Im westlichen Teil der Gemeinde führte die Ausbreitung der Seuche zu einem stärkeren politischen Engagement der homosexuellen Einwohner. Die städtische Gesundheitsmaschinerie reagierte positiv, wenn auch unzureichend; ein großer Teil dessen, was im West Village an Kunst, Theater und Tanz gemacht wird, befaßt sich mit AIDS.

Am östlichen Rand des Village, wo Greenwich Village allmählich in den großen Armutsbereich der Lower East Side übergeht, sieht es jedoch ganz anders aus. Hier gibt es viele Drogenabhängige beiderlei Geschlechts, die sich mit AIDS infiziert haben, weil sie Spritzen gemeinsam benutzen. Hinzu kommen Frauen, die sich als Prostituierte angesteckt haben. AIDS und Drogen mischen sich am drastischsten in der Rivington Street, die von der Bowery abgeht, einer Straße mit einer Anzahl unbebauter Grundstücke, die wie

Zahnlücken wirken, und mit leerstehenden Häusern, die als »Shooting Galleries« für die Abhängigen dienen. Manchmal sieht man einen jungen Sozialarbeiter, der die Rivington Street hinuntergeht und an verschlossene Türen oder mit Brettern vernagelte Fenster der *Shooting Galleries* klopft, um kostenlose saubere Spritzen anzubieten. Abgesehen davon neigen die Bewohner des Village dazu, die Sterbenden in Ruhe zu lassen; von den Bürgern geduldet, für die Polizei vielleicht profitabel, florieren die *Crackhouses*.

Da es offensichtlich schon nichts bringt, die Polizei auf den Drogenhandel aufmerksam zu machen, sind die Einwohner des Village noch weniger geneigt, wegen der neuen Fremden im Village, der Obdachlosen, Amtshilfe herbeizurufen. Einer Zählung zufolge ist im Sommer fast einer von zweihundert Menschen im Zentrum von New York City obdachlos. Damit liegt die Stadt in dieser Elendsstatistik hinter Kairo, aber noch vor Kalkutta.[2] Im Village schlafen die Obdachlosen auf den Straßen um den Washington Square, halten aber Distanz zur Drogenszene; während des Tages stehen sie vor den Banken. Mein eigener Finanz-»Türsteher« ist der Auffassung, daß die Menschen im Village ihm zwar weniger Geld geben als in wohlhabenderen Stadtteilen, wir ihn dafür aber auch in Ruhe lassen. Genau das – nicht mehr und nicht weniger – ist der Fall; die Menschen lassen einander hier allein.

Im Verlauf der Entwicklung des modernen urbanen Individualismus ist das Individuum in der Stadt verstummt. Die Straße, das Café, das Kaufhaus, die Eisenbahn, der Bus und die U-Bahn sind zu Orten des Schauens geworden, nicht mehr der Unterhaltung. Sind die verbalen Verbindungen zwischen Fremden in der Stadt schwer aufrechtzuerhalten, werden auch Gefühle der Sympathie, die Menschen in der Stadt empfinden mögen, wenn sie um sich blicken, flüchtig – ein Sekunde der Reaktion im Angesicht von Schnappschüssen des Lebens.

So funktioniert die Vielfalt im Village; unsere Agora ist rein visuell. Nirgends lassen sich die Reize des Auges auf Straßen wie der Second Avenue diskutieren, es gibt keinen Ort, wo sie sich kollektiv in ein gesellschaftliches Narrativ formen ließen. Es gibt nicht einmal – was vielleicht wichtig wäre – einen Ort der Zuflucht für die von Krankheit schwer getroffenen Menschen des East Village.

Natürlich bietet das Village wie die ganze Stadt Myriaden formaler Gelegenheiten an, bei denen unsere Bürger gesellschaftliche Beschwerden oder auch Empörung loswerden können. Die politischen Gelegenheiten jedoch übersetzen sich nicht in die alltägliche Praxis der Straße; zudem tragen sie wenig dazu bei, die vielen Kulturen der Stadt auf gemeinsame Ziele einzuschwören.

Es mag eine soziologische Binsenweisheit sein, daß Menschen Unterschiede nicht eben begrüßen, daß Unterschiede Feindseligkeit erzeugen, daß man im besten Fall auf die tägliche Praxis der Toleranz hoffen kann. Diese Binsenweisheit spräche dafür, daß die in einem Roman wie *Howards End* vermittelte erregende persönliche Erfahrung sich kaum auf die Gesellschaft übertragen läßt. Trotzdem war New York mehr als ein Jahrhundert lang eine Stadt, die von einer Vielfalt von Kulturen erfüllt war, von denen viele oft so diskriminiert wurden wie die venezianischen Juden der Renaissance. Die Behauptung, Differenz löse unvermeidlich Scheu und Rückzug aus, kommt der Behauptung gleich, solch eine multikulturelle Stadt könne keine gemeinsame gesellschaftliche Kultur haben; das hieße, sich auf die Seite der venezianischen Christen zu stellen, die sich eine gesellschaftliche Kultur lediglich unter gleichartigen Menschen vorstellen konnten. Zudem bedeutete diese soziologische Binsenweisheit die Leugnung einer tieferen jüdisch-christlichen Glaubensquelle – des Mitleids –, als wäre diese religiöse Kraft im multikulturellen Meer der Stadt versunken.

Wenn New Yorks Geschichte die allgemeine Frage aufwirft, ob eine gesellschaftliche Kultur aus menschlichen Unterschieden entstehen kann, dann faßt das Village diese Fragestellung noch enger: Wie kann diese vielfältige gesellschaftliche Kultur zu etwas werden, was den Menschen in Fleisch und Blut übergeht?

Zentrum und Peripherie

Die Dilemmata der körperlichen Sensibilitäten in einer multikulturellen Gesellschaft sind von New Yorks Geschichte und Geographie verschärft worden.

New York ist eine Gitter-Stadt par excellence, eine endlose Geometrie gleichförmiger Blocks – wenn auch nicht ganz das Gitter, das die Römer sich vorgestellt hatten; New Yorks Gitter besitzt weder einen festen Rand noch ein Zentrum. Die Erbauer römischer Städte blickten zum Himmel, um den Ort für die irdische Stadt zu bestimmen, und legten die Grenzen einer Stadt fest, um deren innere Geometrie zu bestimmen. Die Planer des modernen New York verstanden das städtische Gitter als expandierendes Schachbrett; 1811 schenkten die Stadtväter das Gitter auch dem Land oberhalb von Greenwich Village, und 1855 wurde dieser Aufriß über Manhattan hinaus auf den nördlichen Bezirk der Bronx und den östlichen Bezirk von Queens erweitert.

Wie das römische Stadtgitter wurde auch der Stadtplan New Yorks auf weitgehend freies Land gelegt, eine Stadt, die geplant war, bevor sie bewohnt wurde; hatten die Römer den Himmel befragt, so konsultierten die Stadtväter New Yorks die Banken. Lewis Mumford sagte über das moderne Gitterschema: »Der aufsteigende Kapitalismus des 17. Jahrhunderts behandelte das einzelne Grundstück ebenso wie Block, Straße und Avenue als abstrakte Einheiten, die man ohne Rücksicht auf historische Bedingtheiten, landschaftliche Verhältnisse und soziale Notwendigkeiten kaufte und verkaufte.«[3] Die absolute Gleichförmigkeit der Grundstücke, die das New Yorker Gitter schuf, bedeutete, daß das Land genau wie Geld behandelt werden konnte, jedes Stück war gleich viel wert. In den glücklicheren frühen Tagen der Republik wurden Dollarscheine gedruckt, wenn die Bankiers Geldbedarf feststellten; in gleicher Weise konnte nun auch die Versorgung mit Grund und Boden erhöht werden, indem man das Gitter erweiterte. Es entstand mehr Stadt, wenn Spekulatoren den Drang zu spekulieren empfanden.

Dieser unbegrenzten Gitterstadt fehlte ein Zentrum. Weder der Stadtplan von 1811 noch der von 1855 enthält Hinweise auf Gebiete von größerem oder geringerem Wert. Auch finden sich kaum Annahmen über ein Zentrum. Die Römer in der Fremde konnten davon ausgehen, Zentren zu finden, wenn sie den Schnittpunkt der Hauptstraßen aufsuchten. Ein New-York-Besucher nimmt heutzutage logischerweise an, das Stadtzentrum liege in der Nähe des Central Park; als Calvert Vaux und Frederick Law Olmsted 1857 mit der Planung des Parks begannen, stellten sie ihn sich als eine Zuflucht vor der Stadt vor. Von dem Moment an, da Lokalpolitiker

Olmsted aus seinem großen Projekt hinausdrängten, begann der Park zu verfallen. Die Menschen mieden die ungepflegten Rasenflächen, weil der Park Kriminelle anzog und zu einem gefährlichen Ort geworden war.

Theoretisch macht ein Stadtplan, dem sowohl eine feste Grenze als auch ein festes Zentrum fehlt, viele verschiedene soziale Kontaktpunkte in der Stadt möglich; der ursprüngliche Plan schreibt späteren Generationen von Architekten nichts vor. In New York hätte man zum Beispiel den großen Bürokomplex des Rockefeller Centers, der in den 1930ern begonnen wurde, ein paar Blocks weiter nördlich, südlich oder auch westlich bauen können; das neutrale Gitter diktierte seinen Standort nicht. Mag die räumliche Flexibilität in New York auch entfernt an L'Enfants Plan einer vielfältigen statt einer zentralisierten Stadt erinnern, ist New York in Wirklichkeit einer Gestaltung des städtischen Raums näher, wie ihn sich die revolutionären französischen Urbanisten vorstellten. Der Mangel an Vorgaben im Plan New Yorks bedeutet, daß man Hindernisse leicht aus dem Weg räumen kann – Hindernisse, die in der Vergangenheit aus Stein, Glas und Stahl erbaut worden sind.

Bis vor kurzem noch verschwanden völlig funktionstüchtige Gebäude in New York mit derselben Regelmäßigkeit, wie neue auftauchten. In einem Zeitraum von sechzig Jahren wurden zum Beispiel die großen Häuser an der Fifth Avenue auf der ganzen Länge von Greenwich Village bis zum Kopfende des Central Park errichtet, bewohnt und zerstört, um höheren Gebäuden Platz zu machen. Noch heute werden neue New Yorker Wolkenkratzer trotz eines jetzt bestehenden Denkmalschutzes auf eine Lebensdauer von fünfzig Jahren berechnet und entsprechend finanziert, auch wenn sie technisch viel länger bestehen könnten. Von allen Städten dieser Welt hat New York sich am stärksten selbst zerstört, um zu wachsen; in hundert Jahren wird man von Hadrians Rom mehr greifbare Spuren sehen können als vom heutigen New York mit seinen Glas- und Kunststofffassaden.

Diese chamäleonartige städtische Struktur ist von großer Bedeutung für die Geschichte des Multikulturalismus in New York gewesen. Während der Ära nach dem Bürgerkrieg, als New York zu einer internationalen Stadt wurde, drängten sich seine Immigranten in große dichte Gitter der Armut, hauptsächlich an der Lower East Side des Bezirks Manhattan, aber auch die ganze West Side von Manhattan entlang und am Ostrand des Bezirks Brooklyn. Elend unterschiedlichster Art stieß in den Blocks der sogenannten New Law Tenements aufeinander. Diese Gebäude waren konzipiert, Licht und Luft in Innenräume hineinzulassen, aber die guten Intentionen ihrer Architekten wurden von der bloßen Zahl der Menschen zunichte gemacht, die in die Gebäude hineingestopft wurden.

Am Anfang unseres Jahrhunderts begannen die Kinder der Einwanderer, soweit ihre Lebensumstände es erlaubten, aus diesen Vierteln hinauszudrängen. Sie waren mit der aufstrebenden englischen Arbeiterklasse vergleichbar, die die U-Bahn nutzte, um sich bessere Quartiere in Nordlondon zu suchen. Einige Einwandererkinder zogen zunächst nach Harlem, andere weiter hinaus in noch kaum bewohnte Viertel der äußeren Bezirke. Die Wohlhabenden zogen in eigene Häuser, weniger Vermögende in Mietshäuser, deren Wohnungen großzügiger waren als die in den New Yorker Mietskasernen im Zentrum. Zwei Kräfte wirkten dieser Bewegung in die Peripherie entgegen: Ein Großteil der Arbeitsplätze blieb im Stadtzentrum, und der Gegend um New York fehlte ein System urbaner Arterien und Venen.

Nach dem Zweiten Weltkrieg machte in New York das Werk eines Mannes mit Namen Robert Moses eine neue große Welle des Umzugs in die Peripherie möglich. Wie auch Haussmanns Werk übersteigt der bloße Maßstab der Unternehmungen, die Moses in den 1920ern und 1930ern begann, jede Vorstellung; er baute Brücken, Parks, Häfen, Badestrände und Autobahnen. Wiederum wie Haussmann und vor Haussmann Boullée und Wailly betrachtete Robert Moses die bestehende urbane Struktur seiner Stadt als Verfügungsmasse; er sah keine Verpflichtung, zu erhalten oder zu renovieren, was andere vor ihm geschaffen hatten.

Das große Transportsystem, das Moses für die Region New York schuf, vollendete den Ansatz der Aufklärung, eine Stadt zu bauen, die sich am bewegten Körper orientierte. Obwohl New York, als Moses mit seinen Bauten begann, das ausgedehnteste System öffentlichen Massenverkehrs in der Welt entwickelt hatte, zog Moses den Individualverkehr mit dem Automobil vor. Für andere Planer schien dieses riesige Straßennetz eher die Lebensfähigkeit des bestehenden urbanen Zentrums zu bedrohen, als die Mobilität der im Zentrum lebenden Menschen zu erhöhen. So sah es zum Beispiel der Urbanist Jean Gottmann, der in seiner klassischen Studie *Megalopolis* die Entwicklung einer ausgedehnten verstädterten Region entlang der ganzen Ostküste der Vereinigten Staaten befürchtete – ein geschlossener urbaner Raum von Boston bis Washington. Diese Megalopolis würde, so Gottmann, die Großstadt als »das ›Zentrum‹, das ›Herz‹ einer Region zerstören«.[4]

Moses verteidigte seine Autostraßen gegen den Vorwurf der Destruktivität. Für ihn erleichterten sie die Mobilität des Bürgers. Sein Sinn für die Freuden der Autofahrt werden in seinem *parkway system* offenbar. Die Parkways waren vierspurige Autobahnen, die den Lastwagenverkehr ausschlossen, geschwungene Betonbänder, die sich durch reizvolle Landschaften zogen. Diese teuren, illusionistischen Straßen sollten die Erfahrung des Fahrens zu einem selbstgenügsamen Vergnügen machen, frei von Widerstand.

Dank dieses Systems von Autostraßen und Parkways, so glaubte Moses, konnten die Menschen die Belastungen der Stadt vergessen. Eines von Moses' großen Objekten, zu denen seine Straßen führten, war Jones Beach, ein langer Sandstreifen, den er zu einem öffentlichen Naherholungsgebiet machte. Einer seiner Kollegen, Frances Perkins, bemerkte über Moses' Haltung zu seinem Strand: »Für die einfachen Leute hatte er kein gutes Wort. Für ihn waren sie lausige, schmutzige Menschen, die überall auf Jones Beach Flaschen wegwarfen. ›Die krieg ich! Die werd ich lehren!‹ Er liebte die Öffentlichkeit, aber nicht in Form von Menschen.«[5] Besonders die Schwarzen versuchte Moses von Jones Beach und den von ihm geschaffenen Parks fernzuhalten, weil er sie für besonders unsauber hielt.

Der Titel, den Robert Caro für eine Biographie Robert Moses' wählte, *The Power Broker* (Makler der Macht), charakterisiert den Geist, in dem Moses arbeitete.[6] Moses war selbst kein professioneller Planer; vielmehr ebnete er auf politischer und finanzieller Ebene den Entwürfen seiner Planer den Weg. Er hatte kein visuelles Vorstellungsvermögen – es war ihm unmöglich, sich vorzustellen, wie Skizzen und Pläne als dreidimensionale Formen aussehen würden. Oftmals als teuflischer Planer dargestellt, war er in gewisser Weise etwas noch Beängstigenderes: eine Person mit ungeheurer Macht, die oft nicht verstand, was sie baute. Doch seine sozialen Ziele waren, wie zum Beispiel beim Jones-Beach-Projekt, mehr als klar.

Seine Planung suchte alle Unterschiede einzuebnen. Die zusammengedrückte Masse der Stadt war ihm ein Fels, der auseinandergesprengt werden mußte, die Fragmentierung der Stadt lag in seinen Augen im »öffentlichen Interesse«. Diese Fragmentierung aber mußte selektiv sein; nur denen, die es geschafft hatten – so weit geschafft, daß sie ein Auto besaßen, ein Haus kaufen konnten –, wurde ein Fluchtweg in Form von Brücken und Autobahnen geboten, um dem Lärm der Streikenden, Bettler und Notleidenden zu entkommen, die die Straßen New Yorks während der Großen Depression erfüllten.

Auch wenn Moses das dichtbevölkerte urbane Zentrum zerstörte, muß man zugestehen, daß er einem tief empfundenen Bedürfnis entgegenkam, dem Bedürfnis nach angemessenen Wohnungen für Familien. Als Moses die städtische Region mit Straßenfingern nach Osten hin ausweitete, bauten Unternehmer nach dem Zweiten Weltkrieg auf den großen Gütern und den Kartoffelfarmen von Long Island Wohngebiete; als er weitere Highways nach Norden baute, wurden bescheidenere Ländereien in Vorstädte verwandelt. Herbert Gans hat vor einer Generation die neue Wohnsiedlung von Levittown auf Long Island untersucht, die durch die von Moses gebauten Autostraßen möglich geworden war; er beobachtete, daß in der Mehrzahl der Fälle die Wohnform der Einfamilienhäuser »einen stärkeren Familienzusammenhang und eine signifikante Verbesserung des Lebensgefühls« bewirkte.[7] Gans wandte sich zu Recht gegen Kritiker, die diese Wohnform hochnäsig abtaten; Menschen, die in der Lage waren, die für Familien zu engen Stadtwohnungen zu verlassen, schätzten ihr neues Zuhause. Es erfüllte ihre »Sehnsucht, ein freistehendes Haus zu besitzen«.[8]

Moses hatte indessen Mühe zu begreifen, daß er ein neues wirtschaftliches Territorium geschaffen hatte. Faktisch fiel das Wachstum der New Yorker Peripherie mit dem Anstieg von Büro- und

Dienstleistungsaufgaben zusammen, die dank der elektronischen Kommunikation nicht länger im Stadtkern ausgeführt werden mußten, wo die Mietpreise hoch waren. Die Peripherie wuchs auch im Verein mit Veränderungen im Herstellungsprozeß. Zunehmend stellte die Peripherie weibliche Arbeiter ein, sowohl in Dienstleistungs- als auch in kleinen Zulieferbetrieben; die Frauen konnten in der Nähe ihres Wohnorts arbeiten, erhielten jedoch eine Bezahlung, die unter der der Männer lag.[9] Da in der Peripherie nun ein wirtschaftliches Eigenleben entstand, begann ein Teil des Fluchttraums zu verblassen. Armut und schlecht bezahlte Arbeit erschienen auch in den Vorstädten. Ebenso Kriminalität und Drogen. Soweit sie auf der Flucht vor diesen Dingen beruhte, welkte die Hoffnung der Vorstädte auf das von Herbert Gans geschilderte stabile, sichere Familienleben dahin.

Und doch hat das Erbe Robert Moses' auf zweierlei Art Bestand gehabt. In seinem Umbau New Yorks kulminierten die Kräfte der individuellen Bewegung, deren Herausbildung zwei Jahrhunderte zuvor in Europa begonnen hatte. Und er hinterließ denjenigen, die in dem alten, vielfältigen Stadtkern zurückblieben, ein weit schwieriger gewordenes Problem, was den Umgang mit ihren eigenen Wahrnehmungen und den Empfindungen anderer anging.

Die körperliche Bewegung nahm ihre moderne Bedeutung zuerst in der Form eines neuen biologischen Prinzips an. Die medizinische Analyse des Blutkreislaufes, der Atmung der Lungen und der Elektroenergie, die sich durch die Nervenbahnen bewegte, schuf ein neues Bild vom gesunden Körper, einem Körper, dessen Bewegungsfreiheit den Organismus stimulierte. Aus diesem medizinischen Wissen folgte, daß der Raum so gestaltet werden mußte, daß er körperliche Bewegung ermutigte. Diese Raumvorstellung trieb die aufgeklärten Stadtplaner des 18. Jahrhunderts an. Der Mensch, der sich frei bewegte, galt ihnen als selbstbewußter und individueller.

Heute bewegen sich die Menschen schnell, besonders bei der Fahrt in die oder innerhalb der Peripherie der Stadt, deren Fragmente nur durch Automobile miteinander verbunden sind. Die Logistik der Geschwindigkeit löst jedoch den Körper von den Räumen, durch die er sich bewegt; Straßenplaner versuchen schon aus Sicherheitsgründen, die Räume, durch die ein schnelles Fahrzeug sich bewegt, zu neutralisieren und zu standardisieren. Der Akt des Fahrens, der den sitzenden Körper in eine feste Position zwingt und nur noch minimale Bewegung erfordert, stellt den Fahrer körperlich ruhig. Harveys Generation stellte sich Bewegung noch als stimulierend vor; im New York des Robert Moses erfahren wir sie als monoton.

Im 19. Jahrhundert wurden Entwürfe sowohl für die Bewegung als auch für das Sitzen mit Technologien verbunden, die es dem individuellen Körper bequem machten. Komfort verringert das Ausmaß und schwächt die Intensität von Stimulation; er ist gleichfalls auf Monotonie gerichtet. Das Streben nach Bequemlichkeit, nach der weitgehenden Unterdrückung von lästigen Reizen, steht in direkter Verbindung zu unserer Art, mit den störenden Empfindungen umzugehen, die in einer vielfältigen, multikulturellen Gemeinschaft auftauchen.

Roland Barthes hat als erster die Aufmerksamkeit auf diese Verbindung gelenkt. Er sprach von dem »Bildrepertoire«, das Menschen einsetzen, wenn sie Fremden begegnen.[10] Beim flüchtigen Blick auf eine komplexe oder unvertraute Szene versucht das Individuum, diese schnell im Sinne von Bildern zu deuten, die einfachen und allgemeinen Kategorien zugeordnet sind und sich auf soziale Stereotype beziehen. Begegnet eine weiße Person einem Schwarzen oder einem Araber auf der Straße, registriert sie Bedrohung und verzichtet auf den genaueren Blick. Das Urteil, so beobachtet Barthes, wird auf der Stelle gefällt – mit einer überraschenden Folge: dank des Klassifikationsvermögens des Bildrepertoires unterdrücken die Menschen jede weitergehende Wahrnehmung. Mit Differenz konfrontiert, werden sie rasch passiv.

Der Urbanist Kevin Lynch hat gezeigt, wie ein Bildrepertoire zur Interpretation der urbanen Landkarte benutzt werden kann. Jeder Städter, sagt er, trägt eine Vorstellung von dem, »wo ich hingehöre«, in sich. Lynchs Untersuchungen ergaben, daß seine Versuchspersonen neue Orte mit diesem geistigen Schnappschuß verglichen und um so indifferenter ihrer neuen Umgebung gegenüber blieben, je weniger die beiden einander entsprachen. Rasche Fortbewegung, wie in einem Auto, ermutigt die Benutzung eines Bildrepertoires, verstärkt die Neigung, schnell zu klassifizieren und zu urteilen. Eine fragmentierte Geographie begünstigt das Bildrepertoire, weil am Stadtrand jeder Bereich seine besondere Funktion besitzt – Zuhause, Einkaufen, Büro, Schule –, durch leere Flächen von anderen Fragmenten getrennt. Somit ist es eine schnelle und einfache Sache, zu beurteilen, ob jemand an einen bestimmten Ort gehört oder sich in einer dem Ort unangemessenen Weise verhält.

In ganz ähnlicher Weise suchte der Soziologe Erving Goffmann zu zeigen, daß Menschen, die in der Stadt zu Fuß unterwegs sind, eine »defensive Reizunterdrückung« einsetzen. Sie bestimmt, wie die Menschen sich auf der Straße verhalten: Nach dem ersten klassifizierenden Blick gehen sie so oder positionieren sich so, daß sie möglichst wenig körperlichen Kontakt riskieren.[11] Indem sie die Umgebung anhand ihres Bildrepertoires überprüfen, das heißt, indem sie die Umwelt einfachen Repräsentationskategorien unterwerfen, die Ähnlichkeit oder Differenz feststellen, vermindern sie die Komplexität urbaner Erfahrung. Sie fühlen sich sicherer, wenn sie das Bildrepertoire auf diese Weise einsetzen und sich von anderen fernhalten.

Mit einer solchen selektiven Wahrnehmung der Realität läßt sich das Verwirrende und Zweideutige vermeiden. Die Furcht vor Berührung, die das venezianische Ghetto entstehen ließ, hat sich in der modernen Gesellschaft verstärkt, da die Individuen so etwas wie ein Ghetto in ihrer eigenen Körpererfahrung schaffen, wenn sie sich mit Andersartigkeit konfrontiert sehen. Geschwindigkeit, Flucht, Passivität: Diese Triade ist es, was die neue urbane Umwelt aus Harveys Entdeckungen gemacht hat.

Diese Wahrnehmungsmauern um das Ich nahmen in dem Leben der Menschen, die in der Stadt zurückblieben, eine besondere Bedeutung an.

Zu dem Zeitpunkt, da Robert Moses schließlich Ende der 60er Jahre aus seiner Machtposition gedrängt wurde, schien es so, als sollte sich Jean Gottmanns Voraussage der *Megalopolis* erfüllen: Die alten, armen Teile des Stadtkerns schienen in New York so desolat und entvölkert zu werden wie in anderen amerikanischen

Großstädten. Das ging zum Teil darauf zurück, daß die Einwanderung in die Stadt 1965 praktisch zum Stillstand kam, als ein neues Einwanderungsgesetz verabschiedet wurde. Die Puertoricaner wurden damals häufig als die »letzten Ausländer« in New York bezeichnet. Die Triebkräfte der Weltwirtschaft widerlegten diese Erwartung jedoch: neue Einwandererwellen kamen, zuerst aus der Karibik und Zentralamerika, dann aus Korea, dann aus dem kollabierenden sowjetischen Reich, dem Nahen Osten und Mexiko. Diese neuen Einwanderer machen heute die Hälfte der Bevölkerung von New York aus.

Ein sich umkehrender Strom aus den Vororten hat sich zu ihnen gesellt. Die Kinder derer, die eine Generation zuvor gegangen waren, versuchten, ins Stadtzentrum zurückzukehren. Teilweise ergab sich dieser Zustrom aus den Besonderheiten des Häusermarktes in den Vororten New Yorks, teilweise aus der dramatischen Verbesserung der Jobchancen sowohl für Ungelernte als auch für Akademiker bei den großen Konzernen in Manhattan. Doch diese lokalen Besonderheiten mischen sich mit dem allgemeineren Wunsch vieler junger Leute, in die Stadt zu ziehen oder in sie zurückzukehren; der größte Teil der Menschen, die jedes Jahr in New York ankommen, besteht aus jungen Weißen zwischen achtzehn und dreißig.

Diese neuen New Yorker müssen mit dem komplizierten Leben jener zurechtkommen, die die Stadt niemals verlassen haben. Nach dem Zweiten Weltkrieg hatte sich in New York eine Art soziale Trennung durchgesetzt; erfolgreiche Juden, Griechen, Italiener und Iren zogen aus dem Stadtkern weg, ihre weniger erfolgreichen Landsleute nicht. Viele ältere Menschen blieben gleichfalls lieber an dem Ort, wo sie um ein menschenwürdiges Dasein gekämpft hatten. Eine der großen verborgenen Tragödien New Yorks des letzten halben Jahrhunderts ist zum Beispiel das der innerstädtischen jüdischen Armut. Das Stereotyp der New Yorker Juden als besonders erfolgreicher ethnischer Gruppe hat die Präsenz zehntausender armer Juden auf der Lower East Side, der Upper West Side und in Flatbush verschleiert, die zurückblieben und sich notdürftig ihren Lebensunterhalt in jenen Handwerkszweigen und Dienstleistungen verdienen, mit denen die meisten Juden einmal angefangen haben. Auch in anderen Gemeinden haben Klassenmobilität und die Generationsbrüche ähnliche innere Dramen geschaffen, so etwa, als erfolgreiche Mittelklassen-Schwarze in die Vorstädte zogen und ihre Brüder und Schwestern in der Armut zurückließen.

Reinheit in einem Ghetto setzt einen klaren Befehl der Trennung voraus – die Art von Anordnung, die in Venedig verlangte, die Juden an einem Ort zusammenzutreiben. Wenn es im modernen New York etwas ähnliches gibt, dann allenfalls die stillschweigende Weigerung, Schwarzen Geld zu leihen. Ihrem Ursprung im 19. Jahrhundert nach waren jedoch die New Yorker Ghettos Immobiliengebiete, nicht Orte, an denen die Stadtverwaltung bestimmte Bevölkerungsgruppen mit einer bestimmten Identität zusammenfassen wollte. Die Lower East Side von New York war durchgehend arm, aber ethnisch sehr stark gemischt; Little Italy war in den 20er Jahren die Heimat von Iren und Slawen, heute leben dort ebensoviele Asiaten wie Italiener; Harlem beherbergte auf dem Höhepunkt der »Harlem Renaissance« in den 20er Jahren mehr Griechen und Juden als Schwarze.

Als der Straßenbau von Robert Moses dazu führte, daß das Herz der Stadt in die Megalopolis ausblutete, nahm das Wort »Ghetto« die kaum verhüllte Bedeutung eines Ortes der »Zurückgelassenen« an. Harlem zum Beispiel entvölkerte sich; die Juden und Griechen verließen es in den 30er Jahren, die neue schwarze Bourgeoisie verließ es vierzig Jahre später. Einem Ghetto anzugehören, hieß nun, als Teil einer gescheiterten Gruppe zu gelten.

Viele der heutigen Versuche, Ghettoräume wiederzubeleben, sind darauf gerichtet, eine selbstbewußte kollektive Identität herzustellen – ähnlich jener der Juden in der Renaissance. Diese Bemühung hat überall in New York stattgefunden, unter neuen ethnischen Migranten wie unter den Schwarzen, armen Juden und anderen zurückgebliebenen ethnischen Gruppen. Die Wiederherstellung der Würde des Ghettos hieß, daß man sich sowohl räumlich als auch geistig nach innen wandte. Die meisten gemeinschaftsbildenden Bemühungen konzentrieren sich auf die Bestimmung einer gemeinsamen Identität und die Schaffung und Erhaltung von Gebäuden oder Räumen, die ein Zentrum dieses gemeinsamen Lebens definieren. Es geht nicht darum, Kontakt mit jenen, die anders sind, aufzunehmen. New York war nie ein Schmelztiegel, doch seine multikulturellen Probleme sind jetzt gefärbt von dieser Geschichte des Zurücklassens und dem Bedürfnis der Verlassenen, ihre Würde wiederherzustellen. Dennoch werden ebenjene Kräfte, die neue Menschen in das urbane Zentrum brachten, nachdem Robert Moses' Vorstellungen ihre Kraft verloren hatten, diese Wendung nach innen nicht zulassen. Diese Art Ghetto und Ghettoidentität nach dem Modell der venezianischen Juden wird es in New York nicht geben.

In den Begriffen der Bevölkerungsstruktur konnte New York nur neue ethnische Gruppen aufnehmen, indem es die alten Ghettoräume neu bevölkerte. Die Armutsgebiete nordöstlich der Wall Street zum Beispiel füllen sich nun mit der nächtlichen Armee der Putzleute, Wachmänner, Boten und Servicemechaniker, die in den Tempeln der modernen Finanzwelt arbeiten. Menschen aus der Dominikanischen Republik, Salvador und Haiti drängen in die noch bewohnbaren Häuser in der nordwestlichen Ecke von Harlem. In Brooklyn haben russische Juden, Chassidim und Syrer die von den in früheren Generationen eingewanderten Juden verlassenen Orte neu bevölkert. Und überall im Herzen der Stadt drängt der stete Zustrom junger Weißer in die Wohnräume, die eine frühere Mittelklasse geräumt hat.

Zudem wird auch die Wirtschaft der Stadt diese Wendung nach innen nicht gestatten. Landesweite Ladenketten haben viele ortsansässige Geschäfte ersetzt. Kleine Unternehmen sind in New York stark geblieben – von Geigenbau über Kupferrestaurierung zu spezialisierten Druckverfahren. Sie bedienen die ganze Metropole, sind nicht auf lokale Kundschaft angewiesen. Diese wendigen, kleinen, spezialisierten Unternehmen bieten vielen Einwanderern heute wie in der Vergangenheit die erste Sprosse auf der Aufstiegsleiter. Die jüngste Geschichte des Multikulturalismus in New York hat sich in eine separatistische Richtung entwickelt, aber dieser ethnische Separatismus ist eine Sackgasse – zumindest wirtschaftlich gesehen, aber wahrscheinlich auch in jeder anderen Hinsicht.

Vom Athen des Perikles zu Davids Paris hat die städtische Existenz ein verflochtenes Schicksal bedeutet, eine Kreuzung der Geschicke. Es war für einen Griechen der perikleischen Zeit nicht vorstellbar, daß sein Schicksal von den Geschicken der Stadt getrennt werden könnte, ebenso undenkbar war dies für einen heidnischen Römer zur Zeit Hadrians. Obwohl die frühen Christen glaubten, daß ihr Schicksal in ihnen selbst liege, verband sich dieses innere Leben schließlich wieder mit den weltlichen Geschicken, die sie mit anderen teilten. Die mittelalterliche Körperschaft schien mit dieser Vorstellung eines gemeinsamen Schicksals zu brechen, da sie sich selbst zum Wandel entscheiden und wie die Universität von Bologna mit ihren bestehenden Bedingungen brechen konnte. Dennoch war die Körperschaft ein Kollektivkörper, buchstäblich eine Inkorporation einzelner Menschen in eine rechtliche Einheit mit einem weitergehenden Eigenleben. Und das venezianische Ghetto erzählte eine bittere Geschichte von einer Schicksalsgemeinschaft – denn die christlichen Venezianer wußten, daß ihr Schicksal nicht von dem der Juden zu trennen war, während das Schicksal der Juden im Ghetto nicht loszulösen war vom Leben ihrer Unterdrücker. Die Pariser Frauen, die die Brotrevolten in der Morgendämmerung der Französischen Revolution auslösten, suchten ebenfalls ihre Geschicke mit Mächten zu verbinden, die größer waren als sie selbst.

In der modernen Welt erfuhr der Glaube an ein gemeinsames Schicksal eine merkwürdige Spaltung. Nationalistische und revolutionäre Ideologien haben die Behauptung eines gemeinsamen Schicksals aufrechterhalten; die Stadt jedoch hat diese Behauptung widerlegt. Im Verlauf des 19. Jahrhunderts benutzte die Stadtentwicklung die Technologien der Bewegung, des Gesundheitswesens und des privaten Komforts, die Funktion des Marktes, die Planung von Straßen, Parks und Plätzen, um den Forderungen der Masse zu widerstehen und die Ansprüche der Individuen zu begünstigen. Diese Individuen empfinden, wie Tocqueville bemerkte, »keine Gemeinsamkeit mit dem Schicksal anderer«. Wie viele andere Beobachter des fortschreitenden Individualismus erkannte Tocqueville dessen tiefe Verbindung mit dem Materialismus, »einem ehrbaren Materialismus, der die Seele nicht verdirbt, der sie aber verweichlicht und sie schließlich unmerklich all ihrer Spannkraft beraubt«.[12] Indem es sich vom gemeinsamen Leben zurückzog, verlor das Individuum an Leben.

Diese mahlenden Energien von Zerstörung und Wiederaufbau, die große Bürogebäude, Apartmentblocks und Stadthäuser in New York schufen und zerstörten, leugneten die Ansprüche der Zeit an die gesellschaftliche Kultur. Die Fluchtbahnen, die aus New York hinausweisen, erinnern sozial an die Routen, auf denen man London und andere Städte verließ – Städte, die ihre moderne Gestalt durch die spaltenden Tendenzen des Individualismus angenommen haben. Die Leugnung eines gemeinsamen Schicksals war Kern all dieser Bewegungen.

Leugneten die Weißen, die nach dem Zweiten Weltkrieg nach Long Island flohen, rundweg, daß sie schicksalhaft mit den zurückbleibenden Weißen oder Schwarzen verbunden waren, so gab es auch subtilere Leugnungen. Um ihre Würde zu retten, leugneten die Zurückgelassenen, daß ihr Schicksal mit dem anderer Gruppen verkettet war. Die Privilegierten schützten sich selbst gegen die Armen, wie sie sich gegen lästige Reize schützten; die Bedürftigen versuchten, sich einen ähnlichen Panzer anzulegen, der ihnen aber nur jene vom Leibe hielt, die sie brauchten. Das Leben in Greenwich Village exemplifiziert vielleicht das Beste, was wir erreichen konnten: die Bereitschaft, mit Differenz zu leben. Dies ist auch eine Leugnung, aber sie impliziert immerhin ein geteiltes Schicksal.

2. GESELLSCHAFTLICHE KÖRPER

Zu Beginn dieser Untersuchung habe ich gesagt, daß ich sie als religiös Gläubiger geschrieben habe, und nun, an ihrem Ende, möchte ich erklären, warum. In *Fleisch und Stein* habe ich argumentiert, daß urbane Räume weithin durch die Weise Gestalt annehmen, wie die Menschen ihren eigenen Körper erfahren. Damit Menschen in einer multikulturellen Stadt sich einander zuwenden, müssen wir, so glaube ich, das Verständnis, das wir von unseren eigenen Körpern haben, verändern. Wir werden die Differenz anderer niemals erfahren können, solange wir nicht die körperlichen Unzulänglichkeiten in uns selbst anerkennen. Gesellschaftliches Mitleid entsteht aus diesem körperlichen Bewußtsein der Unzulänglichkeit in uns selbst, nicht aus bloßem guten Willen oder politischer Aufrichtigkeit. Wenn diese Argumente von der praktischen Realität New Yorks weit entfernt zu sein scheinen, dann ist das vielleicht ein Zeichen dafür, wie weit sich die urbane Erfahrung von religiösem Verständnis getrennt hat.

Die Lehren, die der Körper vermittelt, bilden eine der Grundlagen der jüdisch-christlichen Tradition. Zentral für diese Tradition sind die Übertretungen Adams und Evas, die Scham über ihre Nacktheit, ihre Vertreibung aus dem Paradies. Dies ist die Vorgeschichte dessen, was die ersten Menschen wurden und was sie verloren. Im Paradies waren sie unschuldig, unwissend und gehorsam. Draußen in der Welt wurden sie wissend; sie erkannten, daß sie fehlerhafte Kreaturen waren, und so erforschten sie, suchten zu verstehen, was fremd und ihnen unähnlich war; sie waren nicht länger Gottes Kinder, denen alles gegeben wurde. Das Alte Testament erzählt wieder und wieder Geschichten von Menschen, die dieses trauernde Erwachen der ersten Menschen widerspiegeln, Menschen, die in ihren körperlichen Begierden die Gebote Gottes übertreten, bestraft werden, und dann, wie Adam und Eva, im Exil erwachen. Die ersten Christen machten aus Christi Erdenweg eine solche Geschichte; gekreuzigt für die Sünden der Menschen, ist sein Geschenk an Männer und Frauen, den Sinn für die Unzulänglichkeit des Fleisches zu wecken; je weniger sich seine Anhänger des eigenen Körpers erfreuen, desto mehr werden sie einander lieben.

Die heidnische Geschichte erzählte diese alte Wahrheit auf andere Weise – als die Geschichte dessen, was Körper in Städten erfahren. Die Agora und der Pnyx von Athen waren urbane Räume, in denen die Menschen körperliche Unzulänglichkeit empfanden: die antike Agora stimulierte die Menschen körperlich, sie zahlten dafür den Preis, sich in der Menge nicht zusammenhängend verständigen zu können; der Pnyx bot Kontinuität in der Rede und schenkte der Gemeinschaft die Erfahrung narrativer Logik – um den Preis, die Menschen verwundbar zu machen für den rhetorischen Reiz der Worte. Die Steine der Agora und des Pnyx versetzten die Menschen in einen Zustand der Labilität. Beide riefen widerstreitende Unzufriedenheiten hervor. In der Stadt mit den zwei Zentren erfuhren die Menschen Unvollständigkeit am eigenen Körper. Und doch schätzte kein Volk städtische Kultur bewußter als eben diese Athener: »Menschlich« und »polis« waren als Begriffe austauschbar. Intensive städtische Bindungen erwuchsen aus dem Wechselspiel der Entwurzelungen, die Menschen gingen stark aufeinander ein – in Räumen, die ihre körperlichen Bedürfnisse nicht vollständig erfüllten; in der Tat hätte ein jüdischer Zeitgenosse sagen können, *weil* diese Räume körperliche Bedürfnisse nicht erfüllten. Und doch war die antike Stadt selbst keineswegs ein Monument der Stabilität. Nicht einmal das Ritual, der bindendste aller menschlichen Akte, konnte ihren Zusammenhalt garantieren.

Es ist eine moderne Angewohnheit, soziale Instabilität und persönliche Unzulänglichkeit rein negativ aufzufassen. Die Entwicklung des modernen Individualismus hat, allgemein gesprochen, das Ziel verfolgt, das Individuum selbstgenügsam, »ganz« zu machen. Die Psychologie bedient sich einer Sprache, in deren Rahmen die Menschen ihr Zentrum finden, Integration und Ganzheit des Selbst erreichen sollen. Auch moderne soziale Bewegungen sprechen diese Sprache, als sollten Gemeinden wie Individuen werden, kohärent und ganz. In New York hat die schmerzliche Erfahrung, zurückgelassen, übergangen zu werden, die individuell-gemeinschaftliche Sprache geprägt; rassische, ethnische und soziale Gruppen wenden sich nach innen, um zusammenzuhalten und sich damit zu heilen. Die psychologische Erfahrung der Entwurzelung, der Inkohärenz – der Bereich dessen, was der Psychoanalytiker Robert Jay Lifton ein »proteisches Selbst« nennt – mag zunächst nur als ein Rezept erscheinen, diese sozialen Wunden weiter zu vertiefen.[13]

Ohne signifikante Erfahrungen der Selbst-Entwurzelung jedoch verhärten soziale Unterschiede allmählich, weil das Interesse am Anderen verdorrt. Freud weist auf diese soziologische Wahrheit als einer Wahrheit des Körpers in *Jenseits des Lustprinzips* hin, dem kleinen Aufsatz, den er 1920 veröffentlichte. Er stellt die körperliche Lust an Ganzheit und Gleichgewicht einer stärker realitätsbezogenen Körpererfahrung gegenüber, die diese Lust transzendiert. »Der Ablauf der seelischen Vorgänge...«, schreibt Freud, wird »jedesmal durch eine unlustvolle Spannung angeregt..., sein Endergebnis [fällt] mit einer Vermeidung von Unlust zusammen«.[14] Das heißt, die Lust gleicht nicht der sexuellen Erregung, die einer stimulierenden Störung der Sinne bedarf; Lust sucht vielmehr in einen Zustand zurückzukehren, den Freud sich letztlich vorstellt als die Geborgenheit eines Foetus im Mutterleib, geschützt und von der Welt nichts wissend. Im Bann des Lustprinzips wollen Menschen sich von ihrer Umgebung lösen.

Freud spricht zu uns als weltlicher Realist, nicht als religiöser Asket, weil er weiß, daß der Wunsch nach Geborgenheit ein tiefes biologisches Bedürfnis ausdrückt. »Für den lebenden Organismus ist der Reizschutz eine beinahe wichtigere Aufgabe als die Reizaufnahme.«[15] Wenn jedoch Reizschutz herrscht, wenn der Körper nicht für periodische Krisen offen ist, erkrankt der Organismus schließlich aus Mangel an Reizen. Der moderne Drang nach Geborgenheit, sagt er, ist für die Menschen ein äußerst gefährlicher Impuls; die Schwierigkeiten, die wir zu vermeiden suchen, verschwinden deshalb noch nicht.

Was könnte den Drang, sich in die Lust zurückzuziehen, besiegen? In *Jenseits des Lustprinzips* schlägt Freud zwei Wege vor. Einen nennt er das »Realitätsprinzip«: eine Person begegnet physischen oder emotionalen Schwierigkeiten mit bloßer Willenskraft. Unter dem Einfluß des Realitätsprinzips entschließt sich eine Person, »Unlust« zeitweilig zu dulden.[16] Jene »Unlust« erfordert im Alltagsleben Mut. Aber Freud ist Realist, er weiß, daß das Realitätsprinzip keine sehr starke Macht und Mut eine Seltenheit ist. Der zweite Weg, die Lust zu besiegen, ist sicherer und langlebiger. Im Verlauf der Erfahrung einer Person, schreibt er, »geschieht es immer wieder, daß einzelne Triebe oder Triebanteile sich in ihren Zielen oder Ansprüchen als unverträglich mit den übrigen erweisen«.[17] Der Körper empfindet sich als im Krieg mit sich selbst; er wird unangenehm erregt; doch die Unvereinbarkeiten der Triebe sind zu groß, um entweder gelöst oder beiseitegeschoben zu werden.

Diese Arbeit erledigt die Zivilisation: Sie konfrontiert uns in all unserer Schwäche mit widersprüchlichen Erfahrungen, die sich nicht wegschieben lassen und die daher dazu führen, daß wir uns unerfüllt fühlen. Dennoch beginnen sich Menschen in genau diesem Zustand der »kognitiven Dissonanz« – um den Begriff eines späteren Denkers zu verwenden – zu konzentrieren, aufmerksam zu werden, nachzufragen und sich für das zu interessieren, was die

Lust der Ganzheit verhindert. Die Geschichte der westlichen Stadt spiegelt den langen Kampf wider zwischen dieser zivilisierten Möglichkeit und der Anstrengung, Macht ebenso wie Lust durch Leitbilder der Ganzheit zu schaffen. Leitbilder »des Körpers« haben die Arbeit der Macht im urbanen Raum vollzogen. Die Athener und die heidnischen Römer bedienten sich solcher Leitbilder; in der Entwicklung der jüdisch-christlichen Tradition kehrte der spirituelle Wanderer heim in das urbane Zentrum, wo sein leidender Körper ein Grund für Ergebung und Sanftmut war – wodurch der spirituelle Körper zu Fleisch und Stein wurde. Beim Anbruch des modernen, naturwissenschaftlichen Zeitalters unterwarf sich die Stadt einem neuen Leitbild »des Körpers« – des Körpers als Kreislaufmaschine, dessen Zentrum Herzpumpe und Lunge bildeten –, und dieses wissenschaftliche Körperbild entwickelte sich dahin, die Macht des Individuums über die Ansprüche der Gemeinschaft zu rechtfertigen.

Dennoch enthält dieses Erbe, wie ich zu zeigen versucht habe, tiefe innere Widersprüche und Spannungen. In der Stadt Athen vermochte das Leitbild männlicher Nacktheit nicht, die bekleideten Frauenkörper vollständig zu kontrollieren oder zu definieren. Das römische Zentrum diente als mythischer Brennpunkt einer Fiktion von Roms Kontinuität und Kohärenz; die visuellen Bilder, die diese Kohärenz ausdrückten, wurden zu Machtinstrumenten. So wie der athenische Bürger im demokratischen Zentrum zu einem Sklaven der Stimme wurde, verwandelte sich der römische Bürger im imperialen Zentrum zu einem Sklaven des Auges.

Als das frühe Christentum in der Stadt Fuß faßte, versöhnte es sich mit dieser visuellen und geographischen Tyrannei, die der geistigen Bedingung des wandernden Volkes des jüdisch-christlichen Wortes und Lichtes so antithetisch gegenüberstand. Das Christentum versöhnte sich mit den Mächten des urbanen Zentrums, indem es seine eigene visuelle Imagination zweiteilte, in eine innere und äußere, in Geist und Macht; das Reich der äußeren Stadt konnte das Bedürfnis nach Glauben in der inneren Stadt der Seele nicht vollständig besiegen. Die christlichen Städte des Mittelalters erfuhren in Stein auch weiterhin dieses geteilte Zentrum: in der Differenz zwischen kirchlicher Zuflucht und Straße. Aber nicht einmal der Körper Christi, der durch Imitation die christliche Stadt beherrschen sollte, konnte die Straße unterwerfen.

Das Zentrum hielt nicht – auch nicht durch Reinigungsakte. Der Impuls, zu büßen und den befleckten christlichen Körper zu reinigen, der die Ausgrenzung der Juden und anderer unreiner Körper im christlichen Venedig beseelte, konnte das spirituelle Zentrum nicht wiederherstellen. Auch die Zeremonien der Revolution vermochten dies nicht. Der Impuls, Hindernisse zu beseitigen, einen transparenten Raum der Freiheit im urbanen Zentrum des revolutionären Paris zu schaffen, mündete in bloße Leere. Er führte zur Apathie der Bürger und ließ die Zeremonien scheitern, die auf eine dauerhafte gesellschaftliche Verwandlung abzielten. Von einem Triumph des modernen Leitbilds des individuellen, distanzierten Körpers kann kaum die Rede sein. Dieses Leitbild endete in Passivität.

In den Rissen und Widersprüchen der Leitbilder vom Körper im Raum sind Momente und Gelegenheiten des Widerstandes aufgetaucht: die würdegebenden Widerstände der Thesmophoria und der Adonia, die Rituale des Speiseraums und des Bads im christlichen Haus, die Rituale der Nacht im Ghetto – Rituale, die die herrschende Ordnung nicht zerstörten, aber doch ein komplexeres Leben für die Körper schufen, die die dominante Ordnung nach ihrem Bild zu beherrschen suchte. In unserer Geschichte haben die komplexen Beziehungen zwischen dem Körper und der Stadt Menschen jenseits des Lustprinzips getragen, wie Freud es beschrieben hat; dies waren geplagte Körper, Körper, die nicht ruhten, von Störung gereizte Körper. Wieviel Dissonanz und Unbehagen können Menschen aushalten? Zweitausend Jahre lang hielten sie an Orten, an die sie leidenschaftlich gebunden waren, sehr viel davon aus. Diese lange Geschichte aktiven physischen Lebens in einem Zentrum, das nicht hält, könnten wir als Maß unseres derzeitigen Zustands nehmen.

Letztlich konfrontiert uns diese historische Spannung zwischen Herrschaft und Zivilisation mit einer Frage nach uns selbst. Wie werden wir aus unserer körperlichen Passivität herauskommen – wo ist der Riß in unserem eigenen System, woher soll unsere Befreiung kommen? Es ist, darauf beharre ich, eine besonders drängende Frage für eine multikulturelle Stadt, selbst wenn sie weit entfernt ist vom aktuellen Diskurs über Gruppenbenachteiligungen und Gruppenrechte. Denn was außer dem Bewußtsein der eigenen Verstörtheit wird die meisten von uns – die wir nicht heroische Gestalten sind, die an die Türen der *Crackhouses* klopfen – dazu bringen, uns nach außen zu wenden, einander zuzuwenden, das Andere zu erfahren?

Jede Gesellschaft braucht starke moralische Sanktionen, um die Menschen tolerant zu machen – und mehr noch, um sie Dualität, Unvollständigkeit und Anderssein positiv erfahren zu lassen. Diese Sanktionen sind in der westlichen Zivilisation aus den Kräften der Religion erwachsen. Religiöse Rituale banden, in der Formulierung von Peter Brown, den Körper an die Stadt; ein heidnisches Ritual wie die Thesmophoria tat dies, indem es die Frauen buchstäblich über die Grenzen des Hauses hinausschob – in einen rituellen Raum, wo sowohl Frauen als auch Männer mit den geschlechtsbedingten Ambiguitäten der Bedeutung des Bürgertums konfrontiert wurden.

Es wäre plump, in utilitaristischer Manier zu sagen, wir bräuchten wieder ein religiöses Ritual, um die Menschen nach außen zu wenden – und die Geschichte der rituellen Räume in der Stadt wird uns nicht gestatten, den Glauben so instrumentell zu verstehen. Als die heidnische Welt verschwand, fanden die Christen in der Schaffung ritueller Räume eine neue Berufung, eine Berufung aus Arbeit und Selbstdisziplin, die schließlich der Stadt ihren Stempel aufdrückte, wie sie es zuvor mit dem ländlichen Heiligtum getan hatte. Der Ernst dieser rituellen Räume lag im Beistand für den leidenden Körper und in der Anerkennung menschlichen Leidens, die im christlichen Ethos untrennbar verbunden sind. In einer schrecklichen Wendung des Schicksals zwangen die christlichen Gemeinden diese enge Verbindung des Ortes mit dem leidenden Körper denen auf, die sie, wie die venezianischen Juden, als unähnlich empfanden und unterdrückten.

Die Französische Revolution bringt dieses christliche Drama noch einmal zur Aufführung – und doch auch wieder nicht. Die physische Umgebung, in der die Revolution Leiden auferlegte und in der die Revolutionäre eine Mutterfigur wiederherzustellen suchten, die ihre eigenen Leiden verkörperte und verwandelte, hatte die Besonderheit und die Dichte eines Orts verloren. Der leidende Körper stellte sich im leeren Raum zur Schau, einem Raum abstrakter Freiheit, nicht aber dauerhafter menschlicher Bindung.

Das Drama des revolutionären Rituals erinnerte auch an ein heidnisches Drama: den tief im Leben der Antike verwurzelten Versuch, das Ritual in den Dienst der Unterdrückten und Verleugneten zu stellen. Auf dem Marsfeld scheiterte der Versuch, ein Ritual zu entwerfen; der antike Glaube, das Ritual komme »von anderswoher«, bedeutete, daß seine Mächte jeden menschlichen Entwurf überstiegen. Es war von Kräften inspiriert, die jenseits der Verfügungsmacht der Gesellschaft lagen.

An seiner Statt wandte sich die menschliche Gestaltungskraft der Lust in Form des Komforts zu, ursprünglich, um Ermüdung zu kompensieren, die Bürde der Arbeit zu erleichtern. Doch diese Art des Entwurfs, die den Körper ruhigstellte, verringerte schließlich auch sein sinnliches Gewicht, indem sie den Körper in eine immer passivere Beziehung zu seiner Umwelt brachte. Die Erfindung des Komforts führte den menschlichen Körper in eine immer einsamere Ruhe.

Sollte es in der Mobilisierung der Zivilisationsmächte gegen jene der Herrschaft einen Ort für den Glauben geben, so liegt er in der Anerkennung genau dessen, was diese Einsamkeit zu vermeiden sucht: des Schmerzes, die Art gelebten Schmerzes, die mein Freund im Kino an den Tag legte. Seine zerschmetterte Hand dient als ein Zeuge; gelebter Schmerz wird zum Zeugen des Körpers, der die Definitionsmacht der Gesellschaft hinter sich läßt; die Bedeutungen von Schmerz sind in der Welt nie vollständig zu erfassen. Die Anerkennung des Schmerzes liegt in einem Reich außerhalb der Ordnung, die Menschen in der Welt schaffen. Wittgenstein legte in diesem Sinne in der zu Beginn dieses Buches zitierten Passage Zeugnis vom Schmerz ab. In ihrem meisterlichen Werk, *Der Körper im Schmerz*, hat die Philosophin Elaine Scarry sich auf Wittgensteins Einsicht bezogen. »Obwohl die Fähigkeit, körperlichen Schmerz zu empfinden, zu unseren ureigensten Fähigkeiten zählt, gerade so wie die Fähigkeit, zu hören, zu fühlen, Wünsche, Angst oder Hunger zu haben«, schreibt sie, » unterscheidet sie sich von allen sonstigen körperlichen oder psychischen Erscheinungen dadurch, daß sie kein Objekt in der äußeren Welt hat.«[18]

Die riesigen Volumen, die in Boullées Plänen auftauchen, können als eine Markierung des Punktes dienen, an dem die säkulare Gesellschaft den Kontakt mit dem Schmerz verlor. Die Revolutionäre glaubten, sie könnten ein leeres Volumen, frei von den Hindernissen und Trümmern der Vergangenheit, mit menschlichen Bedeutungen füllen. Sie meinten, ein Raum ohne Obstruktion könne den Bedürfnissen einer neuen Gesellschaft dienen. Als ließe sich der Schmerz beseitigen, indem man den Ort auslöschte. Dieselbe Auslöschung hat in einer späteren Zeit anderen Zwecken gedient: den Intentionen individueller Flucht vor anderen statt der Annäherung an sie. Die Französische Revolution markiert daher einen tiefen Bruch im Schmerzverständnis unserer Zivilisation; David versetzte den Körper im Schmerz in denselben Raum, den Marianne innehatte: es war ein leerer, heimatloser Raum, ein Körper, alleingelassen mit dem Schmerz – und dies ist eine unerträgliche Lebensbedingung.

Überall in den gesellschaftlichen Problemen einer multikulturellen Stadt verbirgt sich die moralische Schwierigkeit, Sympathie für die zu wecken, die die Anderen sind. Diese Sympathie kann nur entstehen, so glaube ich, wenn wir begreifen, warum der körperliche Schmerz einen Ort braucht, an dem er anerkannt wird und an dem seine transzendenten Ursprünge sichtbar werden. Solcher Schmerz hat eine bestimmte Bahn in der menschlichen Erfahrung. Er desorientiert und macht das Ich unvollständig, besiegt den Wunsch nach Kohärenz; der den Schmerz anerkennende Körper ist bereit, ein gesellschaftlicher Körper zu werden, empfindlich für den Schmerz einer anderen Person, für Schmerzen, die auf der Straße präsent sind. Sie werden ihm schließlich erträglich – obwohl in dieser Welt der Vielfalt keine Person der anderen erklären kann, was er fühlt, was er ist. Doch der Körper kann dieser gesellschaftlichen Bahn nur dann folgen, wenn er anerkennt, daß es in den Verheißungen der Gesellschaft kein Heilmittel für seine Leiden gibt, daß sein Unglück von anderswoher gekommen ist, daß sein Schmerz sich von Gottes Gebot an die Menschen ableitet, als Verbannte zusammenzuleben.

ANHANG

ANMERKUNGEN

EINLEITUNG
DER KÖRPER UND DIE STADT

1 Hugo Munsterberg, *The Film: A Psychological Study: The Silent Photoplay in 1916*, New York 1970, S. 82 und 95.
2 Robert Kubey und Mihaly Csikszentmihalyi, *Television and the Quality of Life: How Viewing Shapes Everyday Experience*, Hillsdale, NJ 1990, S. 175.
3 M. P. Baumgartner, *The Moral Order of a Suburb*, New York 1988, S. 127.
4 Vgl. bes. Max Horkheimer und Theodor W. Adorno, »Kulturindustrie. Aufklärung als Massenbetrug«, in: *Dialektik der Aufklärung*, Frankfurt a. M. 1969, Philosophische Fragmente, S. 108-150 und Theodor W. Adorno, »Culture Industry Reconsidered«, in: *New German Critique* 6, 1975, S. 12-19, und Herbert Marcuse, Schriften, *Der Eindimensionale Mensch, Studien zur Ideologie der fortgeschrittenen Industriegesellschaft*, Bd. 7, Frankfurt a. M. 1989.
5 Johannes von Salisbury, *Policraticus*, Hg. C. C. J. Webb, Oxford 1909; Original 1159, Teil 5, Nr. 2. Da dieser Text korrumpiert ist, folgen Zitate aus der Version, die Jacques Le Goff benutzt in »Head or Heart? The Political Use of Body Metaphors in the Middle Ages«, in: *Fragments for a History of the Human Body*, Teil 3, Hg. Michel Feher/Ramona Naddaff/Nadia Tazi, New York 1990, S. 17.
6 Vgl. Michel Foucault und Richard Sennett, »Sexuality and Solitude«, in: *Humanities in Review* I.1, 1982, S. 3-21.
7 Ludwig Wittgenstein, *Das Blaue Buch*, Werkausgabe, Bd. 5, Frankfurt a. M., 1988, S. 82.

TEIL EINS
DIE MÄCHTE VON STIMME UND AUGE

ERSTES KAPITEL
NACKTHEIT

1. Nicole Loraux, *The Invention of Athens: The Funeral Oration in the Classical City*, üb. von Alan Sheridan, Cambridge, MA 1986, S. 113.
2. Thukydides, *Geschichte des Peloponnesischen Krieges*, üb. und mit einer Einführung und Erläuterungen versehen von Georg Peter Landmann, Zürich München 1976; die folgenden Zitate stammen zumeist wörtlich aus Perikles' Rede an die Athener II 35-46.
3. Ebd. II 39.
4. Ebd. II 40, abweichende Üb. B. R.
5. Vgl. Kenneth Clark, *The Nude: A Study in Ideal Form*, Princeton 1956.
6. Thukydides, *Geschichte des Peloponnesischen Krieges* I 6, abweichende Üb. B. R.
7. R. E. Wycherley, *The Stones of Athens*, Princeton 1978, S. 19.
8. Zit. aus C. M. Cipolla, *Europäische Wirtschaftsgeschichte*, Bd. 1, Stuttgart 1978, S. 92.
9. Moses I. Finley, *Die antike Wirtschaft*, üb. von Andreas Wittenburg, München 1984, S. 91.
10. Hesiod, *Werke und Tage* 175-177, üb. von Thassilo von Scheffer; zit. aus Finley, *Die antike Wirtschaft*, S. 91.
11. Vgl. J. W. Roberts, *City of Socrates: An Introduction to Classical Athens*, London New York 1984, S. 10 f.
12. Aristoteles, *Politik* VII 1330b 18-19, üb. von Olof Gigon, München 1981.
13. Thukydides, *Geschichte des Peloponnesischen Krieges* I 141.
14. Moses I. Finley, *Die Griechen*, üb. von Karl-Eberhardt und Grete Felten, München 1976, S. 117.
15. E. R. Dodds, *Die Griechen und das Irrationale*, üb. von Hermann-Josef Dirksen, Darmstadt 1970, S. 96.
16. Evelyn B. Harrison, »Athena and Athens in the East Pediment of the Parthenon« [1967], in: *The Parthenon*, Hg. Vincent J. Bruno, New York 1974, S. 226.
17. Philipp Fehl, »Gods and Men in the Parthenon Frieze« [1961], in: *The Parthenon*, Hg. Bruno, S. 321.
18. John Boardman, »Greek Art and Architecture«, in: *The Oxford History of the Classical World*, Hg. John Boardman/Jasper Griffin/Oswyn Murray, New York 1986, S. 291.
19. Vgl. Kenneth Clark, *The Nude: A Study in Ideal Form*, Princeton 1956, S. 3 u. 23 f.
20. Vgl. Peter Brown, *Die Keuschheit der Engel: Sexuelle Entsagung, Askese*

und Körperlichkeit am Anfang des Christentums, üb. und mit einem Vorwort versehen von Martin Pfeiffer, München 1991.
21 Aristoteles, *Fünf Bücher von der Zeugung und Entwicklung der Tiere*, üb. und erläutert von Hermann Aubert und Friedrich Wimmer, Aalen 1978, II.i. 716a 5.
22 Thomas Laqueur, *Auf den Leib geschrieben: Die Inszenierung der Geschlechter von der Antike bis Freud*, üb. von H. Jochen Bußmann, Frankfurt a. M. 1992, S. 54.
23 Françoise Héritier-Augé, »Semen and Blood: Some Ancient Theories Concerning Their Genesis and Relationship«, in: *Fragments for a History of the Human Body*, Teil 3, Hg. Feher/Naddaff/Tazi, S. 171.
24 Vgl. Aristoteles, *Fünf Bücher von der Zeugung und Entwicklung der Tiere* II.i 732a 22-23.
25 Laqueur, *Auf den Leib geschrieben*, S. 39.
26 Ebd.
27 Vgl. die aristotelische Kritik an Empedokles in: De Sensu 437b 25.
28 Ebd. 438b.
29 Vgl. etwa die Erörterung der »Tyrannis« im achten Buch von Platons *Staat*.
30 Vgl. B. M. W. Knox, »Silent Reading in Antiquity«, in: *Greek, Roman and Byzantine Studies* 9, 1968, S. 421-435, und Jasper Svenbro, »La Voix intérieure«, in: *Phrasikleia: anthropologie de la lecture en Grèce ancienne*, Paris 1988, S. 178-206.
31 Giulia Sissa, »The Sexual Philosophies of Plato and Aristotle«, in: *A History of Women in the West*, Bd. I, *From Ancient Goddesses to Christian Saints*, Hg. Pauline Schmitt Pantel, üb. von Arthur Goldhammer, Cambridge, MA 1992, S. 80 f.
32 *The World of Athens: An Introduction to Classical Athenian Culture*, Hg. Joint Association of Classical Teachers, Cambridge 1984, S. 174.
33 Wycherley, *The Stones of Athens*, S. 219.
34 Aristophanes, *Die Wolken* 1005 ff., üb. von Otto Seel, Stuttgart 1963, paraphrasiert von Wycherley in: *The Stones of Athens*, S. 220.
35 R. E. Wycherley, *How the Greeks Built Cities*, New York 1976, S. 146.
36 Vgl. Peter Brown, *Die Keuschheit der Engel*, Kap. 1: »Körper und Stadtgemeinschaft«.
37 Aischines, *Anklage des Timarchos* 138 ff.; zit. aus Kenneth Dover, *Greek Homosexuality*, New York 1980, S. 48, eigene Üb. B. R.
38 David M. Halperin, *One Hundred Years of Homosexuality*, London 1990, S. 22.
39 Dover, *Greek Homosexuality*, S. 100.
40 Ebd., S. 106.
41 Homer, *Ilias* 15. 306-310, üb. von Wolfgang Schadewaldt, Frankfurt a. M. 1975.
42 Jan Bremmer, »Walking, Standing, and Sitting in Ancient Greek Culture«, in: *A Cultural History of Gesture*, Hg. Jan Bremmer/Hermann Roodenburg, Ithaca 1991, S. 20. Das Homerzitat stammt aus der *Ilias* 5. 778.
43 Alexis, Fragment 263; T. Kock, *Comicorum Atticorum fragmenta*, Leipzig 1880-88; zit. aus Bremmer, »Walking, Standing, and Sitting«, S. 19.

44 Thukydides, *Geschichte des Peloponnesischen Krieges* II 45.
45 Ich möchte Professor G. W. Bowersock für diesen Hinweis danken.
46 Birgitta Bergquist, »Sympotic Space: A Functional Aspect of Greek Dining-Rooms«, in: *Sympotica: A Symposium on the Symposion*, Hg. Oswyn Murray, Oxford 1990, S. 54.
47 John M. Camp, *The Athenian Agora: Excavations in the Heart of Classical Athens*, London 1986, S. 72.
48 Vincent J. Bruno, »The Parthenon and the Theory of Classical Form«, in: *The Parthenon*, S. 95.
49 Camp, *The Athenian Agora*, S. 72.
50 Aristophanes, *Die Wolken* 207; zit. aus Wycherley, *The Stones of Athens*, S. 53.
51 Vgl. Johann Joachim Winckelmann, *Geschichte der Kunst des Altertums*, Reprographischer Nachdruck der Ausgabe von 1934, Köln 1993.
52 Aristoteles, *Politik* 1331b 1-2.
53 Ebd.
54 Vgl. die Diskussion in: Josiah Ober, *Mass and Elite in Democratic Athens: Rhetoric, Ideology, and the Power of the People*, Princeton 1989, S. 299-304.
55 Wycherley, *How the Greeks Built Cities*, S. 130.
56 Finley, *Die Griechen*, S. 115.
57 Bremmer, »Walking, Standing, and Sitting«, S. 25 f.
58 Froma Zeitlin, »Playing the Other«, in: *Nothing to Do with Dionysos?*, Hg. John J. Winkler/Froma Zeitlin, Princeton 1990, S. 72.
59 Die folgende Darstellung stammt aus Xenophon, *Griechische Geschichte*, I.7.7-35, üb. von Konrad Wernicke, Leipzig 1920, S. 37-41.
60 Hesiod, *Werke und Tage* 77-82, üb. von Thassilo von Scheffer, Leipzig 1965; zit. in Joint Association of Classical Teachers, *The World of Athens*, S. 95.
61 Josiah Ober, *Mass and Elite in Democratic Athens: Rhetoric, Ideology, and the Power of the People*, Princeton 1989, S. 175 f.
62 Thukydides, *Geschichte des Peloponnesischen Krieges* I 23.
63 Ebd. III 82.
64 John J. Winkler, »The Ephebes' song«, in: *Nothing to Do with Dionysos?*, S. 40 f.
65 Wer sich damit weitergehend befassen möchte, sei verwiesen auf G. R. Stanton und P. J. Bicknell, »Voting in Tribal Groups in the Athenian Assembly«, in: *Greek, Roman and Byzantine Studies* 28, 1987, S. 51-92, und Mogens Hansen, »The Athenian Ekklesia and the Assembly Place on the Pnyx«, in: *Greek, Roman and Byzantine Studies* 23, 1982, S. 241-249.
66 Loraux, *The Invention of Athens*, S. 175; vgl. auch Edouard Will, »Bulletin historique«, in: *Revue Historique*, 238, 1967, S. 396 f.

ZWEITES KAPITEL
DER MANTEL DER DUNKELHEIT

1 Thukydides, *Geschichte des Peloponnesischen Krieges* II 45.
2 Ebd. II 38.
3 Roberts, *City of Sokrates: An Introduction to Classical Athens*, S. 128.
4 Erika Simon, *Festivals of Attica: An Archaeological Commentary*, Madison 1983, S. 18-22.
5 Jean-Pierre Vernant, »Introduction«, in: Marcel Detienne, *The Gardens of Adonis*, üb. von Janet Lloyd, Atlantic Highlands, NJ 1977, S. xvii-xviii.
6 Sarah Pomeroy, *Frauenleben im Klassischen Altertum*, üb. von Norbert F. Mattheis, Stuttgart 1985, S. 117.
7 Vgl. Roman Jakobson, »Two Types of Language and Two Types of Aphasic Disturbances«, in: *Fundamentals of Language*, Hg. R. Jakobson/Morris Halle, Den Haag 1956, und Peter Brooks, *Reading for the Plot*, New York 1984, 1. Kapitel.
8 Herodot, *Historien* II.35; zit. aus Francois Lissarrague, »Figures of Women«, in: *A History of Women in the West*, Bd. I. *From Ancient Goddesses to Christian Saints*, Hg. Pauline Schmitt Pantel, üb. von Arthur Goldhammer, Cambridge, MA 1992, S. 229.
9 Xenophon, *Oikonomikos* 7.35, üb. von Klaus Meyer, *Xenophons »Oikonomikos«*, Marburg 1975, S. 35.
10 Annick Le Geurer, *Scent*, üb. von Richard Miller, New York 1992, S. 8.
11 Aristophanes, *Lysistrata* 928; zit. aus Nicole Loraux, »Herakles: The Super-Male and the Feminine«, in: *Before Sexuality: The Construction of Erotic Experience in the Ancient Greek World*, Hg. David Halperin/John J. Winkler/Froma I. Zeitlin, Princeton 1990, S. 31. Die dt. Üb. bringt diesen Vergleich weniger drastisch zum Ausdruck; »Kinesias (zu seinem Phallos): Zurüstungen für dich, als käm Herakles!« in der Übertragung von Ludwig Seeger, Zürich Stuttgart 1968, S. 444, und von Erich Fried: »Kinesias (blickt an sich herunter): ...›Man läßt uns darben! ... Vorbereitungen - Als kämen alle Götter zu Besuch!‹«, Berlin 1992, S. 63.
12 Alkiphron, *Briefe* IV.14; zit. aus Detienne, *The Gardens of Adonis*, üb. von Janet Lloyd, Atlantic Highlands, NJ 1977, S. 65; vgl. Alkiphron, *Briefe von Verliebten und Hetären, Zuhältern, Schmarotzern und zänkischem Ehevolk*, in: Philestratos, *Erotische Briefe*, Hg. Paul Hansmann, Frankfurt a. M. 1989, S. 117.
13 Dioskorides, *Materia Medica* II.136.1-3; zit. aus Detienne, *The Gardens of Adonis*, S. 68, üb. von B. R.
14 Detienne, *The Gardens of Adonis*, S. 68.
15 Eva Cantarella, *Bisexuality in the Ancient World*, üb. von Corma O' Cuilleanain, New Haven 1992, S. 90.
16 Oswyn Murray, »Symptotic History«, in: *Sympotica : A Symposium on the Symposion*, Hg. Murray, Oxford 1990, S. 7.
17 L. E. Rossi, »Il simposio greco arcaico e classico spettacolo ase stesso«, in: *Spettacoli conviviali dall' antichità classica alle corti italiane del'400: Atti*

del VII convegno di studio, Viterbo; zit. aus Ezio Pellizer, »Sympotic Entertainment«, üb. von Catherine McLaughlin, in: *Sympotica*; Hg. Murray, S. 183.
18 Sappho, *Lieder*, griechisch und deutsch, Hg. Max Treu, München Zürich 1984, S. 25.
19 Platon, *Phaidros* 276b, *Sämtliche Werke* 4, nach der Üb. von Friedrich Schleiermacher mit der Stephanus-Numerierung, Hg. Walter F. Otto/Ernesto Grassi/Gert Plamböck, Reinbek bei Hamburg 1958.
20 John L. Winkler, »The Laughter of the Oppressed: Demeter and the Gardens of Adonis«, in: *The Constraints of Desire: The Anthropology of Sex and Gender in Ancient Greece*, New York 1990, S. 188-209.
21 Walter Burkert, *Structure and History in Greek Mythology and Ritual*, Berkeley 1979, S. 2. »Ouk emos ho mythos« findet sich ursprünglich bei Euripides, Fragment 484; Platon zieht die Unterscheidung im *Symposion* 177a und im *Gorgias* 523a und 527a.
22 Meyer Fortas, »Ritual and Office«, in: *Essays on the Ritual of Social Relations*, Hg. Max Gluckmann, Manchester 1962, S. 86.
23 Thukydides, *Geschichte des Peloponnesischen Krieges* II 49.
24 Ebd.
25 Ebd.
26 Ebd. I 52.
27 Plutarch, *Von großen Griechen und Römern.*, »Perikles« 34, üb. von Konrat Ziegler und Walter Wuhrmann, Zürich und München 1954.
28 Thukydides, *Geschichte des Peloponnesischen Krieges* VIII 106.
29 Vgl. Loraux, *The Invention of Athens*, S. 98-118. Das Zitat in Fußnote 123 stammt aus Thukydides, *Geschichte des Peloponnesischen Krieges* II 41; vgl. »rühmlichste Tode«, II 42.
30 Thukydides, *Geschichte des Peloponnesischen Krieges* II 54 und zuvor I 118.
31 Jean-Pierre Vernant, »Dim Body, Dazzling Body«, in: *Fragments for a History of the Human Body*, Teil 3, Hg. Feher/Naddaff/Tazi, S. 28.
32 Thukydides, *Geschichte des Peloponnesischen Krieges* II 41.

DRITTES KAPITEL
DAS OBSESSIVE BILD

1 Frank E. Brown, *Roman Architecture*, New York 1972, S. 35.
2 William L. MacDonald, *The Pantheon*, Cambridge, MA 1976, S. 88 f.
3 Ebd.
4 Seneca, *Briefe an Lucilius*, Nr. 37, üb. von Manfred Rosenbach, Darmstadt 1989; zit. aus Carlin A. Barton, *The Sorrows of the Ancient Romans*, Princeton 1993, S. 15 f.
5 Barton, *The Sorrows of the Ancient Romans*, S. 49.
6 E. H. Gombrich, *Kunst und Illusion. Zur Psychologie der bildlichen Darstellung*, Stuttgart u. a. 1986, üb. von Lisbeth Gombrich, S. 153 f.

7   Aurelius Augustinus, *Bekenntnisse* X.30, üb. von Wilhelm Thimme, München 1982, S. 277; die Bibelstelle findet sich in I Johannes 2, 16.
8   Richard Brilliant, *Visual Narratives*, Ithaca 1984, S. 122.
9   Mary Taliaferro Boatwright, *Hadrian and the City of Rome*, Princeton 1987, S. 46.
10 Sueton, Tranquilius Gaius, *Die zwölf Cäsaren*, »Nero« 31, üb. von Adolf Stahr, Berlin 1922.
11 Fergus Millar, *The Emperor in the Roman World*, Ithaca 1992, S. 6.
12 Vitruv, *Zehn Bücher über Architektur*, I, üb. von Curt Fensterbusch, Darmstadt 1991.
13 Titus Livius, *Römische Geschichte* V.54.4, üb. von Franz D. Gerlach, Stuttgart 1862, Bd. 1.
14 Vgl. Spiro Kostof, *Geschichte der Architektur*, Bd. 1., *Von den Anfängen bis zum römischen Reich*, Stuttgart 1992.
15 Ovid, *Fasti* II.683-684.
16 Lidia Mazzolani, *The Idea of the City in Roman Thought*, üb. von S. O'Donnell, London 1970, S. 175.
17 Michael Grant, *History of Rome*, New York 1978, S. 302.
18 Ebd., S. 266.
19 Boatwright, *Hadrian and the City of Rome*, S. 132.
20 Scriptores Historiae Augustae Hadriani 8.3; zit. aus Boatwright, *Hadrian and the City of Rome*, S. 133.
21 William MacDonald, *The Architecture of the Roman Empire*, Bd. I: *An Introductory Study*, New Haven 1982, S. 129.
22 Dio Cassius, *Römische Geschichte*, LXIX 4.6, eigene Üb. B. R. nach *Dio's Roman History*, Bd. 8, üb. von Earnest Cary, Cambridge, MA 1925, S. 433.
23 Vgl. Plinius, Gaius P. Secundus, *Naturgeschichte* XXXV.64-66; zit. aus Norman Bryson, *Vision and Painting*, New Haven 1983, S. 1.
24 Barton, *The Sorrows of the Ancient Romans*, S. 13.
25 Keith Hopkins, »Murderous Games«, in: *Death and Renewal*, New York 1983, S. 1-30.
26 Zit. aus Katherine Welch, »The Roman Amphitheater after Golvin«, unveröffentl. Manuskript, New York University, Institute of Fine Arts, S. 23. Ich möchte Dr. Welch für diesen und andere Texte über das Amphitheater danken.
27 Tertullian, *Apologeticus* Nr. 15; vgl. auch Octavius, *Minicius Felix*, üb. von Rudolph Arbesmann, Emily Joseph Daly und Edwin A. Quain, Fathers of the Church Series, Bd. 10, Washington, D. C. 1950, S. 48.
28 Martial und Welch, in: Welch, »The Roman Amphitheater After Golvin«, S. 23.
29 Sueton, *Die zwölf Cäsaren*, »Nero« 39.
30 Ebd. 49, eigene Üb. B. R.
31 Richard C. Beacham, *The Roman Theater and its Audience*, Cambridge, MA 1992, S. 152.
32 Quintilian, Marcus Fabius, *Institutio Oratoria*; zit. aus Fritz Graf, »Gestures and Conventions: The Gestures of Roman Actors and Orators«, in:

A Cultural History of Gesture, Hg. Jan Bremmer und Hermann Roodenburg, Ithaca 1991, S. 41; vgl. Quintilian, *Ausbildung des Redners* 100, üb. von Helmut Rakuhr, 2 Bde., Darmstadt 1988.

33 Richard Brilliant, *Gesture and Rank in Roman Art*, New Haven: Connecticut Academy of Arts and Sciences 1963, S. 129 f.
34 Vgl. Robert Auguet, *Cruelty and Civilization: The Roman Games*, London 1972.
35 Vitruv, *Zehn Bücher über Architektur* 73.
36 Ebd. 75.
37 Joseph Rykwert, *The Idea of a Town*, Cambridge, MA 1988, S. 59.
38 Vgl. Polybius, *Histories* VI.31 ;zit. aus Spiro Kostof, S. 108.
39 Joyce Reynolds, »Cities«, in: *The Administration of the Roman Empire*, Hg. David Braund, Exeter 1988, S. 17.
40 Ovid, *Tristia* V.7.42-46 und 49-52, üb. von Wilhelm Willige, in: *Tristia. Briefe aus der Verbannung. Epistulae ex Ponto*, München Zürich 1990.
41 Tacitus, Cornelius, *Agricola* 21, eigene Üb. B. R., vgl. *Agricola. Germania*. Lateinisch und deutsch, hg. und üb. von Alfons Stäckle, München Zürich 1991.
42 Rykwert, *The Idea of a Town*, S. 62.
43 Plautus, *Curculio* 466-482.
44 Ramsay MacMullen, *Paganism in the Roman Empire*, New Haven 1981, S. 80.
45 Richard Krautheimer, *Early Christian and Byzantine Architecture*, New York 1986, S. 42.
46 John E. Stambaugh, *The Ancient Roman City*, Baltimore 1988, S. 119.
47 Frank E. Brown, *Roman Architecture*, S. 13 f.
48 Stambaugh, *The Ancient Roman City*, S. 44.
49 Malcolm Bell, »Some Observations on Western Greek Stoas«, unveröffentl. Manuskript, American Academy of Rome 1992, S. 19 f.; vgl. auch Marcel Detienne, »En Grèce archaïque: Géométrie Politique et Société«, in: *Annales ESC* 20, 1965, S. 425-442.
50 Velleius Paterculus, *Compendium of Roman History* II, üb. von Frederick William Shipley, London 1924, xx, cxxvi, S. 2-5.
51 Frank E. Brown, *Roman Architecture*, S. 14.
52 Yvon Thébert, »Privates Leben und Hausarchitektur in Nordafrika«, in: *Geschichte des Privaten Lebens*, Hg. Ariès, S. 344.
53 Vgl. Mark Girouard, *Life in the English Country House: A Social and Architectural History*, New Haven 1978.
54 Peter Brown, *Die Keuschheit der Engel*, S. 35.
55 Plutarch, *Praecepta cunjugalia* 47,144 f.; zit. aus Peter Brown, *Die Keuschheit der Engel*, »Leib und Stadtgemeinschaft«, eigene Üb. B. R.
56 Zit. aus Ernst Bickel, *Lehrbuch der Geschichte der Römischen Literatur*, Heidelberg 1937, S. 220.
57 Zit. aus H. W. Garrod, Hg., *The Oxford Book of Latin Verse*, Oxford 1944, S. 349; eigene Üb. B. R.
58 Noch einmal vielen Dank an Professor Bowersock für diesen Vorschlag.
59 Marguerite Yourcenar, *Ich zähmte die Wölfin. Die Erinnerungen des Kai-*

ANMERKUNGEN ZU: TEIL EINS 475

   sers Hadrian, üb. von Fritz Jaffé, München 1961, S. 233.
60 H. W. Garrod knüpft diese Verbindung in *The Oxford Book of Latin Verse*, glaubt jedoch, daß Popes Gedicht von Hadrian angeregt ist, eine direkte Verbindung, die unbegründet scheint.
61 Zit. aus Garrod, *The Oxford Book of Latin Verse*, S. 500, eigene Üb. B. R.

VIERTES KAPITEL
ZEIT IM KÖRPER

1 Origenes, *Contra Celsum*, üb. und hg. von Henry Chadwick, überarb. Ausgabe, Cambridge 1965, 152.
2 Ebd.
3 Ebd.
4 Ebd.
5 Arthur Darby Nock, *Conversion*, Oxford 1969, S. 227.
6 Beide Stellen bei Nock, *Conversion*, S. 8. Die James-Stelle findet sich in *The Varieties of Religious Experience*, S. 209.
7 Vgl. Peter Brown, *Die Keuschheit der Engel*, bes. 1. Kapitel.
8 Die folgenden zwei Absätze sind übernommen und umgeschrieben aus dem Buch des Autors; vgl. Richard Sennett, *The Conscience of the Eye*, New York 1992, S. 5 f.
9 Harvey Cox, *The Secular City: Secularization and Urbanization in Theological Perspective*, New York 1966, S. 49.
10 »Epistel an Diognatus«, 7.5, üb. und zit. von Jaroslav Pelikan, *Jesus through the Centuries*, New Haven 1985, S. 49 f. Ich habe hier auf Pelikans Hervorhebung des letzten Satzes verzichtet.
11 Aurelius Augustinus, *Vom Gottesstaat* XV.1, üb. von Wilhelm Thimme, München 1978, Bd. 2.
12 Origenes, *Contra Celsum*, 313.
13 Vgl. I Korinther 11, 2-16 und 12, 4-13.
14 Johannes Chrysostomus, *Homiliae in Matthaeum* 6.8:72; zit. aus Peter Brown, *Die Keuschheit der Engel*, S. 325.
15 Peter Brown, *Die Keuschheit der Engel*, S. 326.
16 Origenes, *Contra Celsum*, 381.
17 Ebd. 382.
18 Regina Schwartz, »Rethinking Voyeurism and Patriarchy: The Case of *Paradise Lost*«, in: *Representations* 34, 1991, S. 87.
19 Dio Cassius, *Römische Geschichte* LIII.27.2; zit. aus MacDonald, *The Pantheon*, S. 76. Percy Bysshe Shelley, Brief vom 23. März 1819 an Thomas Love Peacock, *Letters of Percy Bysshe Shelley*, Hg. F. L. Jones, 2. Bde., Oxford 1964, S. 87- f.; zit. aus MacDonald, *The Pantheon*, S. 92.
20 I *Korinther* 11,20 und 12-14.
21 L. Michael White, *Building God's House in the Roman World: Architectural Adaptation among Pagans, Jews, and Christians*, Baltimore 1990, S. 107 und 109.
22 Galater 3,28

23 Aurelius Augustinus, *Bekenntnisse* XXIII, 33-34. Die Bibelstelle ist Galater 5,17.
24 Ebd. XXX, 43-47.
25 I Korinther 11, 24-25
26 Zit. und üb. von Wayne Meeks, *The Moral World of the First Christians*, Philadelphia 1986, S. 113. Die Bibelstellen sind Kolosser 3, 9-11 und Epheser 4, 22-24.
27 Seneca, *56. Brief an Lucilius*, in: Philosophische Schriften, üb. von Manfred Rosenbach, Bd. 3; zit. aus Naphtali Lewis/Meyer Reinhold, Hg., *Roman Cicilization*, Bd. II: *The Empire*, New York 1990, S. 142.
28 Jerome Carcopino, *Daily Life in Ancient Rome*, üb. von E. O. Lorimer, New Haven 1968, S. 263. Das lateinische Original findet sich im *Corpus Inscriptionum Latinarum* VI 15258.
29 Wayne Meeks, *The First Urban Christians*, New Haven, Yale University Press 1983, S. 153.
30 Jacob Neusner, *A History of the Mishniac Law of Purities*, Studies in Judaism in Late Antiquity 6.22: *The Mishniac System of Uncleanness*, Leiden 1977, S. 83-87.
31 Römer 6,3.
32 Kolosser 2, 11-12.
33 Richard Krautheimer, *Early Christian and Byzantine Architecture*, 4. Auflage, New York 1986, S. 24 f.
34 Ders., *Rome, Profile of a City, 312-1308*, Princeton 1983, S. 24.
35 Ders., *Early Christian and Byzantine Architecture*, S. 40.
36 Thomas F. Mathews, *The Clash of the Gods: A Reinterpretation of Early Christian Art*, Princeton 1993, S. 3-22.
37 Vgl. White, *Building God's House in the Roman World*, S. 102-123.
38 Peter Brown, *Augustine of Hippo*, Berkeley 1967, S. 289.
39 Ebd., S. 321.
40 Aurelius Augustinus, *Vom Gottesstaat* XIV.1.
41 Vgl. Friedrich Nietzsche, *Zur Genealogie der Moral*, Berlin New York 1988, Bd. 5 der Kritischen Studienausgabe, I.13, S. 279.
42 Ebd.
43 Ebd., S. 280.
44 Ebd., S. 281.
45 Louis Dumont, *Homo Hierarchicus: Essai sur le système des castes*, Paris 1967.

TEIL ZWEI
HERZBEWEGUNGEN

FÜNFTES KAPITEL
GEMEINDE

1 Georges Duby, *Die Zeit der Kathedralen 900-1420*, Frankfurt a.M. 1992, S. 195.
2 Max Weber, *Die Stadt. Eine soziologische Untersuchung*, in: Archiv für Sozialwissenschaft und Sozialpolitik 47, Tübingen 1920-21, S. 621-772, hier S. 756.
3 Walter Ullmann, *Individuum und Gesellschaft im Mittelalter*, üb. von Ruprecht Paqué, Göttingen 1974, S. 94.
4 Johannes von Salisbury, *Policraticus*; zit. aus Jacques Le Goff, »Head or Heart? The Political Use of Body Metaphors in the Middle Ages«, in: *Fragments for a History of the Human Body*, Teil 3, Hg. Feher/Nadaff/Tazi, New York 1989, S. 17.
5 Ullmann, *Individuum und Gesellschaft im Mittelalter*, S. 19.
6 Vgl. Weber, »Die Stadt«.
7 Henri Pirenne, *Medieval Cities*, üb. von Frank Halsey, Princeton 1946, S. 102.
8 Duby, *Die Zeit der Kathedralen*, S. 382.
9 Robert Grinnell, »The Theoretical Attitude towards Space in the Middle Ages«, in: *Speculum* XXI.2, April 1946, S. 148.
10 Jean Berthélemy, *Le Livre de Crainte Amoureuse*; zit. aus Johann Huizinga, *Herbst des Mittelalters. Studien über Lebens- und Geistesformen des 14. und 15. Jahrhunderts in Frankreich und in den Niederlanden*, üb. von T. Wolff-Möncheberg, Stuttgart 1952, S. 213.
11 Jacques Le Goff, *Medieval Civilization, 400-1500*, üb. von Julia Burrows, Cambridge, MA 1988, S. 158.
12 Vern Bullough, »Medieval Medical and Scientific Views of Women«, in: *Viator* 4, 1973, S. 486.
13 Galen, *Ars medica*, Vorwort; zit. aus Owsei Temkin, *Galenism: Rise and Decline of a Medical Philosophy*, Ithaca 1973, S. 102.
14 Ebd., S. 11; zit. aus Temkin, *Galenism*, S. 103.
15 Mein Dank gilt an dieser Stelle Dr. Charles Malek für die Übersetzung dieser Information.
16 Die folgende Darstellung befindet sich in der Arbeit von Marie-Christine Pouchelle, *The Body and Surgery in the Middle Ages*, üb. von Rosemary Morris, New Brunswick, NJ 1990.
17 Vgl. die Beschreibung de Mondevilles auch in: *Geschichte des Privaten Lebens*, Bd. 2, *Vom Mittelalter zur Renaissance*, Hg. Philippe Ariès/Georges Duby, Frankfurt a.M., 1990, S. 485.
18 Henri de Mondeville, *Chirurgie* [von E. Nicaise], 243, und Barthelmey

l'Anglais, *Grand Propriétaire* f.xxvj; beide zit. aus Pouchelle, *The Body and Surgery in the Middle Ages*, S. 115.
19 Ebd.
20 *Ménagier de Paris* I; zit. aus Pouchelle, *The Body and Surgery*, S. 116.
21 Duby, *Die Zeit der Kathedralen*, S. 405.
22 Johannes von Salisbury, *Policraticus* IV.8: »De moderatiore justitiae et elementiae principis«; zit. aus Pouchelle, *The Body and Surgery*, S. 203.
23 De Mondevilles Bild einer in sich durchlässigen Stadt stimmt mit späteren italienischen Ideen der städtischen Form überein; vgl. Francoise Choay, »La ville et le domaine bâti comme corps dans les textes des architectes-théoriciens de la première Renaissance italienne«, in: *Nouvelle Revue de Psychanalyse* 9, 1974, S. 239-251.
24 Vgl. Caroline Walker Bynum, *Jesus as Mother: Studies in the Spirituality of the High Middle Ages*, Berkeley 1982, S. 110-125.
25 Vgl. dies., »The Female Body and Religious Practice in the Later Middle Ages«, in: *Fragments for a History of the Human Body*, Teil 1, Hg. Feher/Naddaf/Tazzi, S. 176-188.
26 Anselm von Canterbury, *10. Gebet an Paulus*, in: *Opera Omnia*; zit. aus Bynum, *Jesus as Mother*, S. 114. Anselms Bibelzitat stammt aus Matthäus 23, 37.
27 Bynum, *Jesus as Mother*, S. 115.
28 Vgl. Raymond Klibansky, »Die Melancholie im System der Vier Temperamente«, in: *Saturn und Melancholie*, Studien zur Geschichte der Naturphilosophie und Medizin, der Religion und der Kunst, Hg. Raymond Klibansky/Erwin Panofsky/Fritz Saxl, üb. von Christa Buschendorf, Frankfurt a. M. 1992, S. 110-123.
29 Duby, *Die Zeit der Kathedralen*, S. 394.
30 Philippe Ariès, *Studien zur Geschichte des Todes im Abendland*, üb. von Hans-Horst Henschen, München Wien 1976, S. 25.
31 Ebd., S. 24.
32 Ebd.
33 Moshe Barasch, *Gestures of Despair in Medieval and Renaissance Art*, New York 1976, S. 58.
34 Zit. aus David Luscombe, »City and Politics before the Coming of the Politics: Some Illustrations«, in: *Church and City 1000-1500: Essays in Honour of Christopher Brooke*, Hg. David Abulafia/Michael Franklin/Miri Rubin, Cambridge 1992, S. 47.
35 Otto von Simson, *The Gothic Cathedral*, Princeton 1988, S. 138.
36 Achille Luchaire, *Social France at the Time of Philip Augustus*, üb. von Edward Krehbiel, London 1912, S. 145.
37 Allan Temko, *Notre-Dame of Paris*, New York 1955, S. 249.
38 Ebd., S. 250.
39 Howard Saalman, *Medieval Cities*, New York 1968, S. 38.
40 Michel Mollat, *The Poor in the Middle Ages*, üb. von Arthur Goldhammer, New Haven 1986, S. 41.
41 Lester K. Little, *Religious Poverty and the Profit Economy in Medieval Europe*, London 1978, S. 199.

42 Humbert de Romans, *Sermons* xl.475-476; zit. aus Bede Jarrett, *Social Theories of the Middle Ages 1200-1500*, New York 1966, S. 222.
43 Little, *Religious Poverty and the Profit Economy in Medieval Europe*, S. 67.
44 Ebd., S. 173.
45 Duby, »Der Auftritt des Individuums«, in: *Geschichte des Privaten Lebens*, Bd. 2, Hg. Duby/Ariés, S. 473.
46 Marie Luise Gothein, *A History of Garden Art*, Bd. 1, New York 1966 [1913], S. 188.
47 Vergil, *Hirtengedichte* IV 21-25, Werke in einem Band, Berlin Weimar 1965.
48 Saalman, *Medieval Cities*, S. 119, Fußnote 16.
49 Terry Comito, *The Idea of the Garden in the Renaissance*, New Brunswick 1978, S. 41.
50 Ebd., S. 43.
51 Bynum, *Jesus as Mother*, S. 87.

SECHSTES KAPITEL
»JEDER MENSCH IST SICH SELBST EIN TEUFEL«

1 Maurice Lombard, »Introduction«; zit. aus Jacques Le Goff, *Histoire de la France urbaine*, Bd.2: *La Ville Médiévale*, Hg. André Chedeville/Jacques Le Goff/Jacques Rossiaud, Paris 1980, S. 22.
2 Le Goff, *Medieval Civilization, 400-1500*, S. 207.
3 Ebd., S. 215.
4 Jacques Heers, *La Ville au Moyen Age*, Paris 1990, S. 189.
5 Philippe Contamine, »Bäuerlicher Herd und päpstlicher Palast«, in: *Geschichte des Privaten Lebens*, Bd. II, Hg. Duby/Ariès, S. 412.
6 Ebd.
7 Jean-Pierre Leguay, *La rue au Moyen Age*, Rennes 1984, S. 156 f.
8 Ebd., S. 155.
9 Ebd., S. 198.
10 Vgl. Virginia Wylie Egbert, *On the Bridges of Medieval Paris: A Record of Early Fourteenth-Century Life*, Princeton 1974.
11 Ebd., S. 26.
12 Robert S. López, *The Commercial Revolution of the Middle Ages, 930-1350*, Englewood Cliffs, NJ 1971, S. 88.
13 Ebd., S. 89.
14 Humbert de Romans, Sermon xcii, *In Merchatis* 562; zit. aus Jarrett, *Social Theories of the Middle Ages*, S. 164.
15 Ebd.
16 López, *The Commercial Revolution of the Middle Ages*, S. 127.
17 Summerfield Baldwin, *Business in the Middle Ages*, New York 1968, S. 58.
18 López, *The Commercial Revolution of the Middle Ages*, S. 127.
19 Gerald Hodgett, *A Social and Economic History of Medieval Europe*, London 1972, S. 58.
20 Gordon Leff, *Paris and Oxford Universities in the Thirteenth and Four-*

teenth Centuries: An Institutional and Intellectual History, New York 1968, S. 16 f.
21 Jarrett, Social Theories of the Middle Ages, S. 95.
22 Jacques Le Goff, Wucherzins und Höllenqualen. Ökonomie und Religion im Mittelalter, üb. von Matthias Rüb, Stuttgart 1988, S. 70.
23 Ernst Kantorowicz, Die zwei Körper des Königs. Eine Studie zur politischen Theologie des Mittelalters, München 1990, S. 278.
24 Leff, Paris and Oxford Universities in the Thirteenth and Fourteenth Centuries, S. 8.
25 Guillaume d'Auxerre, Summa aurea; das Original befindet sich in der Bibliothek von S. Croce in Florenz. Die vorliegenden Zitate entstammen der gedruckten Transkription in Jacques Le Goff, »Temps de l' Eglise et temps du marchand«, in: Annales ESC 15, 1960, S. 417.
26 Etienne de Bourbon, Tabula Exemplorum, üb. und hg. von J. T. Welter, 1926, S. 139.
27 Guillaume d'Auxerre, Summa aurea; zit. aus Le Goff, »Temps de l' Eglise et temps du marchand«, in: Annales ESC 15, 1960, S. 417.
28 Vgl. Norman Cohn, Das neue irdische Paradies. Revolutionärer Millenarismus und mystischer Anarchismus im mittelalterlichen Europa, üb. von Edward Thorsch, Reinbek bei Hamburg 1988.
29 Le Goff, »Temps de l'Eglise et temps du marchand«, S. 424 f.
30 Vgl. David Landes, Revolution in Time: Clocks and the Making of the Modern World, Cambridge, MA 1983.
31 Zit. aus Marie-Dominique Chenu, La théologie au XIIme siècle, Paris 1976, S. 66.
32 Albert Hirschmann, Leidenschaften und Interessen: Politische Begründungen des Kapitalismus vor seinem Sieg, üb. von Sabine Offe, Frankfurt a. M. 1980, S. 18.
33 William von Conches, Moralis Philosophia, PL. 171.1034-1035; zit. aus Jean-Claude Schmitt, »The Ethics of Gesture«, in: Fragments for a History of the Human Body, Teil 2, S. 139.
34 Le Goff, Wucherzins und Höllenqualen, Stuttgart 1988, S. 75.
35 Wolfgang Stechow, Pieter Brueghel, New York 1990, S. 80.
36 Marilyn Aronberg Lavin, Piero della Francesca: The Flagellation, New York 1972, S. 71.
37 Philip Guston, »Piero della Francesca: The Impossibility of Painting«, in: Art News 64, 1965, S. 39.
38 Zit. aus Stechow, Pieter Brueghel, S. 51.
39 W. H. Auden, »Musée des Beaux Arts«, in: Collected Poems, Hg. Edward Mendelson, New York 1976, S. 146 f.

SIEBTES KAPITEL
BERÜHRUNGSANGST

1 William Shakespeare, *Der Kaufmann von Venedig*, III.3.26, üb. von August Wilhelm Schlegel, Wiesbaden o. J.
2 Ebd. IV.1., S. 215-216.
3 Ebd. III.3.27-31.
4 Vgl. William McNeill, *Venice, The Hinge of Europe, 1081-1797*, Chicago 1974.
5 Frederick C. Lane, »Family Partnerships and Joint Ventures in the Venetian Republic«, in: *Journal of Economic History* IV, 1944, S. 178.
6 Die Zahlen stammen aus Ugo Tucci, »The Psychology of the Venetian Merchant in the Sixteenth Century«, in: *Renaissance Venice*, Hg. John Hale, Totowa, NJ 1973, S. 352.
7 Frederick Chapin Lane, *Venice: A Maritime Republic*, Baltimore 1973, S. 147.
8 Zit. aus Alberto Tenenti, »The Sense of Space and Time in the Venetian World«, in: Hale, Hg., *Renaissance Venice*, S. 30.
9 Ebd., S. 27.
10 Zit. aus Brian Pullan, *Rich and Poor in Renaissance Venice*, Oxford 1971, S. 484.
11 Felix Gilbert, »Venice in the Crisis of the League of Cambrai«, in: Hale, Hg., *Renaissance Venice*, S. 277.
12 Vgl. Anna Foa, »The New and the Old: The Spread of Syphilis, 1494-1530«, in: *Sex and Gender in Historical Perspective*, Hg. Muir und Ruggiero, S. 29-34.
13 Sigismondo de' Contida Foligno, *La Storie dei suoi tempi dal 1475 al 1510*, Bd. 2, Rom 1883, S. 271 f.; zit. aus Foa, »The New and the Old«, S. 36.
14 Gilbert, »Venice in the Crisis of the League of Cambrai«, in: Hale, Hg., *Renaissance Venice*, S. 279.
15 Robert Finley, »The Foundation of the Ghetto: Venice, the Jews, and the War of the League of Cambrai«, in: *Proceedings of the American Philosophical Society* 126.2, April 1982, S. 144.
16 Vgl. Aristoteles, *Politik*, I, 9.
17 Benjamin N. Nelson, »The Usurer and the Merchant Prince: Italian Businessmen and the Ecclesiastical Law of Restitution, 1100-1500«, in: *Journal of Economic History* VII, 1947, S. 108.
18 Thomas Dekker, *The Seven Deadly Sins of London*, London 1606; zit. aus L. C. Knights, *Drama and Society in the Age of Jonson*, London 1962, S. 165.
19 Sir Thomas Overbury, »A Devilish Usurer«, *Characters*, 1614; zit. aus Knights, *Drama and Society in the Age of Jonson*, S. 165.
20 Sander L. Gilman, *Sexuality*, New York 1989, S. 31.
21 Le Geurer, *Scent*, S. 153 und 159.
22 Zit. aus Gilman, *Sexuality*, S. 86- f.
23 Vgl. Mary Douglas, *Reinheit und Gefährdung. Eine Studie zu Vorstellun-*

gen von Verunreinigung und Tabu, üb. von Brigitte Luchesi, Frankfurt a. M. 1988.
24 Marino Sanuto, *I Diarii di Marino Sanuto*, Hg. Rinaldo Fulin u. a., Venedig 1879-1903, Bd. 20, S. 98; zit. aus Finley, »The Foundation of the Ghetto«, S. 146.
25 Zit. aus Pullan, *Rich and Poor in Renaissance Venice*, S. 495.
26 Ebd., S. 486.
27 Shakespeare, *Der Kaufmann von Venedig*, III.1.76-77.
28 Hugh Honour, *Venice*, London 1990, S. 189.
29 Vgl. Douglas' *Reinheit und Gefährdung*. Sie gibt eine völlig überzeugende, allgemeine Darstellung davon, wie Asketismus sich in den Augen derer, die sich von ihm bedroht fühlen, in die Sinnlichkeit »verlagern« kann.
30 Norbert Huse/Wolfgang Wolters, *Venedig, die Kunst der Renaissance: Architektur, Skulptur, Malerei, 1460-1590*, München 1986, S. 14.
31 Zacaria Dolfin; zit. aus Benjamin Ravid, »The Religious, Economic, and Social Background and Context of the Establishment of the Ghetti of Venice«, [1983], in: *Gli Ebrei e Venezia*, Hg. Gaetano Cozzi, Milano 1987, S. 215.
32 Brian S. Pullan, *The Jews of Europe and the Inquisition of Venice, 1550-1670*, Totowa, NJ 1983, S. 157 f.
33 Zit. aus ebd., S. 158.
34 Johann Burchard, *Liber Notarum*, Cita di Castello, unveröffentl. Manuskript, 1906. Ich folge mit kleinen Abweichungen der Übersetzung von Georgina Masson, *Courtesans of the Italian Renaissance*, New York 1975, S. 8.
35 Pietro Aretino, *Ragionamenti*; zit. aus Masson, *Courtesans of the Italian Renaissance*, S. 24.
36 Zit. aus ebd., S. 152.
37 Guido Ruggiero, *The Boundaries of Eros: Sex Crime and Sexuality in Renaissance Venice*, New York 1985, S. 9.
38 Zitiert aus Masson, *Courtesans in the Italian Renaissance*, S. 152.
39 Diane Owen Hughes, »Earrings for Circumcision: Distinction and Purification in the Italian Renaissance City«, in: *Persons in Groups*, Hg. Richard Trexler, Binghampton NY 1985, S. 157.
40 Ebd., S. 163 und 165.
41 Zit. aus Ravid, »The Religious, Economic and Social Background and Context of the Establishment of the Ghetti of Venice«, S. 215, in: Ebrei e Venezia, Hg. Cozzi, S. 211-259.
42 Carol H. Krinsky, *Europas Synagogen: Architektur, Geschichte und Bedeutung*, Stuttgart 1988, S. 26.
43 Thomas Coryat, *Coryat's Crudities*, Bd. 1, Glasgow 1905, S. 372 f.
44 Kenneth R. Stow, »Sanctity and the Construction of Space: The Roman Ghetto as Sacred Space«, in *Jewish Assimilation, Acculturation and Accommodation: Past Traditions, Current Issues and Future Prospects*, Hg. Menachem Mor, Lanham, NE 1989, S. 54.
45 Ich möchte mich für diesen Hinweis bei Joseph Rykwert bedanken.
46 Vgl. Elliott Horowitz, »Coffee, Coffeehouses, and the Nocturnal Rituals

of Early Modern Jewry«, in: *Association for Jewish Studies Review* 14, 1988, S. 17-46.
47 Jakob Katz, *Exclusiveness and Tolerance: Studies in Jewish-Gentile Relations in Medieval and Modern Times*, Oxford 1961, S. 133.
48 Ebd., S. 138.
49 Howard Adelman, »Leon Modena: The Autobiography and the Man«, in: *The Autobiography of a Seventeenth-Century Rabbi: Leon Modena's »Life of Judah«*, Hg. Mark R. Cohen, Princeton 1988, S. 28.
50 Vgl. Frank Manuel, *The Broken Staff: Judaism Through Christian Eyes*, Cambridge, MA 1992.
51 Adelman, »Leon Modena«, S. 31.
52 Benjamin C. I. Ravid, »The First Charter of the Jewish Merchants of Venice, 1589«, in: *Association for Jewish Studies Review* I, 1976, S. 207.
53 Natalie Z. Davis, »Fame and Secrecy: Leon Modena's *Life* as an Early Modern Autobiography«, in: *The Autobiography of a Seventeenth-Century Venetian Rabbi*, S. 68.
54 Gilman, *Sexuality*, S. 41.
55 Leon Modena, »Life of Judah«, in: *The Autobiography of a Seventeenth-Century Venetian Rabbi*, S. 144.
56 Ebd.
57 Ebd., S. 162.
58 Shakespeare, *Der Kaufmann von Venedig*, III.1.53-62.

TEIL DREI
ARTERIEN UND VENEN

ACHTES KAPITEL
SICH BEWEGENDE KÖRPER

1 William Harvey, *De motu cordis*, Frankfurt 1628, S. 165; zit. aus Richard Toellner, »Logical and Psychological Aspects of the Discovery of the Circulation of the Blood«, in: *On Scientific Discovery*, Hg. Mirko Grmek/Robert Cohen/Guido Cimino, Boston 1980, S. 245.
2 Zit. aus William Bynum, »The Anatomical Metod, Natural Theology, and the Functions of the Brain«, in: *Isis* 64, December 1973, S. 453.
3 Thomas Willis, *Two Discourses Concerning the Soul of Brutes*, London 1684, S. 44; zit. aus Bynum, »The Anatomical Method«, S. 453.
4 Vgl. E. T. Carlson und Meribeth Simpson, »Models of the Nervous System in Eighteenth-Century Neurophysiology and Medical Psychology«, in *Bulletin of the History of Medicine* 44, 1969, S. 101-115.
5 Barbara Maria Stafford, *Body Criticism: Imaging the Unseen in Enlightenment Art and Medicine*, Cambridge 1991, S. 409.
6 Harvey, *De motu cordis*, S. 165; zit. aus Toellner, »Logical and Psychological Aspects of the Discovery of the Circulation of the Blood«, S. 245.

7 Dorinda Outram, *The Body and the French Revolution: Sex, Class and Political Culture*, New Haven 1989, S. 48.
8 Vgl. Alain Corbin, *Pesthauch und Blütenduft. Eine Geschichte des Geruchs*, üb. von Grete Osterwald, Berlin 1984, S. 21.
9 Marie-France Morel, »Ville et campagne dans le discours medical sur la petite enfance au XVIII siècle«, in: *Annales* ESC 32, 1977, S. 1013; eigene Üb. R. S.
10 Outram, *The Body and the French Revolution*, S. 59.
11 Corbin, *Pesthauch und Blütenduft*, S. 124.
12 John W. Reps, *Monumental Washington*, Princeton 1967, S. 21.
13 Zit. aus Elizabeth S. Kite, *L'Enfant and Washington*, Baltimore 1929, S. 48.
14 L'Enfants Memorandum ist abgedruckt in H. Paul Caemmerer, *The Life of Pierre Charles L'Enfant*, New York 1970, S. 151-154, hier S. 153.
15 Mona Ozouf, *Festivals of the French Revolution*, üb. von Alan Sheridan, Cambridge, MA: Harvard University Press 1988, S. 148.
16 Robert Harbison, *Eccentric Spaces*, Boston 1988, S. 5.
17 L'Enfant, »Memorandum«, in: Caemmerer, *Life*, S. 151.
18 Vgl. z. B. »Query VI: Productions Mineral, Vegetable and Animal«, in: Thomas Jefferson, *Betrachtungen über den Staat Virginia*, mit Vorw. des Hg. Hartmut v. Wasser, Zürich 1989.
19 Vgl. Karl Polanyi, *Politische und ökonomische Ursprünge von Gesellschaften und Wirtschaftssystemen*, üb. von Heinrich Jelinek, Frankfurt a. M. 1978.
20 Adam Smith, *Der Wohlstand der Nationen. Eine Untersuchung seiner Natur und seiner Ursachen*, Claus-Horst Recktenwald, Hg., München 1993, S. 10.
21 Ebd., S. 16.
22 Ebd., S. 19.
23 Vgl. ebd., »Wie der Handel der Städte zur Entwicklung des Landes beigetragen hat«, S. 334 f.
24 Johann Wolfgang Goethe, *Italienische Reise*, Werke, Bd. 15, München 1992, darin: Brief aus Rom vom 10. November 1786, S. 158.
25 Ebd., Brief aus Venedig, S. 73, o. Datum.
26 Ebd., Brief aus Neapel vom 17. März 1787, S. 262.
27 Ebd., Brief aus Rom vom 10. November 1786, S. 158.
28 Reed, *Goethe*, Oxford 1984, S. 35, macht auf diesen ungewöhnlichen Gebrauch aufmerksam.
29 Goethe, *Italienische Reise*, Brief aus Rom vom 10. November 1786, S. 158.
30 Léon Cahen, »La population parisienne au milieu du 18me siècle«, in: *La Revue de Paris*, 1919, S. 146-170.
31 George Rudé, *The Crowd in the French Revolution*, Oxford 1959, S. 21 f.
32 Charles Tilly, *The Contentious French*, Cambridge, MA 1986, S. 222.
33 Joan Landes, *Women and the Public Sphere in the Age of the French Revolution*, Ithaca 1988, S. 109.
34 Rudé, *The Crowd in the French Revolution*, S. 75 f.
35 Marie-Antoinette, Brief vom 10. Oktober 1789 an Mercy d' Argenteau; zit. aus Simon Schama, *Citizens*, New York 1989, S. 469.

36 Schama, *Citizens*, S. 470.
37 Vgl. Lynn Hunt, *The Family Romance of the French Revolution*, Berkeley 1992, bes. Kapitel 1 und 2.

NEUNTES KAPITEL
DER FREIGESETZTE KÖRPER

1 Anonymus, *Les Révolutions de Paris*, Bd. 17, Nr. 215 (23. bis 30. Brumaire im Jahr II des Revolutionskalenders).
2 Gustave Le Bon, *Psychologie der Massen*, üb. von Rudolf Eisler, Stuttgart 1968, S. 20 f.
3 Ebd., S. 17.
4 Ebd., S. 18.
5 François Furet, *Penser la Révolution Française*, Paris 1978, S. 48 f., eigene Üb. R. S.
6 Joan Landes, »The Performance of Citizenship: Democracy, Gender and Difference in the French Revolution.« Unveröffentl. Vortrag, gehalten anläßl. der *Conference for the Study of Political Thought*, Yale University April 1993, S. 2.
7 Vgl. Joan Wallach Scott, »A Woman Who Has Only Paradoxes to Offer; Olympe de Gouges Claims Rights for Women«, in: *Rebel Daughters: Women and the French Revolution*, Hg. Sara E. Melzer/Leslie W. Rabine, New York 1992, S. 102-120.
8 Jean-Jacques Rousseau, *Emile oder Über die Erziehung*, üb. von Ludwig Schmidts, Paderborn 1989, Buch V, S. 247.
9 Peter Brooks, *Body Work: Objects of Desire in Modern Narrative*, Cambridge, MA 1993, S. 59.
10 Vgl. Michel Foucault und Richard Sennett, »Sexuality and Solitude«, in *Humanities in Revue* I.1, 1982, S. 3-21.
11 Olwen Hufton, *Women and the Limits of Citizenship in the French Revolution*, Toronto 1992, S. 64.
12 Michel Vovelle, *La Révolution Française: Images et récits*, Paris 1986, Bd. 2, S. 139.
13 Edmond Sirel, »Les Lèvres de la Nation«, revolutionäres Flugblatt, Paris 1792, S. 6.
14 Vgl. Jean Starobinski, *Rousseau. Eine Welt von Widerständen*, München Wien 1988.
15 Zu Waillys Plan vgl. Vovelle, *La Révolution Française: Images et récits*, Bd. 4, S. 264; zu Poyets Plan vgl. Ministère de la Culture et de la Communication, des Grands Travaux et du Bicentenaire, *Les Architectes de la Liberté, 1789-1799*, Ausstellungskatalog, Paris 1789, S. 216, Abb. 154.
16 Zit. aus Helen Rosenau, *Boullée and Visionary Architecture*, New York 1976, S. 8.
17 Etienne-Louis Boullée, *Architektur, Abhandlung über die Kunst*, üb. von Hanna Böck, Zürich u. a. 1987, S. 134.
18 Ebd., S. 133.

19 Ebd., S. 107.
20 Ebd., S. 98.
21 Anthony Vidler, *The Architectural Uncanny: Essays in the Modern Unhomely*, Cambridge, MA 1992. Ich bin Professor Vidler auch für seine prägnante Analyse von Boullées Arbeiten verpflichtet.
22 Emmett Kennedy, *A Cultural History of the French Revolution*, New Haven 1989, S. 197.
23 Anonymer Stich, »Machine proposée à l'Assemblée Nationale pour le Supplice des Criminelles par M. Guillotin«, Musée Carnavalet 10-63, abgedruckt in Daniel Gerould, *Guillotine: Its Legend and Lore*, New York 1992, S. 14.
24 Georges Dauban, *Madame Roland et son temps*, Paris [1864]; 1919, S. 263. Moderne Historiker benutzen eine korrumpierte Fassung dieses Textes; das Original gehört zu den großen Revolutionsdokumenten.
25 Daniel Arasse, *Die Guillotine. Die Macht der Maschine und das Schauspiel der Gerechtigkeit*, üb. von Christine Stemmermann, Reinbek bei Hamburg 1988, S. 40.
26 J.-B. Bossuet, *Œuvres oratoires*, Hg. J. Lebourg, Lille Paris 1892, Bd. 4, S. 256; zit. aus Ernst H. Kantorowicz, *Die zwei Körper des Königs. Eine Studie zur politischen Theologie des Mittelalters*, München 1990, S. 405, Fußnote 319, eigene Üb. R.S.
27 Lynn Hunt, *Politics, Culture, and Class in the French Revolution*, Berkeley 1984, S. 32.
28 Dorinda Outram, *The Body and the French Revolution*, S. 115.
29 Ebd.
30 Ozouf, *Festivals of the French Revolution*, S. 79.
31 Ebd., S. 66.
32 David Lloyd Dowd, *Pageant-Master of the Republic: Jacques-Louis David and the French Revolution*, Lincoln 1948, S. 61.
33 »Révolutions de Paris«; zit. aus Ozouf, *Festivals of the French Revolution*, S. 67.
34 *Annales Patriotiques* 108, 17. April 1792, S. 478. Dowd, *Pageant-Master of the Republic*, S. 61, übersetzt dies nicht ganz genau.
35 Edmond Constantin, *Le Livre des Heureux*, Paris 1810, S. 226.
36 Für diesen Hinweis bin ich Professor Scott sehr dankbar.
37 »A Boy's Testimony Concerning an Illiterate Woman Signing the Petition at the Champ de Mars, July 17, 1791«, zit. aus *Women in Revolutionary Paris, 1789-1795*, Hg. Darline Gay Levy u. a., Chicago 1980, S. 83 f.
38 Mary Jacobus, »Incorruptible Milk: Breast-feeding and the French Revolution«, in *Rebel Daughters. Women and the French Revolution*, Hg. Sara Melzer/Leslie Rabine, New York 1992, S. 65.
39 Stich von Helman nach Monet, *La Fontaine de la Régénération*, gedruckt in Vovelle, *La Révolution Française: Images et Récits*, Bd. 4, S. 142.
40 Marie-Hélène Huet, *Rehearsing the Revolution: The Staging of Marat's Death, 1793-1797*, Berkeley 1983, S. 35.
41 Mary Jacobus, »Incorruptible Milk«, S. 65; vgl. auch Hunt, *Politics, Culture, and Class in the French Revolution*, S. 94-98.

42 Lynn Hunt, *The Family Romance of the French Revolution*, S. 80.
43 Anita Brookner, *Jacques-Louis David*, London 1980, S. 114.
44 Charles Baudelaire; zit. aus Daniel und Guy Wildenstein, *David: Documents supplémentaires au catalogue complet de l'œuvre*, Paris 1973, abgedruckt in Brookner, *David*, S. 116; eigene Üb. R. S.
45 Vgl. Warren Roberts, »David's ›Bara‹ and the Burdens of the French Revolution«, in: *Revolutionary Europe, 1750-1850*, Tallahassee, FL 1990.

ZEHNTES KAPITEL
STÄDTISCHER INDIVIDUALISMUS

1 Raymond Williams, *The Country and the City*, New York 1973, S. 217.
2 Ebd., S. 220.
3 E. M. Forster, *Wiedersehen in Howards End*, üb. von Egon Pöllinger, München 1987, S. 121.
4 Judith R. Walkowitz, *City of Dreadful Delight: Narratives of Sexual Danger in Late-Victorian London*, Chicago 1992, S. 25.
5 *Housing of the Working Classes*, Royal Commission Report 4402 (1884-1885.xxx), S. 19 f.; zit. aus Donald J. Olsen, *Town Planning in London: The Eighteenth and Nineteenth Centuries*, New Haven 1982, S. 208.
6 Vgl. die Tafel zur Verteilung des nationalen Kapitals, abgeleitet von der Grundsteuerstatistik in Paul Thompson, *The Edwardians: The Remaking of British Society*, New York 1992, S. 286.
7 Alfred Kazin, »*Howards End* Revisited«, in: *Partisan Review* LIX.1, 1992, S. 30 f.
8 Alexis de Tocqueville, *Über die Demokratie in Amerika*, üb. von Hans Zbinden, Bd. II, Stuttgart 1962, S. 113.
9 Virginia Woolf, »The Novels of E. M. Forster«, in: *The Death of the Moth and Other Essays*, New York 1970, S. 172.
10 Bruno Fortier, »La Politique de l'Espace parisien«, in *La Politique de l'Espace parisien à la fin de l'Ancien Régime*, Hg. Fortier, Paris 1975, S. 59.
11 David Pickney, *Napoleon III and the Rebuilding of Paris*, Princeton 1958, S. 25.
12 Vgl. G. E. Haussmann, *Mémoires*, Bd. 3, Paris 1893, S. 478-483; zit. aus Pinckney, *Napoleon III and the Rebuilding of Paris*, S. 78.
13 Pinckney, *Napoleon III and the Rebuilding of Paris*, S. 93.
14 Donald J. Olsen, *Die Stadt als Kunstwerk. London, Paris, Wien*, Frankfurt a. M. 1988, S. 120.
15 Walkowitz, *City of Dreadful Delight*, S. 29.
16 Angelo Masso, *Fatigue*, üb. von M. und W. B. Drummond, London 1906, S. 156; zit. aus Anson Rabinbach, *The Human Motor: Energy, Fatigue, and the Origins of Modernity*, New York 1990, S. 136.
17 Roubo; zit. aus Sigfried Giedion, *Die Herrschaft der Mechanisierung. Ein Beitrag zur anonymen Geschichte*, Frankfurt a. M. 1982.
18 Giedion, *Die Herrschaft der Mechanisierung*, S. 396.
19 Ebd., S. 404.

20 Wolfgang Schivelbusch, *The Railway Journal*, Berkeley 1986, S. 75.
21 Vgl. Richard Sennett, *Verfall und Ende des öffentlichen Lebens. Die Tyrannei der Intimität*, üb. von Reinhard Kaiser, Frankfurt a. M. 1983, S. 102.
22 Ebd., S. 247.
23 Augustus J. C. Hare, *Paris*, London, 1887, S. 5; zit. aus Donald J. Olsen, *Die Stadt als Kunstwerk. London, Paris, Wien*, S. 269.
24 Vgl. Reyner Banham, *The Well-Tempered Environment*, Chicago 1984, S. 18-44.
25 Elizabeth Hawes, *New York, New York: How the Apartment House Transformed the Life of the City, 1869-1930*, New York 1993, S. 231.
26 E. M. Forster, *Two Cheers for Democracy*, London 1972, S. 66.
27 Forster, *Wiedersehen in Howards End*, S. 149.
28 E. M. Forster, *Maurice*, New York 1993, S. 250.
29 Anonym, »The Glorified Spinster«, in: *Macmillan's Magazine* 58, 1888, S. 371 und 374.
30 Forster, *Wiedersehen in Howards End*, S. 234.
31 Ebd., S. 234.
32 Ebd., S. 398.
33 Ebd., S. 398 f.
34 Beide Bemerkungen zit. in Alistair M. Duckworth, *Howards End: E. M. Forster's House of Fiction*, New York 1992, S. 62.
35 Forster, *Wiedersehen in Howards End*, S. 126.
36 Brief an Forrest Reid vom 13. März 1913; zit. in P. N. Furbank, *E. M. Forster: A Life*, New York 1978, Bd. II, S. 14.
37 Martin Heidegger, »Bauen, Wohnen, Denken«, in: *Martin Heidegger, Vorträge und Aufsätze*, Bd. 7, Stuttgart 1994, S. 139-156, hier S. 155. Zuerst gehalten als Vorlesung in Darmstadt am 5. August 1951.
38 Alfred Kazin, »*Howards End* Revisited«, S. 32.

SCHLUSS
GESELLSCHAFTLICHE KÖRPER

1 Vgl. Jane Jacobs, *Tod und Leben großer amerikanischer Städte*, Braunschweig u. a. 1993.
2 Statistiken über die Obdachlosen sind so widersprüchlich wie die Menschen, die sie erfassen; doch in den letzten Jahren hat sich im Sommer die Zahl der Obdachlosen von Manhattan bei etwa 30.000 eingependelt, im Winter zwischen 10.000 und 12.000; die Mehrzahl dieser entwurzelten Menschen sind alleinstehend. In den Außenbezirken der Stadt ist die Zahl der Obdachlosen geringer, hingegen ist der Prozentsatz der obdachlosen Familien oder von Teilen von Familien bei weitem größer.
3 Lewis Mumford, *Die Stadt. Geschichte und Ausblick*, üb. von Helmut Lindemann, 2 Bde., München 1984, Bd. 1, S. 490.
4 Jean Gottmann, *Megalopolis*, New York 1961, S. 736.

5   Zit. aus Robert Caro, *The Power Broker: Robert Moses and the Fall of New York*, New York 1974, S. 318.
6   Vgl. Caro, *The Power Broker*.
7   Herbert J. Gans, *The Levittowners. Soziographie einer »Schlafstadt«*, Gütersloh 1969, S. 198.
8   Ebd., S. 17.
9   Eine prägnante Darstellung dieser Veränderungen bietet Melvin M. Webber, »Revolution in Urban Development«, in *Housing: Symbol, Structure, Site*, Hg. Lisa Taylor, New York 1982, S. 64 f.
10 Vgl. zum Beispiel Roland Barthes, *Fragmente einer Sprache der Liebe*, üb. von Hans-Horst Henschen, Frankfurt a. M. 1984.
11 Vgl. Kevin Lynch, *Das Bild der Stadt*, üb. von Henni Korssakoff-Schröder und Richard Michael, Gütersloh 1968; Erving Goffmann, *Relations in Space: Microstudies of the Public Order*, New York 1971.
12 Alexis de Tocqueville, *Über die Demokratie in Amerika*, S. 150.
13 Vgl. Robert Jay Clifton, *The Protean Self: Human Resilience in an Age of Fragmentation*, New York 1993.
14 Sigmund Freud, *Jenseits des Lustprinzips. Werke*, Bd. 13, Frankfurt a. M., 1987, S. 3-69, hier S. 3.
15 Ebd., S. 27.
16 Ebd., S. 6.
17 Ebd., S. 7.
18 Elaine Scarry, *Der Körper im Schmerz. Die Chiffren der Verletzlichkeit und die Erfindung der Kultur*, üb. von Michael Bischoff, Frankfurt a. M. 1992, S. 241 f.

BIBLIOGRAPHIE

Abulafia, David/Franklin, Michael/Rubin, Miri, Hg.: *Church and City 1000 - 1500. Essays in Honour of Christopher Brooke.* Cambridge 1992.
Adelman, Howard: »Leon Modena. The Autobiography and the Man«, in: *The Autobiography of a Seventeenth-Century Rabbi: Leon Modena's »Life of Judah«.* Hg. Mark Cohen, S. 19-38.
Adorno, Theodor W.: »Culture Industry Reconsidered«, in: *New German Critique* 6, 1975, S. 12-15.
Agulhon, Maurice: *Marianne into Battle: Imagery and Symbolism in France, 1789-1880.* New York 1981.
Alkiphron: »Briefe von Verliebten und Hetären, Schmarotzern und zänkischem Ehevolk«, in: *Philostratos, Erotische Briefe.* Hg. Paul Hansmann, S. 85-171.
Anonym: »The Glorified Spinster«, in: *Macmillan's Magazine* 58, 1888, S. 371-374.
Anonym: *Les Révolutions de Paris.* Bd. 17, Nr. 125, 23.-30. Brumaire im Jahr II des Revolutionskalenders.
Arasse, Daniel: *Die Guillotine. Die Macht der Maschine und das Schauspiel der Gerechtigkeit.* Reinbek 1988.
Arendt, Hannah: *The Human Condition.* Chicago 1957.
Aretino, Pietro: »Ragionmenti«; zit. aus: Masson: *Courtesans of the Italian Renaissance.*
Ariès, Philippe: *Studien zur Geschichte des Todes im Abendland.* München Wien 1976.
Ders./Duby, Georges, Hg.: *Geschichte des privaten Lebens.* 5 Bde., Frankfurt a. M. 1989-1993.
Aristophanes: *Die Wolken.* Stuttgart 1963.
Ders.: *Lysistrata.* Zürich München 1968.
Aristoteles: *Politik.* München 1981.
Ders.: *Nikomachische Ethik.* Berlin 1979
Ders.: *Parva Naturalia.* Stuttgart o. J.
Ders.: *Fünf Bücher von der Zeugung und Entwicklung der Tiere.* Aalen 1978.
Auden, Wystan H.: »Musée des Beaux Arts«, in: *Collected Poems.* Hg. Edward Mendelson, New York 1976.
Auguet, Robert: *Cruelty and Civilization: The Roman Games.* London 1972.
Augustinus, Aurelius: *Bekenntnisse.* München 1982.
Ders.: *Vom Gottesstaat.* München 1978.
Auxerre, Guillaume d': »Summa aurea«, in: Le Goff, *Temps de l'église et temps du marchand,* S. 417-433.

Baldwin, Summerfield: *Business in the Middle Ages.* New York 1968.
Banham, Reyner: *The Well-Tempered Environment.* Chicago 1984.
Barasch, Moshe: *Gestures of Despair in Medieval and Early Renaissance Art.* New York 1976.
Barthes, Roland: *Fragmente einer Sprache der Liebe.* Frankfurt a. M. 1984.
Barton, Carlin: *The Sorrows of the Ancient Romans: The Gladiator and the Monster.* Princeton 1993.
Baumgartner, M. P.: *The Moral Order of a Suburb.* New York 1988.
Beacham, Richard: *The Roman Theatre and Its Audience.* Cambridge 1992.
Beaucourt, Charles: *Captivité et derniers moments de Louis XVI.* Paris 1892.
Beccaria, Cesare Bonesana: *An Essay on Crimes and Punishment.* New York 1769.
Bell, Malcolm: *Some Observations on Western Greek Stoas.* Unveröffentl. Manuskript, Rom 1992.
Bergquist, Birgitta: »Sympotic Space: A Functional Aspect of Greek Dining Rooms«, in: *Sympotica: A Symposium on the Symposion.* Hg. Oswyn Murray, Oxford 1990, S. 37-65.
Berlin, Isaiah: »Two Concepts of Liberty«, in: *Essays on Liberty.* London 1969.
Bickel, Ernst: *Lehrbuch der Geschichte der Römischen Literatur.* Heidelberg 1937.
Black, Max: »On Metaphor«, in: *Models and Metaphors: Studies in Language and Philosophy.* Ithaca 1962, S. 25-56.
Boardman, John: »Greek Art and Architecture«, in: *The Oxford History of the Classical World.* Hg. John Boardman/Jasper Griffin/Oswyn Murray, New York 1986, S. 330-361.
Boatwright, Mary Taliaferro: *Hadrian and the City of Rome.* Princeton 1987.
Broegehold, Alan L.: »Toward a Study of Athenian Voting Procedure«, in: *Hesperia* 32, 1963, S. 366-374.
Boucher, Francois: *20 000 Years of Fashion: The History of Costume and Personal Adornment.* New York 1973.
Boullée, Etienne-Louis: *Architektur. Abhandlung über die Kunst.* Zürich München 1987.
Braund, David: *The Administration of the Roman Empire.* Exeter 1988.
Bremmer, Jan: »Walking, Standing and Sitting in Ancient Greek Culture«, in: *A Cultural History of Gesture.* Hg. Jan Bremmer/Herman Roodenburg. Ithaca 1991.
Brilliant, Richard: *Gesture and Rank in Roman Art.* New Haven 1963.
Ders.: *Visual Narratives.* Ithaca 1984.
Brookner, Anita: *Jacques-Louis David.* London 1980.
Brooks, Peter: *Body Work: Objects of Desire in Modern Narrative.* Cambridge 1993.
Ders.: *The Melodramatic Imagination.* New Haven 1976.
Ders.: *Reading for the Plot: Design and Intention in Narrative.* New York 1984.
Brown, Frank E.: *Roman Architecture.* New York 1972.
Brown, Peter: *Augustine of Hippo.* Berkeley 1967.
Ders.: *Die Keuschheit der Engel: Sexuelle Entsagung, Askese und Körperfeindlichkeit am Anfang des Christentums.* München 1991.

Bruno, Vincent J.: »The Parthenon and the Theory of Classical Form«, in: *The Parthenon*. Hg. Vincent J. Bruno, New York 1974, S. 55-97.
Bryson, Norman: *Vision and Painting*. New Haven 1983.
Bullough, Vern: »Medieval Medical and Scientific Views of Women«, in: *Viator* 4, 1973, S. 485-501.
Burchard, Johann: *Liber Notarum*. Cita di Castello 1906.
Burkert, Walter: *Structure and History in Greek Mythology and Ritual*. Berkeley 1979.
Bynum, Caroline Walker: *Jesus as Mother: Studies in the Spirituality of the High Middle Ages*. Berkeley 1982.
Dies.: »The Female Body and Religious Practice in the Later Middle Ages«, in: *Fragments for a History of the Human Body*. Teil 1: Hg. Michel Feher/Ramona Naddaff/Nadia Tazi, S. 160-219.
Bynum, William: »The Anatomical Method, Natural Theology and the Functions of the Brain«, in: *Isis* 64, S. 445-468.

Caemmerer, H. Paul: *The Life of Pierre Charles L'Enfant*. New York 1970.
Cahen, Léon: »La population parisienne au milieu du 18ème siècle«, in: *La Revue de Paris* XI, 1919, S. 146-170.
Camp, John M.: *The Athenian Agora: Excavations in the Heart of Classical Athens*. London 1986.
Cantarella, Eva: *Bisexuality in the Ancient World*. New Haven 1992.
Carcopino, Jérome: *Daily Life in Ancient Rome*. New Haven 1968.
Carlson, E. T./Simpson, Meribeth: »Models of the Nervous System in Eighteenth-Century Neurophysiology and Medical Psychology«, in: *Bulletin of the History of Medicine* 44, 1969, S. 101-115.
Caro, Robert: *The Power Broker*. New York 1974.
Cave, Roy C./Coulson, Herbert H.: *A Source Book for Medieval Economic History*. New York 1936.
Chédeville, André/Le Goff, Jacques/Rossiaud, Jacques, Hg.: *Histoire de la France urbaine*, Bd. 2, *La ville médiévale*. Paris 1980.
Chenu, Marie Dominique: *La théologie au XIIme siècle*. Paris 1976.
Choay, Francoise: »La ville et le domaine bâti comme corps dans les textes des architectes-théoreticiens de la première Renaissance italienne«, in: *Nouvelle Revue de Psychoanalyse* 9, 1974, S. 239-251.
Cipolla, Carlo M.: *Europäische Wirtschaftsgeschichte*. Bd. 1, München 1972.
Clark, Kenneth: *The Nude: A Study in Ideal Form*. Princeton 1956.
Cohen, Mark, Hg.: *The Autobiography of a Seventeenth-Century Rabbi: Leon Modena's »Life of Judah«*. Princeton 1988.
Cohn, Norman: *Das neue irdische Paradies. Revolutionärer Millenarismus und mystischer Anarchismus im mittelalterlichen Europa*. Reinbek 1988.
Cole, Toby/Helen Gich Chinoy, Hg.: *Actors and Acting*. New York 1970.
Comito, Terry: *The Idea of the Garden in the Renaissance*. New Brunswick 1978.
Constantin, Edouard: *Le livre des heureux*. Paris 1810.
Contamine, Philippe: »Bäuerlicher Herd und päpstlicher Palast: 14. und 15. Jahrhundert«, in: *Geschichte des privaten Lebens*, Bd. 2, S. 399-469.

Corbin, Alain: *Pesthauch und Blütenduft. Eine Geschichte des Geruchs.* Berlin 1984.
Coryat, Thomas: *Coryat's Crudities.* 2 Bde., Hg. James Maclehouse, Glasgow 1905.
Cox, Harvey: *The Secular City. Secularization and Urbanization in Theological Perspective.* New York 1966.
Cozzi, Gaetano, Hg.: *Gli Ebrei e Venezia. secoli XIV - XVIII.* Mailand 1987.

Dauban, Georges: *Madame Roland et son temps.* Paris 1919.
Davis, Natalie Z.: »Fame and Secrecy: Leon Modena's *Life* as an Early Modern Autobiography«, in: *The Autobiography of a Seventeenth-Century Rabbi.* Hg. Mark Cohen, S. 50-70.
Detienne, Marcel: »En Grèce Archaïque: Géométrie politique et société«, in: *Annales ESC* 20, 1965, S. 425-442.
Ders.: *The Gardens of Adonis: Spices in Greek Mythology.* Atlantic Highlands 1977.
Dickens, Charles: *A Tale of Two Cities,* New York 1950.
Dio Cassius: *Roman History.* Cambridge, MA 1925.
Dodds, E. R.: *Die Griechen und das Irrationale.* Darmstadt 1970.
Douglas, Mary: *Reinheit und Gefährdung. Eine Studie zu Vorstellungen von Verunreinigung und Tabu.* Frankfurt a. M. 1988.
Dover, K. J.: *Greek Homosexuality.* Cambridge 1989.
Dowd, David Lloyd: *Pageant-Master of the Republic. Jacques-Louis David and the French Revolution.* Lincoln 1948.
Duby, Georges: *Die Zeit der Kathedralen: Kunst und Gesellschaft, 980 - 1420.* Frankfurt a. M. 1992.
Ders.: »Der Auftritt des Individuums; Einsamkeit: Elftes bis dreizehntes Jahrhundert«, in: *Geschichte des privaten Lebens,* Bd. 2, S. 473-495.
Duckworth, Alistair M.: *Howards End: E.M. Forster's House of Fiction.* New York 1992.
Dudley, Donald R., Hg.: *Urbs Roma.* London 1967.
Dumesnil, Marie-Francoise: »A Reply to the ›Reflections of Dramatic Art‹ of Clairon (1800)«, in: *Actors on Acting.* Hg. Toby Cole/Helen Crich Chinoy.
Dumont, Louis: *Homo Hierarchicus. Essai sur le système des castes.* Paris 1967.

Egbert, Virginia Wylie: *On the Bridges of Medieval Paris: A Record of Early Fourteenth-Century Life.* Princeton 1974.

Feher, Michel/Ramona Naddaff/Nadia Tazi, Hg.: *Fragments for a History of the Human Body,* Teil 1-3, New York 1989.
Fehl, Philippe: »Gods and Men in the Parthenon Frieze«, in: *The Parthenon,* Hg. Vincent J. Bruno, New York 1974, S. 311-321.
Finlay, Robert: »The Foundation of the Ghetto: Venice, the Jews, and the War of the League of Cambrai«, in: *Proceedings of the American Philosophical Society* 126.2, April 1982, S.140-154.
Finley, Moses I.: *Die antike Wirtschaft.* München 1984.
Ders.: *Die Griechen.* München 1967.

Foa, Anna: »The New and the Old: The Spread of Syphilis, 1494 - 1530«, in: *Sex and Gender in Historical Perspective.* Hg. Edward Muir/Guido Ruggiero, Baltimore 1990, S. 29-34.
Forster, Edward M.: *Wiedersehen in Howards End.* München 1987.
Ders.: *Maurice.* New York 1993.
Ders.: *Two Cheers for Democracy.* London 1992.
Fortas, Meyer: »Ritual and Office«, in: *Essays on the Ritual of Social Relations.* Hg. Max Gluckman, Manchester 1962.
Fortier, Bruno: »La Politique de l'Espace parisien«, in: *La politique de l' espace parisien à la fin d l' Ancien Régime.* Hg. Bruno Fortier, Paris 1975.
Foucault, Michel: *Überwachen und Bestrafen.* Frankfurt a. M. 1976.
Ders.: *Die Geschichte der Sexualität.* 3 Bde., Frankfurt a. M. 1983-91.
Ders. und Richard Sennett: »Sexuality and Solitude«, in: *Humanities in Review* I.1, 1982, S. 3-21.
Freud, Sigmund, *Jenseits des Lustprinzips.* Werke, Bd. XIII, Frankfurt a. M. 1987.
Furbank, P. N.: *E. M. Forster: A Life.* 2 Bde., New York 1978.
Furet, Française: *Penser la Révolution Française.* Paris 1978.

Gans, Herbert J.: *The Levittowners. Soziographie einer Schlafstadt.* Gütersloh 1969.
Garrod, Heathcote Williams, Hg.: *The Oxford Book of Latin Verse.* Oxford 1944.
Gerould, Daniel: *Guillotine: Its Legend and Lore.* New York 1992.
Giedion, Sigfried: *Die Herrschaft der Mechanisierung. Ein Beitrag zur anonymen Geschichte.* Frankfurt a. M. 1982.
Gilbert, Felix: »Venice in the Crisis of the League of Cambrai«, in: *Renaissance Venice.* Hg. John R. Hale.
Gilman, Sander L.: *Sexuality.* New York 1989.
Girouard, Mark: *Life in the English Country House: A Social and Architectural History.* New Haven 1978.
Goethe, Johann Wolfgang: *Italienische Reise.* Werke, Hg. Erich Trunz, München 1992.
Goffmann, Erving: *Relations in Public: Microstudies of the Public Order.* New York 1971.
Gombrich, E. H.: *Kunst und Illusion. Zur Psychologie der bildlichen Darstellung.* Stuttgart 1986.
Gonzales-Cruzi, F.: *The Five Senses.* New York 1991.
Gothein, Marie Luise: *Geschichte der Gartenkunst.* Heidelberg 1913.
Gottmann, Jean: *Megalopolis.* New York 1961.
Gould, Carol: *Marx's Social Ontology.* Cambridge 1980.
Graf, Fritz: »Gestures and Conventions: The Gestures of Roman Actors and Orators«, in: *A Cultural History of Gesture.* Hg. Jan Bremmer/Herman Roodenburg.
Grant, Michael: *History of Rome.* New York 1978.
Grinell, Robert: »The Theoretical Attitude towards Space in the Middle Ages«, in: *Speculum* XXI.2, April 1946, S. 141-157

Grunwald Center for the Graphic Arts, Los Angeles: *French Caricature and the French Revolution, 1789 - 1799.* Ausstellungskatalog, Los Angeles 1988.
Guston, Philip: »Piero della Francesca: The Impossibility of Painting«, in: *Art News* 64, 1965, S. 38 f.

Habermas, Jürgen: *Strukturwandel der Öffentlichkeit.* Frankfurt a. M. 1990.
Hale, John R., Hg.: *Renaissance Venice.* Totowa 1973.
Haller, Albrecht von: *Grundriss der Physiologie für Vorlesungen.* Berlin 1781.
Halperin, David M.: *One Hundred Years of Homosexuality.* London 1990.
Ders./Winkler, John J./Zeitlin, Froma I., Hg.: *Before Sexuality: The Construction of Erotic Experience in the Ancient Greek World.* Princeton 1990.
Hansen, Mogens: »The Athenian Ekklesia and the Assembly Place on the Pnyx«, in: *Greek, Roman and Byzantine Studies* 23.3, 1982, S. 241-249.
Hansmann, Paul, Hg.: *Philostratos, Erotische Briefe.* Frankfurt a. M. 1989.
Harbison, Robert: *Eccentric Spaces.* Boston 1988.
Harrison, Evelyn B.: »Athena and Athens in the East Pediment of the Parthenon«, in: *The Parthenon.* Hg. Vincent J. Bruno, S. 225-311.
Harvey, David: *Social Justice and the City.* Baltimore London 1975.
Harvey, William: *De motu cordis.* Frankfurt a. M., 1628; zit. aus: Toellner, Richard: »Logical and Psychological Aspects of the Discovery of the Circulation of the Blood«.
Haussmann, G. E.: *Mémoires.* Bd. 3, Paris 1893.
Hawes, Elizabeth: *New York, New York: How the Apartment House Transformed the Life of the City. 1869 - 1930.* New York 1993.
Heers, Jacques: *La ville au Moyen Age.* Paris 1990.
Heidegger, Martin: »Bauen, Wohnen, Denken«, in: *Vorträge und Aufsätze.* Stuttgart 1994, S. 139-156.
Ders.: »Der Ursprung des Kunstwerks«, in: *Holzwege*, Frankfurt 1950, S. 1-72.
Héritier-Augé, Françoise: »Semen and Blood: Some Ancient Theories Concerning Their Genesis and Relationship«, in: *Fragments for a History of the Human Body.* Teil 3, Hg. Michel Feher/Ramona Nadaff/Nadia Tazi.
Herodot: *Historien.* Zürich München 1988.
Hesiod: *Werke und Tage.* Bremen 1965.
Hirschmann, Albert: *Leidenschaften und Interessen: Politische Begründungen des Kapitalismus vor seinem Sieg.* Frankfurt a. M. 1980.
Hodgett, Gerald: *A Social and Economic History of Medieval Europe.* London 1972.
Hollander, Anne: *Moving Pictures.* New York 1989.
Homer: *Ilias.* Frankfurt a. M. 1975.
Honour, Hugh: *Venice.* London 1990.
Hopkins, Keith: »Murderous Games«, in: *Death and Renewal.* New York 1983, S. 1-30.
Horkheimer, Max und Adorno, Theodor W.: *Dialektik der Aufklärung.* Frankfurt a. M. 1969.
Horowitz, Elliot: »Coffee, Coffeehouses, and the Nocturnal Rituals of Early Modern Jewry«, *Association for Jewish Studies Review* 14, 1988, S. 17-46.

Huet, Marie-Hélène: *Rehearsing the Revolution: The Staging of Marat's Death. 1793 - 1797.* Berkeley 1983.
Hufton, Olwen: *Women and the Limits of Citizenship in the French Revolution.* Toronto 1992.
Hughes, Diane Owen: »Earrings for Circumcision: Distinction and Purification in the Italian Renaissance City«, in: *Persons in Groups*, Hg. Richard C. Trexler. Binghamton 1985, S. 155-177.
Huizinga, Johan: *Herbst des Mittelalters.* Stuttgart 1952.
Hunt, Lynn: *Symbole der Macht. Macht der Symbole. Die Französische Revolution und der Entwurf einer politischen Kultur.* Frankfurt a. M. 1989.
Ders.: *The Family Romance of the French Revolution.* Berkeley 1992.
Ders.: *Politics, Culture and Class in the French Revolution.* Berkeley 1984.
Huse, Norbert/Wolters, Wolfgang: *Venedig, die Kunst der Renaissance: Architektur, Skulptur, Malerei, 1460-1590.* München 1986.

Jacobs, Jane: *Tod und Leben großer amerikanischer Städte.* Braunschweig 1993.
Jacobson, Roman: »Two Aspects of Language and Two Types of Aphasic Disturbances«, in: *Fundamentals of Language.* Hg. Jacobson, Roman/Halle, Morris, Den Haag, 1956, S. 53-82.
Jacobus, Mary: »Incorruptible Milk: Breast-feeding and the French Revolution«, in: *Rebel Daughters: Women and the French Revolution.* Hg. Sara E. Melzer/Leslie Rabine S. 54-75.
James, E. O.: *Seasonal Feast and Festivals.* New York 1961.
Jarrett, Bede: *Social Theories of the Middle Ages 1200 - 1500.* New York 1966.
Jefferson, Thomas: *Betrachtungen über den Staat Virginia.* Hg. Hartmut v. Wasser, Zürich 1989.
Joint Association of Classical Teachers: *The World of Athens: An Introduction to Classical Athenian Culture.* Cambridge 1984.

Kaminsky, Jack: *Hegel on Art.* Albany 1970.
Kantorowicz, Ernst: *Die zwei Körper des Königs: Eine Studie zur politischen Theologie des Mittelalters.* München 1990.
Katz, Jacob: *Exclusiveness and Tolerance: Studies in Jewish-Gentile Relations in Medieval and Modern Times.* Oxford 1961.
Kazin, Alfred: »Howards End Revisited«, in: *Partisan Review* LIX.1, 1992, S. 29-43.
Kennedy, Emmet: *A Cultural History of the French Revolution.* New Haven 1989.
Kite, Elizabeth S.: *L'Enfant and Washington.* Baltimore 1929.
Klibansky, Raymond: »Die Melancholie im System der Vier Temperamente«, in: *Saturn und Melancholie, Studien zur Geschichte der Naturphilosophie und Medizin, der Religion und der Kunst.* Hg. Raymond Klibansky/Erwin Panofsky/Fritz Saxl, Frankfurt a. M. 1992, S. 110-123.
Knights, L. C.: *Drama and Society in the Age of Jonson.* London 1962.
Knox, B. M. W.: »Silent Reading in Antiquity«, in: *Greek, Roman and Byzantine Studies* 9, 1968, S. 421-435.

Konrad, Gyorgy: *Anti-Politics.* New York 1984.
Kostof, Spiro: *Geschichte der Architektur.* Stuttgart 1992.
Ders.: *The City Shaped: Urban Patterns and Meanings Through History.* London 1991.
Ders.: *The City Assembled: The Elements of Urban Form Through History.* London 1992.
Krautheimer, Richard: *Rome: Profile of a City, 312 - 1308.* Princeton 1983.
Ders.: *Early Christian and Byzantine Architecture.* New York 1986.
Krinsky, Carol Herselle: *Europas Synagogen: Architektur, Geschichte und Bedeutung.* Stuttgart 1988.
Kubey, Robert/Mihaly Csikszentmihalyi: *Television and the Quality of Life: How Viewing Shapes Everyday Experience.* Hillsdale 1990.

Landes, David: *Revolution in Time: Clocks and the Making of the Modern World.* Cambridge 1983.
Landes, Joan B.: *Women and the Public Sphere in the Age of the French Revolution.* Ithaca 1988.
Dies.: *The Performance of Citizenship: Democracy, Gender and Difference in the French Revolution.* Unveröffentl. Manuskript, vorgestellt auf der Conference for the Study of Political Thought, Yale University, April 1993.
Lane, Frederick Chapin: »Family Partnerships and Joint Ventures in the Venetian Republic«, in: *Journal of Economic History* IV, 1944, S. 178-196.
Ders.: *Venice: A Maritime Republic.* Baltimore 1973.
Laqueur, Thomas: *Auf den Leib geschrieben: Die Inszenierung der Geschlechter von der Antike bis Freud.* Frankfurt a. M. 1992.
Lavin, Marilyn Aronberg: *Piero della Francesca: The Flagellation.* New York 1972.
Lawrence, A.W.: *Greek Architecture.* London 1983.
Le Bon, Gustave: *Psychologie der Massen.* Stuttgart 1968.
Leff, Gordon: *Paris and Oxford Universities in the Thirteenth and Fourteenth Centuries: An Institutional and Intellectual History.* New York 1968.
Le Goff, Jacques: *Histoire de la France Urbaine.* Bd. 2, *La Ville Médiévale.* Hg. André Chédeville/Jacques Le Goff/Jacques Rossiaud, Paris 1980.
Ders.: *Medieval Civilization, 400 - 1500.* Cambridge 1988.
Ders.: »Head or Heart? The Political Use of Body Metaphors in the Middle Ages«, in: *Fragments for a History of the Human Body,* Teil 3, Hg. Michel Feher/Ramona Nadaff/Nadia Tazi.
Ders.: »Temps de l'Eglise et temps du marchand«, in: *Annales ESC* 15, 1960, S. 417-433.
Ders.: *Wucherzins und Höllenqualen. Ökonomie und Religion im Mittelalter.* Stuttgart 1988.
Leguay, Jean-Pierre: *La rue au Moyen Age.* Rennes 1984.
Le Guerer, Annick: *Scent.* New York 1992.
Levy, Darlene Gay/Applewhite, Harriet/Johnson, Mary Hg.: *Women in Revolutionary Paris. 1789-1795.* Chicago 1980.
Lewis, Naphtali/Meyer, Reinhold, Hg.: *Roman Civilization: Selected Readings.* Bd. 2, New York 1990.

Lifton, Robert Jay: *The Protean Self: Human Resilience in an Age of Fragmentation.* New York 1993.
Lissarague, Francois: »Figures of Women«, in: *A History of Women in the West.* Bd.1: *From Ancient Goddesses to Christian Saints.* Hg. Pauline Schmitt Pantell, Cambridge 1992.
Little, Lester K.: *Religious Poverty and the Profit Economy in Medieval Europe.* London 1978.
Livius, Titus: *Römische Geschichte.* Stuttgart 1962.
López, Robert: *The Commercial Revolution of the Middle Ages, 930 - 1350.* Englewood Cliffs 1971.
Loraux, Nicole: *The Invention of Athens: The Funeral Oration in the Classical City.* Cambridge 1986.
Dies.: »Herakles: The Super-Male and the Feminine«, in: *Before Sexuality: The Construction of Erotic Experience in the Ancient Greek World.* Hg. David M. Halperin/John J. Winkler/Froma I. Zeitlin, S. 21-52.
Luchaire, Achille: *Social France at the Time of Philip Augustus.* London 1912.
Luscombe, David: »Cities and Politics Before the Coming of the Politics: Some Illustrations«, in: *Church and City 1000 - 1500. Essays in Honour of Christopher Brooke.* Hg. David Abulafia/Michael Franklin/Miri Rubin, S. 41-55.
Lykurgos: »Gegen Leocrates«, in: *The Minor Attic Orators.* Hg. J.-O. Burtt, London 1954.
Lynch, Kevin: *Das Bild der Stadt.* Gütersloh 1968.

MacDonald, William L.: *The Pantheon: Design, Meaning and Progeny.* Cambridge 1976.
Ders.: *The Architecture of the Roman Empire.* Bd. 1, New Haven 1982.
MacMullen, Ramsay: *Paganism in the Roman Empire.* New Haven 1981.
Manuel, Frank: *The Broken Staff: Judaism Through Christian Eyes.* Cambridge 1992.
Marc Aurel: *Selbstbetrachtungen.* Stuttgart 1972.
Marcuse, Herbert: *Der eindimensionale Mensch. Studien zur Ideologie der fortgeschrittenen Industriegesellschaft.* Schriften, Bd. 7, Frankfurt a. M. 1989.
Marlowe, Christopher: *The Rich Jew of Malta, a Tragedy.* London 1818-1825.
Masson, Georgina: *Courtesans of the Italian Renaissance.* New York 1975.
Mathews, Thomas F.: *The Clash of the Gods: A Reinterpretation of Early Christian Art.* Princeton, 1993.
Mazzolani, Lidia Storini: *The Idea of the City in Roman Thought: From Walled City to Spiritual Commonwealth.* London 1970.
McNeill, William: *Venice. The Hinge of Europe, 1081 - 1797.* Chicago 1974.
Meeks, Wayne A.: *The First Urban Christians: The Social World of the Apostle Paul.* New Haven 1983.
Ders.: *The Moral World of the First Christians.* Philadelphia 1986.
Melzer, Sara/Rabine, Leslie, Hg.: *Rebel Daughters. Women and the French Revolution.* New York 1992.
Mercier, Sebastien: *Tableau de Paris.* 12 Bde., Amsterdam, NY 1782-1788.
Millar, Fergus: *The Emperor in the Roman World.* Ithaca 1992.

Ministère de la Culture et de la Communication, Hg.: *Les Architectes de la Liberté 1789-1799*. Austellungskatalog. Paris 1989.
Modena, Leon: »Life of Judah«, in: *The Autobiography of a Seventeenth-Century Rabbi: Leon Modenas »Life of Judah«*. Hg. Mark Cohen, S. 75-180.
Mollat, Michel: *The Poor in the Middle Ages*. New Haven 1986.
Morel, Marie-France: »Ville et campagne dans le discours médical sur la petite enfance au XVIIIe siècle«, in: *Annales ESC* 32, 1977, S. 1007-1024.
Mumford, Lewis: *Die Stadt in der Geschichte*. Köln 1963.
Ders.: *Die Stadt. Geschichte und Ausblick*. 2 Bde., München 1984.
Munsterberg, Hugo: *The Film: A Psychological Study: The Silent Photoplay in 1916*. New York 1970.
Murray, Oswyn: »Sympotic History«, in: *Sympotica: A Symposium on the Symposion*. Hg. Oswyn Murray, Oxford 1990, S. 3-13.

Nelson, Benjamin N.: »The Usurer and the Merchant Prince: Italian Businessmen and the Ecclesiastical Law of Restitution, 1100-1550«, in: *Journal of Economic History* VII 1947, S. 104-122.
Neusner, Jacob: *A History of the Mishnaic Law of Purities*. Leiden 1977.
Nietzsche, Friedrich: *Zur Genealogie der Moral*. Bd. 5 der Kritischen Studienausgabe, Berlin New York 1988.
Nock, Arthur Darby: *Conversion*. Oxford 1969.

Ober, Josiah: *Mass and Elite in Democratic Athens: Rhetoric, Ideology and the Power of the People*. Princeton 1989.
Olsen, Donald J.: *Die Stadt als Kunstwerk*. Frankfurt a. M. 1988.
Ders.: *Town Planning in London: The Eighteenth and Nineteenth Century*. New Haven 1982.
Origenes: *Contra Celsum*. Cambridge 1965.
Outram, Dorinda: *The Body and the French Revolution: Sex, Class, and Political Culture*. New Haven 1989.
Overburg, Sir Thomas: »A devilish usurer«, Characters, 1614; zit. aus: *Drama and Society in the Age of Jonson*. Knights.
Ovid Naso, Publius: *Tristia. Briefe aus der Verbannung*. Zürich München 1986.
Ders.: *Fasti*. Cambridge, MA 1976.
Ozouf, Mona: *Festivals and the French Revolution*. Cambridge 1992.

Pantel, Pauline Schmitt, Hg.: *A History of Women in the West*. Bd.1: *From Ancient Goddesses to Christian Saints*. Cambridge 1992.
Pelikan, Jaroslav: *Jesus Through the Centuries*. New Haven 1985.
Pellizer, Ezio: »Outlines of a Morphology of Sympotic Entertainment«, in: *Sympotica: A Symposium on the Symposion*. Hg. Oswyn Murray, S. 177-184.
Pinckney, David: *Napoleon III and the Building of Paris*. Princeton 1958.
Pirenne, Henri: *Medieval Cities: Their Origins and the Revival of Trade*. Princeton 1946.
Platon: *Sämtliche Werke*. 5 Bde., Hg. Walter F. Otto/Ernesto Grassi/Gert Plamböck, Reinbek 1958.

Plautus, Titus Maccius: *Antike Komödien*. Darmstadt 1978.
Plutarch: *Von großen Griechen und Römern*. München 1954.
Polanyi, Karl: *Politische und ökonomische Ursprünge von Gesellschaften und Wirtschaftssystemen*. Frankfurt a. M. 1978.
Polybios: *Geschichte*. Bde. 1 u. 2, Zürich München 1978.
Pomeroy, Sarah: *Frauenleben im Klassischen Altertum*. Stuttgart 1985.
Pouchelle, Marie-Christine: *The Body and Surgery in the Middle Ages*. New Brunswick 1990.
Pullan, Brian S.: *Rich and Poor in Renaissance Venice*. Oxford 1971.
Ders.: *The Jews of Europe and the Inquisition of Venice, 1550 - 1670*. Totowa 1983.

Quintilian, Marcus Fabius: *Ausbildung des Redners*. Darmstadt 1988.

Rabinbach, Anson: *The Human Motor: Energy, Fatigue, and the Origins of Modernity*. New York 1990.
Ravid, Benjamin: »The First Charter of the Jewish Merchants of Venice, 1589«, in: *Association for Jewish Studies Review* I 1976, S. 18-222.
Ders.: »The Religious, Economic, and Social Background and Context of the Establishment of the Ghetti of Venice«, in: *Gli Ebrei e Venezia, secoli XIV-XVIII*. Hg. Gaetano Cozzi, S. 211-259.
Reed, T. J.: *Goethe*. Oxford 1984.
Reps, John W.: *Monumental Washington*. Princeton 1967.
Reynolds, Joyce: »Cities«, in: *The Administration of the Roman Empire*. Hg. David Braund, S. 15-51.
Roberts, J. W.: *The City of Sokrates: An Introduction to Classical Athens*. London New York 1984.
Roberts, Warren: »Davids ›Bara‹ and the Burdens of the French Revolution«, in: *Revolutionary Europe 1750-1850*. Tallahassee, FL, Conference Proceedings 1990.
Rosenau, Helen: *Boullée and Visionary Architecture*. New York 1967.
Rousseau, Jean-Jacques: *Emile oder Über die Erziehung*. Paderborn München u.a. 1989.
Rudé, George: *The Crowd in the French Revolution*. Oxford 1959.
Ruggiero, Guido: *The Boundaries of Eros: Sex, Crime and Sexuality in Renaissance Venice*. New York 1985.
Ders./Muir, Edward, Hg.: *Sex and Gender in Historical Perspective*. Baltimore 1990.
Rykwert, Joseph: *The Idea of a Town: The Anthropology of Urban Form in Rome, Italy and the Ancient World*. Cambridge 1988.

Saalman, Howard: *Medieval Cities*. New York 1968.
Sade, Donatien Alphonse François Marquis de: *La philosophie dans le boudoir*. Brüssel 1891.
Salisbury, Johannes von: *Policratus*. Hg. C.C.J. Webb, Oxford 1909.
Sappho: *Lieder*. Zürich München 1984.

Scarry, Elaine: *Der Körper im Schmerz. Die Chiffren der Verletzlichkeit und die Erfindung der Kultur.* Frankfurt a. M. 1992.
Schama, Simon: *Citizens.* New York 1989.
Schivelbusch, Wolfgang: *The Railway Journey.* Berkeley 1986.
Schmitt, Jean-Claude: »The Ethics of Gesture«, in: *Fragments for a History of the Human Body.* Teil 2, Hg. Michel Feher/Ramona Nadaff/Nadia Tazi.
Schwartz, Regina: »Rethinking Voyeurism and Patriarchy: The Case of *Paradise Lost*«, in: *Representations* 34 1991, S. 85-103.
Scott, Joan Wallach: » ›A Woman Who has Only Paradoxes to Offer‹; Olympe de Gouges claims Rights for Women«, in: *Rebel Daughters: Women and the French Revolution.* Hg. Sara E. Melzer/Leslie Rabine, S. 102-120.
Seneca, Lucius Annaeus: *Vom glückseligen Leben.* Stuttgart 1974.
Sennett, Richard: *Civitas. Die Großstadt und die Kultur des Unterschieds.* Frankfurt a. M. 1990.
Ders.: *Verfall und Ende des öffentlichen Lebens. Die Tyrannei der Intimität.* Frankfurt a. M. 1983.
Ders.: *The Conscience of the Eye.* New York 1992.
Shakespeare, William: *Der Kaufmann von Venedig.* Sämtliche Werke, Wiesbaden o. J.
Simon, Erika: *Festivals of Attica: An Archaeological Commentary.* Madison 1983.
Simson, Otto von: *The Gothic Cathedral: Origins of Gothic Architecture and the Medieval Concept of Order.* Princeton 1988.
Sirel, Edmund: *Les Lèvres de la Nation.* Paris 1792.
Sissa, Giulia: »The Sexual Philosophies of Plato and Aristoteles«, in: *A History of Women in the West.* Bd. 1: *From Ancient Goddesses to Christian Saints.* Hg. Pauline Schmitt Pantel.
Smith, Adam: *Der Wohlstand der Nationen. Eine Untersuchung seiner Natur und seiner Ursachen*, Hg. Horst-Claus Recktenwald, München 1993.
Sophokles: *Oedipus auf Kolonos.* in Sophokles, Dramen. Hg. und üb. von Wilhelm Willige, München 1985.
Ders.: *König Oedipus*, ebd.
Stafford, Barbara Maria: *Body Criticism: Imagining the Unseen in Enlightenment Art and Medicine.* Cambridge 1991.
Stambaugh, John E.: *The Ancient Roman City.* Baltimore 1988.
Stanton, G. R./Bicknell, P. J.: »Voting in Tribal Groups in the Athenian Assembly«, in: *Greek, Roman and Byzantine Studies* 28 1987, S. 51-92.
Starobinski, Jean: *Rousseau. Eine Welt von Widerständen.* München 1988.
Stechow, Wolfgang: *Pieter Brueghel.* New York 1990.
Stow, Kenneth R.: »Sanctity and the Construction of Space: The Roman Ghetto as Sacred Space«, in: *Jewish Assimilation, Acculturation and Accommodation: Past Traditions, Current Issues and Future Prospects.* Hg. Menachem Mor, Lanham 1989.
Strauss, Leo: *The City and Man.* Chicago 1964.
Sueton, Gaius Tranquillus: *Cäsarenleben.* Stuttgart 1986. hier: *Die zwölf Cäsaren.* Berlin 1922.

Svenbro, Jesper: »La voix intérieure«, in: *Phrasikleia: Anthropologie de la lecture en Grèce ancienne*. Paris 1988, S. 178-206.
Symonds, J. A.: *Memoirs*. New York 1984.

Tacitus, Publius Cornelius: *Agricola*. Zürich München 1991.
Talma, Francois-Joseph: »Grandeur Without Pomp«, 1825, in: *Actors on Acting*. Hg. Toby Cole und Helen Crich Chinoy.
Temkin, Owsei: *Galenism: Rise and Decline of a Medical Philosophy*. Ithaca 1973.
Temko, Allan: *Notre Dame of Paris*. New York 1955.
Tenenti, Alberto: »The Sense of Space and Time in the Venetian World«, in: *Renaissance Venice*. Hg. John R. Hale.
Tertullian, Quintus Septimus Florens: *Apologeticus*. München 1984.
Thébert, Yvon: »Privates Leben und Hausarchitektur in Nordafrika«, in: *Geschichte des privaten Lebens*, Bd. 1: *Vom Römischen Imperium zum Byzantinischen Reich*. Hg. Paul Veyne, S. 299-387.
Thompson, Paul: *The Edwardians: The Remaking of British Society*. New York 1992.
Thukydides: *Geschichte des Peloponnesischen Krieges*. Zürich München 1976.
Tilly, Charles: *The Contentious French*. Cambridge 1986.
Tocqueville, Alexis de: *Über die Demokratie in Amerika*. Stuttgart 1962.
Toellner, Richard: »Logical and Psychological Aspects of the Discovery of the Circulation of the Blood«, in: *On Scientific Discovery*. Hg. Mirko Grmek/Robert Cohen/Guido Cimino, Boston 1980.
Tucci, Ugo: »The Psychology of the Venetian Merchant in the Sixteenth Century«, in: *Renaissance Venice*. Hg. John R. Hale.

Ullman, Walter: *Individuum und Gesellschaft im Mittelalter*. Göttingen 1974.

Velleius Paterculus, *Römische Geschichte*. Berlin 1913.
Vergil Maro, Publius: *Hirtengedichte*. Stuttgart 1968.
Vernant, Jean-Pierre: »Einführung« zu Marcel Detienne: *The Garden of Adonis*. Atlantic Highlands, NJ 1977.
Ders.: »Dim Body, Dazzling Body«, in: *Fragments for a History of the Human Body*. Teil 1, Hg. Michel Feher/Ramona Nadaff/Nadia Tazi, S. 18-47.
Veyne, Paul, Hg.: *Geschichte des privaten Lebens*. Bd. 1: *Vom Römischen Imperium zum Byzantinischen Reich*. Frankfurt a. M. 1989.
Ders.: *Brot und Spiele*. Frankfurt a. M. 1990.
Vidler, Anthony: *The Architectural Uncanny: Essays in the Modern Unhomely*. Cambridge 1992.
Vitruv, Pollio: *Zehn Bücher über Architektur*. Darmstadt 1991.
Vovelle, Michel: *La Revolution Française: Images et récits*. 5 Bde., Paris 1986.

Walkowitz, Judith R.: *City of Dreadful Delight: Narratives of Sexual Danger in Late-Victorian London*. Chicago 1992.
Webber, Melvin: »Revolution in Urban Development«, in: *Housing: Symbol, Structure, Site*. Hg. Lisa Taylor, New York 1982

Weber, Max: »Die Stadt. Eine soziologische Untersuchung«, in: *Archiv für Sozialwissenschaft und Sozialpolitik* 47, Tübingen 1920-21, S. 621-772.
Welch, Katherine: *The Roman Amphitheatre after Golvin*. Unveröffentl. Manuskript, New York 1992.
White, Michael L.: *Building God's House in the Roman World: Architectural Adaptation Among Pagans, Jews and Christians*. Baltimore 1990.
Whyte, William: *City: Rediscovering the Center*. Garden City 1988.
Wildenstein, Daniel und Guy: *David: Documents supplémentaires au catalogue complet de l'oeuvre*. Paris 1973.
Will, Edouard: »Bulletin historique«, in: *Revue Historique* 238 1967, S. 377-452.
Williams, Raymond: *The Country and the City*. New York 1973.
Willis, Thomas: *Two Discourses Concerning the Soul of Brutes*. London 1684.
Winckelmann, Johann Joachim: *Geschichte der Kunst des Altertums*. Reprographischer Nachdruck der Ausgabe von 1934, Köln 1993.
Winkler, John J.: *The Constraints of Desire: The Anthropology of Sex and Gender in Ancient Greece*. New York 1990.
Ders.: »The Ephebes' Song«, in: *Nothing to Do with Dionysos?* Hg. John J. Winkler/Froma I. Zeitlin. Princeton 1990, S. 20-62.
Wittgenstein, Ludwig: *Das Blaue Buch*, Werkausgabe, Bd. 5, Frankfurt a. M. 1988.
Woolf, Virginia: »The Novel of E. M. Forster«, in: *The Death of the Moth and Other Essays*. New York 1970.
Wycherley, R.E.: *How the Greeks Built Cities: The Relationship of Architecture and Town Planning to Everyday Life in Ancient Greece*. New York 1976.
Ders.: *The Stones of Athens*. Princeton 1978.

Xenophon: *Griechische Geschichte*. Leipzig 1920.
Ders.: *Oikonomikos*. Marburg 1975.

Yourcenar, Marguerite: *Ich zähmte die Wölfin. Die Erinnerungen des Kaisers Hadrian*. München 1961.

Zanker, Paul: *The Power of Images in the Age of Augustus*. Ann Arbor 1990.
Zeitlin, Froma: »Playing the Other: Theatre, Theatricality, and the Feminine in Greek Drama«, in: *Nothing to Do with Dionysos?* Hg. John J. Winkler/Froma Zeitlin, S. 63-96.
Zucker, Paul: *Town and Square: From the Agora to the Village Green*. New York 1969.

REGISTER

Abaelard, Petrus, 215, 218, 255;
Abtei St. Gallen, 137, 218, *227*;
Abtei St.-Germain-des-Prés, 217 ff.,
 221, 232, 238;
Abtei von Thorney, 231;
Abteien, 193, 216 - 219, 243;
Académie Française, 365;
Adam und Eva, 33;
Adonia, 88, 93 - 101, 107 ff., *461*;
Adonis 94, 96;
Adorno, Theodor, 28;
Adria, 275 f., 280, 294;
Aeneis (Vergil), 122;
Agnadello, Schlacht von, 280 f., 286, 298;
Agora (Athen), 66 - 77, *68*, *69*, 98, 141 f.;
Agricola, 140;
Agrippa, 113, 119 f.;
Agulhon, Maurice, 386;
Ägypten, 54, 93, 117, 136, 163, 167, 394;
AIDS, 298, 441 f.;
Aischines, 61;
Alarich, 184;
Alexander IV, Papst, 298;
Ali ibn Ridwan, 206 f.;
Almosenhäuser, 200 f., 219 f.;
Altes Testament, 165, 247, 457;
Altruismus, 212, 260, 337 f.;
Ammen, 362 f.;
andron, 93 f., 98, 416;
Annales Patriotiques, Les, 381;
»An seine Seele« (Hadrian), 154;
Anselm von Canterbury, 213;
Antinopolis, 160;
Antinous von Eleusis, 160 - 163, *161*, 166 f.;
Antisemitismus, 269 - 315, 443;
Apartmentblocks;

Aphrodite, 95 f.;
Apollodorus, 124 ff.;
Aquin, Thomas von, 197, 202;
Arbeit:
 - Arbeitsangebot, 346;
 - Arbeitsteilung, 338 f., 349;
 - Einstellung zur Arbeit in der Antike, 44, 47, 196;
 - Freier Arbeitsmarkt, 319, 337 ff., 343 - 349;
 - Haltung des Christentums zur Arbeit, 230 ff.;
 - im Garten, 230 ff.;
 - in der Industrie, 414, 416;
 - Löhne, 344 f., 346;
 - Produktivität, 344 f.;
 - und Erschöpfung, 414, 416;
 - ungelernte Arbeit, 346 f.;
 - Würde der Arbeit, 230 ff., 339 f.;
Arbeitsteilung, 339, 349;
Archidamus, 106;
Architektur:
 - als Ausdruck von Macht, 113 f., 119 - 126;
 - Basilikaformen, 142 ff., 180 - 185;
 - körperliche Symmetrie und Geometrie, 116 f., 130 - 138, 143 f., 149 f., 153;
 - Perystile, 142 f., 152;
 - s. auch spezifische Gebäudeformen;
Aretino, 300;
Arginoussai, Schlacht von, 77;
Ariès, Philippe, 214;
Aristophanes, 57, 63, 100 f.;
Aristoteles, 17, 47, 49, 53, 55, 71, 103, 206, 284;
Ars Medica (Galen), 205 ff., 247;

REGISTER

Art de la médicine et de la chirurgie, 209;
Aryeh, Judah (Leon Modena), 307 - 312;
Astronomie, 136 ff., 168;
Atheismus, 170;
Athen, 21, 41 - 84, *41*, *58*, 160, 319;
- Akademie von, 50, 56 f., *58*;
- Akropolis, 46, 48 f., 50, 51, 67, 72, 98;
- Angriff der Perser, 46, 49;
- ausländische Bevölkerung, 87, 93;
- Befestigungsanlagen, 45 f., 48, 106;
- Behauen von Stein, 47 f., 51 f., 82, 84;
- Bevölkerung, 66 f.;
- Demokratie, 29 f., 41 ff., 67 - 72, 76 - 84, 103 - 106;
- Friedhöfe, 41, 45, 47;
- gesellschaftliche Klassen, 44, 66 f., 76 f., 106;
- Goldenes Zeitalter, 51;
- Gründung, 51;
- *gymnasion*, 32, 42 f., 56 - 60, 62 f., 97 f., 109, 176;
- Handel und Geschäft, 46 f., 66 f., ;
- Häuser, 47 f., 89, 93 - 101, 104, 149;
- Hügel des Kolonos Agoraios, 48;
- körperliche Erziehung, 56 - 60, 64, 109;
- Mauern, 45 f., 67, 106;
- öffentliches Reden und Handeln, 57 f., 66, 68 f., 70 - 84;
- Panathenäischer Weg (*dromos*), 48, 51, 67;
- Pest, 105 - 109, 441;
- Phylen, 77, 82;
- Pnyx, 51, 74, 76 f., 82, 84, 92, 98, 101, 103, 148, 373;
- Politik und Gesetz, 47 f., 50 f., 68 - 72, 76 - 84, 108 f.;
- *propylaia*, 49;
- Ritual, 88 - 109;
- Stadtplanung, s. Stadtplanung;
- Status der Frauen, 44, 54 f., 60 f., 88 - 104;
- Theater in Athen, 43, 66, 72 - 77;
- Thriasisches Tor (Dipylonisches Tor), 45 ff.;
- Todesstrafe, 78 - 81;
- Töpferviertel (*kerameikos*), 47;
- umliegende Landschaft, 46 f., 67, 106 f.;
- Versammlung (*ekklesia*), 76 f., 79 f., 92, 173;
- Vorbild für Griechenland, 45, 122;
- Wirtschaft, 46 f., 66 f.,;
- s. auch Agora, Parthenon, Peloponnesischer Krieg;
Athene, 51 f., 62, 64 f., 87;
Atrium, 149;
Attika, 66, 105 f.;
Auden, Wystan Hugh, 263 f.;
Aufklärung, 330 f., 333, 340, 342, 364, 370, 401, 426;
Aufklärung, 417;
- *bouleuterion*, 71 f., 77 f., 82;
- Gerichte, 50, 69 ff., 71, 77 ff., 81;
- Gleichheit, 82 f.;
- Heiligtum der »Zwölf Götter«, 67;
- *odeion*, 72;
- Orchestra, 67, 72 - 75;
- Stoen, 63 f., 67 f., 72;
- *tholos*, 50, 70;
- Verhalten der Körper, 68 f.;
- verschiedene Aktivitäten, 47 - 51, 66 - 73;
Aufzug, 427 f.;
Augustinus, St., 118, 130, 165, 168, 175, 185;
Augustus, Kaiser von Rom, 119 ff., 148;

Babys:
- Muttermilch, 356 - 364;
- Säuglingssterblichkeit, 358 f.;
- verlassene Babys, 201, 362 f.;
Baltard, Victor, 407;
Banham, Reyner, 426;
Bara, Joseph, 387 - 390;
Barasch, Moshe, 214;
Barbaren, 43, 140, 177, 353 f.;

Barbari, Jacopo dei, *270*;
Barbier-Ärzte, 327;
Barmherzigkeit, 201, 215, 219 - 222, 224, 337;
Barthelemy, l'Anglais, 208;
Barthélemy, Jean-Jacques, 204;
Barthes, Roland, 450;
Barton, Carlin, 116, 127;
Basilika von St. Peter, 183;
Basiliken, 142 - 146, 180 - 185;
Baudelaire, Pierre-Charles, 389, 414;
Baumgartner, M. P., 29;
Beccaria, Cesare Bonesana, 370;
Beer Street (Hogarth), *26* ff., 384;
Beichte, 201, 220 - 223, 258, 285, 370;
Bekenntnisse (Augustinus), 175;
Bell, Malcolm, 146;
Benedict, St., 230;
Benediktinerorden, 219, 231;
Benjamin, Walter, 399, 409;
Bergamotte, 230;
Bergson, Henri, 258;
Berlin, 395, 410;
Beschneidung, 178 f., 310 f.;
Bibel des Heiligen Ludwig, 30, 195 f., *197*;
Bischöfe, 179 f., 219;
Boardman, John, 52;
Bogen, römischer, 153;
Bombay, 123;
Bonifaz IV., 113;
Bosporus, 276;
Boss Tweed Organisation, 397;
Bossuet, Bischof, 375;
Boston, Massachusetts, 393;
Boullée, Etienne-Louis, 364 - 368, *366, 367,* 377, 446, 464;
Bourdichon, Jean, *244*;
Bowersock, Glen W., 154;
Bremmer, Jan, 76;
»*Brief an Diognatus*« (anon.), 165;
Brilliant, Richard, 118, 129;
Britannien, röm. Eroberung, 140 f.;
Brooks, Peter, 360;
Brotaufstand, 346;
Brown, Frank, 113;
Brown, Peter, 153, 168, 184, 462;

Brueghel d. Ä., Peter, 260 f., *261,* 262 ff., *265*, 273, 310;
Buch des Hofmannes (Castiglione), 300;
Bullough, Vern, 205;
Bundeslade, 165;
Burgen, 218, 225;
Burkert, Walter, 102;
Bynum, Caroline Walker, 213, 232;
Byron, George Gordon, Lord, 154 f.;

Cafés, 422 - 425;
Cahen, Léon, 343;
Calvin, John, 308;
Camp, John, 67;
Cantarella, Eva, 97;
Caro, Robert, 447;
Castiglione, Baldassare, 300;
Chelles, Jehan de, 193, 196, 200 f., 204, 216, 218, 220 f., 223, 225, 228, 238;
Chenier, Marie-Joseph, 381;
China, 136;
Christentum:
- Armut und Demut, 168;
- Bilder, 117 f., 130;
- Christen im Rom, 117 f., 123, 155, 159 f., 200;
- Geheimnisse, 172, 179;
- Gemeinde, 173, 199 - 205, 210, 221;
- geweihte ehem. heidnische Kultstätten/Tempel, 113, 118, 170, 183 f., 187;
- Gleichheit, 166 f.;
- Hierarchie, 181, 215 f, 218, 256;
- Institutionalisierung, 178 f., 185;
- Konversion, 117 f., 164 ff., 170, 173 - 179, *179*, 236, 307;
- Kritik an, 185 f.;
- Lichtsymbolik, 117, 168 f., 182 f., 204;
- Mitleid, 168, 202 - 215, 221 - 227, 260;
- Schisma und Konflikt, 172;
- Sexualität, 116, 117 f., 163, 285;
- Trennung von Politik und Glaube, 164 f., 216;
- Verbreitung, 84, 170 - 185;
- Verfolgung, 172, 204 f.;

- Vorstellungen vom Glauben, 117 f., 159 - 168, 178;
- Vorstellungen von Zeit, 155, 172;
- s. auch Märtyrer;
Christus, 33, 155, 160 - 163;
- Abendmahl, 173;
- Christi Geburt, 230;
- der fremde Körper Christi, 163, 167, 175, 200, 204;
- Lehre und Jünger, 159, 165, 285;
- Passion und Kreuzigung, 30, 159, 163, 166, 169, 182 f., 204, 210, 214, 260 ff., *261, 264*;
- sein Leben, 235 f., 258;
- Vorstellungen von Christus, 159, 162, 180, 204, 213 f.;
- Wiederauferstehung, 178;
Cicero, 155, 356;
Clairvaux, Bernhard von, 213, 231 f., ;
Clark, Kenneth, 42;
Clemenceau, Georges, 394, 396, 398;
Clement, 357, *359*;
Collenot d'Augrement, 372;
Columbus, Christoph, 282;
Compendium Anatomicum (Case), *325*;
Conches, William von, 259 f.;
Congress, 333;
Contida Foligno, Sigismond de', 282 f.;
Corbin, Alain, 327;
Corday, Charlotte, 387 f.;
Coryat, Thomas, 304;
Costanza, Tochter Kaiser Konstantins, 183;
Cox, Harvey, 165;
Cranach, Lukas, 369;
Csikszentmihalyi, Mihaly, 23;
Customs of the Venetians (Grevembroch), *279, 287, 299*;
Cynossema, Schlacht von, 106;

Dakota Apartment Haus, 428;
Dampfmaschine, 426;
Danton, Georges Jacques, 379;
Das Martyrium des Heiligen Matthäus (Cranach), 369;
David, Jacques-Louis, 378 - 383, 387 - 390, *388* f., 422, 464;

Davidstern, 228;
- s. auch Judenstern;
Davis, Natalie, 309;
De Generatione Animalium (Aristoteles), 53;
De motu cordis (Harvey), 30, 319, 320, *322*;
De Sensu (Aristoteles), *55;*
Delphi, 52, *75*;
Demeter, 88 - 92, 104, 107;
Demokratie, 29, 43;
- Debatte und Vernunft, 42, 50, 56 f., 66, 68 - 72, 76 - 82, 102 f.;
- Entwicklung von Demokratie, 42, 68, 103 f.;
- Gleichheit und Redefreiheit, 82 f., 102 - 105;
- Mißtrauen und Demokratie, 103 f.;
- Reform, 82 f.;
- Teilhabe, 68 - 72, 76 - 84;
- Verfall, 104, 109;
- Wahlen, 43, 76 ff., 80 ff., *235;*
Demokratie in Amerika, Über die (Tocqueville), 399;
Demonstrationen der Physiologie (Haller), *324;*
Depression, die große, 448;
Der Jude von Malta (Marlowe), 312;
Dervilliers, 419, 421;
Descartes, René, 323;
Detienne, Marcel, 94;
Deutschland, 199, 280, 288 - 291, 395, 434;
Dickens, Charles, 374, 402;
Diderot, Denis, 339;
Dio Cassius, 125, 169;
Diogenes von Apollonia, 53;
Dionysius, Bischof, 179;
Dioskorides, *96;*
Dodds, Eric Robertson, 51;
Dolfin, Zacaria, 292 ff., 303;
Dominikanerorden, 219, 222;
Domitian, 218;
Donau, 139;
Douglas, Mary, 285 f.;
Dover, Kenneth, 60 f;
Duby, Georges, 195, 200;

Dumont, Louis, 187;
Dura-Europos, 181;
Dürer, Albrecht, 135;

Edikt von Mailand, 179;
Edward VII., 395;
Einkaufszentren, 23 f., 70;
Eisenbahnwaggons, 422, *423*;
Eklogen, Georgica (Vergil), 230;
Elektrizität, 427;
Elgin Marbles, 51 ff.;
Elisabeth I., 269;
Ellicott, Andrew, 331 f., *331*, 335;
Emile (Rousseau), 359;
Encyclopédie (Diderot), 339;
England, 269, 278;
- die Figur von John Bull, 394;
- Eroberung durch die Römer, 138 bis 141;
- Garten und Landschaftskunst, 333 ff.;
- Niedergang des Landlebens, 394 ff.;
- s. auch London;
Epidaurus, 74;
Eremiten, 230;
Eridanos, 48;
Ich zähmte die Wölfin - Die Erinnerungen des Kaisers Hadrian (Yourcenar), 160;
Etienne de Bourbon, 257;
Etrusker, 136;
Eucharistie, 173, 175, 182;
Euryptolemos, 78;

Farrabosco, Alfonso, 271;
Faschingsdienstag, 94;
Faschismus, 354;
Fasten, 90;
Fastenzeit, 94, 230, 274, 286, 303;
Fatica, La (Masso), 416;
Fegefeuer, 231;
Fehls, Phillip, 52;
Feminismus, 356;
Feudalismus, 193, 196, 254;
Finley, Moses I., 49;
Flaubert, Gustave, 154;

Florenz, 283;
Florio, John, 271;
Foa, Anna, 282;
formae, 141;
Forster, Edward Morgan, 30 f., 321, 394, 396, 399 ff., 429 - 435;
Fortas, Meyer, 103;
Fortier, Bruno, 402;
Forum Romanum, 116, 124 ff., 141 - 149, 333;
- Aktivitäten auf dem Forum, 141 f., 146, 148 f.;
- Basiliken, 142 ff.;
- Geschäfte mit Sex, 142;
- Portikus der 12 Götter, 142, 163;
- Rostra, 146 ff.;
- Tempel der Concordia, 144;
Foucault, Michel, 35;
Francesco da Piacenza, 311;
Franklin, Benjamin, 426;
Franklin-Ofen, 426;
Frankreich, 139, 221, 278, 327;
- Ancien Régime, 344, 346, 357, 365, 369, 372, 374, 381, 423;
Franziskaner, 219, 222, 231;
Franziskus von Assisi, 204;
Französische Revolution, 340, 343, 346 f., 406, 423, 462;
- bürgerliche Feste, 364, 378 - 386, *380, 381, 383, 385*;
- Gestalt der Marianne, 356 - 363, *359, 364, 368, 384 - 387, 385*, 390, 464;
- Gewalt auf der Straße, 345 - 354, 379;
- Guillotine, 364, 369 - 377, *371*;
- ökonomische Verhältnisse, 343 - 349, 353 f.;
- Schreckensherrschaft, 365, 377, *371*;
Frauen:
- Brüste, 356 - 363;
- Bünde, 91 - 101, 104;
- Einschränkungen der Frauen, 84, 88, 93 f., 102;
- Kleidung, 44;
- Körperhitze, 44, 53 ff., 85 - 93, 322;
- Revolte der Frauen, 347, 386;

- Rituale von Frauen, 88 - 102, 187, 218 -228, 462;
- sexuelles Begehren, 90 - 102, 187;
- Status, 44 f., 56, 61, 87, 88 - 101, 149, 152 f., 174, 213, 357;

Freud, Sigmund, 107, 458 f.;
Frick, Henry Clay, 416;
Friedrich der Große, 334;
Fruchtbarkeitsrituale, 88 - 101;
Furet, François, 354, 364;

Galeeren, 269, 276 ff.;
Galen von Pergamon, 54 f., 205 ff., 326;
Gallien, 139, 140 f.;
Gans, Herbert, 449;
- s. auch Paris;
Gärten, 402;
- Bepflanzung, 227 f.;
- Burg, 225;
- englischer Garten, 334 f.;
- Gartenarbeit, 230 ff.;
- Gestaltung, 225 - 228, 334 f.;
- heilige Gärten, *195*, 215, 217 f., 223 - 232, *229*;
- irdisches Paradies, *229*, 230 ff.;
- islamische Vorstellung vom Garten als Paradies, 231;
- Tuilerien, 333, 373, 402, 425;
- Versailles, 333 - 336;
Gebet, 130, 214, 230;
Gehen, 62, 67 ff.;
Geishas, 300;
Geißelung, Die (Piero della Francesca), 262 f., *264*, 264, 390;
Genitalien, 54 f.;
Genua, 199, 276;
Geometrie, 116 f., 130 - 155, 140 f., 149, 407;
Georg IV., 402;
Gericht, Jüngstes, 257;
Geschichte der Sexualität, Die (Foucault), 35;
Geschichte des Peloponnesischen Krieges (Thukydides), 41 - 45, 80 f., 104 f., 440;
Geschlechtskrankheiten, 273, 282 ff.;

Geschlechtsverkehr:
- Analverkehr, 60 f., *61*;
- Enthaltsamkeit, 90 f.;
- illegaler Geschlechtsverkehr, 61 f.;
- Stellung, 61 f.;
- Verhütung, 61 f.;
- Vorspiel, 60;
Gewürzhandel, 275 - 282*;*
Giedion, Sigfried, 420;
Gilbert, Felix, 281;
Gilde, 251 - 254;
Gilman, Sander, 285;
Gin Lane (Hogarth), *27 ff.*;
Gladiatoren, 115 f., 126 f., 129 f., 139, 186;
Glücksspiel, 307, 309, 345;
Gnade, 232;
Goethe, Johann Wolfgang, 340 - 343;
Goffmann, Erving, 451;
Gombrich, Ernst Hans, 117;
Gondeln, 282;
Gossec, François-Joseph, 381;
Gott, 130, 163, 180, 204, 228;
Götter und Göttinnen, 141 f., 170;
- Ägypten, 160, 167;
- Götzenanbetung, 65, 113, 116, 311;
- Griechenland, 51 f., 62, 64 f., 67, 76, 87 ff., 94 ff., 103, 107;
- in Rom, 113 f., 123 ff., 127, 137, 141 f., 149 f., 183;
- Kulte, 104, 114 f., 160, 166;
- menschliche Eigenschaften, 162 f., 166 f.;
- Statuen, 64 f., 113, 116, 125;
- Zeichen, 114;
- s. auch Pantheon, Parthenon;
Gottmann, Jean, 447, 451*;*
Götz von Berlichingen (Goethe), 341;
Götzenanbetung, 113, 116, 182, 311;
Gouges, Olympe de, 356;
Grant, Michael, 123;
gravitas, 116;
Grevembroch, *279, 287, 299*;
Griechenland:
- römische Eroberung, 140;
- Stadtplanung, 45 - 51, 63 - 76, 82 ff., 105 - 108, 135 f.;
- Stadtstaaten, 140;

- s. auch Agora, Athen, Parthenon;
Grimani, die Familie, 276;
Gruber, Karl, 227;
Guillaume d' Auxerre, 257;
Guillotin, Joseph-Ignace, 369 - 373;
Guillotine, 374;
Guston, Philip, 263;
Gute Taten, 224;
Gymnasium, s. Athen, *gymnasion*;
gymnoi, 56;
gynaikeion, 94;

Hadrian, Kaiser von Rom, 113 f., 117, 129, 138, 141 f., 160 - 164, 169, 394 f.;
- Rolle des Theaters als Machtinstrument, 128;
- seine Bauvorhaben, 29, 113-141, 153 ff., 160, 162 f., 366, *366*, *367*;
- seine fragwürde Nachfolge, 119 f.;
- seine Gedichte, 117, 154;
- seine Morde, 119, 124;
- seine politischen Empfindlichkeiten, 120, 123 - 126, 176;
- und Antinous, 160 - 163;
Haller, Albrecht von, 324;
Hanse, 196, 199, 202;
Harbison, Robert, 334;
Hare, Augustus, 425;
Haremsystem, 93;
Häresie, 290;
Harrison, Evelyn, 51;
Harvey, William, 30, 319 - 326, *322*, 330, 349, 363, 450 f.;
Häuser:
- in Athen, 48 f., *89*, 93 ff., *95*, *96* - 101, 104;
- in Paris, 217 f., 226, 231 f., 239 - 248, *241*;
- in Rom, 123, 149 f., *151*, 172 ff., *177*, 177 f.;
- Mietshäuser, 123, 411 f., 426 f.;
- mit stuckverzierten Fassaden, 328;
- und gewerbliche Nutzung, Geschäfte, 294 f.;
Haussmann, Baron Georges, 401, 406 - 410, 424, 446;
Hawes, Elisabeth, 428 f.;

Hébert, Jacques-René, 374;
hedone, 94;
Heers, Jacques, 240;
Hegel, Georg Wilhelm Friedrich, 368;
Heidegger, Martin, 434;
Heiden, 116;
Heilige Messe: ;
- Ablauf und Struktur, 182;
- der Gläubigen, 182;
- der Katechumenen, 181;
- Eucharistie während der Messe, 182;
Heilige:
- Gräber, 114, 182 ff.;
- Verehrung, 183 f., 231;
- s. auch Märtyrer;
Heiliger Geist, 213;
Hektor, 62;
Héloise, 213;
Hera, 62;
Herakles, 94, 312;
Herbert von Cherbury, Lord, 308;
Herkules, 129, 356, 386;
Herodot, 93;
Hesiod, 47, 51, 79;
Heures du Duc du Berry, Les Très Riches, *239*;
Himmel, 168, 170, 231;
Hippias, Tyrann von Athen, 75;
Hippodamus, 136;
Hippokrates, 53;
Hippolytos (Euripides), 56;
Hirschmann, Albert, 259;
Hochmut, 52, 81, 108;
Hodgett, Gerald, 253;
Hogarth, William, 27 ff., 384, 422;
Hölle, 231, 370;
Holly, Birdsill, 426;
Homer, 59, 62, 88, 94, 166;
Homosexualität, 59, 440;
- Ablehnung im Christentum, 162;
- Analverkehr, 60 f.;
- cross-dressing, 282, 292;
- in Athen, 43, 59 f., *63*, 97, 109;
- in Rom, 142, 160 f.;
- in Venedig, 282, 292, 297 f.;
- und menschliche Entwurzelung, 430;

- versus Verweiblichung, 54 f., 59, 61;
Hopkins, Keith, 127;
Hospital Royal Victorian, 427;
Hospitäler, 201, 217 - 220, 223, 427;
Howard's End (Forster), 321, 394 ff., 399 ff., 428 - 435, *433*;
Huet, Marie-Hélène, 386;
Hufton, Olwen, 362;
Hughes, Diane Owen, 302;
Humanismus, wissenschaftlicher, 199;
Humbert de Romans, 222, 250 f., 258 f., 339;
Hungersnot, 218;
Hunt, Lynn, 349, 375 f., 386 f.;

Indien, 275 f., 394;
Indios, 282;
Individualismus, 319 - 323, 399 ff., 428;
Inquisition in Venedig, 310;
isegoria, 83;
Islam:
  - medizinische Kenntnisse, 54, 206 f.;
  - »Paradies-Garten«, 231;
Italienische Reise (Goethe), 340 - 343;

Jacobs, Jane, 439 ff.;
Jacobus, Mary, 386;
James, William, 164;
Jefferson, Thomas, 332, 336, 343;
Jenseits des Lustprinzips, (Freud), 458 f.;
Jesus Christus s. Christus;
Johann von Paris, 196;
Johannes Chrysostomus, 168;
Johannes von Salisbury, 31 f., 198 f., 210 ff., 232, 247, 324;
Johannes, St., 118;
Jones Beach, 447 f.;
Jones, Inigo, 271;
Judaismus, 282, 303 - 309;
  - und Christentum, 306 - 309;
Juden, 165, 169 f., 269 f.;
  - Angst vor Kontakt mit Juden, 272 - 275, 281 - 288, *287*, 298;
  - Ashkenazim, 280 f., 293 - 296, 304 ff.;
  - das venezianische Ghetto, 30, 32, 202, 269 f., 272 - 275, 279 - 288, 291 - 298, *293, 294*, 295, 301 -314;

- Geldverleih, 269 - 272, 278 - 281, *279*, 283 f., 293 - 296, 301;
- Geschlechtskrankheiten, 273, 282 - 286;
- in der Levante, 293 - 296;
- in ihnen gesehene unmenschliche Eigenschaften, 32, 269, 285;
- Judenstern, 301, s. auch Davidstern;
- kulturelles Leben, 307 ff.;
- medizinische Gebräuche, 178, 281, 285, *287*, 297;
- Pogrome, 281 - 287, 311 f.;
- sephardische Juden, 280 f., 283, 294, 306;
- spirituelle Wanderung, 118, 159, 165, 307 f., 311;
- Stereotype über Juden, 304, 310 - 314;
- und ihr Glaube, s. auch Judaismus;
- Verfolgung im römischen Reich, 123;
- Vertreibung von Juden, 280 f., 283 f., 286 f.;
Jüdisch-Christliche Tradition, 36;
Julische Familie, 148;
Julius Caesar, 144 f.;
Jumilhac Papyrus, 54;
Jungfrau Maria, 184;
- Bilder von Maria, 180, 215, 228, 260, 364, 387;
- Mächte von Maria, 213;
- Marienkult, 213;
Juvenal, 152;

Kaffeehäuser, 422;
Kairo, 242, 442;
Kallixenos, 77;
Kannibalismus, 175, 269;
Kantorowicz, Ernst, 255;
Kapitalismus, 319 f.;
Karfreitag, 286;
Karl August, Herzog von Weimar, 341;
Karl V., 216, 238;
Karlsruhe, *329*;
Kastration, 166, 170, 311;
Katechumenen, 174, 181;

Kathedralen, 195, 200, 215 - 220;
Katz, Jacob, 307;
Kaufmann von Venedig, Der (Shakespeare), 269 - 273, 277 f., 288, 309, 312 ff., 320;
Kazin, Alfred, 398, 434;
Kelsos, 162, 166 f., 168;
Kirchen:
- erste Kirchen, 179 - 185;
- Gemeindekirche, 201;
- im Mittelalter, 199 ff.;
- Kapellen, 218, 231;
- s. auch Basilika, Kathedrale, einzelne Kirchen;
Kleisthenes, 83, 103;
Klerus:
- *Klostergarten* (unbek. Künstler), *229;*
- s. auch Bischöfe, Konvente, Klöster, Priester;
- und Auflösung, 218, 223;
Klibansky, Raymond, 213 f.;
Klöster, 193, 195, 201, 218, 222 f., 225, 228, 230;
- Arbeit und Gebet, 230 ff.;
- Gebot des Schweigens, 231;
- Klostergarten, 227 f., 230 ff.;
Kommunismus, 172;
Konstantin, Römischer Kaiser, 30, *169,* 179 - 185;
- Lateranbasilika, 30, 179 - 185, *181,* 193, 195;
- Übertritt zum Christentum, 179;
Konvente, 201, 213, 215, 218, 362;
Koran, 231, 242;
Körper im Schmerz, Der (Elaine Scarry), 463;
Körper:
- als Kunstwerk 109;
- als Maschine, 319 - 328;
- als Wappen, 109;
- Asketizismus, 159, 167, 169 f., 175, 178, 185, 187, 230;
- Bekleidung, 44, 327;
- Bequemlichkeit, 414 - 429;
- bilaterale Symmetrien und geometrische Beziehungen, 84, 116 f., 130 - 149;

- Blutkreislauf, 30, 319 f., 322, *325,* 349;
- Dualität, 208 f., 323;
- Entwurzelung, 429 - 435;
- Erfahrung der Umwelt, 117 f.;
- gesellschaftliche Hierarchien, 204, 210 ff., *211;*
- Leiden, 33, 159, 102, 105 - 109, 202 - 224, 260 - 265, 273 f.;
- Mitleid, 34, 159, 202 - 215, 222 ff., 260;
- Nervensystem, 324 ff.;
- Organe, 109;
- Reinigung, 34, 88, 285 - 288;
- Sauberkeit, 176, 285 - 288, 327 f.;
- Trennung von Körper und Seele, 34, 84, 118, 159;
- Verhältnis von Körper und Seele, 118, 159, 319, 323 - 326;
- Verletzlichkeit, 83, 114 f., 168;
- Wachstum, Alter und Verfall, 117;
- s. auch Körperhitze, tote Körper, Nacktheit, Körperhaltung;
Körperhaltung:
- aufrecht, 61 ff., 76;
- beim Geschlechtsverkehr, 60 - 63;
- in der Menge, 69 f., 76, 83, 421 f., *423;*
- sitzend, 73, 76, 416 - 426;
- Symbolik der Körperhaltung, 73 - 76, 83, 417;
- und Status, 59 f., 73, 417;
Körperhitze, 43 f., 51 f., 54 f., 57, 81 f., 104, 167, 206, 319, 326;
- Dominanz und Unterordnung, 44, 83;
- Geschlecht, 44, 53 - 56, 87, 91 ff., 322;
- Rhetorik, 45, 79 - 82;
- Trinken, 246;
- Temperament, 206 f.;
Körperschaften, 235, 254 ff.;
Körpersprache, 104, 128;
Kostof, Spiro, 122;
Kostüme, 116, *287;*
Kräuter, 94, 97, 228;
Krautheimer, Richard, 179;

Kreuze, 30, 163, 169, 183, 204, 261;
Kreuzzüge, 219, 259, 275 f.;
Kubey, Robert, 23;
Kulte:
- christliche, 166, 214, 236;
- Feuerkulte, 138;
- heidnische, 113 f., 124 ff., 162, 167;

L' Enfant, Pierre Charles, 331 - 336, 340, 343, 445;
Landes, Joan, 348;
Landschaft mit dem Sturz des Ikarus (Breughel), 263 ff., *265*, 273, 310;
Lane, Frederick, 276;
Laqueur, Thomas, 53 f.;
Lateranskonzil, 274;
Laugier, Emmanuel, 340;
Lavin, Marylin, 262;
Le Bon, Gustave, 353 f., 368;
Le Goff, Jacques, 240, 257;
Leben des Judah, Das (Modena), 307, 310;
Leiden des jungen Werthers, Die (Goethe), 341;
Leidenschaften und Interessen (Hirschmann), 259;
Leonardo da Vinci, 131 f., *134*, 135 f.;
Lepra, 223, 230, 282 - 285;
Lesbische Liebe, 54, 96, 99, 360 f.;
Liebe, 62 f.;
Lifton, Robert Jay, 485;
Liga von Cambrai, 290;
Limbourg, Gebrüder, *239*;
Livius, 122, 136;
Livre de Crainte Amoureuse, Le (Barthélemy), 204;
Livre des prouffitz champestres, Le (Crescens), 225;
Lloyd's of London, 422;
Logos, 102 ff., 168 ff.;
Lombard, Maurice, 235;
London, 321, 393 - 406, 410 - 414;
- Armut, 397 f., 410 f., *415*;
- Bevölkerungswachstum, 393 - 396, *395*;
- Bloomsbury, 397, 403;
- Camden Town, 404, 412;
- Chalk Farm, 404;
- City, 278, 397 f.;
- Connaught Hotel, 428;
- East End, 411;
- Gesellschaftliche Klassen, 393 f., 397 f., 410 - 414;
- große Bauvorhaben, 401 - 406, 410 - 414;
- Hyde Park, 393;
- im Vergleich zu Rom, 394 - 397, 411;
- Individualismus, 399 f.;
- internationales Geschäftsleben und Handel, 393 - 397;
- Knightsbridge, 393, 410;
- Mayfair, 393, 410;
- Metropolitan Board of Works, 397;
- Regent's Park und Regent Street, 397, 401 - 406, *403*, *405*, 407, 409;
- Stadtplanung und -entwicklung, 395 f., 401 - 406;
- und Massenkonsum, 411 - 414;
- Untergrund-Bahn, 401, 410 - 414, *403*, *405*, *411*, *413*;
Lopez, Doktor, 269;
López, Robert, 249, 252;
Loraux, Nicole, 42, 107;
Lovato von Padua, 281;
Lucius, 119;
Ludwig der Heilige, 193 - 196, 259;
Ludwig XIV., 334, 336, 343 f., 417;
Ludwig XV., 379;
Ludwig XVI., 343, 348, 360, 373, 375 ff.;
Lukas-Evangelium, 175;
Luther, Martin, 308;
Lynch, Kevin, 450;
Lysistrata (Aristophanes), 94, 100;

MacDonald, William, 125, 155;
Macht:
- Architektur und Stadtplanung als Machtdemonstration, 113 f., 120 - 126, 131, 135 - 153;
- brutale Kraft, 187;
- die Stadt als Ort von Macht, 34, 42, 46;
- und Nacktheit, 52, 54, 56, 187;
- und Sexualität, 301 f.;

- und visuelle Ordnung, 114 - 117, 121 f., 130 f., 135 - 141, 148 f., 153, 182, 187;
Macmillan's Magazine, 431;
Magna Charta, 254;
Mailand, 179, 242;
Maillard, 348;
Malmesbury, William von, 231;
malthakoi, 60;
Männerbünde, 43, 98;
Marat, Jean-Paul, 387 ff., *388*;
Marc Aurel, 155;
Marcuse, Herbert, 28;
Maria Magdalena, 285;
Marie-Antoinette, 349, 361, *361*;
Marlowe, Christopher, 313;
Martial, 127;
Märtyrer, 114, 127 f., 139, 179, 182 - 185;
Martyrium, 113 f., 182 - 185;
Masochismus, 167;
Masso, Angelo, 416;
Masturbation, 59, 360;
Mathews, Thomas, 180;
Matthäus, St., 169;
Maurice (Forster), 430 f., 434;
Mazzolani, Lidia, 122;
McNeill, William, 275;
Medizin, 54 ff.;
- der Araber, 55, 206, 207;
- der Christen, 55, 205 - 508;
- der Griechen, 54, 105, 205 f.;
- der Juden, 269, 281, 285, *287*, 297;
- Heilkräuter, 228, 230;
- im Mittelalter, 200, 202 - 205;
- in der Stadt, 327;
- Tierversuche, 323 f., 326;
- und die Theorie der Synkope, 200, 208, 210, 212;
Meeks, Wayne, 175;
Megalopolis (Gottmann), 447, 451;
megara, 90;
Melancholie, 207, 214 f., 221, 225, 230;
Ménagier de Paris (De Mondeville), 210;
Menekles, 78;
Menopause, 54;
Menschliche Figur im Kreis (da Vinci), 131, *131*;

Menstruation, 53 f.;
Mercier, Sebastien, 344;
Mercy d'Argenteau, 349;
Messe von Lendit, 248 f.;
Metapher, 52, 100 f., 109, 336, 360;
Metonymie, 92 f., 100, 109, 360;
Mietshäuser:
- Apartments in New York, 428 f.;
- in Rom, 123, 411;
Mikwe-Becken, 178;
Millar, Fergus, 121;
Milton, John, 321;
Mithraskult, 114;
Mittelmeer, 276 ff.;
Modena, Leon (Judah Aryeh), 307 ff.;
Mönche, 217, 222, 230 ff.;
Mondeville, Henri de, 208 - 214, 230, 326;
Monnet, 386;
Monotheismus, 114, 118, 188;
Mosaiken, römische, *125*;
Moses, Robert, 446 - 451;
Mumford, Lewis, 29, 444;
Munsterberg, Hugo, 22;
»*Musée des Beaux-Arts*« (Auden), 264;
Museum, British, 51;
Muslime, 93, 231;
Myrrha, Nymphe der Myrrhe, 96;
Myrrhe, 96, 230;
Mythos, 97, 102 ff., 122, 128;

Nachfolge Christi, 200, 202 - 205, 207, 213, 221 f., 257 f., 263, 273;
Nacktheit, 32 - 109, 167;
- Feiern von Nacktheit, 32, 43 f., 52, 56, 63 f., 84, 167, 187;
- im Krieg, 29, 42 f.;
- Scham vor Nacktheit, 33;
- Stärke und Macht in Verbindung mit Nacktheit, 42 f., 49, 52 ff., 56 f., 186 f.;
- und Schutzlosigkeit, 83, 168, 187;
Napoleon III., 406 f.;
Nash, John, 401 - 407, *403*;
Nationalsozialismus, 354;
Nationalversammlung, Französische, 370 f.;

Nelson, Benjamin, 284;
Nero, 121;
- Christenverfolgungen, 172;
- das Goldene Haus, 121, 124;
- sein Größenwahnsinn, 121;
- sein Selbstmord, 121, 128;
- sein Sinn für Theatralik, 128;
Neues Testament, 178, 247;
Neusner, Jacob, 178;
New York, 21 ff., 410, 439 - 464;
- Armut und Obdachlosigkeit, 440 ff.;
- Autobahnen und Parkways, 441, 446 - 450, 452;
- Central Park, 444 f.;
- Drogenkultur, 441 f.;
- East Village, 441 f.;
- ethnische und kulturelle Vermischung, 30 f., 321, 439 - 448, *441*, 451 - 454;
- Fifth Avenue, 393;
- Greenwich Village, 439 - 443, 445;
- Harlem, 308, 439, 452 f.;
- Lower East Side, 446;
- MacDougal Street, 440;
- Ritz Tower, 429;
- Second Avenue, 440;
- South Bronx, 439;
- Vorstädte, 447 ff.;
- Washington Square, 439 f., 442;
Newton, Isaac, 365 f.;
Nicolas von Clairvaux, 231;
Nietzsche, Friedrich, 185 - 188;
Nil, 160;
Nîmes, 139;
Nochlin, Linda, 369;
Nock, Arthur Darby, 163;
Notre Dame, 50, 193, 214, 221, 223, 238, *194, 195, 203*;
- Bau, 195 f., 203 f., 235, 238;
- Gemeindekirche und Gebäudekomplex, 194, 201, 217 f., 243;
- Klostergärten, 195 f., 217 f., 223 - 230;
- Portale, 159 ff.;
- Rechtsprechung im Feudalismus, 218;

Obdachlosigkeit, 201, 222 f., 448 f.;
Ober, Josiah, 81;
Odyssee (Homer), 94;
Oedipus Rex (Sophokles), 79 f., 106;
Oikonomikos (Xenophon), 93;
Olmsted, Frederick Law, 444;
Olsen, Donald, 411;
Olympia, 52;
Orakel, 107;
Orden, religiöse, 231;
- Bettelorden, 219, 221, 223;
Origenes, 162 f., 166, 168 f., 175;
Orléans, Herzöge von, 345;
Orpheus, 127, 129;
Orthos, 62, 71;
Orwell, George, 398;
Osiris, 167;
Ostern, 214;
Ostrazismus, 70, 73;
Otis, Elisha Graves, 428;
Outram, Dorinda, 327;
Ovid, 122, 140;
Oxford University, 255;
Ozouf, Mona, 378 f.;

Padua, 280 f., 255;
Palaistra, 57;
Palladio, Andrea, 271;
Panathenäen, 51, 88;
Pantheon, 119 ff., *121, 132*, 163, 293;
- Architektur, 113, 120, 131 - 135, 169 f.;
- Kuppeln, 120, 169;
- seine Erbauung unter Hadrian, 29, 113 ff., 119 f., 143 f., 154, 183, 187 f., 366;
- seine Nutzung im Christentum, 91, 113 f., 169, 183, 187 f.;
- Symmetrie, 131 - 136;
- umliegende Gebäude, 120;
- ursprüngliche Gebäude an dieser Stelle, 113 f., 119;
- von innen und Fußboden, 113, 131, 135 ff., 169 f., *171*, 182 ff.;
Pantomime, 128 f., 139 f., 146, 148;
Paracelsus (Bombast von Hohenheim), 321, 285;

Paradies, Vertreibung, 36, 51, 84, 159, 231, 321, 384;
Paradise Lost (Milton), 321;
Parfum, 328;
Paris (im 19. Jahrhundert), 397;
- Boulevard Sébastopol, 408;
- Cafés, 399;
- Kultur, 399;
- Montmartre, 409;
- Netzwerk, 408 ff., 422 ff.;
- Opéra, 407 f., 424 f.;
- Place du Chatelet, 408;
- Porte de St.-Denis, 408;
- Rue de Rivoli, 408;
- St.-Antoine Kirche, 408;
- Stadtplanung, 406 - 410;
- Straßen, 406 - 410, 422 ff.;
Paris (im Mittelalter), 193 - 265;
- Brunnen und Quellen, 228;
- Eigentum, 235 - 239;
- Folter in der Öffentlichkeit, 205;
- Gewalt und Verbrechen, 242, 245 - 248;
- Häuser und Straßen, 217, 226, 231, 239 - 248;
- Hospital Hôtel-Dieu, 220;
- Hôtel de Cluny, *226*;
- Hôtel des Tournelles, 228;
- Ile de la Cité, 216, 220, 226, 236;
- Ile St.-Louis, 217 f., 256;
- Königshof, 216 f.;
- Läden, 243 f., 244, *245*;
- Landwirtschaft in Paris, 217 f., 226, *239*;
- Louvre, 216 f.;
- Marais, 243;
- Märkte und Messen, 248 - 251;
- Marktwirtschaft, 193, 195-202, 208 - 254, 219, 230 ff., 238 - 245;
- Mauern, 236 - 239, 216 f., 219;
- Orte für Barmherzigkeit, 193 ff., 201 f., 216 - 232;
- Polizei, 246 f.;
- Rue de Rivoli, 217;
- Trennung von Staat und Kirche, 215 f., 218, 236 f.;
- Universitäten, 254 ff.;
- Wachstum und Entwicklung, 238 f.;
- s. auch Notre Dame;
Paris (in der Neuzeit):
- das Odéon, 328;
- Place de la Concorde, 373;
- Saint-Sulpice, 238;
Paris (während der Revolution), 321, 343 - 383, *355*, 386, 463;
- Armut und Ungleichheit, 344 - 349;
- Bastille, 379, 382;
- Bevölkerung, 343 f.;
- Café Procop, 423;
- die Quartiers, 345, 347 f.;
- Faubourg St.-Antoine, 345;
- Faubourg St.-Honoré, 344;
- Feier der Einheit und Unteilbarkeit der Republik, 384 - 387;
- Fest des Simonneau, 379, 382 f.;
- Fest von Châteauvieux, 379 ff., 386;
- *Fontäne der Erneuerung*, 384, *385*;
- Hôtel de Ville, 348, 379, 382;
- Lebensmittelaufstände, 379, 346 - 349, 353;
- Louvre, 345, 408;
- Marktwirtschaft, 345 - 349;
- Marsfeld, 314, 379 - 383, 386, 463;
- Newtons Zenotaph, 365 f.;
- Palais Royal, 345, *347*, 408, 423;
- Place de Grève, 372;
- Place de la Révolution, 364, 373, 379, 382;
- Place du Caroussel, 373;
- Place Louis XV, 333 - 336, *334, 335, 336, 337*, 343, 363, 373;
- politische Gruppierungen, 363, 423 f.;
- Rue de Panthéon, 362;
- Rue de Varenne, 345;
- Rue de Vaugirard, 348;
- St.-Marguerite Kirche, 348;
- Stadtplanung, 363 - 368, 401 f.;
- Tempel der Natur und der Vernunft, 366 ff., *367*;
- Tuilerien, 333, 373, 425;
- Viertel von St.-Antoine, 348;

Pariser Universität, 255 f.;
Parrhasius, 83;
Parthenon, 43, 49 f., 51 ff., 87, 120;
- Architektur, 49, 64 f.;
- Ausmaße, 64;
- Bau, 43, 49, 56;
- Friese, 51 f., *53*, 56, 64, 81, 109;
- Passionsspiele, 214, 379;
Patte, Christian, 330, 340;
Paul IV, 297;
Paulus, St., 173 f., 183;
Paulusbriefe, 168, 174 f., 178;
peitho, 79;
Peloponnesischer Krieg, 29, 39 - 45, 49, 51, 81 f., 105 - 109;
- Gefallene, 41 f., 77, 107;
- Niederlage der Athener, 41, 106 f.;
- Schlacht von Cynossema, 106;
- Seeschlacht von Arginoussai, 77;
Perikles, 39 - 51, 55 ff., 67, 73, 76, 105 - 109, 114, 123, 141, 187, 319;
- Einheit von Wort und Tat, 42, 44, 49 f., 128;
- Grabrede, 41 - 44, 46, 62, 65, 84, 87 f., 105 ff., 109, 441;
- Stadtplanungen, 105 - 109;
- über Frauen, 87 f., 93;
Peristyl, 142, 150 ff.;
Perkins, Frances, 447;
Persephone, 90 f.;
Persien, 46, 48, 51;
Pest, 105 - 109, 228, *287*, 297, 310, 441;
Petronius, 173;
Petrus, 174, 183;
Phaidrus (Plato), 100;
Phaleron, 46;
Phidias, 52, 64;
Philister, 165;
Phillip der Schöne, 204;
Phillip II., 216, 238;
Philosophie dans le boudoir, La (de Sade), *361*;
Phoebe, 174;
Physiologie, 44 f., 51 - 56, 59;
Pickney, David, 406;
Piero della Francesca, 262 ff., *264*, 390;
Pierre de Crescens, *225*;

Pilgerschaft, 165 f., 170, 172, 185 - 188, 219, 330;
Piräus, 46, 106;
Pirenne, Henri, 199, 275;
Plan von Washington (L' Enfant/Ellicott), 330, *331*, 335;
Platner, Ernst, 326 f.;
Plato, 55, 79, 100 f.;
Plautus, 142;
Plinius d. Ä., 126;
Plinius d. J., 170;
Plutarch, 106, 153;
poeisis, 108;
poiein, 108;
poikile stoa, 67 f.;
Polany, Karl, 337, 340;
Policraticus (Johannes von Salisbury), 198, 210;
Polis, 49, 71;
Politik (Aristoteles), 17, 49, 71, 284;
Politische und ökonomische Ursprünge von Gesellschaften und Wirtschaftssystemen (Polany), 337;
politischer Körper, 31 f., 37, 198, *211*, 211 ff.;
Polybius, 138;
Polytheismus, 114, 118;
Pomeroy, Sarah, 91;
Pope, Alexander, 155;
Pornographie, 360, *361*;
Portugal, 278, 280;
Poseidon, 52;
Postulanten, 174;
Potomac, 335;
Potsdam, 332;
Power Broker, The (Caro), 447;
Poyet, Bernard, 364;
Predigten, 214, 222;
Priester, 220 f., 291;
Priuli, Girolamo, 280;
Propheten, 159, 167;
Prostitution, 61, 142;
- Bordelle, 302;
- christliche Haltungen zur Prostitution, 168, 284 f.;
- in Griechenland, 61, 93, 96;
- in Rom, 142, 168, 177, 298 ff.;

- in Venedig, 282 f., 285, 298 - 303, 299;
- Kurtisanen, 96, 298 ff., *299*, 303;
- Restriktionen, 302;
Pullan, Brian, 288, 295;

Quatremère de Quincy, 378 f., 382 f.;
Quintillian, 128;

Rabbiner, 307 f.;
Ravid, Benjamin, 308;
Reden in der Öffentlichkeit, 146 ff.;
- das Einüben der freien Rede, 58, 103;
- Gefährdung der freien Rede, 79 - 82;
- in Athen, 57 ff., 66, 70, 71 ff., 109;
- in Rom, 146 ff.;
- und Körperhitze, 44, 55, 79, 82, 84;
- und Körpersprache, 128 ff.;
- und Metonymie, 92 f.;
Reformation, 290, 307;
Reid, Forrest, 434;
Renaissance, 32, 55, 131, 135, 202, 243, 282;
Revolution, amerikanische, 330 ff.;
Révolutions de Paris, Zeitung, 380;
Reynolds, Joyce, 139;
Rhetorik, 66, 79;
Ringen, 57 ff., 60;
Ritual:
- Fruchtbarkeit, 88 - 93, 97;
- Mythos versus Logos, 102 ff.;
- seine Entwicklung, 88, 97, 105 - 109;
- seine Grenzen, 84, 104, 107 ff.;
- seine heilenden Kräfte, 88 - 93, 102;
- und Frauen, 178, 187, 462;
- und ländlicher Mythos, 88 - 93;
- und Metonymie, 91 f.;
- und Tod, 88 - 93, 97, 105, 109, 214 f.;
- westliche ambivalente Haltung gegenüber dem Ritual, 102;
Roberts, Warren, 390;

Robespierre richtet den Scharfrichter hin, nachdem der alle Franzosen guillotiniert hat (anon. Radierung), *371*;
Robespierre, Maximilien François de, 379;
Roderiga, Daniel, 309;
Roland, Madame, 373;
Rom, 113 - 188, *115*;
- Alltags- und Familienleben, 123 f., 149 - 154, 176 f.;
- Amphitheater, 116, 127 ff., 179;
- Anspruch auf Überlegenheit, 122, 124;
- Armut und Gewalt, 123;
- Bäder, 116, 176 ff., 328;
- Basilica Aemilia, 146;
- Bevölkerung, 123 ff.;
- Campus Martius, 113, 148;
- Caracalla-Thermen, *177*;
- christliche Heiligtümer, 329;
- Comitium, 146;
- Curia Hostilia, 148;
- Curia Iulia, 149;
- das jüdische Ghetto, 273 f., 297, 306;
- das sichtbare Bild, 117 f., 126 f., 130;
- Dauer und Kontinuität Roms, 119 - 124;
- Diener, Sklaven und Arbeiter, 123, 150;
- Einwanderer und Völkervielfalt, 123;
- Feuer, 172;
- Foren, 116, 124, 138, 141 - 149, *143, 145, 147*;
- frühe Christen, 155, 157 - 188, 199 f.;
- Gründung, 122, 138, 142;
- Haus des Neptun in Acholla, *151*;
- Häuser, 123, 149 - 153, *151*, 172 ff., 178 f.;
- Heer, 116, 122, 139, 141;
- im Vergleich zu London, 393 - 396, 411;
- Imperium, 117, 148;
- Kapitolinischer Hügel, 142, 144 f.;

- Kolosseum, 130, 205;
- Lateranbasilika und Baptisterium, 30, 180 - 185, *181*, 193, 195;
- Massenspektakel, 126 - 130, 139 f.;
- Menschenopfer, *125*, 127 ff., 139, 179, 204 f., 370, s. auch Gladiatoren;
- Palatin, 138;
- Patriarchat, 149, 152 f.;
- Plünderung, 184;
- Reden in der Öffentlichkeit, 146 ff.;
- Republik, 120, 146, 331, 333;
- s. auch Pantheon, Forum Romanum;
- Septa Julia, 120;
- sieben Hügel, 138, 142, 144, 332;
- soziale Klassen, 123 f., 149;
- Stadtplanung, 135 - 141, 153, 329 f., *329*;
- Status der Frauen, 149, 152 f., 176;
- Straßen, 117, 123, 137 f., 242, 274;
- Tempel der Venus Genetrix, 145, 182;
- Tempel der Venus und der Roma, 124 f.;
- Tempel der Vesta, 138;
- Trajanssäule, 119 f.;
- Vatican, 297;
- wirtschaftliches und politisches Leben, 123 f., 141, 146 ff., 176 f., 297;
Roman History (Dio Cassius), 125 f.;
Römisches Reich, 163;
- Aufstieg und Expansion, 123 f., 135 - 141, 165;
- Bürgerkriege, 122;
- eroberte Völker, 123, 140 f.;
- Handel und Gewerbe, 123 f., 138, 170;
- Militärlager, *137*, 138, 141;
- Münzen, 119, 128 f., 160;
- nationale Identität der unterworfenen Staaten, 123;
- Niedergang, 184, 193;
- Stadtplanung, 113, 116 f., 122, 131, 135 - 141, 148 ff.;
- visuelle Ordnung als Symbol der Macht, 113, 116 f., 122, 131, 148 ff., 153, 182, 187;

Romulus, 138;
Rossi, L. E., 98;
Roth, Emery, 429;
Roubo, Andre Jacob, 417;
Rousseau, Jean-Jacques, 359 f.;
Royal Commission on the Housing of the Working Classes, 397;
Rudé, George, 344, 346;
Rykwert, Joseph, 141;

Sade, Marquis de, 351;
Safran-Amt, 276;
Salat, 95 ff., 100;
Sancta Maria ad Martyres, 113 f., 183 f., 188;
sans-culottes, 358, 378;
Sanson, 377;
Sanssouci, 334;
Sanuto, Giovanni, 283, 296;
Sappho, 96, 99;
Satyricon (Petronius), 173;
Savonarola, Girolamo, 283;
Scarpi, Paolo, 308;
Scarry, Elaine, 463;
Scheidung, 97;
Schivelbusch, Wolfgang, 421;
Schmerz, 36, 45, 87, 463 f.;
Schottland, 369, 398;
Schwangerschaft, 52 ff., 101;
Schwarze Meer, Das, 276;
Schweine, 90 - 93;
Schwur der Horatier (David), 390;
scirophoria, 90;
Scott, Joan, 382;
Seele, 175, 222 f., 260;
- Verhältnis von Körper und Seele, 321 - 326;
- Vorstellungen von der Seele, 185, 188, 228;
Seine, 193, 198 f., 232 f.;
- Brücken und Kais, 247 f., 257;
- linkes Ufer, 216, 218, 238, 345, 423;
- rechtes Ufer, 216, 218, 238 ff., 243, 372;
Senat von Rom, 119 f., 148;
Senat von Venedig, 283;
Seneca, 115, 175;

Serlio, Sebastian, 131, 133, 135;
Servitenorden, 219, 222;
Sévigné, Madame de, 370;
Sexualität, 35 f;
- Angst vor Sexualität, 117 f.;
- antike griechische Vorstellungen, 59 - 63, 94;
- Rituale, 88, 93 - 101, 107 f., 462;
- und Christentum, 116, 162 f., 283 f.;
- und Macht, 61 f.;
- Viktorianische Vorstellungen, 35, 54;
- s. auch Homosexualität, Prostitution;
Shakespeare, William, 126, 269 - 272, 278 f., 284, 288, 301, 304, 309, 312 ff.;
Shelley, Perca Bysshe, 170;
Simmel, Georg, 422;
Simson, Otto von, 215;
Sissa, Giulia, 56;
Sixtus V., 329;
Sklaven, 44, 47, 56 f., 59, 66, 76, 87, 93, 123, 127, 150, 152;
Smith, Adam, 319, 337 - 340, 342, 346, 349;
Sokrates, 60, 100;
Sommernachtstraum, Ein (Shakespeare), 271;
Sophokles, 33, 79, 107;
Southern, Richard William, 196;
Spanien, 280 f., 283, 294;
Sparta, 41 f., 45, 106 ff.;
- Militarismus, 41 f., 59, 105 f.;
- s. auch Peloponnesischer Krieg;
Sperma, 53 f., 205;
Stadt:
- als Kunstwerk, 109;
- kosmopolitische Haltung, 235;
- Liebe zur Stadt, 62 f., 117;
- Märkte und Handel, 138 f.;
- Passivität und Gefühllosigkeit, 32 f., 353 f., 368, 376 f.;
- Raum versus Ort, 235 f.;
- Soziale Berührung, 384 - 387;
- Stadt und Land, 340;
- Verkehr und Stau, 429;
- s. auch einzelne Städte;

Stadt in der Geschichte, Die (Lewis Mumford), 29;
Stadtluft macht frei, 196, 202, 232, 272;
Stadtplanung:
- Bewegung und Zirkulation, 321 f., 328 - 336, 340 - 349, 353 f., 363 - 368;
- im Barock, 328 f.;
- im Römischen Reich, 114, 117, 121 f., 130, 135 - 141, 148 f.;
- in Athen, 45 - 51, 63 - 76, 82 ff., 106, 135;
- Körpersymmetrien und geometrische Prinzipien, 116 f., 131 - 135, 149 f.;
- nach dem römischen Gitter;
- städtische Revolte, 395 f.;
- und Astronomie, 135 f.;
- und offene Räume, 363 - 368;
- Unterteilung, 141;
- Zirkulation, 328 - 336, *329*;
Stafford, Barbara, 324;
Starobinski, Jean, 363;
Statuen, 119 f., 160 f.;
- christliche, 180, 183 f., 215 f., 228 ff., 260 f.;
- heidnische, 64 f., 113, 116, 124 f.;
stelai, 48;
»Sterbender Christ an seine Seele« (Pope), 155;
Stoen, 63 ff., 67, 69, 146;
Stoiker, 33, 68;
Stow, Kenneth, 304;
Straße von Gibraltar, 278;
Stühle, 416 - 421, *418*, *419*;
Sueton, 121, 128, 170;
Sully, Maurice de, 217;
Sumerer, 54, 136;
Summa aurea (Guillaume d' Auxerre), 257;
Summa Theologica (Thomas von Aquin), 202;
Symposien, 98 f., 173;
Synagogen, 181, 303 - 308;
Synkope, 200, 208 - 212;
Syphilis, 282 f.;

REGISTER

Tacitus, 140;
Tale of Two Cities, (Dickens), 374;
Taufe, 175, 178;
Temko, Allan, 218;
Tempel, Jerusalem, 165;
Tempel:
- in Griechenland, 49 - 52, 64 f., 73, 87, 120, 144;
- in Rom, 116, 124 f., 138, 144 f., 182;
- in Venedig, *293;*
- Körpersymmetrien und Tempelarchitektur, 117, 131 - 135;
Templerorden, 219;
Tenenti, Alberto, 280;
Tertullian, 127;
Theatrum mundi, 126, 129 f., 139;
Themse, 397, 412;
Theologie, 255;
Theramenes, 77;
Thesmophoria, 88 - 93, 101, 107 f., 129, 461;
tholos, 50, 70;
Thomas, der Heilige, 285;
Thompson, Homer, 92;
Thukydides, 41 f., 45, 81 f., 104, 109, 441;
Tiber, 122, 124, 332;
Timarchos, 61;
Tissot, 360;
Tivoli, 100;
Tocqueville, Alexis de, 399, 428;
Tod:
- *Der Tod des Bara* (David), 389 f., *389;*
- *Der Tod des Marat* (David), 387 ff., *388;*
- Hinrichtung, *125,* 127 f., 129 f., 139, 179, 204 f., 364, 369 - 377, *371;*
- *Tod und Leben großer amerikanischer Städte* (Jacobs), 439 f.;
- Todesrituale, 88 - 101, 105, 107, 214 f.;
Todsünden von London, Die 7, 284;
Toiletten, 420;
tote Körper, 88 f.;
- Beerdigung, 47;
- Furcht vor, 45, 214;
- Schatten von, 45, 87, 96;
- Verwesung, 45, 90;
Trajan, Kaiser von Rom, 119, 125, 127 f., *170;*
Trauerrituale, 88 - 93, 94 ff., *97;*
Triclinium, 152;
Trojaner, 62;
Türkei, 276 - 280;
Two Cheers for Democracy (Forster), 429;

Überwachen und Srafen (Foucault), 35;
Ullmann, Walter, 198;
Unitarismus, 164;
Universität von Cambridge, 255;
Universitäten, 254 ff.;
Urnen, 49;

Valentino, Herzog von, 298;
Valley Forge, 332;
Varieties of Religious Experience (James), 164;
Vaux, Calvert, 444;
Velleius Paterculus, 148;
Venedig (Renaissance), 199, 267 - 314;
- Arsenal von Venedig, 291;
- Ca D'Oro, 292;
- Campo San Paolo, 281;
- Canale Grande, 278, 282, 292;
- Cannaregio-Bezirk, 292;
- dort lebende Fremde, 271 - 275, 288 - 291, *289,* 297 f.;
- Fondaco dei Tedeschi, 288 - 291, *291, 293;*
- Ghetto Nuovissimo, *293,* 296;
- Ghetto Nuovo, 291 - 296, *293, 294, 295;*
- Ghetto Vecchio, 291 f., *293,* 296 f.;
- Giudecca, 294;
- internationaler Handel, 202, 271, 275 - 281, 288 ff., 296, 309;
- jüdisches Ghetto, 30, 32, 202, 270, 272 - 275, 279 - 288, 291 - 298, *293, 294, 295,* 301 - 314;
- Kriege gegen Venedig, 280 f., 290;
- L' Accademia degl'Impediti, 308;
- Laguna, 277 f.;

- moralische Reformbewegung, 281 ff., 297 f., 310;
- Pest, 287, 297, 310;
- Prostitution, 282 f., 284, 298 - 303, 299;
- Republik von Venedig, 280, 296;
- Rialto-Brücke, 272, 278, 291;
- San Marco, 277, 341;
- Scuola Grande Tedesca, 304, 305;
- Soziale Klassen, 286;
- Zollhaus, 277;

Venus, 124 f., 145;
Vereinigte Staaten von Amerika, 330 ff., 393, 395, 443 f.;
Vergil, 122, 230;
Verhütung, 61;
Vernant, Jean-Pierre, 91, 109;
Versailles, 332, 348, 370;
- Gärten, 334 ff.;
- Palast, 344, 348, 417;
Vestalinnen, 138;
Vidler, Anthony, 368;
Vietnamkrieg, 22;
Viktorianische Ära, 36, 54 f., 402;
Vitruv, 116, 122, 131 - 138, 155, 187, 365;
Vom Gottesstaat (Augustinus), 165, 184;
Von Verbrechen und Strafen (Beccaria), 370;
Wailly, Charles de, 364, 446;
Walkowitz, Judith, 412;
Wanderjahre, 342;
Washington D. C., 330 - 336, 331;
- Haus des Präsidenten, 333, 335;
- Kapitol, 333, 335;
- *Mall*, 335;
- Straßen, 333, 343, 408;
Washington, George, 332 f., 335, 362;
Watt, James, 426;

Weber, Max, 196, 198, 256, 275;
Weihnachten, 230;
Weihrauch, 230;
Wein, 246 f.;
Welch, Katherine, 128;
Weltkrieg, Erster, 393, 410;
Weltkrieg, Zweiter, 446, 452;
Werke und Tage (Hesiod), 47;
White, Lynn, 47;
Williams, Raymond, 396;
Willis, Thomas, 323 f.;
Winckelmann, Johann, 70;
Windsor-Sessel, 417, 420;
Winkler, John, 101;
Wohlstand der Nationen, Der (Smith), 319, 338 ff., 342;
Wolken, Die (Aristophanes), 57, 69;
Wolkenkratzer, 427 f., 445;
Wollstonecraft, Mary, 360;
Woolf, Virginia, 400;
World of Words (Florio), 271;
Wucher, 257, 284 f., 298;
Wycherley, Richard Ernest, 72;
Xenophon, 77 ff., 93;
Yourcenar, Marguerite, 154, 160 f.;
Zehn Bücher über Architektur (Vitruv), 131 - 135;
Zeitlin, Froma, 76, 83;
Zeitungen, 423;
Zenon, 68;
Zentralheizung, 426 ff.;
Zeus, 52;
Zeuxis, 126, 128;
Zisterzienserorden, 231;
Zoroastrismus, 166;
Zug zum Kalvarienberg, Der (Breughel), 260, 261, 263 f.;
Zur Genealogie der Moral (Nietzsche), 185 - 188;